흉노 유목제국사

기원전 209~216

이 저서는 2020년 대한민국 교육부와 한국연구재단의 지원을 받아 수행된 연구임
(NRF-2020S1A6A4041467)

흉노 유목제국사 기원전 209~216

2023년 7월 21일 1판 1쇄

지은이 정재훈

편집 이진·이창연·홍보람 **디자인** 김효진
제작 박흥기 **마케팅** 이병규·이민정·최다은·강효원 **홍보** 조민희
인쇄 천일문화사 **제책** J&D바인텍

펴낸이 강맑실 **펴낸곳** (주)사계절출판사
등록 제406-2003-034호 **주소** (우)10881 경기도 파주시 회동길 252
전화 031)955-8588, 8558 **전송** 마케팅부 031)955-8595 편집부 031)955-8596
홈페이지 www.sakyejul.net **전자우편** skj@sakyejul.com
블로그 blog.naver.com/skjmail **페이스북** facebook.com/sakyejul
트위터 twitter.com/sakyejul

ISBN 979-11-6981-145-3 93910

흉노 유목제국사

기원전
209
~
216

정재훈 지음

사계절

책머리에

필자가 흉노匈奴에 처음 관심을 가진 것은 1987년 학부 졸업 논문에서
'병주幷州 흉노' 또는 '5부五部 흉노'라고 불린 남흉노의 일파가 장성을
넘어 내지에 들어와 살다가 4세기 초 서진西晉의 자멸과 함께 중원을 차
지하고 한漢-전조前趙를 건국하는 과정을 정리할 무렵이었다. 당시에는
유목에 대한 이해가 부족해 그 자체보다는 중국사 이해를 위해 '오호십
육국五胡十六國의 시작이 동아시아사의 새로운 전환'이었다는 점에 초점
을 맞춰 흉노 후예의 중원 진출을 다루었다. 이후 본격적으로 유목사를
공부했으나 고대 투르크 유목제국인 돌궐突厥과 위구르(回紇, 回鶻)를 연
구하게 되면서 흉노를 다루지 못했다.

그러다 2007년부터 동북아역사재단에서 주관한 '중국 정사正史 외
국전外國傳 역주 사업'의 일환으로 『사기』「흉노열전」과 『한서』「흉노전」
을 역주하게 되면서 다시 흉노로 돌아올 수 있었다(2009년 출간). 이와 함
께 2010년부터 고고학 연구자를 중심으로 한 흉노 연구사업(부경대)에
참여하여 몽골과 러시아 바이칼 남부, 중국 신장新疆의 관련 유적을 답사
한 것이 본격적인 연구에 들어서는 계기가 되었다. 답사 경험은 문헌 연
구자가 유물이나 유적에 대한 이해를 심화할 수 있는 좋은 기회였다.

이후 한문 기록과 발굴 성과를 연결하는 작업을 고민하기 시작했
다. 이는 발굴 성과를 바탕으로 한 현재의 몽골공화국 중심의 연구 경향,
그리고 문헌 기록과 발굴 자료 해석의 불일치에 대한 반성이었다. 그동

안 한문 사료의 한계로 인해 더 이상 정리할 필요가 없다고 치부되던 문헌 자료를 체계적으로 재해석해 흉노사에 새롭게 접근해야겠다고 생각했다. 그렇게 생각한 이후로도 돌궐사 정리, 실크로드 문화지도 제작 사업 등으로 바빠지면서 흉노에 관한 생각은 뒤로 밀릴 수밖에 없었다. 한동안은 실크로드와 중국의 소수민족 문제, 민족 정책 등에 집중해야 했다. 당대의 문제로서 실크로드에 대한 새로운 접근을 유도하고, 신장위구르자치구의 민족 문제와 중국의 역사 왜곡에 대한 관심을 환기하는 일이 시급했기 때문이다. 그러나 이 작업은 중국 현지 연구가 현실적으로 점차 어려워지면서 더 이상 구체화할 수 없었다.

그러던 중에 국립문화재연구원의 흉노 미술 조사사업(국립문화재연구소·몽골과학아카데미 고고학연구소 편, 『흉노匈奴, 제국의 미술』, 국립문화재연구소, 2020)에 참여하면서 다시 흉노사의 여러 문제를 환기할 수 있었다. 2020년 팬데믹으로 현지 연구가 완전히 막히면서 그동안 묻어두었던 흉노사 연구에 대한 구상을 다시 꺼냈다. 그 후 3년 동안의 고립 속에서 문헌 자료에 기초한 흉노사 재정리에 몰두했다. 이제 이 책의 끝에 학부 시절에 쓴 논문을 수정해 붙이면서 지기 어린 시절에 가졌던 유목민 흉노에 대한 막연한 생각을 구체화했다는 것이 뿌듯하다. 공부를 시작했던 출발점에 돌아와 선 감회도 새롭다. 이후 이 책이 활발한 발굴 작업을 바탕으로 한 고고학 중심의 흉노 연구에 조금이나마 도움이 되고, 나아가 문헌 연구에 더 큰 관심을 두는 계기가 되기를 바란다.

박사 과정 시절에 김호동, 유원수 선생님과 함께 르네 그루쎄의 『유라시아 유목제국사』(사계절, 1998)의 제1부 고대 부분을 번역한 이후로, 고대 유목제국에 대한 연구서를 세 권째 출간한다. 『위구르 유목제국사 744~840』(문학과지성사, 2005), 『돌궐 유목제국사 552~745』(사계절,

2016)에 이어 이 책『흉노 유목제국사 기원전 209~216』까지 이 3부작은 고대 유목제국사를 총정리 하는 작업이자, 기원전 3세기 중반부터 9세기 중반까지 북아시아를 중심으로 전개된 역사를 복원하려는 시도이다. 이 3부작을 통해 유목제국의 역사적 의미를 환기해 그들이 활약했던 무대인 '초원'을 온전한 하나의 역사 단위로 자리매김하고자 한다. 3부작의 완성도를 높이기 위해 그동안 더 많은 연구가 진행된 위구르사 부분을 새롭게 정리해 내년쯤 출간하려고 한다.

이 책을 출간하기까지 많은 분들의 도움이 있었다. 먼저 경상국립대 사학과 동료 교수님들의 배려로 연구에 집중할 수 있었다. 그리고 늘 연구의 모범이 되어주시고 후학에 대한 격려를 아끼지 않는 김호동 선생님을 비롯한 여러 선생님과 학계 선후배 및 동료들의 관심과 격려, 함께 축적해온 자료가 큰 힘이 되었다. 중앙아시아사 분야의 전문 서적을 꾸준히 출판해온 ㈜사계절출판사 강맑실 대표님의 지원과 오류를 꼼꼼히 바로잡고 정확한 정보를 제공하기 위해 노력해준 이진 편집자님을 비롯한 출판사 모든 분의 수고에 감사드린다. 마지막으로 늘 필자를 존중하고 응원해주는 아내와 두 아들, 그리고 가족들에게 고마움을 보낸다.

진주 해우재에서

정재훈

차례

일러두기

- 이 책의 외래어 표기는 국립국어원 외래어표기법을 따랐다. 단, 몽골어는 표기 세칙이 마련되어 있지 않아 관습적으로 사용하는 표기를 따랐다. 중국어의 경우 전근대 시기의 인명, 지명, 족명, 전문 용어 및 성省, 군郡, 현縣, 진鎭, 기旗 등의 행정 단위는 한국 한자음으로 표기하고 처음 등장할 때 한자를 병기했다. 현대의 지명 가운데 일부 한국에서 관용적으로 사용하는 지명, 한국에 출간된 책에 한국 한자음으로 표기된 저자명도 한국 한자음으로 표기했다.

- 인명 가운데 군주는 괄호 안에 이름과 묘호, 생몰년과 재위 기간을 제시했고, 그 밖의 인물은 괄호 안에 생몰년을 제시했다. 생몰년이 모두 확인되지 않는 경우는 표기하지 않았다.

  예) 무제武帝(유철劉徹, 세종世宗, 기원전 156~기원전 87, 재위 기원전 141~기원전 87)

- 연도 표기는 서력 사용을 원칙으로 하고, 필요한 경우 괄호 안에 중국 연호를 같이 표기했다. 월과 일은 모두 음력으로 표기했다.

- 지도상의 지명은 독자의 이해를 돕기 위해 현재 지명(주로 강, 산 이름)과 과거 지명을 혼용했다.

- 본문에 인용한 중국 정사는 중화서국 표점교감본이다.

  『사기』(1959년), 『한서』(1962년), 『후한서』(1965년), 『삼국지』(1959년), 『진서』(1974년)

- 이 책에 수록된 흉노 관련 발굴 자료 도판은 저작권자의 허가를 받아 다음의 자료에서 인용했다.

  국립문화재연구소·몽골과학아카데미 고고학연구소 편, 『흉노匈奴, 제국의 미술』, 국립문화재연구소, 2020.

  국립중앙박물관 편, 『초원의 대제국 흉노 – 몽골 발굴조사 성과전』, 국립제주박물관, 2013.

  국립중앙박물관 편, 『몽골 흉노무덤 자료집성』, 성림, 2008.

  G. 에렉젠·양시은, 『흉노: 몽골의 첫 번째 유목제국, 흉노의 문화유산』, 진인진, 2017.

  G. Eregzen (eds.), Treasures of the Xiongnu, Institute of Archaeology Mongolian Academy of Sciences·National Museum of Mongolia, 2011.

• 이 책에는 필자의 기존 연구 성과 가운데 일부를 참고했거나 수정해 수록한 부분이 있다. 이
  를 정리하면 다음과 같다.

2003, 「고대유목국가의 사회구조」, 가락국사적개발연구원 편, 『한국고대사강좌 고대국가의
  구조와 사회』 3.

2005, 『위구르 유목제국사 744~840』, 문학과지성사.

2006, 「위구르 카를룩 카간(747~759)의 계절적 이동과 그 성격」, 『중앙아시아연구』 11.

2008, 「북아시아 유목민족의 이동과 정착」, 『동양사학연구』 103.

2009, 『譯註 中國 正史 外國傳 1: 史記 外國傳 譯註』, 동북아역사재단(공역).

2009, 『譯註 中國 正史 外國傳 2: 漢書 外國傳 譯註』, 동북아역사재단(공역).

2010, 「조위·서진시기 병주 흉노사회 – 오호십육국의 전주곡」, 『중앙아시아연구』 15.

2013, 「북아시아 유목 군주권의 이념적 기초 – 건국 신화의 계통적 분석을 중심으로」, 『동양
  사학연구』 122.

2016, 『돌궐 유목제국사 552~745』, 사계절.

2018, 『유라시아로의 시간 여행: 새롭게 쓴 실크로드 여행가 열전』, 사계절(공저).

2019, 「개혁 개방 이후 중국의 신장 실크로드사 연구」, 『동북아역사논총』 65.

2020, 「흉노사 개설」, 국립문화재연구소 편, 『흉노匈奴, 제국의 미술』, 국립문화재연구소.

2020, 「司馬遷이 그린 匈奴의 '眞相'과 후대의 이해 – 『史記』 「匈奴列傳」 冒頭의 先祖와 遊牧 관
  련 기록의 재검토」, 『중앙아시아연구』 25-2.

2021, 「『史記』 「匈奴列傳」의 建國 前史 構成」, 『중앙아시아연구』 26-2.

2022, 「班固(32~92)의 匈奴 문제 대응과 그 영향」, 『중앙아시아연구』 27-1.

서론

1. 무대: 고비 남북의 몽골 초원과 장성 이남의
목농복합구역(잡거지), 그리고 톈산 주변 오아시스와 초원

흉노匈奴[1]가 살았던 아시아 내륙부의 스텝Steppe, 즉 초원草原은 일반적으
로 강수량이 대략 500밀리미터 이하의 건조 지대를 말한다. 이곳은 아시

---

[1]   '흉노'라는 말의 어원에 대해서는 아직 정설이 없다. '흉匈'을 퉁구스어에서 '사람'을 뜻
하는 '훈Hun 혹은 쿤Qun'의 음사로 보고, 흉노 스스로 이 이름을 택했다는 설명이 일반
적이다(Ursula Brosseder, "Xiongnu Empire", John Mackenzie (ed.), *The Encyclopedia of Empire*, John
Wiley & Sons, 2016, pp. 1~6). 또한 알타이어 '퀸kün', 즉 태양을 뜻하는 것이라는 해석도 있
다(卡哈爾曼 穆汗, 「塞·匈奴·月氏·鐵勒四部名稱考」, 『西域研究』 2000-4, p. 28). 이와 함께 '노
奴'가 한자의 비어卑語인 '종從'이나 '노예奴隷'를 뜻한다는 점에서 멸시의 의미가 있다고
보기도 한다. 흉노가 자신을 비칭으로 부르는 것을 받아들였다고 보기는 어렵다는 점에
서 비칭이 아니라 사람을 표현하는 어미(i)가 붙은 표현으로 보기도 한다(江鴻, 『匈奴興亡
之追踪』, 臺北: 商務印書館, 1984, pp. 9~14).
흉노는 다양한 종족과 언어 집단의 정치적 혼합체였는데, 그 언어(Christopher P. Atwood,
"Huns and Xiōngnú: New Thoughts on an Old Problem", Brian J. Boeck · Russell E. Martin · Daniel
Rowland (ed.), *Dubitando: Studies in History and Culture in Honor of Donald Ostrowski*, Bloomington:
Slavica, 2012, pp. 27~52)와 인종(Ryan W. Schmidt, "Exploring Pastoral-nomadic Origins and Popula-
tion History of the Xiongnu Confederacy of Iron Age Mongolia", *Ancient Planet Online Journal* v.4, 2013,
pp. 3~15; Ryan W. Schmidt · Noriko Seguchi, "Craniofacial Variation of the Xiongnu Iron Age Nomads
of Mongolia Reveals Their Possible Origins and Population History", *Quaternary International* v.405, 2016,
pp. 110~121)에 대한 분석을 통해 흉노의 원류를 확인하려는 시도가 계속되었다. 기존에
는 흉노 내지는 훈에 '족族'을 붙여 '흉노족', '훈족' 등 사료에 나오지 않는 용어를 만들
어 종족적 또는 인종적 성격을 부여하기도 했다. 이는 현대 중국에서 소수민족을 설명하
기 위해 만든 개념이라는 점에서 되도록 사용하지 말아야 한다. 흉노 또는 훈이라고 정확
하게 쓸 필요가 있다.

아 대륙 동쪽의 만주滿州 평원에서 서쪽으로 러시아 남부까지 대륙을 가로질러 펼쳐져 있다.[2] 이 중에서도 사막 기후 지대인 고비를 중심으로 남북에 형성된 이른바 '몽골 초원'이 흉노의 주요 활동 무대였다고 알려져 있다.

몽골 초원은 동쪽의 알타이(금산金山)산맥과 서쪽의 싱안링興安嶺산맥 사이의 고원 지대로 고비를 중심으로 '막남漠南(내몽골)'과 '막북漠北(외몽골)'으로 나뉜다. 이곳은 현재 정치적으로 세 나라에 걸쳐 있는데, 남쪽에서부터 중화인민공화국의 내몽골자치구內蒙古自治區, 몽골공화국, 그리고 러시아연방의 부랴트공화국이 자리하고 있다. 기후 환경을 결정하는 중요한 요소의 하나인 고도를 비교해보면 막남의 중심지인 후허하오터呼和浩特가 800미터 중반, 막북의 중심지인 울란바토르가 1300미터 중반, 그리고 북쪽 바이칼호 주변이 450미터 정도이다.

또한 몽골 초원은 고비를 중심으로 대칭적인 형태인데, 중부의 고원을 중심으로 보면 북쪽을 제외하고 모두 산맥으로 둘러싸여 있다. 먼저 막남은 북쪽에 고비가 있고, 중간에 음산陰山[3]산맥이 있어 산맥의 남

---

2   아시아 대륙 중앙부 건조 지대에는 초원인 스텝과 사막沙漠(또는 砂漠)이 있다. 이곳은 대륙의 서부와 달리 원래 여름철 계절풍Monsoon의 영향을 받는 지역이었다. 하지만 세계의 지붕이라 불리는 파미르고원을 중심으로 서남쪽에 힌두쿠시산맥, 동남쪽에 히말라야산맥과 쿤룬崑崙산맥, 동북쪽에 톈산天山산맥 등 거대한 산맥이 인도양에서 발달한 계절풍의 습기를 차단한 결과 건조 지대가 되었다. 또한 극단적 건조 기후인 여름만이 아니라 겨울에도 북극에서 밀려 내려온 차갑고 건조한 북서풍의 영향을 받는다. 따라서 같은 위도의 온대 계절풍 정주 농경 지역과 달리 습윤하지 않아 인간이 살기 어려운 편이다. 그러나 북쪽의 삼림 지대인 타이가Taiga와 동토凍土 지대인 툰드라Tundra, 남부의 극단적 사막보다는 좋은 편이다.

3   '陰山'은 고대와 현재 모두 같은 한자로 지명을 표기하고 있어 이 책에서는 모두 통일해 '음산'이라고 표기했다.

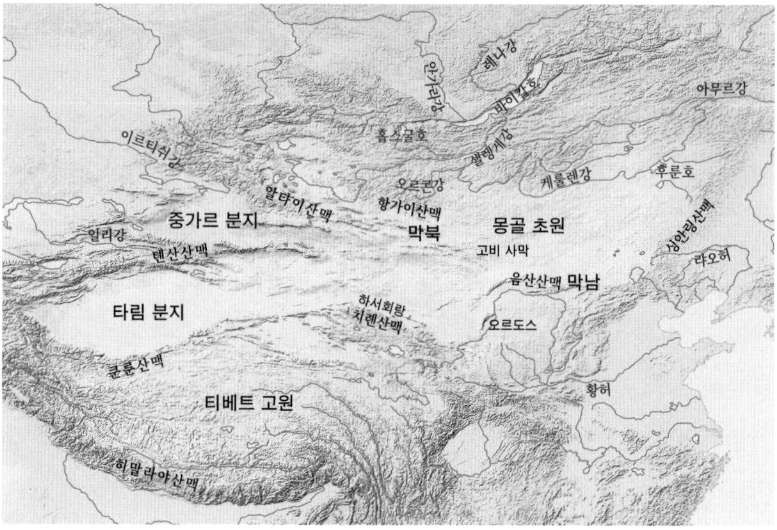

[그림 1] 몽골 초원의 지형도

북 주변을 따라 산지 초원이 발달했다. 서쪽으로 갈수록 강수량이 줄어들어 경초원輕草原-중간초원中間草原-중초원重草原-산지山地의 다양한 식생이 동에서 서로 경도經度에 따라 펼쳐진다. 이와 달리 고비 이북의 막북은 상대적으로 고도가 높으나 고위 평탄면인 평지 초원이다. 북쪽으로 갈수록 강수량이 많아져 고비(반사막)-스텝(초원)-항가이(풍부한 삼림초원)-타이가(삼림)의 다양한 식생이 남에서 북으로 위도緯度에 따라 펼쳐진다.[4]

흉노 이래 북아시아에 등장한 유목국가의 중심지는 대부분 몽골 초원에서도 북쪽의 항가이 주변과 그 남쪽 중초원, 그리고 중간초원의 중

4 Michael D. Frachetti, *Pastoralist Landscapes and Social Interaction in Bronze Age Eurasia*, Univ. of California Press, 2008, pp. 98~99; 後藤富男, 『內陸アジア遊牧民社會の研究』, 吉川弘文館, 1968, pp. 27~28.

간 지대인 음산 주변에 있었다.[5] 이곳은 강수량이 연평균 300~500밀리미터 정도의 건조 기후대로 초원이 발달했다. 초원의 주민은 계절에 따라 일정한 범위를 옮겨 다니며 가축을 기르는 '**유목**遊牧'을 통해 생활에 필요한 자원을 마련했다.[6] 또한 주변에 있는 산지 등에서 '**사냥**(수렵狩獵)'을 통해 모피 등 교역이 가능한 고가의 물자뿐만 아니라 다양한 임산물을 얻기도 했다.

이 중에서 막남은 막북보다 상대적으로 초원 환경이 좋은 편이고, 중국과도 인접해 교역만이 아니라 약탈도 할 수 있는 입지였다. 반면 막북은 남쪽에 비해 환경이 좋지 않아 목축牧畜의 생산력이 떨어졌으며 교역을 통한 이익의 확보 역시 제한적이었다.[7] 이런 환경에도 불구하고 몽골 초원의 유목민은 이곳에 국가를 세우고, 나아가 거대한 제국을 형성해 세계사의 전개에 큰 영향을 끼쳤다.

유목국가는 말(馬) 사육에 적합한 건조한 초원이라는 생태적 여건

---

5   정재훈, 「북아시아 유목민족의 이동과 정착」, 『동양사학연구』 103, 2008, p. 96.

6   초원의 주민은 쉽게 길들일 수 있는 말, 소, 양, 염소, 낙타 같은 '발굽을 가진 초식동물(유제류 동물有蹄類動物)'을 길러 필요한 사원을 얻는 목축을 생업으로 했다. 일반적으로 건조 기후를 보이는 초원에서는 충분한 초지를 확보하고 유지하기가 어렵기 때문에 계절적 순환 이동을 통해 초지를 보존하여 재생산 구조를 유지하는 '유목遊牧, nomadism'을 했다. 유목은 개별 지역의 생태적 차이에 따라 양상이 달라 성격을 다양하게 규정할 수 있다. 이에 관해서는 다음 연구를 참고 할 수 있다. Anatoly M. Khazanov, *Nomads and the Outside World*, Univ. of Wisconsin Press, 1984(하자노프, 김호동 역, 『유목사회의 구조』, 지식산업사, 1990, p. 50).

7   Roger Cribb, *Nomads in Archaeology*, Cambridge Univ. Press, 1991, pp. 9~43; Joshua Wright·Cheryl Makarewicz, "Perceptions of Pasture: The Role of Skill and Networks in Maintaining Stable Pastoral Nomadic Systems in Inner Asia", S. Kerner·R. J. Dann·P. Bangsgaard (ed.), *Climate and Ancient Societies*, Copenhagen: Museum Tusculanum Press, 2015, pp. 267~288; Nikolay N. Kradin, "The Ecology of Inner Asian Pastoral Nomadism", P. Nick Kardulias (ed.), *The Ecology of Pastoralism*, Press of Colorado Univ., 2015, pp. 41~70.

을 바탕으로 말을 길들이는 특화된 기술과 도구의 발전을 극대화하면서 등장했다.[8] 유목민은 일찍부터 양질의 말을 길들여 생업인 목축에만이 아니라 군사적으로도 활용했다. **기마**騎馬를 통해 확보한 '**기동성**機動性'을 바탕으로 '**기마궁사**騎馬弓士'로서의 특기를 발휘했다.[9] 이것이 자급자족조차 어려운 초원의 열악한 환경에서 소수의 유목민이 다수의 정주 농경 세계를 압도할 수 있었던 주요한 이유였다.[10]

기원전 3세기 말 유목국가를 세운 흉노 역시 이런 몽골 초원 유목민의 하나였다. 흉노의 주요한 무대가 몽골 초원이었다는 점은 중국의 역사서 『사기史記』와 『한서漢書』 등의 기록을 통해 확인할 수 있다. 다만 그 통제 범위나 국가의 중심지는 일정하지 않아 시기에 따라 바뀌었다. 기원전 209년 건국부터 216년 해체까지 400년이 넘는 시간 동안, 흉노는 중국과 대결 혹은 타협하면서 지역을 계속 옮겨 다녔다. 건국 초기에 막남 음산 남쪽에 중심지를 두었다가 한의 공격을 받아 패퇴한 기원전 119년 이후부터 막북에 살았다. 이후 막북에 약 150년간 머무르다가 48년 분열로 일부가 막북에 잔류하고, 일부는 다시 막남에 돌아와 살았

---

8   Marsha Levine·Colin Renfrew·Katie Boyle (ed.), *Prehistoric Steppe Adaptation and the Horse*, McDonald Institute for Archaeological Research, 2003; Victor A. Novozhenov·Elena Kuzmina (ed.), *Communications and the Earliest Wheeled Transport of Eurasia*, Moscow: TAUS Publishing, 2012, pp. 229~258.

9   Pita Kelekna, *The Horse in Human History*, Cambridge Univ. Press, 2009(피타 켈레크나, 임웅 역, 『말의 세계사』, 글항아리, 2019); 小松久男·荒川正晴·岡洋樹 編, 『中央ユーラシア史研究 入門』, 山川出版社, 2018, p. 29.

10   William Honeychurch, "The Nomad as State Builder: Historical Theory and Material Evidence from Mongolia", *Journal of World Prehistory*, v.26, 2013, pp. 312~314; David W. Anthony, *The Horse, the Wheel and Language: How Bronze-Age Riders from the Eurasian Steppes Shaped the Modern World*, Princeton Univ. Press, 2007(데이비드 W. 앤서니, 공원국 역, 『말, 바퀴, 언어』, 에코리브르, 2015).

다. 흉노가 건국 이후 중심지를 막남 음산에 두었던 것과 한에 패퇴해 막
북으로 밀려난 것, 그리고 두 지역의 식생 차이 등에 대해서는 다음의 기
록을 통해 확인할 수 있다.

북방 변경의 요새(변새邊塞)는 요동遼東에 이릅니다. 그 밖에 음산이 있는데
동서로 1000여 리이며 풀과 나무가 빽빽하게 잘 자라 짐승이 많이 살고 있
습니다. **본래 묵특 선우는 그 안에 기대어 머물면서 활과 화살을 만들고, 밖**
으로 나와 노략질하였습니다. 이곳은 그의 안마당(원유苑囿)이었습니다.
무제武帝의 치세에 이르러 군대를 보내 공격해 이 땅을 열어 빼앗고 흉노를
막북으로 몰아냈습니다. 요새와 울타리(새요塞徼)를 세우고 감시 초소(정亭)
와 방어용 소로(수隧)를 만들었으며, 요새 밖에는 외성을 쌓고 주둔군을 두
어 지키게 했습니다. 그렇게 하니 변경은 조금 안정을 바랄 수 있었습니다.
막북은 땅이 고르나 풀과 나무가 적고 모래가 많습니다. 흉노가 와서 약탈
해도 몸을 숨길 곳이 적습니다. 변경 요새의 남쪽에 난 길은 깊은 산과 계곡
을 지나야 해서 왔다 갔다 하기 매우 어렵습니다. 변경의 장로들은 흉노가
음산을 잃은 뒤 이곳을 지날 때 통곡하지 않은 적이 없다고 말합니다.[11]

위의 내용은 초기에 살던 상대적으로 풍요로운 막남과 달리 패주해
간 막북의 환경이 거칠고 열악하여 막남으로 다시 돌아오고자 했던 흉노

---

11   기원전 33년 정월 흉노 호한야 선우呼韓邪單于가 한의 수도 장안長安의 조회에 참석한 다
     음 원제元帝에게 장성을 없애고 자신에게 그곳의 방비를 맡겨달라고 요구하였는데, 낭중
     郎中 후응侯應은 이를 강력하게 반대하며 「변경 요새를 없애는 것에 대한 후응의 열 가지
     반대 의견侯應論罷邊十不可」이라는 글을 썼다. 인용한 내용은 그 일부다(『漢書』卷94下「匈
     奴傳」下, p. 3803). 이를 통해 흉노가 무제 시기 한의 공격에 패퇴해 막남에서 막북으로 이
     주한 다음에도 여전히 막남의 원주지로 귀환하고자 했음을 알 수 있다.

의 상황을 보여준다.

흉노는 건국 이전에는 호胡라고 불렸으며, 기원전 3세기 중반부터 조趙 등과 대결하며 장성長城 주변에 진출하려고 했다. 이곳은 '**목농복합구역**牧農複合區域'[12]인데, 전국시대에는 목축을 생업으로 하던 '융戎'이 주로 살고 있었다. 이 시기 흉노와 중원 북방의 국가들은 세력을 확장해 이곳의 융을 차지하려고 했다. 처음에는 경쟁에서 승리한 중국이 '이익선利益線'인 장성을 수축해 그 일부를 차지할 수 있었다.[13] 하지만 장성 주변의 '**잡거지**雜居地'는 흉노 건국 이후로는 중국이 마음대로 통제하기 어려워졌다. 흉노의 계속되는 공세로 이곳은 대결의 장이 되었다.

장성 주변 지역은 초원 문화의 범위, 이른바 '**초원로**steppe route'와도 깊은 관계가 있었다.[14] 이곳은 전국시대 말기 중원 세력의 영향을 받기 전까지 '목축' 관련 문화가 주를 이뤘다. 이른바 '초원 문화'인 유라시아 대륙 중앙부 초원에 발달한 '스키토-시베리아 계통의 문화'와 유사한 동물 문양 금속제 유물이 이곳에서 많이 발견되었다.[15] 이를 통해

---

12 목농복합구역은 주로 산지를 끼고 있어 여름철에는 가축을 산지로 이동시켜 먹여 기르고, 겨울철에는 계곡으로 돌아오는 목축 위주의 생산 지역을 말한다. 또한 이곳의 주민들은 계곡에서 확보한 수자원으로 여름철을 전후하여 작물을 재배할 수 있어 식량과 겨울철 가축 사료를 확보할 수 있었다. 이곳은 환경 조건에 따라 생산 양식의 구성 비율과 생활 방식 등이 다양해 일률적으로 설명하기 어려우나, 농경보다 목축의 생산 비중이 상대적 또는 절대적으로 높았다. 노동력이 부족해 농경은 보조적일 수밖에 없었다. 이곳에는 목축민만이 아니라 농경민도 같이 섞여 살 수 있었기 때문에 '잡거지'라고도 한다.

13 來村多加史, 『萬里の長城 攻防三千年史』, 講談社, 2004, p. 54; Julia Lovell, *The Great Wall China against the World 1000 BC–AD 2000*, New York: Grove Press, 2006, p. 43.

14 Jianhua Yang·Huiqiu Shao·Ling Pan (ed.), *The Metal Road of the Eastern Eurasian Steppe-The Formation of the Xiongnu Confederation and the Silk Road*, Singapore: Springer, 2020.

15 林俊雄, 『スキタイと匈奴: 遊牧の文明』, 講談社, 2017; Jeannine Davis-Kimball·Vladimir A. Bashilov·Leonid T. Yablonsky (ed.), *Nomads of The Eurasian Steppes In The Early Iron Age*,

주로 목축에 종사한 장성 주변의 잡거지 주민들이 초원과 서로 영향을 많이 주고받았음을 알 수 있다.

기원전 119년 이후부터 막북에 고립되어 살던 흉노는 내부의 세력 다툼으로 분열하고, 그 일부인 남흉노가 1세기 중반 한의 기미羈縻를 받아들이며 장성 주변과 그 남쪽에 들어와 살았다. 이는 막남 원주지로 귀환해 목축에 유리한 목농복합구역을 확보하려는 노력이었다. 남흉노는 여기에서 그치지 않고 후한 말 세력이 크게 약화한 상황에서도 더 남쪽 산시성山西省 중북부까지 들어와 목축에 종사하며 명맥을 유지했다.[16] 이는 흉노의 주요 활동 무대가 몽골 초원만이 아니라 장성 주변의 잡거지까지였음을 보여준다.

한편 흉노가 서방으로 진출함에 따라 현재 중국의 신장위구르자치구新疆維吾爾自治區 북방의 중가리아와 톈산산맥 주변, 이른바 '**서역**西域'의 오아시스와 그 북방 초원, 그리고 이곳을 중국과 연결하는 하서회랑河西回廊의 오아시스와 그 주변 초원까지가 흉노의 활동 무대가 되었다. 흉노는 이곳을 차지하기 위해 한과 다툼을 벌였고, 이는 결국 한의 서방 진출과 지배로 이어졌다.[17] 이른바 '서역'의 확보가 흉노의 오른팔을 자르는 것과 같다고 한 것처럼[18] 한은 '**공생**共生' 관계인 유목 세력과 오아시스

Berkeley: Zinat Press, 1995.

16   정재훈, 「조위·서진시기 병주 흉노사회 – 오호십육국의 전주곡」, 『중앙아시아연구』 15, 2010.

17   伊瀬仙太郞, 『西域經營史の硏究』, 巖南堂書店, 1955; 安作璋, 『兩漢與西域關係史』, 齊魯書社, 1979; 余太山, 『兩漢魏晉南北朝與西域關係史硏究』, 中國社會科學出版社, 1995; 王子今, 『匈奴經營西域硏究』, 中國社會科學出版社, 2016; Christoph Baumer, Miranda Bennett (tr.) *The History of Central Asia: The Age of the Steppe Warriors*, I. B. Tauris, 2012.

18   『漢書』卷61 「張騫李廣利傳」, p. 2692.

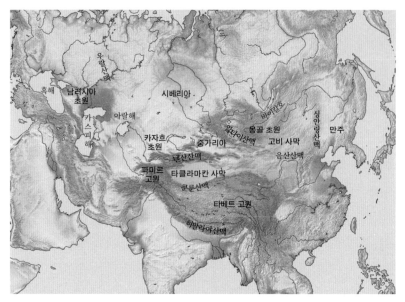

[그림 2] 유라시아 내륙 지형도

의 결합을 끊으려 했다. 한의 서방 진출, 한과 흉노의 대결 과정에서 이른 바 '**실크로드**silk road'라고 불리는 동서 교통로가 열렸다.[19]

　종합하면 몽골 초원을 중심으로 이와 연결된 유라시아 동부 초원과 장성 남북에 펼쳐진 목농복합구역(잡거지), 그 서부에서 동서를 연결하는 오아시스와 그 주변 초원을 포함하는 넓은 범위가 흉노의 활동 무대였다. 다만 그 무대는 늘 같지 않았고 한과 흉노의 대응에 따라 400여 년

19　Craig Benjamin, *Empires of Ancient Eurasia - The First Silk Roads Era, 100 BCE~250 CE*, Cambridge Univ. Press, 2018; 川又正智, 『漢代以前のシルクロード - 運ばれた馬とラピスラズリ』, 雄山閣, 2006; William Honeychurch, "From Steppe Roads to Silk Roads: Inner Asian Nomads and Early Inter-regional Exchange", Reuven Amitai·Michal Biran (ed.), *Nomads as Agents of Cultural Change: The Mongols and Their Eurasian Predecessors*, Univ. of Hawai'i Press, 2015, pp. 50~87.

동안 다양하게 바뀌었다. 따라서 흉노의 사적史的 전개를 시간의 흐름에 따른 공간 변화, 즉 '**이동**移動'에 초점을 맞춰 살펴볼 필요가 있다.[20]

2. 자료: 한문 자료와 발굴 자료의 간극 극복

흉노의 시작이 2000년도 더 전의 일이라, 그 존속 기간이 길었음에도 불구하고 상대적으로 기록은 아주 적다. 게다가 흉노 스스로 남긴 기록은 전혀 없고, 그들에 대해 부정적 태도를 보일 수밖에 없는 중국 측의 한문 기록만 남아 있다. 그마저 사마천司馬遷(기원전 145? 또는 기원전 135?~기원전 86? 또는 ?)의 『사기』, 반고班固(32~92)의 『한서』, 범엽范曄(398~445)의 『후한서後漢書』와 진수陳壽(233~297)의 『삼국지三國志』 같은 정사正史의 열전列傳 정도로 제한된다.[21] 그 주요 내용 역시 전쟁과 화친 등 양국 관계에 집중되어 있다.[22] 흉노만의 독특한 습속이나 유목국가 자체에 관한

---

20   정재훈, 앞의 글, 2008; John Daniel Rogers, "Empire Dynamics and Inner Asia", Jan Bemmann·Michael Schmauder (ed.), *The Complexity of Interaction Along the Eurasian Steppe Zone in the First Millennium CE*, Bonn Contributions to Asian Archaeology, v.7, Vor- und Frühgeschichtliche Archäologie Rheinische Friedrich-Wilhelms-Universität Bonn, 2015, pp. 73~88.

21   『사기』, 『한서』, 『후한서』가 주로 다루고 있는 공간은 다음과 같다. 『사기』는 막남과 패퇴 이후의 막북, 『한서』는 막북, 『후한서』는 막북과 막남의 장성 주변, 그리고 그 이남의 내지內地이다. 시기적으로는 『사기』가 하대夏代부터 기원전 97년까지, 『한서』는 『사기』가 다룬 부분과 함께 기원전 98년부터 기원후 25년까지, 『후한서』는 기원후 25년부터 후한이 멸망한 220년까지다. 『사기』와 『한서』가 '현재사'의 관점에서 서술한 것과 달리 『후한서』는 남조南朝 유송대劉宋代 이후의 기록이라는 점에서 앞의 두 기록보다 상대적으로 오류가 많고 흉노를 심하게 비하하는 등 편파적인 면도 있다. 이에 대한 해제는 다음과 같다. 정재훈, 「흉노열전 해제」, 동북아역사재단 편, 『譯註 中國 正史 外國傳 1: 史記 外國傳 譯註』, 동북아역사재단, 2009, pp. 25~27; 정재훈, 「흉노전 해제」, 동북아역사재단 편, 『譯註 中國 正史 外國傳 2: 漢書 外國傳 譯註』, 동북아역사재단, 2009, pp. 25~28; 이재성, 「남흉노전 해제」, 동북아역사재단 편, 『譯註 中國 正史 外國傳 3: 後漢書 外國傳 譯註』, 동북아역사재단, 2009, pp. 295~297.

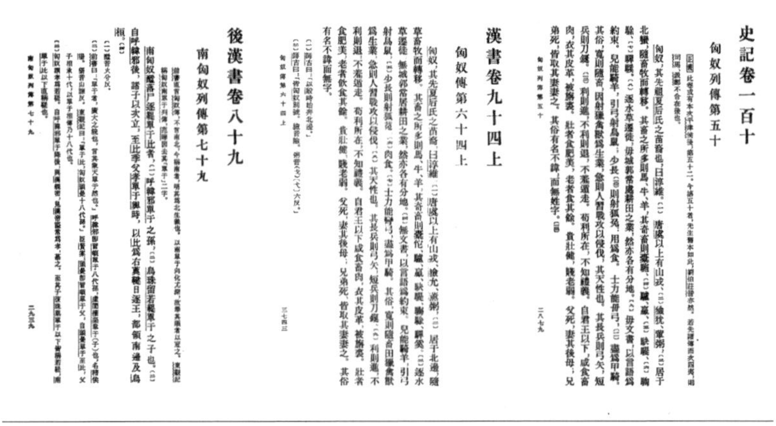

[그림 3] 중화서국 표점교감본 정사 흉노 관련 열전의 첫 부분(오른쪽부터 『사기』, 『한서』, 『후한서』)

내용은 극히 일부에 불과하다. 더욱이 중화주의적인 입장에 근거한 소위 '문명사관文明史觀'을 강하게 보여 기록을 신뢰하기 어려운 부분도 있다. 반고가 흉노를 '오랑캐(이적夷狄)'라고 하면서 드러낸 강한 반감은 이후 역사가들에게 큰 영향을 주어 부정적 편견이 주류가 되기도 했다.[23]

다만 당시 현안이었던 흉노를 나름의 체계를 만들어 기록한 것은 일부 인정할 만하다. 즉 사마천이 객관적 태도로 현장의 정보를 가공하여 흉노를 '**현재사**現在史'로서 기록한 점은 가치가 있다. 특히 유목 습속

---

22 한문 기록은 양국 관계를 다룬 내용이 대부분을 차지한다. 따라서 이와 관련된 연구 역시 많은데, 주로 민족정책에 따라 화친을 강조하는 내용을 다루고 있다. 木芹, 『兩漢民族關係史』, 四川民族出版社, 1988; 崔明德, 『兩漢民族關係思想史』, 人民出版社, 2007; 崔明德, 『中國古代和親通史』, 人民出版社, 2007; 劉玉堂·薛源, 「西漢對匈奴和親政策的學術史考察」, 『中國邊疆史地研究』 2021-3, pp. 24~35; Tamara T. Chin, "Defamiliarizing the Foreigner: Sima Qian's Ethnography and Han-Xiongnu Marriage Diplomacy", *Harvard Journal of Asiatic Studies* v.70, 2010, pp. 311~354.

23 정재훈, 「班固(32~92)의 匈奴 문제 대응과 그 영향」, 『중앙아시아연구』 27-1, 2022, pp. 14~17.

[그림 4] 사마천(왼쪽)과 반고(오른쪽)의 초상(『삼재도회三才圖會』 수록)

과 국가 체제에 관한 내용은 중국과의 관계가 아니라 흉노 그 자체를 다룬 유일한 기록이다.[24] 또한 대부분을 차지하는 편년에 따른 양국 관계 기록 역시 그 한계에도 불구하고 흉노의 사적 흐름을 대략적이나마 정리할 수 있게 해준다.[25]

양적, 내용적 한계로 인해 400년이 넘는 흉노 역사의 전개를 체계적으로 정리하기에는 여전히 어려움이 많다. 이전에는 다른 여지가 없어 한문 사료를 기초로 연대별 정리나 역주[26] 등을 더하는 방식의 연구

---

24 정재훈, 「司馬遷이 그린 匈奴의 '眞相'과 후대의 이해 -『史記』「匈奴列傳」冒頭 先祖와 遊牧 관련 기록의 재검토」, 『중앙아시아연구』 25-2, 2020.

25 Sophia-Karin Psarras, "HAN AND XIONGNU: A Reexamination of Cultural And Political Relations"(I, II), *Monumenta Serica* v.51, 2003, pp. 55~236; *Monumenta Serica* v.52, 2004, pp. 37~93.

26 흉노 관련 사료에 대한 정리로는 다음의 연구가 있다. 劉光華 編, 『中國古代西北歷史資料輯錄』, 蘭州大學出版社, 1988; 林幹 編, 『匈奴歷史年表』, 中華書局, 1984; 林幹 編, 『匈奴史料彙編』, 中華書局, 1988; 潘光旦 編著, 『中國民族史料彙編』, 天津古籍出版社, 2005. 정사의 흉노 관련 열전 역주로는 다음의 연구가 있다. 『譯註 中國 正史 外國傳 1: 史記 外國傳 譯註』, 『譯註 中國 正史 外國傳 2: 漢書 外國傳 譯註』, 『譯註 中國 正史 外國傳 3: 後漢

가 많았다.[27] 최근에는 더 이상 이렇게만 연구할 수 없다는 인식이 커져 기록 위주의 연구보다는 쏟아지는 고고학적 발굴 성과가 대체 자료로 주목받고 있고,[28] 발굴 자료를 통한 연구가 주류를 이루게 되었다.[29] 이는 대규모 학술 조사와 발굴을 통해 대형 무덤과 주거지 등에 대한 자료를 다양하게 확보하게 되었기 때문이다.[30] 특히 1924년 노용 올Noin Ula

書 外國傳 譯註』,『譯註 中國 正史 外國傳 4: 三國志 晉書 外國傳 譯註』, 동북아역사재단, 2009. 이외의 역주로 다음의 것이 있다. 內田吟風·田村實造 譯註,『騎馬民族史 1 - 正史 北狄傳』, 東京: 平凡社, 1971; 張興唐,『史記漢書匈奴地名今釋』, 臺北: 國防研究院, 1963. 이 밖에도『사기』와『한서』의「흉노열전」번역은 다양한데 여기서는 생략하겠다.

27   John Man, *Barbarian at the Wall : the First Nomadic Empire and the Making of China*, Bantam Press, 2019; John Man, *Empire of Horse: The First Nomadic Civilization and the Making of China*, Pegasus Press, 2020; 陳序經,『匈奴史稿』, 中國人民大學出版社, 2007;『匈奴通史』, 新世界出版社, 2017; 林幹,『匈奴史』, 北京: 人民出版社, 2010. 이런 연구들과 함께 흉노에 관한 중국의 최근 연구 성과는 다음에 정리되어 있다. 達力扎布·彭勇 主編,『中國民族史研究70年(1949.10-2019.10)』, 中央民族大學出版社, 2022, pp. 203~220.

28   Bryan K. Miller, "Xiongnu "Kings" and the Political Order of the Steppe Empire", *Journal of the Economic and Social History of the Orient* v.57, 2014, p. 34; Nicola Di Cosmo·Michael Maas, "Introduction", *Empires and Exchanges in Eurasian Late Antiquity: Rome, China, Iran, and the Steppe, ca. 250-750*, Cambridge Univ. Press, 2018, pp. 1~15.

29   고고학적 발굴 성과에 대한 국제적 관심은 흉노 건국 2220주년에 개최된 학회에서 발표된 다음의 연구를 통해서도 확인할 수 있다. Ursula Brosseder·Bryan K. Miller (ed.), *XIONGNU ARCHAEOLOGY: Multidisciplinary Perspectives of the First Steppe Empire in Inner Asia*, Bonn Contributions to Asian Archaeology, v.5, Vor- und Frühgeschichtliche Archäologie Rheinische Friedrich-Wilhelms-Universität Bonn, 2011. 이외에도 발굴 성과를 바탕으로 한 연구는 현재까지도 활발하다. 몽골에서 2009년에 편찬된 연구 문헌 목록도 참고할 수 있다. Ц. Төрбат, ХҮННҮ СУДЛАЛЫН НОМ ЗҮЙ(*Bibliography on Xiongnu Studies*), Улаанбаатар, 2009.

30   흉노 관련 발굴 조사에 대한 지역별 성과 정리는 다음과 같다. 니콜라이 크라딘,「자바이칼의 북흉노 유적」, (재)중앙문화재연구원 편,『북방고고학개론』, 진인진, 2018, pp. 310~329; G. 에렉젠·한진성,「몽골의 흉노유적」, 같은 책, pp. 330~346; 산웨잉,「남흉노의 고고학적 문화」, 같은 책, pp. 348~375; 판링,「흉노에서 선비로」, 같은 책, pp. 376~393. 이 책에서 외국의 발굴 조사에 관한 연구 성과도 정리했다.

[그림 5] 1924년 노용 올 유적 발굴 장면(왼쪽)과 2012년 필자가 촬영한 현지 모습(오른쪽)

유적 발굴[31] 이후 거의 100여 년에 걸친 연구 성과가 축적된 결과라 할 수 있다.[32] 다만 이런 자료는 지역적으로 편중되어, 즉 막북에서 발굴한 것이 주를 이루어 이전 시기를 설명하기 어려운 점이 있다.[33] 발굴 자료

---

31   С. И. Рудеко, Культура Хуннов и ноин-улинские курганы, М-Л, 1962; 梅原末治, 『蒙古ノイン·ウラ發見の遺物』, 東洋文庫, 1960; Н. В. ПолосьмакЕ. С. Богданов·Д. Цэвээндорж, Двадцатый ноин-улинский курган., Новосибирск: ИНФОЛИО, 2011.

32   흉노 관련 고고학적 발굴 성과에 대한 소개는 다음과 같다. 강인욱, 「고고학으로 본 匈奴 의 발생과 분포」, 『문화재』 36, 2003; 윤형원, 「흉노 고고학의 성과」, 중앙문화재연구원 편, 『흉노고고학개론』, 진인진, 2018, pp. 12~21. 발굴 성과에 대한 다른 국내의 정리는 다음과 같다. G. 에렉젠·양시은, 『흉노: 몽골의 첫 번째 유목제국, 흉노의 문화유산』, 진인 진, 2017; 국립문화재연구소·몽골과학아카데미 고고학연구소 편, 『흉노匈奴, 제국의 미 술』, 국립문화재연구소, 2020.

33   馬健, 『匈奴葬儀的考古學探索 – 兼論歐亞草原東部文化交流』, 蘭州大學出版社, 2011, p. 226.

의 연대가 기원전 1세기부터 기원후 1세기 정도의 시기에만 한정되고, 발굴이 활발한 몽골공화국의 막북 초원 위주로 연구가 진행되다 보니 기록이 많은 막남 중심의 초기 역사에 관한 연구가 상대적으로 소홀하다. 더욱이 발굴 자료만으로 400년 넘게 지속된 흉노사 전반을 설명하려는 것도 문제이다. 이와 같은 문헌 기록과 발굴 자료의 시기적 편차는 관련 논쟁의 중요한 배경이 되었다.[34]

발굴 위주의 연구는 물질 자료에 기초한 까닭에 '**문화**文化'라는 관점에서 접근하는 경향이 있다.[35] 이는 고고학 연구에서 기록에 나오는 '**정치적 실체**'인 흉노와 그 문화를 바로 연결하려는 입장이다.[36] 하지만 문화는 정치적 단위인 흉노의 건국부터 소멸까지의 시간과 정확하게 맞아떨어지지 않는다. 또한 정치체의 공간적 범위와도 일치하지 않는 경우가 더 많다. 따라서 하나의 정치체인 흉노의 문화적 양상이나 특징을 발굴 자료와 바로 연결해 설명하는 일에는 신중할 필요가 있다.

고고학적 접근만이 아니라 기록에 기초한 기존의 연구도 흉노 내부의 문화적 다양성이나 복합적 측면을 지적하면서도 '흉노=유목민'이라는 선입견을 따르고 있다.[37] 유목민이 주류라는 점에서 이를 중요하게

---

34 강인욱, 「흉노와 동아시아 - 흉노학의 정립을 위한 토대 구축을 겸하여」, 『동아시아 고대 문화 속의 흉노』, 부경대학교·중앙아시아학회 2010년 국제학술대회 발표문, 2010, p. 14.

35 Sophia-Karin Psarras, "Xiongnu Culture: Identification and Dating", *Central Asiatic Journal* v.39-1, 1995, pp. 102~136; 馬利淸, 『原匈奴、匈奴 - 歷史與文化的考古學探索』, 內蒙古大學出版社, 2005.

36 흉노사의 전개 과정을 발굴 유물 자료를 연결해 편년하려는 시도도 있다. 강인욱, 「유라시아 관점에서 본 흉노의 기원과 형성」, 『유라시아 고대 네트워크 匈奴와 漢』, 부산대학교 2020년 국제학술대회 발표문, 2020, p. 118.

37 王明珂, 『遊牧的的抉擇』, 廣西師範大學出版部, 2008; 왕명가, 이경룡 역, 『중국 화하 변경과 중화민족』, 동북아역사재단, 2008; 薛瑞澤, 『秦漢魏晉南北朝黃河文化與草原文化的交

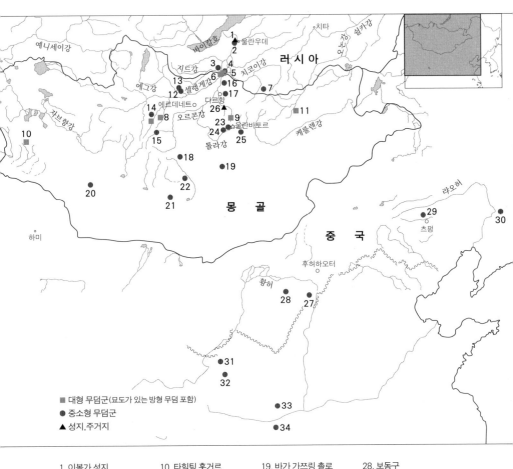

[그림 6] 흉노 주요 유적 분포도

1. 이볼가 성지	10. 타힐팅 홋거르	19. 바가 가쯔링 촐로	28. 보동구
2. 이볼가 무덤	11. 도르릭 나르스	20. 히르기스트 홀로이	29. 옹우특기
3. 데레스투이	12. 보르항 톨고이	21. 텝씨 올	30. 서차구
4. 체레무호바야 파디	13. 홍헤링 암	22. 홀르힝 암	31. 이가투자
5. 일모바야 파디	14. 나이마 톨고이	23. 바롱 하이르한	32. 도돈자
6. 차람	15. 호드긴 톨고이	24. 모린 톨고이	33. 조묘 25호
7. 샤르골	16. 다르항 올 다르항	25. 자라 톨고이	34. 객성장 140호
8. 골 모드2	17. 다르항 올 살히트	26. 버러 주거지	
9. 노용 올	18. 버르정	27. 서구반	

다뤄야 하나, 흉노 국가의 성격은 이것만으로는 설명하기 어려운 부분도 많다. 다양한 구성원이 하나가 된 복합적 성격을 띤 거대 제국을 단순하게 흉노는 '이동移動', 중국은 '정주定住'라는 **'이분법적 접근'**으로는 설명할 수 없다.[38]

이제 이런 이분법적 접근에 따른 편견을 극복하면서 흉노의 역사를 새롭게 이해할 필요가 있다. 이를 위해서는 고비 남북의 몽골 초원, 장성 주변과 그 너머 지역까지를 포함하는 공간적 범위와 유목제국의 **'문화적 복합성'**과 **'다원성'**을 고려하면서, 발굴 자료와 문헌 기록의 불일치를 해소하기 위해 노력해야 한다. 여러 가지 한계에도 불구하고 여전히 유일한 기록인 한문 자료를 다양한 발굴 자료와 연결하여, 이를 **'흉노 나름의 시각'**에 맞춰 새롭게 '해석'하는 일이 그 방법이 될 것이다.

3. 내용: 400년 넘게 이어진 몽골 초원의 첫 유목제국 역사 복원

기원전 3세기 중반 유목을 기반으로 한 기마궁사 '호胡'[39]의 하나로서 모습을 드러낸 흉노는 이후 몽골 초원을 무대로 최초의 유목국가를 건설하고 400년 넘게 체제를 유지했다. 흉노는 전국시대 말부터 중원 세력의 북방 확장에 대응하는 과정에서 초원을 무대로 성장할 수 있었다. 이에

融』, 科學出版社, 2010.

38 이분법적 접근이 아니라 통합적 관점에서 이해를 시도한 연구도 있다. Nicola Di Cosmo, "Han Frontiers: Toward an Integrated View", *Journal of the American Oriental Society* v.129-2, 2009, pp. 199~214.

39 '호'는 원래 기마 유목민의 통칭이었다가 한대에는 흉노를 지칭하는 것으로 바뀌었다(陳勇, 「『史記』所見"胡"與"匈奴"稱謂考」, 『民族硏究』 2005-6; 渠傳福·周健, 「晉陽與"幷州胡"」, 『中國文化遺産』 2008-1). 이후 호는 광의로 한이 아닌 다른 존재를 지칭하는 말로 사용되다가 수당대에 이르러 중앙아시아 출신 소그드인Soghdian(속특인粟特人)을 지칭하는 것으로 바뀌었다(森安孝夫, 『シルクロードと唐帝國』, 講談社, 2007).

중원 세력은 목축하며 살던 북변의 다양한 융과 초원의 호를 복속하거나 밀어낸 다음 장성을 수축했다. 중원 세력이 북방 세력과의 경계에 수축한 장성은 이후 중국과 그 밖의 세력을 구분하는 중요한 기준이 되었다. 또한 장성은 그 안팎에 한漢과 호胡, 즉 소위 '문명文明(화華)'과 '야만野蠻(이夷)'이 자리하고 있다는 **'이분법적 인식'**을 세계사 연구 전반에 고착시켰다.[40]

이른바 '야만'으로 치부당한 유목민은 오히려 정주 세계를 압도하고 지배하기도 하면서 독자적 세계를 만들었다. 이를 통해 세계사를 이끄는 두 수레바퀴의 하나라고 평가할 만한 존재로 자리매김했다.[41] 흉노는 기원전 3세기 이후 몽골 초원을 처음으로 통일하고 중국과 대결을 벌일 정도로 큰 세력이 되었다. 후한 말 체제가 해체되었다가 4세기 초 부흥해 북중국의 지배를 선도할 만큼 오랫동안 큰 영향을 남겼다.

한편 흉노의 움직임을 4세기 유럽의 역사를 바꾼 '게르만German의 이동'을 일으키고, 나아가 로마제국마저 공격했던 훈Hun과 연결할 수 있다고 보기도 한다.[42] 그 사실 여부에 대해 논쟁이 있으나, 흉노의 영향이

40　중국 변경을 중심으로 한 역사 전개에 관해서는 래티모어의 선구적 연구가 있고, 그 이후에도 다양한 연구가 있었다. Owen Lattimore, *Inner Asian Frontiers of China*, Oxford Univ. Press, 1988; Thomas J. Barfield, *The Perilous Frontier: Nomadic Empires and China*, Oxford: Basil Blackwell, 1989(토머스 바필드, 윤영인 역, 『위태로운 변경』, 동북아역사재단, 2009); Anatoly M. Khazanov·André Wink, *Nomads in the Sedentary World*, Curzon Press, 2001; Nicola Di Cosmo, *Ancient China and Its Enemies: The Rise of Nomadic Power in East Asian History*, Cambridge Univ. Press, 2002(니콜라 디 코스모, 이재정 역, 『오랑캐의 탄생』, 황금가지, 2005).

41　정주 농경사회와 초원 유목사회의 체제가 어떻게 다른지 설명하면서 '아메리카 치즈'를 농경문화에, '스위스 치즈'를 유목 문화에 비유한 연구도 있다(Thomas J. Barfield, *Afghanistan: A Cultural and Political History*, Princeton Univ. Press; Reprint edition, 2012, pp. 67~71). 단일함을 강조하는 정주 농경국가와 달리, 유목국가는 여러 가지 다른 요소를 쉽게 받아들일 수 있는 포용성을 가진 체제였음을 설명하기 위한 비유다.

유라시아 대륙 동쪽에 치우쳐 있는 중국 북방의 몽골 초원만이 아니라 멀리 유럽의 로마 변경까지도 미칠 만큼 대단했다는 인상을 주기에는 충분하다. 그만큼 흉노의 사적 전개 과정은 '**세계사적**' 의미를 지니는 중요한 주제의 하나다.

흉노의 활동과 영향 범위는 현재의 한 국가 단위에 한정되지 않고, 몽골 초원뿐만 아니라 오아시스, 중국 북변에 걸쳐 있었다. 이 광대한 공간을 하나로 묶어낸 흉노는 유라시아 대륙 전반에 걸쳐 큰 영향을 남겼다. 이에 그 '후계'를 주장하는 나라에서 자국의 고대사를 흉노와 직접 연결하려는 시도가 활발하다.[43] 또한 그 주변의 나라에서도 그들의 고대

42　흉노와 훈의 '동족설'은 18세기 이래로 중요한 연구 주제의 하나였고, 대부분의 흉노 연구에서 중요하게 다뤘다. 여기에서 이를 모두 나열할 수는 없어 최근의 연구 몇 가지만 소개한다. Ursula Brosseder, "Xiongnu and Huns", *Empires and Exchanges in Eurasian Late Antiquity: Rome, China, Iran, and the Steppe, ca. 250~750*, Cambridge Univ. Press, 2018, pp. 176~188; Christopher P. Atwood, "Huns and Xiōngnú: New Thoughts on an Old Problem", Brian J. Boeck·Russell E. Martin·Daniel Rowland (ed.), *Studies in History and Culture in Honor of Donald Ostrowski*, Bloomington, Slavica Publishers, 2012, pp. 27~52; Étienne de la Vaissière, "Huns et Xiongnu", *Central Asiatic Journal* v.49, 2005, pp. 3~26; Hyun Jin Kim, *The Huns*, Routledge, 2016. 최근에는 흉노와 훈을 같은 계통으로 보지 않는 것이 일반적 이해이다. 이와 관련해 훈의 왕으로 로마와 활발히 교섭했던 아틸라Attila에 대한 저작이 아주 많은데, 여기에서는 정리하지 않았다.

43　흉노를 두고 몽골공화국은 몽골로 보고, 튀르키예를 비롯한 중앙아시아 투르크 계통의 국가들은 투르크로 보려고 한다. 이는 흉노의 연원을 설명하는 일이 그 정통성 계승 문제 및 고대사 연구와 연결되는 것으로, 관련 국가들의 첨예한 다툼 속에 있는 '정치적' 문제임을 보여준다. 이와 달리 중국은 최근 민족사民族史에서 변강사邊疆史로 연구 방향이 바뀌면서 고대 소수민족의 하나였던 흉노가 중화민족中華民族의 일원이 되었다는 식으로 설명하려고 한다(윤희탁, 「'以古爲今': 중국의 민족문제와 중화민족 국가관」, 『동북아역사논총』 21, 2008). 또한 중국 정부는 2017년 시진핑 2기 집권 이후 '중화민족 공동체 의식을 단단히 다진다(鑄牢中華民族共同體意識)'는 민족 정책 기조에 따라 고대 소수민족의 하나였던 흉노가 현재 소수민족의 하나인 몽고蒙古와 직간접적인 연원 관계가 있는 중화민족의 일원이었다고 설명했다(胡玉春, 『中國古代北方民族史 匈奴卷』, 科學出版社, 2021). 개별 국가들

문화가 흉노가 꽃피운 초원 문화와 연결되거나 친연성이 있다며 다양한 접근을 하고 있다.[44]

이와 같이 '**국제적**' 성격을 띤 주제인 흉노의 역사와 문화에 관해서는 앞서 다양한 연구가 있었다. 이는 기존의 한문 기록과 이를 보완할 발굴 자료를 연결하여 문헌의 편향 내지는 오류, 발굴 자료의 편중 등의 문제를 해결하며 새로운 연구를 시도할 수 있는 토대가 되어주었다. 이 가운데서 특히 유목국가의 성격을 설명하기 위해 '**제국**empire'의 개념에 초점을 맞춰 다양한 논의를 진행한 것은 흉노의 성격을 심층적으로 이해할 수 있는 출발점이 되었다.[45]

이 책에서는 그 연장선상에서 '유목제국' 흉노의 사적 전개 과정을 정리하고, 그 성격을 재검토하려고 한다. 이를 위해 『사기』, 『한서』, 『후한서』의 기록을 흉노 건국 이전부터 소멸 시기까지 다섯 덩어리로 나눠 계기적으로 배열하고, 그 전개 과정을 정리하려고 한다. 이는 문헌 자료와 발굴 자료의 틈을 메꾸고, 나아가 기록을 새롭게 해석하여 흉노의 '진

이 보이는 흉노 원류에 대한 인식 차이는 족속과 국가라는 두 가지 다른 범주를 하나로 묶어 이해하려고 하는 데서 발생한 오류이다.

44 한국에서도 1990년대 말부터 현재까지 한국의 고대 문화와 초원 문화의 친연성을 확인하기 위한 다양한 활동이 있었다. 주로 국립중앙박물관과 국립문화재연구원 등을 중심으로 한 흉노 관련 발굴 조사와 연구 작업이었다. 그 밖에 러시아를 비롯해 유럽의 여러 국가에서도 다양한 조사와 연구가 있었다(주32 참조).

45 Ursula Brosseder, "Xiongnu Empire", John Mackenzie (ed.), 앞의 책, 2016, pp. 1~6; Walter Scheidel, "The Xiongnu and the Comparative Study of Empire", Ursula Brosseder·Bryan K. Miller (ed.), 앞의 책, 2011, pp. 111~120; Kees van Der Pijl, *Nomads, Empires, States: Modes of Foreign Relations and Political Economy*, London: Pluto Press, 2007, pp. 61~109; Daniel J. Rogers, "Empire Dynamics and Inner Asia", Jan Bemmann·Michael Schmauder (ed.), 앞의 책, 2015, pp. 73~88; Nikolay N. Kradin, "Ancient Steppe Nomad Societies", *Oxford Research Encyclopedia of Asian History*, Oxford Univ. Press, 2016, pp. 1~28.

상眞相'을 복원하려는 시도이다. 이를 위해 다음과 같이 내용을 구성했다.

제1편에서는 『사기』 「흉노열전」 앞부분의 유목 습속과 건국 전사前史 관련 기록을 재검토해 그 사료적 가치를 이해하고, 이를 바탕으로 사마천이 그려내고자 했던 흉노의 진상을 정리한다. 이와 함께 흉노 출현의 전제였던 북적北狄의 움직임, 즉 건국 전사를 단계적으로 복원한다. 이를 위해 먼저 흉노 유목제국사의 복원 과정에서 절대적 비중을 차지하는 한문 기록의 이용 여부를 타진해본다. 우선 사마천의 저술 구상에 대한 이해를 바탕으로 유목 습속과 선조에 대한 기록을 재해석해 이를 새롭게 이해해보려고 한다. 그 연장선에서 사마천이 흉노 출현의 전제로 설정한 북적 관련 기록을 검토한다. 이를 통해 사마천이 도시 주변의 비농경민非農耕民 '융·적戎狄'과 그 외곽 계곡의 전문적 목축민 '융戎', 그리고 더 북방 초원에 있던 유목민 '호胡'의 등장을 순차적으로 정리한 건국 전사를 복원한다.

제2편에서는 기원전 209년 건국부터 기원전 141년까지 흉노가 호와 융을 비롯한 여러 세력을 통합해 소위 '인궁지민引弓之民'[46]의 나라(인궁지국引弓之國)[47]를 건국하고 통일제국 한과 대등한 유목제국으로 발전하기 위해 체제를 정비한 내용을 다룬다. 이를 위해 건국 과정에서 흉노가 어떤 지향을 보여주었는가를 정리하고, 장성 주변의 목축민 융과 함께 다른 유목민을 아울러 어떤 체제를 만들었는가를 확인한다. 또한 서방 진출을 통해 유목제국으로 발전하며 실행한 체제 정비의 내용 역시 살펴본다. 아울러 한과의 관계 설정이 흉노의 집권 체제 확립과 어떻게

---

46   『史記』卷110 「匈奴列傳」, p. 2896.

47   위의 책, p. 2902.

관련되었는가에도 초점을 맞춘다. 이는 흉노가 한에 대한 군사적 도발을 지속하면서도 다른 한편으로 화친을 계속 요구했던 이유를 설명하는 것이기도 하다.

제3편에서는 기원전 141년부터 기원전 56년까지 한의 계속된 공격으로 흉노가 막남 초원에 있던 원주지를 버리고 막북으로 패퇴한 다음 위축된 상태에서 체제를 수습하는 과정을 다룬다. 이를 위해 기원전 133년부터 무제 시대 내내 지속된 한의 군사적 공세와 흉노의 대응 내용을 정리한다. 양국이 벌인 전투의 성격과 막북으로 패퇴한 흉노의 한계 역시 살펴본다. 아울러 선제宣帝 이후 흉노가 한에 굴복하면서 심화한 막북에서의 고립 상황, 그 이후 벌어진 흉노 군주를 둘러싼 계승 분쟁과 분열 과정 역시 정리한다. 이는 막북에서 위축되어 있던 흉노의 체제 재정비 과정과 그 한계를 이해하기 위한 것이다.

제4편에서는 기원전 56년 내분으로 동서와 남북으로 분열했다가 다시 막북으로 돌아온 후에 이루어진 흉노의 체제 정비, 그리고 한의 지원을 받으면서 더욱 고립된 흉노가 이를 타개하기 위해 반격을 가하며 신한新漢 교체기에 일시적으로 발전했던 과정을 정리한다. 이를 위해 먼저 기원전 56년 계승 분쟁 이후 동서로 분열되어 경쟁하던 시기를 살펴보고, 소멸한 서부와 달리 한의 지원을 받은 호한야가 다시 막북으로 복귀하여 추진한 체제 정비와 그 한계를 정리한다. 이 과정에서는 이 시기에 집중된 발굴 자료를 문헌 기록과 연결해 그 체제의 성격을 확인한다. 또한 이후 신한 교체기에 양국 관계가 악화되고 흉노가 다시 세력을 확장하면서 막북에 고립된 지역 단위 국가의 한계를 어떻게 극복하려 했는가를 살펴본다.

제5편에서는 48년 남북 분열 이후 일부가 고비를 넘어 남하해 장성

주변에서 한의 기미를 받으며 남흉노를 형성했다가 서서히 약화해 결국 체제가 해체되면서 소멸하는 216년까지의 과정을 다룬다. 이를 위해 계승 분쟁이 반복되던 과정을 체계적으로 정리하고, 경쟁을 벌이게 된 남흉노와 북흉노의 지향을 비교한다. 흉노의 권위가 약화한 이후 막북의 세력 변동과 남흉노를 중심으로 한 장성 이남의 상황도 함께 정리한다. 이를 통해 분열 이후 남흉노가 자발적으로 한의 기미를 받아들이는 방식으로 체제를 유지하다가, 결국 권위가 약화하면서 장성을 중심으로 형성된 다극 체제 속에 편입된 과정을 살펴본다.

맺음말에서는 "모든 오랑캐 중에서 큰 나라(백만대국百蠻大國)"[48]로 불린 흉노 유목세국의 사적 전개 과정과 그 성격을 간략히 정리한다. 이는 흉노가 보여준 고대 유목국가의 '원상原象'으로서의 성격을 확인하고, 나아가 그 영향을 이해하기 위한 전제를 마련하는 일이다. 이후 흉노의 권위가 계승되었음을 확인하기 위한 한 가지 예로 4세기 초 서진西晉 붕괴 이후 흉노의 '후계'를 자처하며 국가를 재건했던 소위 '병주 흉노幷州匈奴'의 움직임을 살펴본다.

정리하자면, 흉노 유목제국사를 복원하는 작업은 몽골 초원을 중심으로 한 북아시아의 유목 세계뿐만 아니라 동아시아사, 나아가 세계사에서 흉노의 위상과 의미를 곱씹어보는 과정이다. 또한 상대적으로 취약한 국내 학계의 고대 유목제국사에 대한 이해를 깊게 하면서, 동시에 앞으로 있을 새로운 접근을 기다리는 초석이기도 하다.

---

48 『漢書』卷96上「西域傳」上, p. 2893.

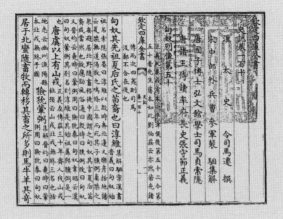

제1편

진상과 전사:

『사기』「흉노열전」속의 흉노

제1장

사마천이 그린 기마 유목민,
흉노의 '진상'

1. 사마천의 「흉노열전」 저술 구상

사마천이 흉노 원정에서 패배하고 투항한 이릉李陵(?~기원전 74)을 한 무제武帝(유철劉徹, 세종世宗, 기원전 156~기원전 87, 재위 기원전 141~기원전 87) 앞에서 변호하다가 궁형宮刑을 당한 이후에도 계속해서 『사기』를 저술한 일화는 유명하다. 그가 치욕의 감정을 누르고 저술에 임한 데는 태사공太史公이었던 아버지 사마담司馬談(?~기원전 110)의 유업을 완성해야 한다는 책임감이 중요하게 작용했다는 사실도 널리 알려져 있다.[1]

『사기』 130권 가운데는 흉노(권110)를 비롯해 남월南越(권113), 동월東越(권114), 조선朝鮮(권115), 서남이西南夷(권116), 대완大宛(권123) 등 당시 한을 중심으로 그 주변 세계에 관한 기록이 남아 있다. 이는 무제 시기의

---

1 『漢書』 卷62 「司馬遷傳」, pp. 2727~2729; 이성규 편역, 『사마천 사기 - 중국 고대사회의 형성』, 서울대학교출판부, 2007, pp. 31~44; 김영수, 『사마천과 사기에 대한 모든 것 1 - 사마천, 삶이 역사가 되다』, 창해, 2016.

한이 대외 확장을 통해 주변 외국에 대한 정보를 많이 확보했음을 뜻한다. 통일제국 한의 주변 세계(外國)에 대한 이해를 보여주는 이 여섯 권의 열전은 형식이나 내용이 통일되어 있지 않고, 전체적인 연결을 고려하여 편집되지도 않았다. 하지만 기록 자체만으로도 외국에 대한 최초의 종합적 정리로서 후대의 높은 평가를 받았다. 주변 세계에 대한 당시 중국인의 이해를 묶어냈다는 점에서 후대에 하나의 형식으로 자리 잡은 소위 정사 「사이전四夷傳」 또는 「외국전外國傳」의 모범이 되었다.[2]

『사기』의 외국에 관한 기록 중에서 흉노 관련 부분을 살펴보면, 다른 것보다 양도 많고 구성 형식도 다르다. 이는 사마천이 당시 최고 관심사이자 외교 현안이었던 흉노 문제를 특별히 생각했음을 보여준다. 그를 생사의 갈림길에 서게 했던 일련의 사건이 흉노에 관한 저술에 많은 영향을 주었으리라는 추측도 어렵지 않다.[3] 이러한 정황은 사마천이 흉노에 적대감을 느끼고 부정적으로 기록했을 수 있다는 의심을 사는 이유가 되기도 했다. 실제로 흉노 관련 전체 내용 중에서 중국과의 관계를 다룬 부분이 절대적 비중을 차지한다는 점에서 중국 중심의 기록이라는 평가를 피하기 어렵다.

그런데도 사마천의 흉노 기록에 대한 후대의 평가는 호의적인 편이다. 상고시대 북방의 존재를 관념적으로 그렸던 『산해경山海經』의 황당한 묘사와 비교했을 때 유목민의 모습을 비교적 사실적으로 그렸고, 치열하게 전쟁을 치르던 당시 상황에서 중국인의 편견과 왜곡된 자의식에서 상

---

2   김유철·하원수, 「『사기』 외국전 해제」, 동북아역사재단 편, 『譯註 中國 正史 外國傳 1: 史記 外國傳 譯註』, 2009, pp. 18~22; 史金波·關志國, 『中國民族史學史綱要』, 中國社會科學出版社, 2018, p. 57.

3   정재훈, 「흉노열전 해제」, 『譯註 中國 正史 外國傳 1: 史記 外國傳 譯註』, 2009, pp. 25~27.

당 부분 벗어난 태도를 보여주었기 때문이다.『사기』의 흉노 관련 기록은 다른 부분보다 상대적으로 객관적인 서술 태도를 유지한 예로 제시되기도 한다.

이는 흉노 자신이 남긴 기록이 없는 상태에서「흉노열전」이 중국측 기록이라는 태생적 한계에도 불구하고 관련 사료로서 간접적이나마 중요한 가치를 지닌다는 뜻이다.[4] 사마천이 창안한 기전체紀傳體 형식을 빌려『한서』를 저술하여 '단대單代 정사正史'의 체계를 확립한 반고는 사마천의 기록을 거의 그대로 채록할 정도였다.[5] 이런 계승으로 인해 사마천의 독특한 표현과 구성은 유목민을 다룬「북적전北狄傳」의 효시嚆矢가되어 이후에도 큰 영향을 미쳤다.

「흉노열전」은 선조와 유목 습속을 간단히 정리한 모두冒頭와 건국이전 북방 족속의 통사를 다룬 전사前史, 그리고 정사의 본기本紀처럼 흉노 군주인 선우單于의 연대기를 건국 이후부터 편년에 따라 기록한 부분으로 구성되어 있다. 이 중에서 세 번째 부분의 분량이 절대적으로 많은데, 한과의 관계가 중심 내용을 이루고 있다.

모두 부분과 건국자 묵특 선우冒頓單于(?~기원전 174, 재위 기원전 209~기원전 174) 시기를 다룬 부분에 흉노 자체에 관한 내용이 일부 있다. 모두에는 흉노의 선조와 유목 습속에 관한 사마천의 총론적 이해, 그리고 건국 이후 부분에는 흉노의 국가 구조 및 운영과 관련된 내용이 간략하게 남아 있다. 이와 같은 서술은 다른 외국 열전에는 없는 부분으로,

---

4   『사기』권110「흉노열전」에 대한 국내의 해제와 역주는 동북아역사재단 편,『譯註 中國正史 外國傳 1: 史記 外國傳 譯註』, 동북아역사재단, 2009가 있다.

5   『한서』권99「흉노전」에 대한 국내의 해제와 역주 역시 동북아역사재단 편,『譯註 中國正史 外國傳 2: 漢書 外國傳 譯註』, 동북아역사재단, 2009가 있다.

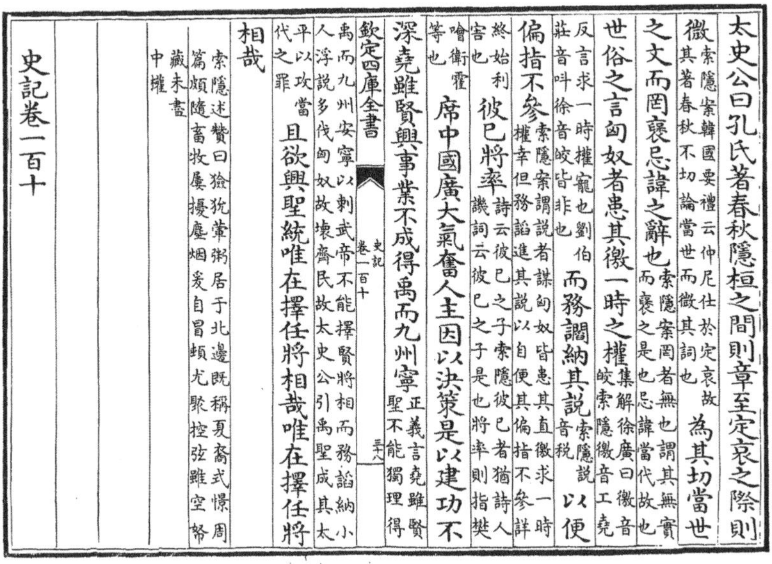

太史公曰孔氏著春秋隱桓之間則章至定哀之際則
微索隱案韓國要禮云仲尼仕於定哀故其著春秋不切論當世而微其詞也為其切當世
之文而罔襃忌諱之辭也索隱案罔者無也謂其無實而襃之是也忌諱當代故也
世俗之言匈奴者患其徼一時之權集解徐廣曰徼音皎索隱徼音工堯
反言求一時權寵也劉伯莊音叫徐音皎皆非也而務讇納其說索隱說音稅以便
偏指不參索隱案謂說者謀匈奴皆患其直徼求一時權幸但務諂進其說以自便其偏指不參詳
終始利害也彼已將率詩云彼已之子索隱彼已者猶詩人譏詞云彼已之子是也將率則指樊
噲衛霍等也席中國廣大氣奮人主因以決策是以建功不
深堯雖賢興事業不成得禹而九州寧正義言堯雖賢聖不能獨理得
欽定四庫全書 史記 卷一百十 三十八
禹而九州安寧以刺武帝不能擇賢將相而務諂納小人浮說多伐匈奴故壞齊民故太史公引禹聖成其太
平以攻當代之罪且欲興聖統唯在擇任將相哉唯在擇任將
相哉
索隱述贊曰玁狁葷粥居于北邊既稱夏裔式憬周篇頗隨畜牧屢擾塵烟爰自冒頓尤驕控弦雖空帑
藏未盡中權
史記卷一百十

[그림 1] 문연각 사고전서본 『사기』 「흉노열전」 논찬 부분

흉노 그 자체의 특성을 다룬 거의 유일한 기록이다. 이런 특징은 흉노 관련 부분에서만 드러나는 사마천의 다른 '**저술 구상**'과도 관련된다.[6] 이는 「흉노열전」의 마지막 부분에 태사공인 사마천이 자기 생각을 압축해서 실은 논찬論贊에서 확인할 수 있다. 내용 전체를 소개하면 다음과 같다.

> 태사공이 말하였다. 공자孔子(기원전 551~기원전 479) 님이 『춘추春秋』를 지으실 때 [노魯의] 은공隱公(재위 기원전 722~기원전 712)과 환공桓公(재위 기원전 712~기원전 694) 사이는 두드러지게 [기록]하면서도 [자신이 살았던] 정공定公(재위 기원전 509~기원전 495)과 애공哀公(재위 기원전 494~기원전 468) 사이는 흐릿하게 했다. 이것은 맞닥뜨린 때의 일을 적게 해야만 터무니없이

---

6 Tamara T. Chin, 앞의 글, 2010, pp. 315~324.

치켜세우지 않고, [쓰기 곤란한 일은] 꺼리거나 비껴가며 말할 수 있었기 때문이다.

동네 거리에서 흉노에 대해 떠드는 이들은 한때 [임금을 움직일 수 있을 정도의] 힘을 갖고자 안달이 나서 **그의 꼬드기는 말을 받아들이게 하려고 알랑거리는 것에만 힘을 쓸 뿐이라,** [임금이 가려고 한 것과 달리] **치우치도록 가리키는 쪽을 바꾸게 하여 저쪽[인 흉노]과 나를 [나눠] 따지지 못하게 만들었다.** [임금을 도와] 이끌고 거느릴 자들도 중국中國이 넓고 크다는 [어리석음에] 사로잡혀 몸이 날아오를 듯하게 [마음대로] 구니 임금이 이에 따라 할 일을 할 수 있을 뿐이었다. **이렇게 구니 [임금이] 나랏일을 세워 [잘하고자 해도 이룬 바가] 깊어질 수 없었다.**

요堯[임금]께서는 하실 수 있는 일이 많으셨음에도 일을 일으키지 못했는데, 우禹를 얻어서 비로소 [다스리던] 모든 곳(구주九州)을 살기 좋게 하실 수 있었다. 다시 [우리 임금께서 옛 임금의] 뛰어남을 이어 [일을] 일으키고자 하신다면 [우 임금과 같이] 부릴 수 있는 이를 골라 일을 시키시면 될 뿐이다! **오직 [임금이] 부릴 수 있는 이를 골라 일을 시키시면 될 뿐이다!**[7]

* [ ] 안의 내용은 독자의 이해를 돕기 위해 필자가 보충한 것이다(이하 동일함).

짧게 은유적으로 표현한 다른 열전의 논찬과 달리 위의 내용에는 사마천의 생각이 강하게 드러나 있다. 상대적으로 긴 분량으로 흉노 관련 문제를 진단하고 해결 방안까지 제시하려고 했다. 이런 형식적 차이

---

7   "太史公曰: 孔氏著春秋, 隱桓之間則章, 至定哀之際則微, 爲其切當世之文而罔褒, 忌諱之辭也. 世俗之言匈奴者, 患其徼一時之權, 而務諂納其說, 以便偏指, 不參彼己; 將席中國廣大, 氣奮, 人主因以決策, 是以建功不深. 堯雖賢, 興事業不成, 得禹而九州寧. 且欲興聖統, 唯在擇任將相哉! 唯在擇任將相哉!"(『史記』卷110「匈奴列傳」, p. 2919)

만으로도 사마천이 흉노 문제를 특별히 생각했음을 알 수 있다.

논찬의 시작에서 사마천은 공자가 『춘추』를 저술할 때 현재사를 제대로 적지 못했던 일을 예로 들며 '현재사 직필直筆'의 어려움을 전제했다. 이를 통해 이릉을 변호하다 무제의 노여움을 사서 궁형을 당한 치욕에도 불구하고 사마천이 현재사 서술에 강한 사명 의식이 있었음을 알수 있다. 아마도 사마천은 "이런 까닭에 아무리 요사이 벌어진 일이라도 적어야 할 것을 흐릿하게 하지 말고 있는 그대로 바르게 뚜렷하게 적어야 한다"라는 내용을 더 쓰고 싶었을 것이나 이를 직설적으로 표현하지는 않았다. 사마천은 『사기』에서 줄곧 이런 태도를 보이는데, 생략을 통해 독자가 자신의 뜻을 상상하도록 했다.

사마천은 상황을 객관적으로, 직설적으로 기록하여 역사가로서 자신의 사명을 다하고자 했다. 그가 흉노 관련 내용을 회피하지 않고 기록한 것은 조정 내의 잘못된 상황, 즉 임금 주변에 들러붙어 임금이 제대로 일을 처리하지 못하도록 방해하는 관리들을 비판하기 위해서였다. 이런 의도가 무제의 눈을 가리는 간신에 대한 공격을 넘어 그들의 주장을 들어준 무제에 대한 비난으로 읽힌다면 자신이 보복당할 수 있었음에도 사마천은 비판을 이어갔다. 흉노 문제를 다루는 관리가 상황을 정확히 이해한다면 제대로 대응할 수 있으리라 생각했기 때문이다. 그는 과거 요가 우를 데려다가 치수治水에 성공한 고사를 인용하며 뛰어난 인재를 발탁해야 한다고 주장했다. 이는 조조晁錯(기원전 200~기원전 154)가 한 문제 文帝(유항劉恒, 태종太宗, 기원전 202~기원전 157, 재위 기원전 180~기원전 157)에게 흉노 대책으로 양장良將의 중요성을 말한 것과 같은 맥락이었다.[8]

---

8   『漢書』卷49「爰盎晁錯傳」, p. 2279.

사마천은 끝부분에서 아무리 유능한 황제라도 능력을 갖춘 신하를 얻어 일을 맡겨야 한다는 말을 두 번이나 반복했다. 이는 자신처럼 흉노를 잘 아는 사람이 배제된 상태에서 상황 판단을 제대로 못 하는 간신들에 둘러싸인 무제에게 대안을 제시하려는 간절한 마음의 표현이었다. 다른 한편으로 자신의 기록을 잘 이해한 좋은 관리가 무제를 도와야만 흉노 문제를 해결할 수 있다는 의미이기도 했다.

논찬에는 흉노 문제에 대한 사마천의 깊은 고민이 담겨 있다. 그는 직필로서 현실을 비판하고 대책 마련을 위해 정확한 정보를 제공하려 했다. 이런 생각은 열전의 구성에도 큰 영향을 미쳤다. 따라서 사마천이 남긴 기록의 객관성과 정확성을 확인하기 위해서는 면밀한 내용 검토가 필요하다. 특히 중국과의 관계 부분에 비해 절대적으로 분량이 적은 흉노 자체에 대한 기록을 확인해야 사마천의 의도를 더 정확하게 알 수 있다. 이 가운데서도 선조와 유목 습속을 다룬 모두 부분이 분량은 적지만 흉노에 대한 사마천의 '인상'을 정리한 것이라 먼저 다룰 필요가 있다.

모두 부분은 「흉노열전」만의 독특한 특징으로 이후 유목민의 전형이 된 흉노의 모습이 잘 담겨 있다. 총론의 성격을 띠는 모두의 구성과 표현은 이후의 사서 저술에서 초원의 유목민을 기록하는 전범典範으로 계속해서 인용되었고, 정사에서 북적을 기록하는 모범模範이 되었다. 모두 내용에 대한 체계적 검토를 통해 사마천이 그린 기마 유목민 흉노의 '진짜 모습'과 이후의 영향, 그리고 「흉노열전」이라는 자료의 성격을 함께 살펴볼 수 있다.

2. 사마천이 그린 흉노의 선조와 유목 습속

모두 부분을 번역해 검토하려면 먼저 원문을 소개해야 할 것이다. 가장

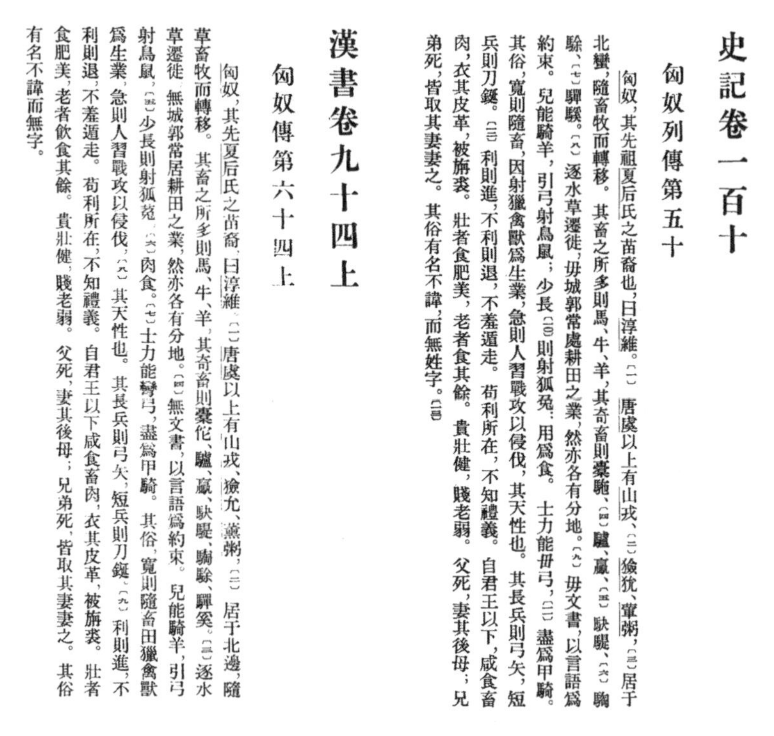

史記卷一百十

匈奴列傳第五十

匈奴，其先祖夏后氏之苗裔也，曰淳維。〔一〕唐虞以上有山戎、〔二〕獫狁、葷粥，〔三〕居于北蠻，隨畜牧而轉移。其畜之所多則馬、牛、羊，其奇畜則橐駞、〔四〕驢、驘、〔五〕駃騠、〔六〕騊駼、〔七〕驒騱。〔八〕逐水草遷徙，毋城郭常處耕田之業，然亦各有分地。〔九〕毋文書，以言語爲約束。兒能騎羊，引弓射鳥鼠；少長〔一〇〕則射狐兔：用爲食。士力能毋弓，〔一一〕盡爲甲騎。其俗，寬則隨畜，因射獵禽獸爲生業，急則人習戰攻以侵伐，其天性也。其長兵則弓矢，短兵則刀鋋。〔一二〕利則進，不利則退，不羞遁走。苟利所在，不知禮義。自君王以下，咸食畜肉，衣其皮革，被旃裘。壯者食肥美，老者食其餘。貴壯健，賤老弱。父死，妻其後母；兄弟死，皆取其妻妻之。其俗有名不諱，而無姓字。〔一三〕

漢書卷九十四上

匈奴傳第六十四上

匈奴，其先夏后氏之苗裔，曰淳維。〔一〕唐虞以上有山戎、獫允、薰粥，〔二〕居于北邊，隨草畜牧而轉移。其畜之所多則馬、牛、羊，其奇畜則橐佗、驢、驘、駃騠、騊駼、驒奚。〔三〕逐水草遷徙，無城郭常居耕田之業，然亦各有分地。〔四〕無文書，以言語爲約束。兒能騎羊，引弓射鳥鼠，〔五〕少長則射狐菟，〔六〕肉食。〔七〕士力能彎弓，盡爲甲騎。其俗，寬則隨畜田獵禽獸爲生業，急則人習戰攻以侵伐，〔八〕其天性也。其長兵則弓矢，短兵則刀鋋。〔九〕利則進，不利則退，不羞遁走。苟利所在，不知禮義。自君王以下咸食畜肉，衣其皮革，被旃裘。壯者食肥美，老者飲食其餘。貴壯健，賤老弱。父死，妻其後母；兄弟死，皆取其妻妻之。其俗有名不諱而無字。

[그림 2] 중화서국 표점교감본『사기』(오른쪽)와『한서』(왼쪽) 모두 부분

권위를 갖춘 독본은 중국에서 출간된 중화서국中華書局 표점교감본標點校勘本[9]으로 기존의 연구도 이를 모본母本으로 삼았다. 내용을 검토하기에 앞서 먼저 표점교감본『사기』의 원문을 제시하려고 한다. 일부 첨삭한 부분을 제외하면 사마천의 기록을 거의 그대로 채록한『한서』의 원문도 함께 제시해 두 기록을 비교 검토하려고 한다. 다음에 제시한 원문 번역

9 이 책에 사용한『사기』권110「흉노열전」원문은 중화서국 표점교감본(1959)이다.『사기』와의 비교를 위해 인용한『한서』역시 중화서국 표점교감본(1962)이다.

은 기존의 표점을 따랐고,[10] 소개의 편의를 위해 단락 구분만 임의로 하였다.

① 匈奴, 其先祖夏后氏之苗裔也, 曰淳維. 唐虞以上有山戎‧獫狁‧葷粥, 居于北蠻, 隨畜牧而轉移.

흉노는 그의 선조가 하후씨의 먼 자손으로 순유라고 한다. 당[요堯]과 우[순舜] 이전에 산융‧험윤‧훈육이 있어 북쪽 족속[의 땅]에 살며 길들인 짐승을 풀어 먹이며 따라다니는데 [계절에 따라 일정한 곳을] 맴돌며 옮겨 다녔다(전이轉移).

② 其畜之所多則馬‧牛‧羊, 其奇畜則橐駝‧驢‧贏‧駃騠‧騊駼‧驒騱. 逐水草遷徙, 毋城郭常處耕田之業, 然亦各有分地.

길들인 짐승의 많은 수는 말‧소‧양이고, 쉽게 보기 어려운 길들인 짐승은 낙타‧나귀‧노새‧버새‧뛰어난 말‧무늬가 있는 말이다. 물과 풀을 따라 옮겨 다니며(천사遷徙) 살아 성곽, 붙박여 사는 곳, 농사를 짓는 땅에서 먹고 사는 것이 없지만 각자 나누어 가진 땅(분지分地)이 있다.

---

10 중국의 대표적 정사 번역서인 『二十四史全譯: 史記』의 백화 번역도 중화서국 표점교 감본의 표점에 따라 번역했다(許嘉璐 主編, 『二十四史全譯: 史記 第二冊』, 漢語大詞典出版社, 2004, p. 1319). 일본의 『사기』 「흉노열전」 역주도 이 부분을 "匈奴, 其先祖夏后氏之苗裔也, 曰淳維. 唐虞以上有山戎‧獫狁‧葷粥, 居于北蠻. 隨畜牧而轉移"라고 끊어 읽고, 다음과 같이 번역했다. "匈奴 그의 先祖는 夏后氏(夏王朝의 一族)의 子孫이고 名은 淳維였다. [夏以前에 있던] 唐(堯)‧虞(舜)보다도 前의 時代에도 山戎‧獫狁‧葷粥의 諸族이 있어 北方의 蠻地에 居住하고 있었다. 그들은 畜類를 牧하기 위해 轉移했다(일본어 번역자의 생각을 그대로 보여주기 위해 한자를 제외한 부분만 번역)." 중화서국 표점교감본과 일부 표점이 다르나 번역 내용 자체는 다르지 않다(內田吟風‧田村實造 譯註, 『騎馬民族史 1: 正史北狄傳』, 東京: 平凡社, 1971, p. 3).

③ 毋文書, 以言語爲約束.

글이나 책이 없어 말로 약속한다.

④ 兒能騎羊, 引弓射鳥鼠; 少長則射狐兔, 用爲食. 士力能毋弓, 盡爲甲騎. 其
俗. 寬則隨畜, 因射獵禽獸爲生業, 急則人習戰攻以侵伐, 其天性也.

어린아이도 양을 타고 몰며 활을 당겨 새나 쥐를 쏘고, 조금 크면 여우나 토
끼를 활로 쏴서 먹거리로 쓴다. [성인] 남자의 힘은 팽팽한 활(관궁毋弓)을
다뤄 모두가 싸울 것을 들고 말을 타 싸우는 이(갑기甲騎)가 된다. 그 일이 느
긋하면 길들인 짐승을 따라다니며 새나 짐승을 쏘아 잡으며 살고, 서둘러야
하면 사람들이 싸우고 치는 것을 익히는데, 쳐들어가 죽이는 것이 [그의] 타
고난 마음가짐(천성天性)이다.

⑤ 其長兵則弓矢, 短兵則刀鋋. 利則進, 不利則退, 不羞遁走. 苟利所在, 不知
禮義.

그의 긴 무기는 활과 화살이고, 짧은 무기는 칼과 창이다. 보탬이 되면 나아
가고 보탬이 안 되면 물러나는데, 뒷걸음쳐서 가도 부끄러워하지 않는다.
오로지 도움이 되는 곳에 있으려고 할 뿐 [중국과 같은] 올바른 갖춤(예의禮
義)을 알지 못한다.

⑥ 自君王以下, 咸食畜肉, 衣其皮革, 被旃裘.

임금부터 그 밑[의 사람들] 모두가 길들인 짐승의 고기를 먹고, 짐승의 날가
죽과 무두질한 가죽을 입으며 털을 다진 직물과 갖옷을 덮는다.

⑦ 壯者食肥美, 老者食其餘. 貴壯健, 賤老弱.

젊은이가 기름지고 맛있는 음식을 먹고, 늙은이들이 그 남은 것을 먹는다. 젊고 굳센 이를 좋게 여기고, 늙고 힘없는 이를 낮게 본다.

⑧ 父死, 妻其後母; 兄弟死, 皆取其妻妻之. 其俗有名不諱, 而無姓字.
아비가 죽으면 [그를 잇는 아들이] 그 후처를 아내로 맞고, 형제가 죽으면 [남아 있는 형이나 아우가] 그의 아내를 차지한다. 그 버릇에는 이름을 부르는데 [높은 사람의 이름을 부르는 것을] 꺼리지 않으며 [중국에서 쓰는] 성姓이나 자字와 같은 것은 없다.[11]

이 번역문을 여덟 가지 주제로 나누어 사마천이 흉노를 소개한 내용과 표현 방식을 다음과 같이 정리해볼 수 있다.

① 흉노의 선조 순유와 북쪽 족속의 유목 생활
①에서는 흉노의 선조가 하의 걸桀 임금, 즉 하후씨의 먼 자손으로 상商 말기에 북쪽으로 도망간 순유였다고 말한다. 그리고 요순 이전부터 계절에 따라 길들인 짐승을 풀어 먹이며 일정한 지역을 맴돌며 옮겨 다니던 산융·험윤·훈육이라는 북쪽 족속이 있었는데 이들과 이후의 흉노가 관련이 있다는 설명을 하고 있다. 이에 대해서는 기존의 『사기』 주석으로 늘 인용하는 삼가주三家註, 즉 남조 유송대 배인裴駰의 『사기집해史記集解』, 당대唐代 사마정司馬貞(679~732)의 『사기색은史記索隱』과 장수절張守

---

11 필자는 『사기』 「흉노열전」을 이미 역주한 바 있다(동북아역사재단 편, 『譯註 中國 正史 外國傳 1: 史記 外國傳 譯註』, 2009, pp. 28~40). 이 역주 작업에서는 중화서국 표점교감본의 표점에 따라 번역했다. 위의 본문에서 제시한 번역 역시 그 표점을 따랐다. 관련 역주는 필자의 번역 참조.

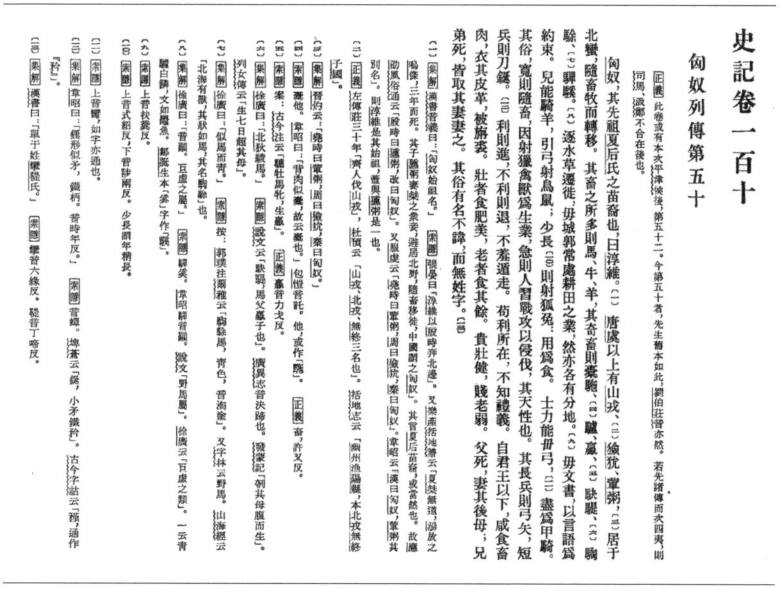
史記卷一百十

匈奴列傳第五十

【正義】此卷或有本次平津侯後，第五十二。今第五十者，先生舊本如此，劉伯莊音亦然。若先諸傳而次四夷，則司馬、汲鄭不合在後也。

匈奴，其先祖夏后氏之苗裔也，曰淳維。〔一〕唐虞以上有山戎、〔二〕獫狁、葷粥，〔三〕居于北蠻，隨畜牧而轉移。其畜之所多則馬、牛、羊，其奇畜則橐駞、〔四〕驢、驘、〔五〕駃騠、〔六〕騊駼、〔七〕驒騱。〔八〕逐水草遷徙，毋城郭常處耕田之業，然亦各有分地。〔九〕毋文書，以言語為約束。兒能騎羊，引弓射鳥鼠；少長〔一〇〕則射狐兔：用為食。士力能毌弓，〔一一〕盡為甲騎。其俗，寬則隨畜，因射獵禽獸為生業，急則人習戰攻以侵伐，其天性也。其長兵則弓矢，短兵則刀鋋。〔一二〕利則進，不利則退，不羞遁走。苟利所在，不知禮義。自君王以下，咸食畜肉，衣其皮革，被旃裘。壯者食肥美，老者食其餘。貴壯健，賤老弱。父死，妻其後母；兄弟死，皆取其妻妻之。其俗有名不諱，而無姓字。〔一三〕

〔一〕【集解】漢書音義曰：「匈奴始祖名。」【索隱】張晏曰「淳維以殷時奔北邊」。又樂產括地譜云「夏桀無道，湯放之鳴條，三年而死。其子獯粥妻桀之衆妾，避居北野，隨畜移徙，中國謂之匈奴」。其言夏后苗裔，或當然也。故應劭風俗通云「殷時曰獯粥，改曰匈奴」。又服虔云「堯時曰葷粥，周曰獫狁，秦曰匈奴」。韋昭云「漢曰匈奴，葷粥其別名」。則淳維是其始祖，蓋與獯粥是一也。

〔二〕【正義】左傳莊三十年「齊人伐山戎」，杜預云「山戎、北戎、無終三名也」。括地志云「幽州漁陽縣，本北戎無終子國」。

〔三〕【集解】晉灼云：「堯時曰葷粥，周曰獫狁，秦曰匈奴。」

〔四〕【索隱】橐他。韋昭曰：「背肉似橐，故云橐也。」包愷音託。他，或作「駝」。【正義】畜，許又反。

〔五〕【索隱】案：古今注云「驘牡馬牝，生贏」。【正義】贏音力戈反。

〔六〕【集解】徐廣曰：「北狄駿馬。」【索隱】說文云「駃騠，馬父驘子也」。廣異志音決蹄也。發蒙記「刳其母腹而生」。列女傳云「生七日超其母」。

〔七〕【集解】徐廣曰：「似馬而青。」【索隱】按：郭璞注爾雅云「騊駼馬，青色，音淘塗」。又字林云野馬。山海經云「北海有獸，其狀如馬，其名騊駼」也。

〔八〕【集解】徐廣曰：「音顛。巨虛之屬。」【索隱】驒奚。韋昭驒音顛。說文「野馬屬」。徐廣云「巨虛之類」。一云青驪白鱗，文如鼉魚。鄒誕生本「奚」字作「騱」。

〔九〕【索隱】上音扶萎反。

〔一〇〕【索隱】上音式紹反，下音陟兩反。少長謂年稍長。

〔一一〕【索隱】上音彎，如字亦通也。

〔一二〕【集解】韋昭曰：「鋋形似矛，鐵柄。音時年反。」【索隱】音蟬。埤蒼云「鋋，小矛鐵矜」。古今字詁云「矝，通作『矜』」。

〔一三〕【集解】漢書曰：「單于姓攣鞮氏。」【索隱】攣音六緣反。鞮音丁啼反。

[그림 3] 원문과 삼가주를 같이 편집한 『사기』 중화서국 표점교감본 모두 부분

節(?~1075)의 『사기정의史記正義』의 설명을 대부분 따랐다.

먼저 배인은 순유를 흉노의 시조로 보았다.[12] 사마정은 요순 이전부터 산융·험윤·훈육 등의 족속이 북쪽에서 유목 생활을 했고 이들이 흉노와 연결된다고 해석했는데, 이러한 주석이 이후의 이해에 큰 영향을 주었다. 그는 순유가 상 말기에 북쪽으로 도망을 갔으며, 걸 임금의 아들 훈육이 북쪽에 있는 들판으로 도망가 길들인 짐승을 따라 옮겨 다녔는데 이후에 이를 중국에서 흉노라고 했다, 즉 과거의 훈육을 흉노로 이름을 바꾸어 부르게 되었다고 보았다.[13] 또한 배인은 과거 요임금 시대에 훈

12 『史記集解』: 『漢書音義』曰 匈奴始祖名.

13 『史記索隱』: 張晏曰 "淳維以殷時奔北邊". 又樂產 『括地譜』云 "夏桀無道, 湯放之鳴條, 三年而死. 其子獯粥妻桀之衆妾, 避居北野, 隨畜移徙, 中國謂之匈奴". 其言夏後苗裔, 或當然

육이라고 하던 이들이 진대秦代에 흉노가 되었다고 했다.[14]

기존에는 이 삼가주를 바탕으로, 하후씨의 먼 자손인 순유가 북쪽으로 도망가 흉노의 선조가 되었고, 옛날부터 북쪽에 살면서 길들인 짐승을 따라 옮겨 다니며 유목 생활을 하던 산융·험윤·훈육과 같은 족속에서 흉노가 유래했다고 보았다. 또한 이를 바탕으로 흉노와 중국의 혈연관계를 설정해 양자가 공동의 조상에서 비롯되었다고 설명하기도 했다.[15] 이런 설명이 신뢰를 얻기 어려운 것은 중국이 주변 족속과 자신을 통합하기 위해 선조를 혈연으로 연결하려 한 역사 서술의 사례에 지나지 않기 때문이다. 일부 논자들은 사마천 역시 이에 동의해 관련 내용을 기록했다고 보기도 했다. 더욱이 이후 중원을 차지한 세력이 주변의 족속을 자기 세계 안으로 집어넣고 동화시키면서 공동 조상설에 대한 믿음을 확산하기도 했다.[16]

也. 故應劭『風俗通』云 "殷時曰獯粥, 改曰匈奴". 又服虔云 "堯時曰葷粥, 周曰獫狁, 秦曰匈奴". 韋昭云 "漢曰匈奴, 葷粥其別名".則淳維是其始祖, 蓋與獯粥是一也.

14 『史記集解』: 晉灼云 堯時曰葷粥, 周曰獫狁, 秦曰匈奴.

15 앞선 여러 연구에서 상과 주의 귀방鬼方, 혼이混夷, 훈육獯鬻, 서주의 험윤獫狁, 춘추시대의 융적戎狄, 전국시대의 호胡를 모두 흉노와 같은 종류로 보았다(王國維, 「鬼方昆夷獫狁考」, 『觀堂集林』卷13, 中華書局, 1984, pp. 583~606; 姚大力, 「追溯匈奴的前史 – 兼論司馬遷對"史道"的突破」, 『復旦學報』 2004-4, 2004, pp. 48~54). 량치차오梁啓超 역시 비슷하게 생각해 훈육·험윤·귀방·혼이·견융犬戎이 모두 같은 종족으로 이름만 다른 것으로 보았으며, 1930년대 여러 학자(뤼쓰몐呂思勉, 진위안셴金元憲, 허전야何震亞 등)도 이에 찬동하였다. 하지만 중국의 전통적 주장과 달리 귀방·험윤 등을 흉노와 다른 의거義渠로 보거나(蒙文通, 『周秦少數民族研究』, 上海龍門聯合書局, 1958), 귀방·혼이·험윤 등을 강인羌人으로 본 연구도 있다(黃文弼, 「論匈奴族之起源」, 『匈奴史論文選集』, 中華書局, 1983, pp. 2~28). 이외에도 흉노를 서방에서 온 종족으로 보는 견해도 있다(岑仲勉, 「伊蘭之胡與匈奴之胡」, 『匈奴史論文選集』, 中華書局, 1983, pp. 29~36). 이와 같이 기존의 기록에 있는 존재를 흉노라는 국가를 세운 집단과 직접 연결할 증거가 없다는 점에서 흉노의 원류에 대한 논의는 신중히 접근할 필요가 있다.

16 澤田勳, 『匈奴』, 東方書店, 2004(사와다 이사오, 김숙경 역, 『흉노: 지금은 사라진 고대 유목국가

다른 한편으로 한에 대응할 만큼 성장한 흉노 스스로가 중국과 자신을 연결하기 위해 그의 선조가 중국과 관련이 있다고 인식했다는 견해도 있다. 이는 흉노가 중원에서 이탈한 주민을 포용하기 위해 기울였던 노력과 관련된 것이다. 다만 이 견해가 성립하려면, 사마천 역시 이를 중국의 통합을 고려한 설정이 아니라 사실이라고 보고 하후씨의 먼 자손을 흉노의 선조로 기록했어야 한다.[17] 다시 말해서 이러한 견해에는 사마천이 당시 흉노의 선조를 정확하게 설명할 수 있는 객관적 정보를 가지고 기록했다는 전제가 있어야 한다. 하지만 사마천의 기록의 사실 여부와 상관없이 많은 연구자가 이를 사실로 믿고 있다.[18]

여러 논의 속에서 기존에는 ①의 내용을 통해 선조인 순유와 요순 시대부터 유목 생활을 하며 북쪽에 살던 족속이 전국시대 말에 세력화한 흉노와 연결된다고 보는 것이 일반적이었다.[19] 하지만 흉노의 원류를 일부 설명하고 있는「흉노열전」전사의 내용을 자세히 살펴봐도 중원 북쪽에 살던 족속과 흉노의 선조, 그리고 이후 세력화한 흉노의 관계를 정확히 알기 어렵다.[20] 사마천 역시 전사를 통해 이를 설명하려고 했으나 성공하지 못했다. 하夏 이후 북쪽에서 중원의 농경민과 다른 모습으로 생활하던 족속을 계통적으로 연결해 하나로 뭉뚱그려 정리했을 뿐이다.[21] 사

이야기』, 아이필드, 2007, pp. 16~18).

17 김병준, 「『사기』 흉노열전의 '흉노 前史' 기록 검토」, 『중앙아시아연구』 21-1, 2016, pp. 7~10.

18 니콜라 디 코스모, 앞의 책, 2005, pp. 388~389.

19 陳序經, 앞의 책, 2017, pp. 88~99.

20 『史記』卷110「匈奴列傳」, p. 2890.

21 흉노 전사에 관한 자세한 연구는 주15 참조.

마천의 설명은 흉노 등장 이전에 중원 북쪽에 살았으며 흉노와 관계가 있다고 추정되는 족속을 계통적으로 이해하는 데 도움을 준 것에 불과하다. 이것이 흉노의 원류에 대한 설명이 아니라는 점에서 ①을 통해 흉노의 선조와 원류, 북쪽에 살던 족속과 흉노의 관계에 대해 확실히 설명할 필요가 있다. 이에 대해서는 뒤에서 자세히 다룰 것이다.

② 가축의 종류와 유목의 특징

②에서는 길들인 짐승(가축)의 다수를 차지하는 말, 소, 양 등 초원 유목에서 중요한 발굽 달린 초식 동물(유제류)과 중국에서 볼 수 없는 다양한 종류의 가축을 나열한 다음, 초원에서 붙박이로 머무는 곳 없이 옮겨 다니는 유목 생활과 이들이 각자 나누어 가진 땅인 분지를 소개하고 있다. 이 부분은 사마천이 유목을 설명하기 위해 창안한 표현으로, 간단하지만 중요한 특징을 잘 묘사하고 있다. 특히 "물과 풀을 따라 옮겨 다니며 살아 성곽, 붙박여 사는 곳, 농사를 짓는 땅에서 먹고 사는 것이 없다"라는 표현은 이후 여러 「북적전」에서 유목민을 묘사하는 말로 계속 인용되었다는 점에서 주목할 만하다.

그런데 이보다 ①에 나오는 **"길들인 짐승을 풀어 먹이며 따라다니는 데 [계절에 따라 일정한 곳을] 맴돌며 옮겨 다녔다"**라는 표현이 앞서 문제 시기에 조조가 흉노를 지칭하던 호인胡人을 언급하며 **"갔다가 오는데 [일정한 곳을] 맴돌며 옮겨 다닌다", "몇 곳을 맴돌며 [길들인 짐승을] 풀어 먹인다"**[22]라고 유목을 묘사한 기록과 더 비슷하다는 점에서 사마천의 표현

---

22 "胡人食肉飲酪, 衣皮毛, 非有城郭田宅之歸居, 如飛鳥走獸於廣野, 美草甘水則止, 草盡水竭則移. 以是觀之, **往來轉徙**, 時至時去, 此胡人之生業, 而中國之所以離南畝也. 今使胡人數處轉牧行獵於塞下, 或當燕代, 或當上郡·北地·隴西. 以候備塞之卒, 卒少則入."(『漢書』

에 대한 재검토가 필요하다. 문제 시기에 옹주翁主를 모시고 흉노에 사신으로 갔다가 투항한 중항열中行說 역시 선우에게 흉노의 강점을 얘기하면서 유목에 대해 **"길들인 짐승이 풀을 먹고 물을 마시게 하려고 때에 따라 맴돌며 옮겨 다닌다"**[23]라고 표현했다. 두 가지 기록을 통해 사마천 이전 시기에 이미 유목을 설명하면서 '**[계절에 따라] 일정한 범위를 맴돈다**'라는 의미의 '**전轉**'에 초점을 맞추었음을 알 수 있다. 이것이 당시 유목에 대한 일반적 정의에 가깝고,[24] 사마천 역시 이와 비슷하게 ①에서 '**맴돌며 옮겨 다니는 것(轉移)**'에 초점을 맞춰 유목민의 생활을 묘사했다.

그런데도 그동안은 ①의 '맴돌며 옮겨 다닌다'는 표현을 흉노의 원류와 관련된 족속과만 연결하고 유목 생활에 대한 묘사와는 분리하면서 별로 주목하지 않았다. 반면에 ②의 "물과 풀을 따라 옮겨 다니며 살아 성곽, 붙박여 사는 곳, 농사를 짓는 땅에서 먹고 사는 것이 없다"라는 내용은 유목민을 묘사하는 '상투적 표현'으로 이후에도 계속 인용되었다. 이와 같이 유목에 대한 일반적 정의에 더 가까운 ①의 '맴돌며 옮겨 다니는 것(轉移)'이 아니라 ②의 '옮겨 다니는 것(遷徙)'에 초점을 맞춘 표현이 이후 「북적전」에서 주로 인용된 이유를 살펴볼 필요가 있다. 이는 후대 사가들이 사마천의 기록 방식을 어떻게 이해했는가라는 문제와 관련해

卷49 「爰盎晁錯傳」, p. 2285)

23 "畜食草飮水, **隨時轉移**."(『史記』卷110 「匈奴列傳」, p. 2900)

24 유목은 지역에 따라 성격을 다양하게 규정할 수 있는데, 일반적 특징은 다음과 같이 정리할 수 있다. ① 목축의 하나로 경제 행위의 한 형태, ② 광역적 성격은 축사를 갖지 않고 연중 거리의 제한 없이 방목시키는 가축 사육 방법에서 시작, ③ 주기적으로 목축 경제의 요구에 따라 일정한 목지 범위 안에서 또는 지역 사이를 왕복 이동, ④ 목축 이동에는 성원의 전부 또는 대부분 참여, ⑤ 생존에 필요한 여러 요구를 기본적으로 충족하는 정도의 생산(하자노프, 앞의 책, 1990, p. 50).

서도 검토할 필요가 있는데, 뒤에서 더 자세하게 다룰 것이다.

③ 문자 없는 사회

③에서는 흉노에 고유의 문자가 없어 말로만 의사소통하는 상황을 소개하고 있다. 열전의 다른 부분에서 확인할 수 있듯이 사마천 당시에는 이미 흉노가 한과 오랜 시간 외교 관계를 맺으면서 문서를 교환할 정도가 되었다. 흉노 내부에 있던 한인漢人을 중심으로 국가 경영에 한자漢字를 사용했다. 뿐만 아니라 흉노 나름의 문자를 사용한 증거가 발굴되기도 했다.[25] 그런데도 사마천은 흉노 자체의 문자가 없으니 책도 없으며, 약속을 말로 할 수밖에 없다고 설명했다. 이는 중국과는 다른 흉노만의 모습을 보여주려는 서술 의도에 따른 것이다.

④ 사냥과 싸움에 익숙한 습속

④에서는 초원에 사는 흉노에게 유목과 함께 중요한 생산 수단인 사냥을 소개하고 있다. 사냥이 목축에 앞서 발달한 생활의 기본 수단이라 아이부터 어른까지 모두 활을 잘 쏘고 말도 잘 이용했다고 서술한 것은 흉노의 장기를 사마천이 깊이 이해하고 있었음을 보여준다. 사마천은 특별히 '관궁冊弓(합성궁合成弓, 강한 탄성을 가진 짧은 활)'을 누구나 잘 써서 사냥했으며 이런 '무기를 갖춘 돌격 기병(甲騎)'이 있었다고 서술했다. 비록 말의 훈육馴育과 기승騎乘에 대한 구체적 내용은 빠졌지만, 흉노의 특징에 대한 정확한 이해를 담고 있다.[26] 이렇게 "사냥을 중요한 생업

---

25   강인욱, 「유목국가의 형성과 문자의 역할에 대한 고고학적 고찰 – 흉노를 중심으로」, 『백산학보』 117, 2020.

26   Hayashi Toshio, "Development of Saddle and Stirrup", *The Proceeding of the Silk Roads-Nara*

[그림 4] 음산산맥 암각화 중 수렵 및 목축 장면

의 하나로 묘사한 것"은 후대의 사가가 유목 습속과 유목민을 묘사할 때 관용적으로 인용되었다.

흉노는 평소 뛰어난 활쏘기 능력을 바탕으로 새나 짐승을 잡았는데, 이는 단순히 식량을 보충하기 위해서만은 아니었다. 사냥을 통해 값비싼 가죽과 털 등 중요한 재화를 확보했다. 사마천의 지적처럼 이들은 느긋할 때 생업에 종사하며 교역이 가능한 고가의 자원을 마련했다. 그리고 이를 필요로 하는 다른 지역과 교역했다. 만약 원하는 만큼 교역이 되지 않으면, 상황을 타개하기 위해 기마궁사의 특기를 발휘해 주변 세

International Symposium 1995: *The Silk Roads and Sports*, Research Center for Silk Roadology, 1997, pp. 65~76.

계를 공격하고 약탈하는 방식으로 소기의 목적을 달성했다. 유목민이 정주 세계나 다른 족속을 공격한 것은 가축을 기르며 유목이나 사냥만 해서는 충당할 수 없는 재화를 확보하기 위해서였다. 그들은 부족한 생활 물품이나 상층 지배 집단이 요구하는 사치품 등을 외부로부터 얻어야 했다. 물론 평화 시에는 중국이나 오아시스 지역과의 교역을 통해 필요한 재화를 얻고는 했다.

이리(랑狼)와 같은 맹수를 사냥하는 것은 가축을 보호하고 생태계를 유지하는 일이기도 했지만, 군사 훈련의 기능도 있었다. 집단을 이루어 벌이는 '몰이사냥'은 전투 상황과 유사하게 진행되어 흉노의 세력 팽창에 큰 도움이 되었다. 이렇게 길러진 기마궁사의 능력은 중국을 압박할 때나 물품을 약탈하는 과정에서 중요하게 작용했다.

사마천은 흉노의 사냥과 전투 모습이 자연스러웠기 때문에 이를 타고난 천성天性이라 했다. 초원이라는 환경에서 살아남아야 하는 유목민에게는 이런 능력이 필수적일 수밖에 없었다. 사마천은 '사냥'과 '이런 기술을 바탕으로 한 공격 방식'이 유목사회, 나아가 유목국가를 유지하는 수단임을 간파하고 이를 간결하면서 정확하게 정리했다. 이 역시 흉노에 대한 사마천의 깊은 이해를 보여준다.

⑤ 무기와 전법을 통해 본 성향

⑤에서는 흉노의 기마궁사가 쓰는 무기 중에서 말 위에 앉아 사용하는 활과 화살, 칼과 창을 소개하고 있다. 무제 시기 흉노와 한의 전쟁이 격화되던 상황에서 사마천은 '보탬이 되면 나아가고, 아니면 달아나는 것을 부끄러워하지 않는' 흉노의 기마 전술에 대해 설명했다. 이는 소수의 기병으로 다수의 보병을 상대하며 치고 빠지는 식의 게릴라 전술을 말한

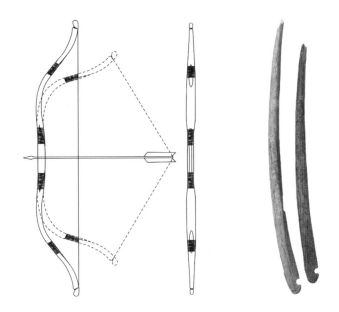

[그림 5] 흉노 활 복원도(왼쪽)와 출토된 골제 부속구(오른쪽)

[그림 6] 파르티안 샷 직물 장식

다. 흉노는 이런 전술을 구사해 한의 군대를 괴롭혔고, 막북 초원에서 한의 군대와 벌인 전투에서 큰 성과를 거두었다. 이와 직접 관련된 것은 아니지만, 이런 묘사는 기마궁사가 일부러 뒤로 물러나면서 뒤를 돌아보며 화살을 쏘는 소위 '**파르티안 샷**Parthian shot'을 구사했던 모습을 연상하게 한다.[27] 그 밖에 흉노가 도움이 되는 곳에만 있으려 하고 예의를 모른다고 표현한 것은 상대적으로 좋지 않은 초원 환경에서 생존하기 위해 유목민이 보여준 '**영악한**cunning' 태도를 중원의 농경 지역에 사는 중국인의 생활 모습과 견주어 말한 것이다. 유목민의 '야만성'을 보이기 위해 일부러 부정적으로 그린 것일 수 있지만, '생존 본능'이 발달할 수밖에 없는 열악한 환경에 놓인 유목민에 대한 정확한 묘사임은 분명하다.

⑥ 식과 의생활

⑥에서는 흉노가 목축에서 얻은 고기와 그 부산물로 먹거리와 입을 거리를 마련하는 것을 설명하고 있다. 유목과 사냥에 기반한 흉노의 식생활은 당연하게도 육식 위주였다. 반고는 '육식肉食'이라는 표현으로 사마천의 기록을 바꾸기도 했으나, 그보다는 '길들인 짐승 고기(축육畜肉)'라는 사마천의 표현이 더 정확하다. 중국인들이 보기에 초원 유목민의 육식 위주 생활은 그들을 특징짓는 중요한 요소였기에 이러한 묘사는 이후 기록에서도 반복적으로 등장한다.

다만 여기에 옮겨 다니며 살기에 적합한 조립식 가옥(몽골은 게르ger, 투르크는 유르트yurt)에 대한 설명이 없다는 점은 아쉽다. 한곳에 고정된 중국의 가옥과 다른 이동형 천막에 거주하는 것은 특별히 다룰 만한

27　相馬隆,「安息式射法雑考」,『史林』53-4, 1970, pp. 92~113.

[그림 7] 음산산맥 암각화 중 천막

[그림 8] 도르릭 나르스 4호분에서 출토된 흉노 동복(왼쪽)과 토기(오른쪽)

부분인데 관련 설명이 없다.

⑦ 강건자 중시 및 노약자 경시

⑦에서는 중국과 달리 흉노는 노약자를 경시하고 젊고 강건한 사람을 중시한다며 비교하듯 설명하고 있다. 열전의 다른 부분에서 중항열이 한에서 온 사신에게 그 이유를 변명한 것에서 확인할 수 있듯이,[28] 이는

---

28   『史記』卷110「匈奴列傳」, p. 2899.

혹독한 초원 환경에서 어려움이 닥쳤을 때 젊은 사람이 나서서 먹거리를 구하게 하려고 평소 좋은 것을 제공하는 '생존의 지혜'에 관한 내용이다. 일견 예의가 없고 위아래도 모르는 것처럼 보이나 실상은 생존을 위해 발전시킨 독특한 습속이 중국과 달랐을 뿐이다. 사마천 역시 이런 차이에 주목하여 기록했다.

유목사회에서도 노인에 대한 공경이나 연장자를 중심으로 가족 관계를 유지하는 것은 중국에서만큼 중요했다. 대개 핵가족으로 구성되어 자손이 결혼 이후 분가하면 노인의 공양이 문제가 될 수 있었는데, 막내(말자末子)가 부모와 함께 천막에서 동거하는 방식으로 이 문제를 해결했다. 유목민의 말자 상속은 이런 습속과 연결해볼 수 있다.

⑧ 수계혼과 호칭

⑧은 흉노의 수계혼收繼婚에 대한 설명인데, 이는 대가족 제도에 기초한 중국과 달리 천막 단위의 핵가족 생활을 하는 유목민의 독특한 결혼 방식의 하나였다. 수계혼은 핵가족 내에서 가장이 사망한 이후 남은 부녀자의 생존과 남성 가계의 재산권을 보장하는 장치였다. 이를 통해 핵가족의 중심인 가장이 바뀔 경우에도 기존 가장에 속해 있던 여성의 생계를 보장하고 인척과의 관계를 유지했다.[29] 중국과 비교하면 이상하게 보일 수 있지만, 유목민의 사회 구조에 맞게 고안한 방식이었다. 호칭 방식 역시 사마천이 중국과 비교하여 서술한 흉노만의 독특한 특성이었다. 여기에서도 사마천이 흉노의 실상에 대한 충분한 이해를 바탕으로

---

29   武沐, 『匈奴史研究』, 民族出版社, 2005, pp. 111~136; 武沐·王希隆, 「對烏孫收繼婚制度的再認識」, 『西域研究』, 2003-4, p. 42.

기록했음을 알 수 있다.

3. 선조와 유목에 대한 기록의 재구성과 사마천의 흉노 이해

이와 같이 사마천은 흉노의 선조와 유목을 비롯한 다양한 생활 습속을 명료하게 보여주었다. 자신의 주관적인 평가를 내세우기보다는 중국과의 대비를 통해 흉노의 특성을 분명하게 드러냈다. 흉노에 대한 깊은 통찰과 정확한 정보를 가지고 최대한 '객관적 사실'을 기록하려 노력했다. 이후의 여러 「북적전」에서 사마천이 창안한 다양한 표현을 계속 인용한 것을 보면 그 기록이 얼마나 가치 있는 것인지 짐작해볼 수 있다.

　위의 정리를 통해 사마천이 그리고자 했던 흉노의 '진상'을 어느 정도 알 수 있었다. 다만 이를 더 구체화하려면 앞에서 의문을 제기한 ①과 ②의 내용 일부를 다시 검토할 필요가 있다. 일부 내용이 얽혀 있는 ①의 흉노 원류에 관한 부분을 다시 살펴본 다음, 기존과 달리 일부를 분리해 이를 ②의 유목 관련 내용과 연결해 해석해보려고 한다.

　①의 내용을 중화서국 표점교감본의 표점에 따라 번역하면, 2개의 문장이 선조에 대한 설명이 된다. 앞 문장의 "흉노는 그의 선조가 하후씨의 먼 자손으로 순유라고 한다"라는 부분을 통해 흉노의 선조가 순유라는 점을 분명히 알 수 있다. 뒤 문장에서 "당[요]과 우[순] 이전에 산융·험윤·훈육이 있어 북쪽 족속[의 땅]에 살며 길들인 짐승을 풀어 먹이며 따라다니는데 [계절에 따라 일정한 곳을] 맴돌며 옮겨 다녔다"라고 한 부분은 짧은 문장이지만 주어를 누구로 할 것인가에 따라 의미가 달라질 수 있다. 이에 대해서는 사마천 이후 거의 900년이 지나서 주석을 단 사마정도 정확하게 알기 어려워 자세한 설명을 달았다. 사마정은 선조 순유와 그가 흉노의 원류로 본 산융·험윤·훈육의 관계, 이들과 흉노의 관

계를 정리했는데, 다른 이해가 어려운 상황에서 그의 정리가 이후 이를 설명하는 준거가 되었다.[30] 이에 따라 기존처럼 뒤 문장의 주어를 흉노로 번역하면 ①의 앞 문장에서 언급한 흉노의 선조 순유와 뒤 문장에 나오는 북쪽 땅에 살던 족속의 관계가 불분명해지고, 요순시대부터 북쪽에 살던 족속이 유목 생활을 했다는 서술이 되어 실제 정황과 맞지 않게 된다. 순유가 도망간 북쪽 땅에 요순 이전부터 산융·험윤·훈육이 있었다고 읽는다면, 오래전부터 북쪽에 중원과 다른 문화를 가진 세 족속이 살았다는 전승에서 흉노의 원류를 찾으려 한 기존의 이해는 유지할 수 있다. 더욱이 이는 당시 중원 사람들에게 북쪽에 사는 주민들에 대해 알려주는 유일한 내용이라 흉노의 원류를 추적하려는 대부분의 논의에서 그대로 인용될 수밖에 없었다.[31]

그러나 이것만으로는 기록에 나오는 존재의 실체를 정확하게 알기 어렵다. 먼저 상 말기에 순유가 북쪽으로 갔을 무렵 북쪽에 살던 족속의 위치를 정확히 알 수 없다. 그런데도 대부분의 연구자가 단순히 추정만으로 삼가주 주석을 별다른 의심 없이 받아들이고 산융·험윤·훈육이 북쪽 '초원'에서 유목을 하며 살았다고 간주했다.[32] 그러나 순유가 도망갔다고 한 상 말기의 상황을 고려해보면, 원래 도시에 살았던 그가 옮겨 간 북쪽 땅은 멀리 떨어진 초원이라 보기 어렵다. 도시국가都市國家가 네트워크 체제를 이루고 있었던 상과 주周대의 중원 사람들은 그들의 통제를 받지 않는 지역에서 간단한 농경이나 사냥을 하거나 가축을 키우며 살던

---

30 주13 참조.

31 주15 참조.

32 주13 참조.

사람을 자신과 다른 존재로 인식했다. 이에 대한 여러 표현이 있었는데, 그중의 하나가 만蠻이었고 북쪽에 살던 이들을 북만北蠻이라고 했다. 이 무렵의 북만은 도시 북쪽에 사는 비농경민 혹은 반목반농에 종사하던 집단이었다. 이들은 이 무렵까지 직접 교섭이 가능한, 도시에서 멀리 떨어지지 않은 범위 내에 살고 있었다.

기존 연구는 이런 점을 간과하고 북쪽에 사는 집단이 유목 생활을 했다고 보고, 순유 역시 유목이 주류인 초원에 갔다고 오해했다. 유목은 농경을 하거나 고정된 장소에서 가축을 사육하기 어려운 초원에 특화된 생산 양식으로,[33] 요순시대뿐만 아니라 주대에도 아직 일반적이지 않았다.[34] 또한 유목의 무대인 초원과 중원 세력이 교섭한 것은 순유가 북쪽으로 간 것보다 훨씬 이후의 일이었다. 전국시대가 되면서 도시국가 체제가 해체되고 영역국가領域國家가 발전할 무렵에야 교류가 시작되었다. 기록에서도 중원 세력이 북쪽으로 확장하여 장성을 수축한 뒤에야[35] 비로소 유목민인 호胡에 대한 기록이 나타난다.

또한 기존 연구는 중원의 확대와 유목민과의 만남을 시기적으로 구분하지 않았다. 흉노의 원류로 추정되는 산융·험윤·훈육이 북쪽에 살았는데 이들이 오래전부터 '유목'을 하며 살았다는 견해에 따라 앞에서 소개한 것처럼 끊어 읽었다.[36] 이런 이해가 맞으려면 상 말기 중국의 범위, 도시 북쪽에 살던 족속과 그들의 생활 방식, 중원 국가와 초원 유목민의 접촉, 유목의 발생 시기, 북쪽에 살던 족속과 이후 흉노와의 관계 등 다양

---

33   주24 참조.

34   林俊雄, 앞의 책, 2007, pp. 180~181.

35   니콜라 디 코스모, 앞의 책, 2005, p. 214.

36   주15 참조.

한 문제가 해명되어야 한다. 이런 설명도 없이 중국이 확장하는 과정에서 초원 세력과 본격적으로 맞닿으며 만들어진 후대의 '북방=초원=유목'이라는 도식에 끼워 맞춰 흉노의 원류와 연결된다고 추정되는 집단이 원래부터 유목 생활을 했다고 이해했다.

흉노의 원류가 오래전부터 유목 생활을 했다는 이해와 다른 설명을 하려면 ①에서 끝에 붙어 있는 유목 관련 내용을 분리하고, "匈奴, 其先祖夏后氏之苗裔也, 曰淳維. 唐虞以上有山戎·獫狁·葷粥, 居于北蠻"까지를 하나의 내용 단위로 봐야 한다. 그렇다면 이는 "흉노는 그의 선조가 하후씨의 먼 자손으로 순유라고 한다. 당과 우 이전에 산융·험윤·훈육이 있어 북쪽 족속[의 땅]에 살았다"[37]라고 번역할 수 있다.

이렇게 나눈 다음 번역해보면, ①은 선조인 순유와 함께 '원류'로 추정되는 산융·험윤·훈육이 오래전부터 북쪽에 살았다는 정도의 간단한 소개가 된다. 필자가 사마천이 이 정도만을 기록했다고 보는 까닭은 정보의 한계로 흉노의 원류를 설명하기 어려운 상황에서 북쪽에 살던 산융·험윤·훈육 등에 대한 전승 정도만 정확하다고 판단하고 거기까지만 서술했으리라 보는 것이 타당하기 때문이다. 사마천은 다른 부분에서도 정확한 정보가 없으면 기록하지 않을 만큼 엄격한 태도를 보였다. 그에게는 이 정도의 기록이 최선이었을 것이다.

또한 ①을 선조와 원류만을 간단히 기록한 것으로 보고 흉노의 원

---

37 이 문장 주어를 순유로 보면, "흉노는 그의 선조가 하후씨의 먼 자손으로 순유라고 한다. 당과 우 이전부터 산융·험윤·훈육이 있었는데, [순유가 이들과 함께] 북쪽 족속[의 땅]에 살았다"라고 번역할 수 있다. 이 내용은 순유가 북쪽으로 도망가 이전부터 본래 그곳에 살던 산융·험윤·훈육과 같이 살았다는 것, 즉 '흉노 선조 순유의 간단한 행적'에 초점을 맞춘 것이다. 이렇게도 번역할 수 있으나, 필자는 두 문장의 주어가 다르다고 보고 선조인 순유와 흉노의 원류로 추정되는 족속에 대한 두 가지 설명이라고 이해했다.

류가 유목에 종사하지 않았다고 이해한다면, ①의 뒷부분을 분리하여 유목 관련 내용인 ②와 연결할 수 있다. ①에서 분리한 유목 관련 내용만 번역하면 "길들인 짐승을 풀어 먹이며 따라다니는데 [계절에 따라 일정한 곳을] 맴돌며 옮겨 다녔다(隨畜牧而轉移)"이다. 사마천에 앞서 조조와 중항열이 '전轉', 즉 '맴돈다'라는 표현으로 유목을 설명한 것과 같다.[38] 이 부분을 뒤에 따라오는 유목에 관한 설명의 전제로 보면 ②의 내용과 묶을 수 있다. 그렇게 묶어 하나의 내용으로 보면 **'흉노의 유목 생활 모습'** 전반을 설명한 것이 된다.

기존의 표점에 따르면, ②의 맨 앞에 있는 가축 종류에 관한 설명이 맥락 없이 불쑥 튀어나온 것처럼 보인다. 반면에 표점을 바꿔 유목의 정의를 앞에 두면, 다음에 붙는 내용이 모두 '길들인 짐승을 풀어 먹이며 따라다닌다(隨畜牧)'에 대한 자세한 설명이 된다. 첫 번째 내용은 풀어 먹이는 '목축의 대상', 즉 '길들인 짐승(畜)'에 대한 설명이다. 사마천도 이런 구성을 고려한 듯이 말·소·양과 같은 주요한 짐승과 중원에서 볼 수 없는 특별한 짐승 두 가지를 나눠 설명했다.

두 번째 "逐水草遷徙, 毋城郭常處耕田之業"이라는 문장도 ①에서 떼어낸 유목의 정의와 연결하면 '맴돌며 옮겨 다니는 것(轉移)' 중에서 '옮겨 다니는 것(移)' = '옮겨 다니는 것(遷徙)'에 대한 자세한 설명이다. 이는 사마천이 중국과 눈에 띄게 다른 흉노의 특징인 '옮겨 다니는 것(移)'을 설명한 내용이다. 그는 흉노에는 중국과 같은 성곽이나 농지, 정주지 등이 없다고 했다. 이러한 서술을 통해 중국인들이 사는 곳을 옮겨 다니는 유목민의 낯선 면모를 정확하게 이해하기를 바랐다.

---

38   주22와 주23 참조.

세 번째, '분지'에 대한 설명은 옮겨 다니는 대상이 되는 목초지, 즉 맴돌며 옮겨 다니는 '범위'에 대한 내용이다. 유목민에게 목초지는 유한한 것이라 일정한 범위 내에서만 맴돌며 재생산을 할 수 있었다. 즉 유목민은 일정하게 정해진 범위를 중심으로 가축을 풀어 먹이며 옮겨 다녀야 했다. 그 범위인 분지는 엄밀히 말해 '한시적 독점 사용권'을 가진 하나의 가족 내지는 씨족이 소유한 '분유지分有地'였다.[39] 사마천은 이를 정확하게 알고 맴돌며 옮겨 다니는 범위로서 분지를 다루었고, 유목민들이 고정된 주거는 없으나 목초지만큼은 정해진 범위를 '맴돌며' 옮겨 다닌다는 점을 보여주고자 했다.

그런데 사마천의 이런 사실에 가까운 표현과 달리 후대의 기록을 살펴보면, '분지'에 대한 설명이 거의 없다. 또한 사마천은 ①에서 '가축을 따라다니며 풀어 먹이는데, 맴돌며 옮겨 다니는 것'이라고 유목을 규정한 반면, 기존의 표점에 따른 설명은 ②에 있는 '옮기는 것(移)'에 관한 표현인 "물과 풀을 따라 옮겨 다닌다(逐水草遷徙)"를 들면서 '붙박이로 머무는 곳 없이 옮겨 다니는 모습'을 유목이라고 정의하는 것이 일반적이다.

이러한 설명은 '단대 정사'를 창안했다고 높은 평가를 받는 반고로부터 시작되었다. 그는 흉노 관련 부분에서 사마천의 기록을 거의 그대로 채록할 만큼 높은 신뢰를 드러내면서도 자기 생각에 따라 일부 표현을 바꾸기도 했다. 반고는 모두 부분에서 ①의 '북만北蠻'을 '북변北邊'으로,[40] '수축목隨畜牧'을 '수초축목隨草畜牧'으로 바꿨다.[41] 또한 「흉노전」

---

39 김호동, 「古代遊牧國家의 構造」, 서울대학교 동양사학과연구실 편, 『講座 中國史 Ⅱ』, 지식산업사, 1989, p. 260.

40 순유가 북변에 살았다는 반고의 서술은 그가 도망간 곳이 북쪽 끝에 있었다는 후대의 인식과 관련된다. 반고는 순유가 초원까지 멀리 갔다고 여겼던 것으로 보이지만, 북쪽 족속

의 논찬에서도 유목에 대해 "풀을 따라 길들인 짐승을 따라다닌다"라고 사마천과 다르게 표현했다. 이는 간명하게 유목의 특성을 정의한 사마천의 설명을 혼란스럽게 만들었다. 이렇게 일부 수정한 표현을 비롯해 흉노와 유목에 대한 반고의 기록을 살펴보면, 사마천의 시대보다 유목민과의 접촉이 많아진 후한시대에 오히려 유목에 대해 더 관념적인 이해와 편견을 가졌던 것으로 보인다.[42] 이 무렵의 중국인들은 붙박이로 머무는 곳 없이 옮겨 다니는 유목민의 모습에 매우 강한 인상을 받았던 듯하다.

반고의 표현은 후대 사가들의 주목을 받으며 이후 편찬된 「북적전」에서 계속 인용되었고 상투적인 내용이 되었다. 『후한서』를 저술한 유송대의 범엽은 유목을 설명하며 **"붙박여 사는 곳 없이 옮겨 다닌다"**라는 반고의 표현을 그대로 인용했다. 그는 오환烏桓에 관해 "물과 풀을 따라 [길들인 짐승을] 놓아두고 풀어 먹이는데, 사는 곳도 붙박이로 머무는 곳이

(북만)에 가 살았다고 한 사마천의 표현이 더 사실에 가깝다.

41 반고는 사마천과 달리 "풀을 따라다니며 길들인 짐승을 풀어 먹인다"라고 생각해 '초草'를 보충했다. 하지만 사마천이 유목을 정의한 ②와 이 부분을 연결하면 굳이 넣을 필요가 없는 부언이다. 반고는 그 나름의 이해에 따라 기록했는데, 이와 비슷한 표현은 아래 주에서 확인할 수 있는 것처럼 그의 논찬에도 나온다.

42 반고가 흉노를 이적夷狄이라고 하며 강한 편견을 보인 것은 「흉노전」의 논찬에서 "이적의 사람들은 갖고 싶고 도움이 되는 것만을 좋아하며, 머리를 풀어 헤치고 왼쪽으로 옷고름을 매는데, 사람의 얼굴임에도 짐승의 마음이 있다. 중국과 옷 입는 것이 다르고 사는 버릇도 다르다. 마시고 먹는 것도 같지 않고, 말도 주고받을 수 없다. 북쪽 가장자리 찬 이슬이 내리는 곳에 치우쳐 사는데, 풀을 따라 길들인 짐승을 따라다니며 활로 쏴서 사냥하는 것으로 먹고 산다. [중국과 흉노는] 산과 계곡으로 나뉘어 있고, 사막으로 막혀 있으니, [그 구별은] 하늘과 땅이 바깥과 안을 단절한 결과라고 할 수 있다"라고 한 것에서 확인할 수 있다(정재훈, 「흉노전 해제」, 앞의 책, 2009, pp. 27~28). 원문은 다음과 같다. "夷狄之人貪而好利, 被髮左袵, 人面獸心. 其與中國殊章服, 異習俗, 飲食不同, 言語不通, 辟居北垂寒露之野, 逐草隨畜, 射獵為生, 隔以山谷, 雍以沙幕, 天地所以絕外內也."(『漢書』卷94下「匈奴傳」下, p. 3834)

없다"[43]라고 했다. 범엽이 사마천과 달리 '옮겨 다닌다(遷徙)'를 강조한 것은 서진의 멸망과 이후 남북의 분열 과정을 겪으며 강남江南으로 이주한 중국인이 갖게 된 강한 편견에 따라 유목을 관념적으로 이해했기 때문이다.[44] 범엽은 '유목=이동'이라고 이해했다.

반고에서 범엽으로 이어진 표현 방식은 이후에 편찬된 「북적전」에서 계속되었다. 북제北齊의 위수魏收(507~572) 역시 『위서魏書』에서 고차高車에 대해 "그들은 옮겨 다니는데 물과 풀을 따라가고, 가죽으로 옷을 만들어 입고, 고기를 먹으며, 소와 양 등의 길들인 짐승은 모두 연연蠕蠕과 같다. 유독 수레바퀴가 크고 높으며 바큇살 수가 많다"[45]라고 했다. 그 역시 '옮겨 다니는 것'에 주목했다. 이는 북위北魏 시대 북쪽 초원에서 유목 생활을 하던 유연柔然(『위서』에는 연연, 『양서梁書』에는 예예芮芮라고 기록)과 고차에 관한 기록인데, "물과 풀을 따라 옮겨 다니며 길들인 짐승을 풀어 먹인다"라고 한 것에서 유목민에 대한 피상적 이해를 확인할 수 있다.[46]

당 초기인 636년에 편찬된 『주서周書』의 돌궐突厥에 대한 기록에도 이런 표현이 이어졌다. 돌궐의 습속에 대해 "그들의 버릇이 머리카락을

---

43 "隨水草放牧, 居無常處."(『後漢書』卷90 「烏桓鮮卑列傳」, p. 2979) 『삼국지』에서도 같은 내용을 인용했다(『三國志』卷30 「魏書 烏桓鮮卑東夷傳」, p. 832).

44 범엽은 『후한서』 「남흉노열전」의 논찬에서 흉노를 전쟁을 일으키는 분란 유발자라고 표현하는 등 부정적 편견을 그대로 드러냈다. "贊曰: 匈奴既分, 羽書稀聞. 野心難悔, 終亦紛紜."(『後漢書』卷89 「南匈奴列傳」, p. 2971)

45 "其遷徙隨水草, 衣皮食肉, 牛羊畜產盡與蠕蠕同, 唯車輪高大, 輻數至多."(『魏書』卷103 「高車列傳」, p. 2308)

46 "隨水草畜牧."(『魏書』卷103 「蠕蠕列傳」, pp. 2290~2291); "無城郭, 隨水草畜牧, 以穹廬爲居."(『梁書』卷54 「西北諸戎 芮芮國」, p. 1849)

길게 늘어뜨리고, 옷깃을 왼쪽으로 여미며, 둥근 모양의 다진 털로 된 천막에 사는데, 물과 풀을 따라 옮겨 다니며 길들인 짐승을 풀어 먹이고 활을 쏘아 사냥하는 것을 일로 삼는다. 늙은이를 낮게 여기고 굳센 이를 더 높게 여기는데, 부끄러움이 적고 예의가 없는 것이 마치 옛날 흉노와 같다"[47]라고 했다. 이 내용은 흉노에 대한 사마천의 표현을 요약한 것이나 다름없는데, 유목에 대해서는 여전히 범엽의 표현을 따랐다. 이런 표현은 『주서』와 같이 편찬된 『수서隋書』에서도 크게 바뀌지 않았다. 돌궐에 대해 "그들의 버릇은 길들인 짐승을 풀어 먹이는 것을 일로 삼고, 물과 풀을 따라다니며 붙박이로 사는 곳이 없다. 원형의 다진 털로 만든 천막에 살고, 머리카락을 길게 늘어뜨리고, 옷깃을 왼쪽으로 여미며, 살코기를 먹고 발효유를 마시고, 몸에 입는 것은 가죽과 털이며, 노인을 천하게 여기고 건장한 사람을 귀하게 여긴다"[48]라고 했다. 이 역시 『사기』의 내용을 압축 정리한 것이나, 『주서』의 표현과 맥을 같이하면서 유목에 관한 표현도 그대로 따랐다.

아울러 『수서』에서 철륵鐵勒(『위서』에서는 고차, 『수서』에서는 철륵이라 했는데 투르크계 유목민을 지칭한다)을 설명하면서도 "붙박이로 사는 곳이 없으며, 물과 풀을 따라 옮겨 다닌다. 사람들의 마음가짐이 [상대가] 죽을 지경에 이를 정도로 사납고 나빠 참지 못하며 말을 타고 활 쏘는 것(기사騎射)을 잘하며, 갖고자 하는 [마음이] 너무나도 지나쳐 [남의 것을] 빼앗아 먹을거리로 삼는다"[49]라고 했다. 이상과 같이 당 초기 편찬된

---

47 "其俗被髮左衽, 穹廬氈帳, 隨水草遷徙, 以畜牧射獵爲務. 賤老貴壯, 寡廉恥, 無禮義, 猶古之匈奴也."(『周書』卷50「異域傳」下〈突厥條〉, p. 909)

48 "其俗畜牧爲事, 隨逐水草, 不恒厥處. 穹廬氈帳, 被髮左衽, 食肉飲酪, 身衣裘褐, 賤老貴壯."(『隋書』卷84「突厥傳」, p. 1864)

「북적전」의 유목에 대한 설명은 모두 '맴돌며 옮겨 다니는 것'이 아니라 '옮겨 다니는 것'에 주목해 정처 없이 떠돈다는 인상을 강하게 주었고, 심지어는 유목민을 야만적 존재로 비하하기도 했다.

당 중기에도 유목을 표현하는 방식은 변하지 않았고 기존의 내용이 계속 인용되었다. 801년에 두우杜佑(735~812)가 편찬한 『통전通典』에서 철륵에 대해 "물과 풀을 따라 물 흐르듯 옮겨 다닌다"[50]라고 했으며, 거란(契丹)과 키르기스(견곤堅昆)에 대해서도 "물과 풀을 따라 길들인 짐승을 풀어 먹인다"[51]라고 했다. 오대五代에 편찬된 『구당서舊唐書』에서도 정처 없이 옮겨 다니는 유목민을 비하하는 표현이 더 강해졌다. 예를 들어 당을 도와 군사적 역할을 담당하며 성장하여 8세기 중반 돌궐을 대체하고 마침내 초원의 패권을 차지한 위구르(회흘回紇 또는 회골回鶻)에 대해 "그의 선조가 흉노와 연결되는데…… 후위後魏 시대에 철륵 부락이라고 불렀다. …… 임금이 없고 사는 곳이 같지 않아 물과 풀을 따라 옮겨 다니는데, 사람들의 마음가짐이 나쁘고 참지 못하나 말을 타고 활을 쏘는 것을 잘하며 갖고자 하는 것이 많아 빼앗는 짓거리를 하며 먹고산다"[52]라고 했다.

이상에서 살펴본 것처럼, '**맴돌며**' 옮겨 다닌다고 한 사마천의 표현

---

49 "居無恒所, 隨水草流移. 人性凶忍, 善於騎射, 貪婪尤甚, 以寇抄爲生."(『隋書』 卷84 「鐵勒傳」, p. 1880)

50 "隨水草流移."(『通典』 卷199 「邊防15」 〈鐵勒〉, p. 5464).

51 "隨水草畜牧."(『通典』 卷199 「邊防16」 〈契丹〉, p. 5268); "隨水草畜牧."(『通典』 卷193 「邊防16」 〈堅昆〉 p. 5485).

52 "迴紇, 其先匈奴之裔也, 在後魏時, 號鐵勒部落. 其衆微小, 其俗驍强, 依託高車, 臣屬突厥, 近謂之特勒. 無君長, 居無恆所, 隨水草流移, 人性凶忍, 善騎射, 貪婪尤甚, 以寇抄爲生."(『舊唐書』 卷195 「迴紇傳」, p. 5195)

이 전혀 주목받지 못한 결과 『사기』를 모범으로 삼아 서술된 후대의 「북적전」에서도 유목에 대한 설명만큼은 달라졌다. 반고에서 시작된 '**붙박이로 머무는 곳 없이 옮겨 다닌다**'라는 표현이 점차 굳어져 정사 「북적전」에서 유목을 설명하는 '**원형prototype**'이 되었다. 때로는 유목민을 비하하는 내용이 더해지기도 했다. '**유목=이동**', '**북방 주민=유목민**'이라는 단순한 도식이 깊숙이 자리 잡았고, 후대에도 「북적전」의 내용이 계속 인용되면서 유목에 관한 전형적인 표현으로 쓰이게 되었다. 후대의 사가들은 자신이 사마천의 표현을 그대로 이어받았다고 착각했다. 사마천도 유목민을 정처 없이 떠돌면서 가축을 키우며 사는 존재로 설명했다고 견강부회하는 이들도 있었다. 연구자들 역시 최근까지도 이를 교정하지도, 비판하지도 않고 습관적으로 사용한 결과 『사기』 「흉노열전」 모두의 내용을 전혀 다르게 이해했다. 유목의 특징을 사실에 가깝게 기록한 사마천의 이해가 오히려 후대에 관념적인 이해로 퇴보한 것을 고민 없이 반복 인용한 탓이었다.

　사마천의 기록은 ①에서 유목 관련 설명 부분을 떼어내 ②에 있는 유목 관련 다른 설명과 연결해 복원해야 한다. 이렇게 하면 유목에 관한 사마천의 정리 네 가지가 하나의 묶음이 된다. 즉 앞부분의 내용은 흉노의 선조 순유와 흉노의 원류로 추정되는 북쪽 족속에 관한 단순한 설명으로 정리된다. 그리고 뒷부분의 내용은 유목에 대한 일반적 정의, 가축의 종류, 옮겨 다니는 생활 모습, 분지로 구성된다. 사마천이 유목민의 거주 방식을 정확하게 이해하고 있었다는 사실은 그다음 묵특 선우 시기의 관제와 국가 구조를 설명하면서 "따로 정해진 목초지가 있어 물과 풀을 따라 옮겨 다녔다"[53]라는 표현을 통해 정해진 범위 내에서 '맴돌며 옮겨 다닌다(轉移)'라는 의미를 서술한 것에서도 확인된다. 이를 바탕으로 사마천이 그리려 했던 흉노의 진짜 모습(眞相)을 복원해보면 다음과 같다.

(1) 흉노는 그의 선조가 하후씨의 먼 자손으로 순유라고 한다. 당[요]과 우
[순] 이전부터 산융·험윤·훈육이 있었는데 북쪽 족속[의 땅]에 살았다.

(2) [흉노는] 길들인 짐승을 풀어 먹이며 따라다니는데 [계절에 따라 일정한
곳을] 맴돌며 옮겨 다닌다. 길들인 짐승의 많은 수는 말·소·양이고, 쉽게 보
기 어려운 길들인 짐승은 낙타·나귀·노새·버새·뛰어난 말·무늬가 있는 말
이다. 물과 풀을 따라 옮겨 다니며 살아 성곽, 붙박여 사는 곳, 농사를 짓는
땅에서 먹고 사는 것이 없지만 각자 나누어 가진 땅이 있다.

이상과 같이 모두 부분 맨 앞에 나오는 선조와 유목에 관한 내용을
기존과 다르게 끊어 읽으면 사마천이 그린 흉노의 모습을 제대로 복원할
수 있다. 기존의 오해를 불식하면서 사마천이 얼마나 정확하게 기록했는
가도 보여줄 수 있다.[54] 사마천은 계절의 변화에 따른 순환 이동을 기반
으로 한 목축 방식인 유목과 사냥, 그리고 기마궁사로서 뛰어난 능력을
갖춘 흉노에 대해 간략하면서도 요령 있게 정리했다.[55]

---

53   "各有分地, 逐水草移徙."(『史記』卷110「匈奴列傳」, p. 2891)

54   Tamara T. Chin, 앞의 글, 2010, p. 325.

55   사마천보다 앞선 문제文帝 시기에 흉노에 사신으로 가자마자 투항해 흉노의 체제 정비를
      도왔던 중항열도 흉노의 강점을 언급한 바 있는데, 그 내용이 「흉노열전」 모두의 유목 습
      속 관련 기록과 비슷하다. 중항열이 "길들인 짐승이 풀을 먹고 물을 마시게 하려고 때에
      따라 맴돌며 옮겨 다닌다"라고 한 것은 계절에 따라 순환 이동을 하는 유목에 관한 내용
      이고, 또한 "서둘러야 하면 사람들이 말타기와 활쏘기를 익히며 느긋해도 되면 일 없이
      즐긴다"라고 한 것도 기마궁사로서 활쏘기와 말타기에 능숙한 전사戰士에 대한 기록이
      었다. 이는 사마천이 기존에 알려진 사실에 기초해 흉노 관련 기록을 정확히 남겼음을 잘
      보여준다(『史記』卷110「匈奴列傳」, p. 2900).

[그림 9] 음산산맥 암각화 중 전투 장면

　이를 통해 사마천은 흉노가 정주 농경에 기반한 거대 제국인 한과
는 완전히 다른 존재라는 점을 분명히 하면서 이들이 중국에 대응할 만
큼 독자적인 체계를 갖춘 상대임을 보여주었다. 이는 당시 흉노가 장기
간 지속되는 전쟁에도 굴하지 않고 한을 계속 위협할 수 있는 이유를 설
명하는 것이기도 했다. 사마천은 흉노를 무시할 수 없는 존재로 규정하
고, 이들에 대한 정확한 정보를 제공하고자 했다.

　사마천은 한나라 조정이 흉노를 최대한 사실에 가깝게, 정확히 이
해해야 한다는 문제의식이 있었다. 논찬에서 강조한 것처럼, 당시 황제
주변의 관리들은 자만심에 빠져 일을 제대로 처리하지 않았다. 사마천은
흉노 대응책을 마련하고 추진할 수 있는 뛰어난 인물이 출현하기를 기대
하는 심정을 기록에 담았다. 그 자신이 그 뛰어난 인물이 되고 싶었는지,

아니면 다른 어떤 인물을 기대했는지는 정확히 알 수 없다. 다만 그가 자신이 할 수 있는 모든 노력을 다해 흉노 제압을 필생의 사업으로 삼은 무제의 바람을 성취하고자 했음은 분명하다. 사마천이 택한 방법은 물론 태사공으로서 자신이 가장 잘할 수 있는 일, 즉 '저술'이었다.

사마천의 생각은 바로 채택되지 못했다. 그의 저술은 무제 사후 시간이 많이 흐른 뒤에야 비로소 공개되었다. 비록 사마천은 생전에 자신의 바람을 이루지 못했지만, 그가 **'정확한 정보'**를 제공해야 한다는 일념으로 저술한 덕분에 「흉노열전」은 모두 부분뿐만 아니라 전체적으로 높은 신뢰도를 얻게 되었다. 단지 후대의 오해로 인해 그 치밀한 관찰과 엄격한 기록 태도가 의심받았을 뿐이다. 따라서 사마천의 구상이 반영된 흉노의 모습을 제대로 되살리려면, 사실에 바탕을 두고 흉노의 역사 전개에 접근해야 한다. 이렇게 해야만 유목민에 대한 편견에서 벗어나 그 '진상'을 그려내고자 한 사마천의 의도를 올곧게 복원할 수 있다.

사마천의 흉노 '건국 전사' 구성: 융적, 융, 호, 그리고 흉노의 출현

1. 도시 주변의 '비농경민' 융적과 중국의 공존

사마천은 흉노에 관한 객관적 정보를 정리하기 위해 앞부분에서 선조와 유목 습속을 서술한 다음 바로 흉노가 등장하는 과정, 즉 '건국 전사'[56]를 다뤘다. 이렇게 연원을 밝히기 위해 선조 관련 전승을 기록하는 구성 방식은 『사기』의 다른 열전에서도 찾아볼 수 있다. 전사의 내용은 모두 부분에서 흉노의 선조인 하후씨의 후예 순유가 상 말기 북쪽에 갔으며 하대부터 북쪽에 살던 산융·험윤·훈육과 관계가 있다고 한 기록을 보충하는 것이다.

---

56 '건국 전사'는 흉노라고 불리는 족속의 등장과 직접 연결된 것은 아니다. 그러나 이는 흉노가 출현하기 이전 북방에 살던 다양한 족속을 흉노와 연결해 이해해보려는 논의의 중요한 토대가 되었다. 이에 대해서는 앞서 정리한 것처럼 많은 논의가 있다(주15 참조). 이런 입장에 따르는 것은 아니나 일반적으로 기원전 300년을 전후로 사서에 처음 등장한 흉노 및 그 이전에 중국과 관계가 있다고 인식된 여러 북적을 설명한 것을 '건국 전사'라고 했다(김병준, 앞의 글, 2016, p. 1).

선조 관련 전승은 어떤 기록이든 사실에 완전히 부합하기 어렵고, 후대에 조작이 가해져 허구적인 내용으로 채워지는 경우가 많다. 따라서 이것만으로 선조의 계보를 연결하기란 어려운 일이다.『사기』의 흉노 관련 내용도 예외일 리 없다. 즉 순유가 북쪽으로 갔다고 했을 뿐 그가 어디에 살았는지, 당시 북쪽에 살던 산융·험윤·훈육 같은 족속과는 어떤 관계인지 등은 불분명하다. 사마천이 이만큼이라도 기록한 것은 흉노의 시작은 정확히 알 수 없어도 중국 최초의 왕조인 하의 후예 순유가 상 말기에 북쪽으로 이주했으며, 그가 이 무렵 북쪽에 살던 족속과 연관이 있다는 내용은 신뢰했기 때문이다. 사마천 역시 자세한 내용은 알 수 없었지만, 당시 채록 가능한 전승만이라도 남겨두려 했던 것으로 보인다. 이는 또한 논찬에서 밝힌 것처럼『춘추』를 저술한 공자처럼 사실을 직필하여 당시 현안인 흉노 문제를 해결하고자 한 사마천의 강한 의지와도 연결된다고 볼 수 있다.

사마천의 의지와는 별개로, 흉노의 선조에 관한 전승을 불분명한 채로 둔 터라 이후 다양한 해석이 나오게 되었다. 먼저 흉노의 선조가 하의 후예인 순유였다는 서술은 이후 중국이 흉노를 통합하기 위해 내세운 '화하일통華夏一統'의 포섭 논리[57]가 되어 한의 발전과 흉노의 확장을 함께 설명하는 중요한 논리적 토대가 되었다. 이는 또한 흉노의 선조가 원래 유목민이 아니라 중원 사람들처럼 농경에 종사했으며 비슷한 경험을 가진 이들이었다는 인식과도 연결된다. 유사한 예로 야만으로 취급되던 초楚와 진秦 같은 세력이 중원 국가가 되어가는 과정에서 자신의 시조를 중원과 연결하여 스스로 '화하'의 일원임을 강조한 것을 들 수 있다.[58]

---

57   사와다 이사오, 앞의 책, 2007, p. 19~21.

다른 한편으로, 흉노와 중원이 서로 전혀 관련이 없음에도 갈수록 접촉이 빈번해지고 계속되는 전쟁의 과정에서 많은 중원 사람들이 흉노에 투항해 오자 상호 거부감을 없애기 위해 흉노 스스로 공동 조상에 관한 전승을 조작한 것이라고도 볼 수 있다. 전국시대 말부터 진의 통일을 거쳐 한 초기까지 중원 출신이 상당수 흉노로 유입되었다. 이 무렵의 장성은 중국과 흉노를 완전히 가르는 벽이 아니었다. 장성이 농경과 유목을 구분하는 선이라는 인식은 후대에 형성되었다. 이때까지는 '**중원=문명**', '**흉노=야만**'이라는 '**이분법적인**' 생각이 고착되지 않았다.

중원 출신의 입장에서도 자신과 흉노를 완전히 분리할 수 없었다. 중원의 일원이더라도 이익에 따라 흉노 같은 다른 정치체를 선택할 수 있었다. 진한 교체기를 지나며 한에 대항할 만큼 성장한 흉노는 중국에서 이탈한 주민에게 좋은 대안이었다. 흉노로 향하는 많은 투항자가 있었다. 흉노 역시도 성장하려면 중국 출신을 많이 포섭해야 했다. 국가 건설 과정에서 다양성을 품기 위해서라도 선조가 연결된다거나 공동의 조상이 있었음을 강조할 필요가 있었다. 한 가지 정체성을 강조하는 중국과 달리, 초원 유목민인 흉노는 이익이 된다면 다른 입장도 받아들일 수 있는 탄력성이 있었으니 이런 가정은 충분히 해볼 만한 것이다.[59] 흉노로서도 중국에서 온 사람들과 친밀도를 높이는 데 선조가 같다고 말하는 것은 매우 유용했다.

그런데 흉노의 선조를 중원과 연결하더라도 흉노라 불리는 무리의 군장으로 알려진 두만 선우頭曼單于(?~기원전 209) 시기의 흉노와 그 이전

---

58   김병준, 앞의 글, 2016, p. 10.

59   Thomas J. Barfield, 앞의 책, 2012, pp. 67~71.

북쪽에 살던 '북적'을 바로 연결할 수 없는 것은 사마천에게 중요한 문제였다. 그는 흉노를 건국한 묵특 선우 이전의 상황을 기록하는 일의 어려움에 대해 다음과 같이 말했다.

> 순유에서 두만[선우]까지 1000여 년 동안 [흉노를 포함한 북쪽에 사는 주민들은] 때로 컸다가 때로 작아지기도 했다. [그들끼리] 달리 흩어지고 나뉘어 갈라서는 것이 오래되었다. [그래서] **그들이 대대로 전해져온 것들은 순서를 세울 수 없었다고 하겠다.**[60]

사마천은 1000년에 걸쳐 북방에 살았던 주민들에 관해 채록한 것 가운데 흉노의 선조인 순유와 함께 북방에 살았던 '산융·험윤·훈육' 정도만 기록하는 데 만족해야 했다. 그 1000년 동안 중원이 서북쪽으로 확장하면서 만나게 된 존재들을 시간 순으로 정리하고 이를 흉노와 연결했다. 이는 순유의 행적은 알 수 없으나 그와 직간접적인 관계가 있을 수도 있는 족속의 역사적 흐름을 정리하는 작업이었다. 사마천의 이 기록은 거대 유목제국을 건설하고 한을 위협했던 흉노의 등장과 북적이 정확히 연결되지는 않으나 맥락적으로는 관계가 있다는 인상을 남겼다. 후대의 사람들은 이 건국 전사 기록을 북적에 대한 통사通史로 받아들였다. 이렇게 서술하지 않으면 흉노를 갑자기 튀어나온 존재로 설명해야 했기 때문에 사마천으로서도 어쩔 수 없었을 것이다.

결국 사마천은 "하의 흐름이 볼품없어지자"로 시기를 설정하고, 맥락의 연결이 어렵더라도 정주 농경 세계인 중국과 다른 북쪽에 살던 이

---

60   『史記』卷110「匈奴列傳」, p. 2890.

들을 소개했다. 이를 위해 주의 시조인 공유公劉와 고공단보古公亶父의 고사를 짧게 다룬 다음 순유와 관련한 주대 이후 시기를 다뤘다. 처음에 농경에 종사하며 도시에 살던 주인공이 어떤 알 수 없는 이유로 서쪽으로 옮겨 가 이전과 다르게 살게 된 다음에 융이 되었다고 했다. 이는 목축이나 수렵 등 다른 생활 방식을 택한 이들을 주로 농경에 종사하는 중국인과 다른 존재로 보는 인식이 반영된 서술이다.

이 시기 중원 국가는 도시를 중심으로 느슨하게 연결된 공동체, 즉 농경에 기반한 도시 네트워크 체제였다. 도시의 주변 및 도시에서 조금 떨어진 평원에는 중원 국가의 통제를 받지 않는 많은 무리가 퍼져 살고 있었다. 이들의 주된 생활 방식은 농경이 아니었다. 상대적으로 인구가 집중된 도시와 달리 평원이나 산지는 인구가 적어 노동력이 부족했기 때문에 농경에 적합하지 않았다. 이곳에는 채취나 사냥 내지는 목축에 종사하면서 필요에 따라 이동을 하기도 하는 주민들이 살았다. 이들은 주어진 환경에 적응하며 자연물을 약탈(채취)하거나 사냥물을 쫓아서 움직였다.

목축을 하는 이들은 가축에게 채취한 먹이를 제공하는 방식이 아니라면, 가축의 먹이를 구하려 계절 이동을 했다. 양질의 먹이를 얻기 위해 여름에는 시원하고 초지가 발달한 고지로 가고, 겨울에는 다시 따뜻하고 먹이도 쉽게 구할 수 있는 저지로 이동했다. 이는 초원의 유목과는 다른 '계절적 이목移牧'인데, 일부 농경도 가능한 산지 부근에서 주로 나타났다. 이곳은 목축만이 아니라 채취나 사냥에도 유리했다.[61] 아직 생산력이 발달하지 못한 이곳의 주민들은 원시적 채취나 수렵을 하거나 가축을

---

61   陶克濤,『氈鄉春秋 匈奴編』, 人民出版社, 1987, p. 111.

기르거나 낮은 단계의 농경에 종사했다. 이는 가축 사육을 위한 '사료 재배'의 성격을 띠기도 했다. 도시에 살던 중원 사람들은 자신이 사는 범위 밖에서 이처럼 다르게 사는 존재를 '융戎' 또는 '적狄'이라고 했다.

한정된 범위 안에 살던 중원 국가는 춘추시대까지 생산도구로 석기와 목기를 사용하는 등 취약한 상태에 머물러 있었기 때문에 생활 반경의 확장이 어려웠다. 생산력 발전에 제한이 있다 보니 농경이 아닌 다른 방식으로 사는 주변의 주민들을 압도할 수 없었다. 오히려 도시에 인접한 곳에 살던 융적에게 위협을 당하곤 했는데, 이들 사이의 갈등을 통해 중원의 확장 내지는 상호 침탈 과정을 확인해볼 수 있다.

예를 들어 중원의 확장은 서주西周시대 무왕武王(기원전 1076?~기원전 1043)과 목왕穆王(기원전 992~기원전 922)이 주변 세력을 제압하기 위해 공격했다는 기록을 통해 확인할 수 있다. 이 무렵에 무왕이 설정한 황복荒服(주대에 설정한 가장 멀리 떨어져 있으나 능히 왕에게 복종할 수 있는 땅으로, 수도인 왕기王畿로부터 거리에 따라 둔 오복五服[500리마다 다섯 구획] 가운데 가장 먼 곳을 가리킨다)의 범위는 멀리 떨어진 초원이 아니라 경수涇水와 낙수洛水 정도에 머물러 있었다.[62] 이는 당시 도시 중심의 세계인 중국이 접할 수 있는 대상과 범위가 제한적이었음을 보여준다.

한편 수도의 서쪽에 살던 견융犬戎이 서주를 무너뜨렸던 것처럼 중원에 대한 위협도 심각했다. 이는 주 유왕幽王(기원전 795?~기원전 771)이 포사褒姒라는 총희寵姬로 인해 정사를 게을리 하고 왕후와 태자를 폐하자, 화가 난 왕후의 아버지 신후申侯가 견융과 힘을 합쳐 유왕을 여산驪山 기슭에서 죽였다는 기록을 통해 확인할 수 있다. 여기에서 주목할 점

---

62   『史記』 卷110 「匈奴列傳」, p. 2881.

은 당시 견융이 주의 초확焦穫 땅을 얻어 경수와 위수渭水의 중간에 살았는데, 이곳은 주의 도읍인 호경鎬京에서 멀리 떨어져 있지 않았다.[63] 호경 서부는 여전히 농경민이 아닌 견융의 활동 무대였다.

서주시대까지는 농경에 적합한 환경을 갖춘 도시 주변으로 중국의 범위가 한정되었고, 그 주변으로 목축과 원시적 수준의 농경을 하는 융 또는 적이 살았다. 도시에 사는 중원 세력의 눈에 견융은 자신들과 다르며 통제받지 않는 야만적인 존재였다. 이들은 농경이 아닌 다른 방식으로 생활해 중국인과 구분되기는 했지만 그리 멀지 않은 곳에서 살았다. 다시 말해서 이들은 중국이 확장하면서 만나게 되는 목축 전업 집단과도 달랐다. 이에 주목한 사마천 역시 이들이 주대에 도시 주변에 널리 퍼져 있었다고 서술했다. 이들은 도시와 인접한 곳에 사는 '**비농경민**'이었다. 그런데 후대의 기록자들은 사마천과 달리 이후 훨씬 넓어진 중국의 범위에 비추어 서주시대에도 융적이 중원에서 멀리 떨어져 살았다고 오해했다. 더욱이 이후 북적에 대한 편견이 강해지면서 이들이 원래부터 멀리 떨어져 살면서 중국과 종종 충돌하는 야만적 존재라고 생각하게 되었다. 상대적으로 객관적인 시각에서 기록했던 사마천의 이해에서는 멀어진 것이다.

2. 계곡에 사는 다양한 목축민 융과 중국의 만남

『사기』의 춘추 말기를 다룬 부분에서는 패업을 성취한 국가의 발전과 함께 그 주변에서 중국과 맞닥뜨린 융에 대한 기록이 많이 나온다. 이는 이 무렵 중원의 강국으로 성장한 진秦과 진晉의 대외 확장이 본격화한 결과

---

63   위와 같음.

였다. 이 내용을 통해 정확한 성격을 알 수 없었던 과거의 범칭이 아니라 개별 존재에 대한 정보를 확인할 수 있다. 예를 들어 중원의 확장으로 패업을 이룬 진晉의 문공文公(기원전 697?~기원전 628, 재위 기원전 636~기원전 628)은 융적을 몰아내 하서河西의 은수圁水와 낙수 사이에 살게 하고 적적赤翟, 백적白翟이라 불렀다.

또한 진秦의 패업을 이룬 목공穆公(?~기원전 621, 재위 659~기원전 621) 역시 기원전 623년경 유여由余를 얻고, 서융西戎의 여덟 나라를 아래에 두었다. 그 대상은 농산隴山 서쪽에 있던 면저緜諸, 면융緄戎과 적원翟豲, 기岐와 양산梁山, 경수와 칠수漆水 북쪽에 있던 의거義渠, 대려大荔, 오지烏氏, 후연朐衍 등과 같은 융이었다고 한다.[64]

게다가 진秦은 현재의 간쑤성甘肅省을 넘어 오르도스 방향으로 진출하면서 농경에 종사하지 않던 그곳 주민과도 접촉하게 되었다. 이때의 접촉 지역은 도시 인근이 아니라 더 멀리 떨어진 곳이었다. 춘추시대를 지나며 농경 문화권이 확장되어 다른 세력과의 접점이 넓어진 결과였다. 이를 통해 도시 인근에 살던 과거의 융은 거주 여건이 나쁜 곳으로 밀려났으며, 중원 세력이 이전까지 교류가 없던 먼 곳의 존재들을 이해하기 시작했음을 짐작해볼 수 있다.

이 무렵 중국 서북 변방의 국가들이 성장하면서 주변으로 영향력을 확대했다. 그 결과 진晉 북쪽에 임호林胡와 누번樓煩 등의 융이 있고, 연燕의 북쪽에 동호東胡와 산융山戎이 있다는 것을 확실하게 알게 되었다. 이

64　"當是之時, 秦晉爲彊國. 晉文公攘戎翟, 居于河西圁·洛之閒, 號曰赤翟·白翟. 秦穆公得由余, 西戎八國服於秦, 故自隴以西有緜諸·緄戎·翟豲之戎, 岐·梁山, 涇·漆之北有義渠·大荔·烏氏·朐衍之戎. 而晉北有林胡·樓煩之戎, 燕北有東胡·山戎. **各分散居谿谷, 自有君長, 往往而聚者百有餘戎, 然莫能相一.**"(『史記』卷110「匈奴列傳」, p. 2883)

들에 대한 정보가 그나마 기록된 것은 앞 시기에 비해 상호 이해가 깊어졌기 때문이다. **"각각 골짜기(계곡溪谷)에 흩어져 살면서 나름의 이끄는 우두머리(군장君長)가 있어 간혹 무리를 이룬 것이 100여 개의 융이었는데, 서로 하나로 [묶이지는] 않았다"**[65]라고 한 것이 이를 잘 보여준다. 평원을 중심으로 주로 농경에 종사한 도시민과 달리 산지와 평원이 만나는 곳에서 목축 위주의 생활을 하던 집단에 대한 더 구체적인 이해가 가능해진 것이다.[66] 또한 이는 춘추시대로 접어들면서 새로운 기술의 개발과 도구의 개량이 이루어져 농경 가능 지역이 확대되고 도시 간 경쟁과 대외 확장이 본격화한 결과로도 볼 수 있다. 중국은 점차 영역을 확장하면서 이제까지 만나지 않았던 존재들과 관계를 맺었고, 이 관계는 때때로 충돌로 이어져 대결 국면이 형성되기도 했다. 군사적 대결에서는 강력한 중국 북변의 국가들이 융을 압도하는 양상이었다.

그 결과 도시 주변에 살던 집단은 점차 원주지에서 밀려나 다른 곳으로 옮겨 가 살아야 했다. 기존 주거지보다 좋지 않은 환경으로 밀려나지 않으려면 농경민이 되거나 아니면 원래의 습속을 유지한 채로 중원의 일원으로 흡수되어야 했다.[67] 도시에서 떨어진 산지 주변으로 옮겨 간

---

65   위와 같음.

66   왕명가는 '비농경=유목'이라는 관점을 유지하며 고고학적 발굴 성과를 바탕으로 기후의 한랭 건조화로 인한 유목의 확대에 대해 정리했다(왕명가, 앞의 책, 2008, p. 108). 이는 중국 학계를 비롯해 학계의 일반적 이해인데, 농경과 다른 생산 방식을 유목으로만 한정한 것이다. 그러나 청동기시대까지 북중국에서는 유목이 아니라 목축이 농경보다 비중이 컸고 범위도 넓었다. 그리고 농경에 종사하지 않고 목축을 한다고 해서 이 목축이 모두 유목은 아니었다. 철기시대가 본격화된 이후 중원이 확장하여 초원과 만나면서 비로소 화하와 유목 세력(胡)의 대결이 시작되었고, 이후 중원에서도 유목민에 대한 본격적인 이해가 가능해졌다. 따라서 양자의 충돌 이전부터 북중국에 유목에 종사하는 주민이 있었다는 인식은 재고가 필요하다.

이들은 대부분 농경보다 노동력이 덜 필요하고 산지 환경에 적합한 목축을 택했다. 이는 정주 농경의 전문화와 맞물린 현상인데, 산지 주변에서는 원시적 수준의 농경보다 목축이 효과적이었다.

원래 목축은 환경에 따라 가축의 구성이 다르고, 가축의 습성에 따라 이동 방식도 다양해 그 양상이 복잡하다. 또 지역에 따라 목축과 농업의 비중 역시 다양하게 나타난다. 환경 조건이 나쁘면 농경보다는 가축을 사육하는 것이 유리했다. 목축은 어느 곳에서나 가능한 보편적 생산 방식이라 일반적으로 농경이 활발한 곳에서도 가능했다. 다만 무엇이 주업이냐에 따라 주민의 생활 방식이 결정되었다. 목축의 비중이 높은 지역은 도시에 정주하며 농경을 하는 지역과 매우 다른 생활 방식을 보였다.

목축을 주업으로 삼아도 가축 사료를 쉽게 구할 수 있는 환경에 산다면 이동할 필요가 없었다. 이는 수자원이 풍부한 곳에서 농경이 발달하는 것과 같은 이치이다. 농경을 하기에 적합한 환경이라도 충분한 노동력이 없고 경작 기술이 덜 발달했다면 목축이 더 효율적이었다. 환경 조건이 좋으면 이동하지 않고도 소와 같은 큰 가축을 기를 수 있었다. 반대로 도시 세력의 확장으로 환경 조건이 열악한 곳으로 밀려날 경우 가축의 규모는 줄고 이동 범위는 넓어졌다.

이 무렵 중국은 생산 방식이 전문화되면서 도시를 중심으로 한 농경의 비중이 커졌고, 이를 바탕으로 주변 세계에 대해 비교 우위를 점할

---

67   Gregory G. Indrisano·Katheryn M. Linduff, "Expansion of the Chinese Empire into Its Northern Frontier(ca. 500 BCE~0 CE): A Case Study from South-Central Inner Mongolia", Gregory G. Indrisano (ed.), *Empires and Diversity: On the Crossroads of Archaeology, Anthropology, and History*, Cotsen Institute of Archaeology Press, 2013, pp. 164~207.

수 있었다. 중국의 열국들은 농경뿐만 아니라 수렵이나 목축을 통해 얻을 수 있는 자원에 대한 욕구도 커서 점차 대외 진출을 강화해나갔다. 주변에서 필요한 자원을 최대한 확보하며 소위 '부국강병富國强兵'을 추진해나간 것이다. 이 과정에서 양자 간의 문화 교류 역시 증가했다.[68]

도시를 중심으로 하는 중국 세력이 확대됨에 따라 멀리 떨어진 계곡 등에서 목축을 하던 집단은 더 바깥으로 밀려날 수밖에 없었다. 이때 중국이 만나게 된 존재는 과거 도시 인근의 '비농경민'과 달리 계곡 등에서 목축을 주요 생업으로 하던 융이었다. 이들은 춘추시대 후기 열국의 확장과 함께 곳곳에서 포착되는데, 이제 하나로 뭉뚱그려진 '융적'이 아니라 100여 개가 넘는 다양한 세력으로 등장한다. 중원 세력이 이들과 빈번하게 접촉하며 한층 깊어진 이해로 이들을 개별적으로 인지하게 되었다는 뜻이다. 반대로 정주 농경문화에 기반한 중국 중심의 사고 역시 그만큼 강화되었다.[69] 중국을 제외하고 새롭게 확장된 범위에 사는 존재 모두를 '비문명', 즉 야만으로 보는 견해가 증가했다. 그 대상은 주로 계곡과 산지 등에서 목축을 주요한 생산 수단으로 삼는 융이었다.[70]

한편 중국의 열국들이 점차 세력을 확장하자 **목농복합구역**, 즉 '**계곡**谿谷'[71]이라 불리는 목축 중심 지역에 살던 무리인 융도 그에 대항해 세

---

68   Pan Ling(潘玲), "The Transformation of Cultural Exchange between North China and the Eurasian Steppe from the Late Warring States Period to the Middle Western Han", *Asian Archaeology* v.3, 2015, pp. 95~106.

69   陶克濤, 앞의 책, 1987, p. 125.

70   디 코스모는 융과 적이 대부분 농민이나 '양치기' 또는 '산사람'으로 말을 탈 정도의 수준은 아니었다고 했다(니콜라 디 코스모, 앞의 책, 2005, p. 174).

71   '계곡'이라고 표현된 공간은 '목농복합구역(잡거지)'과 비슷한 특징을 보이는 곳이었다(서론의 주12 참조).

력을 키우려 했다. 이 무렵에는 융도 개별 군장이 하나의 세력을 거느릴 만큼 성장했다. 그러나 아직은 규모가 크지 않았고 하나로 통합되지 못한 상태였다. 중국의 열국들과 대적할 수준까지는 발전하지 못했다.

사마천은 중국이 서북방으로 성공적으로 확장하는 과정을 서술한 부분에서 융을 짧게 다루었을 뿐 충분한 설명을 하지 못했다. 춘추시대 후반이 되면서 이전과 다른 성격을 가진 융이 나타나는 등 그들 세력이 다양해졌다는 정도로 내용을 끝맺었다. 비록 사마천은 중국과 융의 관계가 어떻게 변화했고 융이 어디에 어떻게 분포했는지 일부만 보여주었을 뿐이지만, 그의 서술을 통해 이후 중원의 확장과 함께 중국의 범위를 설정하는 과정에서 쟁탈의 대상이 된 융의 다양함과 그 특징을 이해할 수 있게 되었다. 융의 내부적 다양성을 중원의 확장과 연결해 이해했다는 점에서 사마천의 기록은 매우 큰 가치를 갖는다.

3. 유목 기마궁사 호와 중국의 충돌, 그리고 장성

춘추에서 전국으로 넘어가는 시기 진晉의 조양자趙襄子(?~기원전 425, 재위 기원전 475~기원전 425)가 구주산句注山, 즉 지금의 옌먼산雁門山(산시성山西省 다이현代縣 서북쪽)을 넘어 그곳에 살던 족속들을 깨뜨리자 병幷과 대代가 호胡와 맥貉과 맞붙게 되었다.[72] 여기서 '호胡'라는 존재가 처음 기록에 등장한다. 이후 조趙가 진을 멸망시키고 전국시대가 시작되면서 조와 대결을 벌인 북방의 세력 역시 호라고 했다. 이후에 조는 북부의 목농 복합구역 혹은 목축 위주의 구역에서 더 나아가 구주산을 넘어 초원까지 진출하면서 융, 호와 본격적으로 접촉했다.[73]

---

72   『史記』卷110「匈奴列傳」, p. 2885.

전국시대 진秦의 확장과 관련하여 의거에 관한 기록이 나오는데, 의
거는 목축에 기반한 세력인 융의 하나였다. 진의 소왕昭王(기원전 325~기
원전 251, 재위 기원전 306~기원전 251)은 의거를 격파하고 나아가 농서군
隴西郡(지금의 간쑤성 룽산隴山 이서, 황허黃河 이동, 시한수이西漢水와 바이룽장
白龍江 상류 이북, 쭈리허祖歷河와 류판산六盤山 이남의 땅), 북지군北地郡(지금의
간쑤성 환장環江, 마렌허馬蓮河 유역과 닝샤회족자치구寧夏回族自治區 허란산賀蘭
山, 칭퉁샤青銅峽, 산수이허山水河 동쪽), 상군上郡(지금의 산시성陝西省 북부 및
내몽골자치구 우선기烏審旗 등지)을 차지한 다음 장성[74]을 쌓아 호를 막는
조치를 했다.[75] 이는 모두 진이 오르도스로 진출하는 과정에서 만난 초
원의 주민 호에 관한 내용이다.

전국시대에 중국 북변의 국가가 북쪽에서 맞닥뜨린 존재는 초원에
살던 호였다.[76] 이와 관련해 조의 발전에 큰 역할을 했던 무령왕武靈王(기
원전 340~기원전 295, 재위 기원전 325~기원전 295)은 풍속을 과감히 바꾸
는 정책을 추진했다. 즉 "[중국에서 입지 않는 다른 족속의] **바지를 입고**

---

73 Jacqueline T. Eng, "A Bioarchaeological Study of Osteoarthritis among Populations of Northern
    China and Mongolia during the Bronze Age to Iron Age Transition to Nomadic Pastoralism",
    Quaternary International v.405, 2016, pp. 172~185; Yiu Kang Hsu · Benjamin Sabatini · Noost
    Bayarkhuu · Tsagaan Turbat · Pierre-Henri Giscard · Sabine Klein, "Discerning Social Interaction
    and Cultural Influence in Early Iron Age Mongolia through Archaeometallurgical Investigation",
    Archaeological and Anthropological Sciences v.12-11, 2020, p. 15.

74 장성은 본래 거점 방어, 노선 방어, 장성 자체 방어의 성격이 있었다. 전국시대부터 중국
    이 본격적으로 북방으로 확장하면서 변경에 요새를 건설하고 관문을 설치해 주변 주민
    의 이동을 통제하면서 더욱 체계화되었다(來村多加史, 앞의 책, 2004, pp. 17~18).

75 『史記』卷110「匈奴列傳」, p. 2885.

76 Nicola Di Cosmo, "The Northern Frontier in Pre-Imperial China", Michael Loewe · Edward L.
    Shaughnessy (ed.), *The Cambridge History of Ancient China*, Cambridge Univ. Press, 2008, pp.
    885~966.

[그림 10] 조 무령왕의 호복기사 상상도(왼쪽)와 음산산맥 암각화 중 기마궁사(오른쪽)

말을 타며 활 쏘는 것(호복기사胡服騎射)"과 같은 신기술을 수용했다. 무령왕은 이를 통해 북쪽의 임호와 누번을 격파한 다음 장성을 쌓는 등 큰 성과를 거두었다.[77]

사육한 말을 타고 활을 쏘는 호의 탁월한 군사적 능력을 무령왕이 수용했다는 『사기』의 서술에서 알 수 있듯이 '기마궁사'는 호의 가장 중요한 특징이었다. 전국시대 이후 기록에 나타난 호는 모두 **'기마와 궁술에 특화된 유목민'**을 지칭했다. 사마천은 그들을 '활을 당기는 사람(引弓之民)'이라 했다. 그만큼 '기사騎射'는 곧 호를 설명하는 표현이었다.[78] 한편 호는 초원에서 계절에 따라 순환 이동을 하며 주로 말과 소, 양을 사육하는 전문화된 목축, 즉 유목을 했다는 점에서도 융과 달랐다.

---

77   『史記』卷110「匈奴列傳」, p. 2885.

78   위의 책, p. 2896.

제1편 진상과 전사: 『사기』「흉노열전」 속의 흉노

무령왕은 이후에 북변을 따라 대代와 음산 기슭에서 고궐高闕(지금의 내몽골자치구 항진허우기杭錦後旗 동북쪽에 있는 험준한 계곡)에 이르기까지 요새를 만들어 운중군雲中郡(지금의 내몽골자치구 투모터유기土默特右旗 이동, 다칭산大靑山 이남, 쥐쯔현卓資縣 이서, 황허 남안과 장성 이북), 안문군雁門郡(지금의 산시성山西省 허취현河曲縣, 우자이현五寨縣, 링우시靈武市 이북, 헝산恒山 이서, 내몽골자치구 황치하이黃旗海, 다이하이岱海 이남), 대군代郡(지금의 허베이성河北省 화이안懷安, 위현蔚縣 이서, 산시성山西省 양가오현陽高縣, 훈위안渾源 이동에 있는 장성 안팎의 땅과 장성 밖에 있는 둥양허東洋河 유역)을 두었다.[79] 현재의 막남 초원을 가로지르는 성채를 구축하여 목농복합구역을 둘로 나누고, 동시에 초원에 사는 유목민의 이동을 막아 그들을 효과적으로 통제하려는 목적이었다. 무령왕은 이후 음산 이남의 초원에까지 장성을 쌓아 새로운 영역을 확보하려고 했다.

조가 대군과 안문군을 설치하고 이후 그것을 유지하려 노력했다고는 해도 그 사실이 곧 북방에 있던 고궐과 운중군을 비롯한 음산 이남의 초원을 조가 지속적으로 통제했는가를 명확히 말해주는 것은 아니다. 무령왕이 그곳까지 일시적으로 확장했다고 볼 수도 있으나, 이후 초원 세력의 반격으로 조는 안문 이남으로 물러났다. 기원전 3세기 중반 조의 명장 이목李牧(?~기원전 229)이 흉노를 방어한 기록을 보아도 안문을 중심으로 호의 공세를 방어했음을 알 수 있다. 이후의 다른 기록에도 운중군 등 막남에 조가 진출했다는 내용은 없다.

연의 장군 진개秦開 역시 무령왕처럼 북방 진출을 꾀했다.[80] 그는 북

---

79   위의 책, p. 2885.

80   Catrin Kost, "Changed Strategies of Interaction: Exchange Relations on China's Northern Frontier in Light of the Finds from Xinzhuangtou", Katheryn M. Linduff·Karen S. Rubinson (ed.),

쪽으로 진출해 기원전 300년경 북변에 있던 동호를 격파했고, 장성을 조양造陽(지금의 허베이성 두스커우獨石口 부근)에서 양평襄平(지금의 랴오닝성遼寧省 랴오양遼陽 북쪽)까지 쌓았다. 그리고 상곡군上谷郡(지금의 허베이성 장자커우시張家口市 샤오우타이산小五臺山 이동, 츠청현赤城縣과 베이징시北京市 옌칭구延慶區 이서, 네이창청內長城과 창핑구昌平區 이북), 어양군漁陽郡(지금의 허베이성 롼허灤河 상류 이남, 지윈허薊運河 이서, 톈진시天津市 하이허海河 이북, 베이징시 화이러우구懷柔區와 퉁저우구通州區 이동), 우북평군右北平郡(지금의 허베이성 청더承德와 톈진시 지저우구薊州區 이동, 그 가운데 장성 남부 롼허 유역과 그 이동은 제외, 류구허六股河 이남), 요서군遼西郡(지금의 허베이성 첸시현遷西縣, 탕산시唐山市 이동, 랴오닝성 이우뤼산醫巫閭山, 다링허大凌河 하류 이서 및 장성 이남), 그리고 요동군遼東郡(지금의 랴오닝성 다링허 이동, 카이위안시開原市 이남, 칭촨장清川江 하류 이북)을 설치했다. 이를 통해 연은 동호를 1000여 리나 물리치고 그들의 남하를 막았다.[81]

조와 연이 북상하고 장성 수축을 통해 방어 체제를 완비하면서 중국과 호는 본격적인 대결을 벌이기 시작했다. 이때는 주로 중국 북방 국가들의 확장에 호가 밀려나는 양상이었다. 사마천도 진, 조, 연이 북방으로 진출하여 융과 호에 승리를 거둔 것을 기록하며 호라는 존재에 주목했다. 이는 중국 북변의 국가들이 목농복합구역에 살던 목축민 융을 북쪽 초원으로 밀어낸 결과 벌어진 일이었다.

중국 북변의 삼국, 즉 진과 조, 연에 살던 목축민 융은 농경민으로 흡수되거나 목축 위주의 생활 방식을 나름대로 인정받으며 중국의 일부

How Objects Tell Stories, Turnhout: Grepols Publishers, 2018, pp. 51~73.

81   『史記』卷110「匈奴列傳」, pp. 2885~2886.

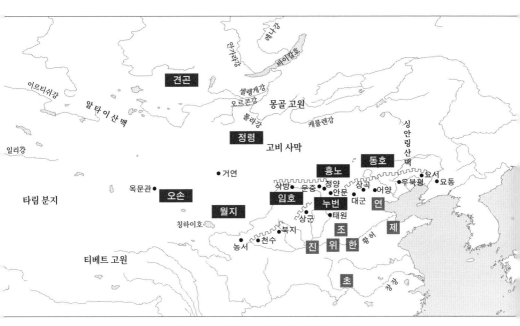

[그림 11] 전국시대 중원 세력의 북진과 장성 건설

가 되었다. 다른 일부는 중국에서 이탈해 북방의 호와 결합하여 중국에
대응했다.[82] 이런 상황을 거치면서 장성 주변의 융과 초원에 살던 호 내
부에도 큰 '변동'이 일어났고, 그 영향으로 장성 북방에서 '이합집산離合
集散'이 일어나며 집단 간의 갈등도 깊어졌다. 생존에 필수적인 목초지를
둘러싼 경쟁이 일어났기 때문이다.

　　조와 연의 북방 진출에 대한 사마천의 기록은 주로 성과를 강조하
고 있기 때문에 이 과정에서 장성 이남의 융을 중국이 대부분 복속한 것
처럼 보인다. 또 관련 기록은 없으나 이후에 북변 삼국이 장성을 유지하
기 위해 계속 노력했으리라는 추정도 가능하다. 실제로 장성을 사이에

82　주67 참조.

[그림 12] 기원전 4세기~기원전 3세기경 호胡의 문화를 보여주는 황금 왕관

두고 중국과 북쪽의 호는 그 사이에 낀 융을 차지하기 위한 대결을 멈추지 않았다. 이 과정에서 유목 기마궁사인 호가 중국을 압박하여 장성이 남쪽으로 물러나기도 했다. 이후 이들 간의 대결이 계속되었으리라는 점은 충분히 상상이 되는데, 기록이 적은 것은 대부분 북변 삼국의 장성 수축과 관련한 부분에서만 이를 간단하게 다루기 때문이다.[83] 사마천은 초원과 목농복합구역을 인위적으로 구분하는 장성을 중국의 영역 확장의 결과물이라고 보았다. 이를 통해 중국의 판도가 완성되었으며, 중국이 초원의 유목민인 호와 본격적으로 만나게 되었음을 분명히 했다.

북변 삼국과 초원의 접점에 인공 구조물을 만들어 그 남쪽의 주민인 목축민의 이탈을 방지하고, 동시에 계절의 변화에 따라 남북으로 이동하며 목축을 하던 유목민의 동선을 방해하는 것이 장성 수축의 목적이었다. 중국은 또한 이제까지 자유롭던 초원과 그 이남 주민의 이동을 관

---

83   왕명가, 앞의 책, 2008, p. 223.

새關塞를 만들어 통제하려고 했다. **가축 이동로를 차단해 유목민의 생활 리듬을 교란하고, 목축민과 유목민, 정주민의 교역을 통제해** 장성 너머의 호를 철저히 견제하려는 의도였다.[84]

전국시대 말 북변 삼국의 확장과 장성 수축은 중국의 여러 나라가 '영역국가state'로 발전한 최종 결과였다. 장성의 설치를 통해 중국이라는 범위가 구체화되었고, 이를 바탕으로 이후 중국의 영역이라는 관념이 형성되었다. 사마천은 이때 만나게 된 유목 기마궁사 호를 목농복합구역에 살던 융과 다른 존재로 기록했다. 기존의 융과는 전혀 다른 특성에 주목해 이들과의 관계는 전국시대 후기 중국의 확장과 장성 수축을 계기로 본격화되었다고 서술했다.[85] 이와 같이 중국이 장성을 수축하면서 호와의 각축이 더 심해지는 과정을 정리한 것은 호의 하나로 이후에 성장한 흉노의 특징과 등장 배경을 설명하기 위한 전제이기도 했다.

4. 흉노의 출현과 대결의 심화: 흉노사의 시작

흉노는 기원전 3세기 중반에 조를 공격한 기록에서 본격적으로 등장한다.[86] 이 대결의 결과는 조의 북방 확장에 얼마나 성과가 있었는가 하는

---

84   기원전 33년 호한야 선우는 한 원제에게 장성을 없애고 그 일대의 방비를 자신에게 맡겨
      달라고 했다. 그 요구를 들어주면 안 된다는 후응의 주장(「변경 요새를 없애는 것에 대한 후
      응의 열 가지 반대 의견」)에도 장성 수축의 목적이 주민의 '이동 통제'라는 언급이 있다(『漢
      書』 卷94下 「匈奴傳」下, p. 3805).

85   Katheryn M. Linduff, "Production of Signature Artifacts for the Nomad Market in the State of
      Qin During the Late Warring States Period in China (4th - 3rd Century BCE)", Jianjun Mei · Thi-
      lo Rehren (ed.), *Metallurgy and Civilisation: Eurasia and Beyond*(Proceedings of the 6th Interna-
      tional Conference on the Beginnings of the Use of Metals and Alloys: BUMA VI), London: Archetype,
      2009, pp. 90~96.

86   흉노에 대한 최초 기록은 기원전 310년경 진秦의 동방에 있는 5개 나라(한, 위, 조, 연, 제)

문제와도 관련되나, 사마천도 자세한 정보가 없어서인지 장성을 쌓고 통제했던 범위 안의 군郡 이름 정도만 짧게 기록했다. 한편 사마천은 다음과 같이 기원전 3세기 이후 흉노가 북변 삼국이 장성을 쌓아 대비해야 할 만큼 강력한 존재로 성장했다고 보았다.

> 이 무렵 의관衣冠과 속대束帶를 할 줄 아는 [예제禮制의 문명국이] **전국戰國에 일곱이었는데 [그중에서] 세 나라가 흉노와 경계를 맞대고 있었다.**[87]

장성 너머에 있던 대상을 유목민을 통칭하는 호가 아닌 흉노라고 적시한 것은 그가 흉노를 북변 삼국과 대적할 만한 존재로 인식하고 있었음을 보여준다. 물론 이는 당시 상황의 반영이라기보다는 이후 성장한 흉노를 염두에 둔 서술로 볼 수도 있다. 그런 점을 고려하더라도 장성을 구축한 이후 갈라진 융과 초원의 호 내부에 정치적 변동이 있었고, 그 결과 흉노가 성장할 수 있었던 상황은 짐작해볼 수 있다.[88]

사마천은 흉노의 성장 이유를 유목 습속에서 짧게 다뤘다.[89] 먼저 흉노가 초원에서 가축을 키우기 위해 계절 이동을 하는 '유목'에 특화되었다고 설명했다. 특히 말을 잘 다뤄 이를 군사적으로 이용할 수 있는

가 연합해 진을 공격하려고 할 때 북방의 흉노를 끌어들여 북쪽에서 진을 위협하려 했다는 내용이다. 이를 다른 기록과 연결해보면, 흉노라고 불린 세력의 등장은 기원전 3세기 중반 정도로 보는 것이 타당하다(『史記』卷5「秦本紀」第5, p. 207).

87 『史記』卷110「匈奴列傳」, p. 2886.

88 Hayashi Toshio, "The Beginning and the Maturity of Nomadic Powers in the Eurasian Steppes: Growing and Downsizing of Elite Tumuli", *Ancient Civilizations from Scythia to Siberia* v. 19, 2013, pp. 105~141.

89 『史記』卷110「匈奴列傳」, p. 2879.

'기마궁사'의 능력을 갖춘 점도 강조했다. 이는 흉노에 관한 객관적 정보를 제공해 선입견이나 편견에 사로잡혀 흉노를 무시하던 조정의 분위기를 해소하려던 논찬의 언급을 떠올리게 한다.[90]

사마천은 중국과 다른 존재인 융과 호의 관계를 장성 수축과 연결해 다룬 다음, 두 세력이 장성을 두고 대결을 벌이는 상황에서 비로소 흉노를 등장시켰다. 그는 전국시대 말에 등장한 흉노를 문명 세계의 범주인 천하의 밖에 있는 다른 존재로 보았다. 흉노가 중국과 대등하다 할 만큼 성장했는가는 분명히 드러나지 않으나, 그가 흉노를 전국시대 일곱 국가(전국칠웅戰國七雄)에 대적할 만한 '여덟 번째 존재'로 보았던 것은 분명하다. '**전국팔웅戰國八雄**'이라고까지 표현한 것은 아니지만, 한을 위협하는 존재로서 그 객관적 실체를 인정한 것이다.[91]

흉노는 확장하는 중국의 포섭 대상이었던 융과 달리, 장성 너머로 이탈한 융과 결합한 호를 차지할 수 있었고 기원전 3세기 중엽부터는 조와도 대결할 만큼 강해졌다. 이는 조의 장군 이목과 대결한 상대가 흉노였다는 기록을 통해서도 확인할 수 있다. 사마천은 이목이 대와 안문에서 흉노의 남하를 막는 과정을 자세히 다루며 현지의 지역적 특수성과 주민의 특성을 잘 보여주었다.[92]

이 무렵 조와 흉노가 충돌하던 대와 안문은 농경도 일부 가능하나 목축이 더 적합한 산지와 계곡이 많은 지역이었다. 대는 북쪽에 산지를 낀 분지였고, 안문은 그 북쪽의 산지 초원과 계곡이 많은 지역으로 이후

---

90   위의 책, p. 2919.

91   이춘식, 「흉노의 동아시아 패권 장악과 일극체제 수립」, 『정치와 평론』 20, 2017.

92   『史記』 卷81 「廉頗藺相如列傳」, p. 2449.

에도 유목 세계와 중국이 대결하는 관문 역할을 했다. 이 두 곳은 목농복합 혹은 목축지대로 이전부터 융의 주요 생활 무대였으며, 다양한 생산방식에 의지해 사는 주민들이 '**잡거雜居**'하는 특성이 있었다. 당시 이목이 흉노를 유인하기 위해 들에 가축을 풀어놓았다고 한 것이나 매일 소를 잡아 병사에게 주었다고 한 것을 통해 이곳이 소의 생산이 많은 목축지대였음을 알 수 있다. 또한 그가 현지의 특성을 숙지한 상태에서 유목기병인 흉노에 대응할 수 있는 '기사'를 확보하려 한 것에서도 이 일대의 환경을 짐작해볼 수 있다. 이목이 군사 훈련 시에 고기를 즐기는 전사의 입맛에 맞춰 매일 소를 잡아 고기를 주었던 것은 현지의 병사를 포섭해 전문적인 기마궁사를 양성하는 데 활용하기 위해서였다. 이 현지 용병傭兵은 흉노와의 전투를 강하게 원했다고 해도 좋을 만큼 호전적인 이들이었다.

반면에 장성 너머 호가 사는 땅은 남쪽의 목농복합구역보다 전문화된 목축이 이루어지는 초원이었다. 이 무렵 이곳에는 흉노를 비롯해 유목민인 호, 그리고 남쪽에서 밀려 올라온 융이 함께 살고 있었다. 이들 모두가 안문을 넘어 초원보다 생활 여건이 좋은 융의 옛 땅을 탈환하려고 하면서 그 지역을 둘러싼 공방전이 벌어졌다. 이에 이목은 성채를 쌓고 방어하는 전술을 펼쳐 공성술攻城術을 갖추지 못한 유목민의 약점을 철저히 공략했다. 또한 기마 군대에 효과적으로 대응하기 위해 기마전 능력을 확보하는 데도 노력을 기울였다. 다른 한편으로 봉수烽燧를 통해 유목민의 움직임을 확인하고, 이들이 장성을 넘어 들어와 기습 공격하는 것을 무력화하려 했다. 간첩과 봉수를 활용해 유목민의 공격 움직임을 감지하면 바로 요새에서 물러나는 식이었다. 아울러 부족한 물자를 공급받거나 생산한 물자를 교환하려던 유목민의 요구 역시 채워주지 않았다.

흉노는 군사 도발로 조를 괴롭힐 수는 있어도 원하는 것을 얻어낼 수는 없었다.

이목이 공격에 대응하지 않자 흉노 입장에서는 어떻게 할 방법이 없었다. 이목은 흉노를 비롯한 호를 격파하기 위해 유목민의 전술을 쓰기도 했다. 들판에 가축을 풀어 유목민을 유인한 다음 기마와 궁술을 익힌 군대가 이들을 포위 공격했는데, 이는 후방에 있던 본대를 들판으로 유인해 기마 부대가 좌우에서 포위하는 소위 학익진鶴翼陣 전술로 유목민이 집단으로 벌이는 몰이사냥에서 유래했다. 이목은 상대의 전술을 이용해 기마 군단을 들판으로 유인한 다음 대파했다.

이후 흉노를 비롯한 호뿐만 아니라 담람襜襤, 동호, 임호 등 기존의 융은 모두 세력이 약화되었다. 이 가운데 담람, 동호, 임호는 이전에 융이라고 기록된 존재인데, 조와 전쟁을 벌이다 밀려나자 복속되지 않고 그 일부나 대부분이 흉노와 연계해 조를 공격했다. 이 공격이 실패로 끝나면서 담람은 완전히 없어졌고, 동호는 북쪽 초원으로 도망갔으며, 임호는 대부분 조에 항복했다. 호였던 흉노 역시 이후 10년 이상 공격이 없었다고 할 만큼 큰 타격을 입었다. 이런 과정을 통해 이목은 장성 주변에서 지배력을 확보했다.

이상과 같이 사마천은 과거 무령왕이 융을 밀어 올리고 장성을 쌓은 다음 공방전이 벌어져 초원에 정치적 변동이 발생한 상황에서 흉노가 등장했음을 보여주었다. 약 100여 년 동안 계속된 대결의 마지막에 흉노는 유목 세력의 대표로 등장하여 일시적으로 약화되기도 했으나 결국 건국까지 할 수 있었다.[93] 이 무렵 조의 장군 이목과 대결을 벌인 흉노가

---

93   흉노의 발전과 건국이 외재적 원인에 따른 것이라는 설명(Thomas J. Barfield, "The Hsiung-nu

10만의 병력을 동원했다는 서술을 전적으로 신뢰하기는 어렵다. 그러나 흉노가 큰 세력이었음은 분명하다. 물론 이것만으로는 흉노를 중심으로 한 유목 세력인 호의 정체와 이후 행보를 알 수 없다. 조를 공격한 것은 분명하나 그 규모나 체제 등도 전혀 알 수 없다. 당시 이들의 추장이 군장을 부를 때 쓰는 '선우單于'라는 명칭을 갖고 있었다는 정도를 알 뿐이다. 물론 이 역시 건국 이전의 상황으로 보기 어려운 면도 있다. 후대 군장의 칭호인 선우를 이후에 가탁假託했을 수도 있기 때문이다. 흉노가 어느 정도 권위를 갖고 성장했을 수는 있어도 사마천의 서술이 흉노의 세력을 전적으로 증명하는 것은 아니다.

이목이 흉노에게 승리를 거둔 지 얼마 지나지 않아 기원전 221년 진시황제秦始皇帝(영정嬴政, 기원전 259~기원전 210, 재위 기원전 247~기원전 210)가 전국을 통일했다. 시황제 역시 여세를 몰아 북변에 대한 공세를 시작했다. 진의 적극적인 공세는 현지 주민에게 큰 위협으로 다가왔다. 또한 정확한 기록은 없으나 기원전 229년 조가 진에 병합되자 조공자趙公子 가嘉가 북으로 도망가 대에서 세력을 키워 건국한 대국代國도 기원전 227년 연의 멸망과 함께 약화되었다.

이와 같은 장성 이남의 변동은 인접한 흉노에도 영향을 미쳤다.[94]

Imperial Confederacy: Organization and Foreign Policy", *Journal of Asian Studies* v.41-1, 1981, pp. 45~61; "The Shadow Empires: Imperial State Formation along the Chinese-Nomad Frontier", S. E. Alcock·T. N. D'Altroy·K. D. Morrison·C. M. Sinopoli (Ed.), *Empires*, Cambridge Univ. Press, 2001, pp. 10~14)도 있고, 내적인 발전을 통한 것이었다는 유목적 입장에 따른 설명(니콜라 디 코스모, 앞의 책, 2005, pp. 231~235)도 있으며, 내외의 요인이 상호 작용했다는 설명도 있다(Walter Scheidel, "The Xiongnu and the Comparative Study of Empire", Ursula Brosseder·Bryan K. Miller (ed.), 앞의 책, 2011, pp. 111~120). 이런 다양한 견해가 제시되었는데, 흉노 건국에 대한 이해는 전국시대 중국의 북방 진출에 따른 초원의 정치적 변동과 연결해 접근해볼 필요가 있다.

94   『史記』卷34「燕召公世家」第4, p. 1561.

이때 흉노의 두만 선우는 몽염蒙恬(?~기원전 210)이 공격하기도 전인 기원전 220년경에 진의 압박을 받아 북쪽으로 올라갔다.[95] 진이 이렇게 적극적으로 북변에 압박을 가한 것은 통일 이후 패망한 여러 나라의 주민이 탈출해 생존을 의탁할 수 있는 대안으로 흉노를 선택한 것과도 연결된다. 진은 흉노에 대한 공세를 통해 자신에 반대하는 세력이 흉노와 연합하는 것을 막으려 했다.

이와 연결되는 일인지 정확히 알 수 없으나, 시황제는 기원전 214년 몽염에게 1만 명의 군사를 주어 북쪽으로 융적을 쳐서 하남河南 땅, 즉 오르도스를 모두 차지한 다음 신진중新秦中을 만들었다. 이는 오르도스를 중심으로 막남 초원 지역에 살던 목축민의 근거지를 없애기 위해서였다. 그 결과 목축을 하며 살던 융만이 아니라 융의 이주로 영향을 받게 된 흉노까지도 근거지 유지에 엄청난 타격을 입었다. "이때 몽염에 대한 두려움으로 흉노가 떨었다"[96]라는 사마천의 서술처럼 흉노를 비롯한 초원의 주민들은 크게 위축되었다.

이후 기원전 212년에 몽염은 새로운 영역을 확보하는 데 그치지 않고 이를 방어하기 위해 황하黃河를 이용해 장성을 만들었다. 황하를 따라 44개 현에 성을 쌓고 죄수로 구성된 군사를 이주시켰다. 또한 8000여 리에 이르는 남북 연결 도로인 직도直道를 만들어 구원九原(지금의 내몽골자치구 바오터우시包頭市 량우위안현兩五原縣으로 한대에 오원五原으로 개칭)에서 운양雲陽(지금의 산시성陝西省 춘화현淳化縣 서북쪽으로 진의 별궁인 임광궁林光宮이 소재했던 곳)까지를 연결했다.[97] 험준한 산의 능선을 국경으로 하여

---

95   『史記』卷110「匈奴列傳」, p. 2887.

96   위와 같음.

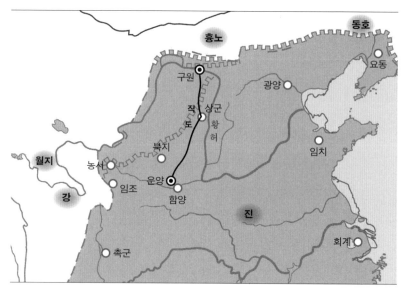

[그림 13] 진의 직도와 신진중 건설도

골짜기를 참호로 삼고 수선할 수 있는 것은 손보아 임조臨洮(지금의 간쑤성 민현岷縣)에서 요동까지 1만여 리에 이르는 장성도 연결했다.[98] 몽염은 이를 모두 상군에서 총괄했다.

통일제국 진은 이렇게 북방 진출을 통해 진, 조, 연 삼국에 맞닿아 있던 유목민을 다시 밀어 올려 기존의 장성 주변과 초원 세력을 견제할 수 있었다. 이는 일곱 나라를 통합하고 아직 남아 있던 '여덟 번째 세력'인 흉노를 비롯한 유목민, 즉 호에 대한 강력한 통제로 더 넓은 범위의 통일을 달성하기 위해서였다. 사마천은 이목에 관한 기록에서와 달리 여기서는 그 대상을 흉노라고 하지 않고 호라고 했다. 이는 조와 상대했던 흉

---

97   宋超·孫家洲,『秦直道與漢匈戰爭』, 陝西師大學出版總社, 2018, pp. 18~36.

98   『史記』卷110「匈奴列傳」, p. 2886.

노만이 아니라 하남의 유목민 호를 몰아냈음을 분명히 보여주려는 의도였다.[99] 시황제는 통일 과정에서는 유목민을 통제하지 못했지만, 통일을 이루고 난 다음 신진중의 확보와 장성 수리를 통해 마지막으로 남은 세력마저 강하게 압박했다.

시황제의 입장에서 목축민과 유목 세력은 자신에게 도전할 수 있는 위협적 존재였기 때문에 오르도스에서 완전히 몰아낼 필요가 있었다. 오르도스를 중심으로 살던 여러 세력과 진에 패망한 잔여 세력이 결합하면 진에 큰 위협이 될 것이었다. 이를 해결하는 일이 급선무라 여긴 시황제는 신진중의 설치와 관리, 그 연장선상에서 이루어진 장성의 수축을 모두 같은 맥락에서 연이어 진행했다. 이는 북방 주민의 남하를 막는 것뿐만 아니라 패망한 중원 세력이 유목민과 결합하는 것도 막는 방식이었다. 100여 년에 걸쳐 계속 중원 국가들과 대결을 벌이면서 장성 이남으로 내려오려 하는 유목민에 대응하는 것은 통일 이후의 체제 유지에 중요한 일이었다. 시황제는 장성 건설, 둔전 설치 등과 함께 직도를 만들어 대규모 부대의 유지와 이동을 수월하게 했다. 심지어 황하를 건너 양산陽山(지금의 내몽골자치구에 있는 랑산狼山)과 북가北假(지금의 내몽골자치구 허타오河套 북쪽, 양산陽山 남쪽의 자산다이허夾山帶河 지역) 사이에 근거지를 두는 등 음산 이남의 초원까지 강하게 견제했다. 오르도스를 포함한

99 　사마천은 기원전 214년 시황제가 몽염에게 1만 명의 군사를 주어 북쪽으로 융적을 쳐서 하남 땅, 즉 오르도스를 모두 차지한 다음 신진중을 건설하고 오르도스 초원 지역에 있던 근거지를 없앤 것을 "북축융적北逐戎狄"이라고 기록했다(『史記』卷88「蒙恬列傳」, p. 2565). 이와 비슷한 내용을 "북격호北擊胡"라고 달리 기록한 부분(『史記』卷110「匈奴列傳」, p. 2886)에서는 융적을 호로 바꾸었다. 이는 오르도스에 살던 목축민과 유목민의 통칭으로 호가 더 적합했기 때문이다. 이렇게 사마천은 여러 존재를 다르게 설명해야 하는 경우 정확히 구분해 기록했다.

음산 이남 지역에 대한 통제 노력은 북방에 있는 흉노를 비롯한 여러 세력을 강하게 의식하는 것이었다. 이는 역으로 장성 설치 이후 초원과 장성 이남의 갈등이 심했음을 뜻한다. 100여 년 가까이 지속된 장성 수축과 그 주변 주민에 대한 통제는 진의 적극적인 노력으로 일시적으로 완성되었다.

이상은 기원전 3세기 중반부터 진의 통일 이후까지 흉노를 비롯한 유목 세력의 약화를 기록한 것으로, 흉노 건국 이전 상황을 정리하는 내용이었다. 건국 전사는 흉노의 등장을 다룬 짧은 분량에 한정되어야 했는데, 사마천은 그에 앞선 1000년에 걸친 북변의 사적 전개 과정 전체를 흉노의 등장과 연결했다. 순서를 정확히 알 수 없음을 인정하면서도 **'융적에서 융, 그리고 호를 거쳐 흉노'**가 연이어 등장한 것처럼 기록했다. 이렇게 전사를 의도적으로 연결한 것처럼 보이는 서술로 인해 자칫 내용을 오해할 수도 있다.[100] 하지만 이는 중국의 확장과 관련하여 '북적사北狄史'를 시간의 흐름에 따라 정리한 것으로 흉노의 등장을 설명하기 위한 전제였을 뿐이다. 전체 내용 구성을 꼼꼼히 살펴보면, 사마천은 객관적 정보를 바탕으로 '직필' 정신에 따라 내용을 정리했다. 즉 총론적 성격의

---

100 『한서』의 흉노 기록은 『사기』의 내용을 그대로 편집한 부분과 반고가 직접 저술한 부분으로 나뉜다. 반고가 직접 쓴 부분을 살펴보면, 유목민을 '호'라고 하지 않고 모두 '흉노'라고 했다. 이는 사마천과 반고 시대의 시간적 거리와 그 사이의 인식 변화를 보여준다. 사마천이 호와 흉노의 용례를 정확히 구분한 것과 달리, 반고는 이를 모두 흉노로 바꿔 기록했다. 후한대에 이미 **'흉노=호=유목민'**이라는 인식이 강해져 흉노 건국 이후의 규모와 모습에 맞춰 원래부터 모두 흉노였다는 설명이 나타난 것이다. 후대에는 반고의 기록을 바탕으로 흉노의 원류를 탐색하면서 북적 모두를 흉노와 바로 연결하는 오류를 범하게 되었다. 사마천의 기록과 달리 **'북방=유목=흉노'**라는 선입견이 강화되고, 이것이 별다른 의심 없이 반복되면서 **'북적=유목민'**이라는 고정관념이 형성되었다고 볼 수 있다 (정재훈, 앞의 글, 2020, p. 197).

모두 부분에서 흉노의 '진상'을 사실적으로 다루었고, 흉노가 중국과는 다른 습속을 가진 하나의 실체임을 분명히 했다.

이와 같이 사마천은 모두 부분과 건국 전사의 내용을 통해 흉노사 시작의 전제를 설정했다. 이는 사마천이 논찬에서 밝힌 것처럼 구체적인 저술 이유에 따른 것이다.[101] 이를 통해 사마천이 흉노 건국 이후를 기록할 때도 비슷한 태도를 유지하며 저술했으리라 추정해볼 수 있다. 사마천의 기록이 지니는 이런 특징을 전제로 두고 한문 기록 본연의 한계를 극복하면서 본격적으로 건국 이후 흉노사를 새롭게 복원해보려고 한다.

101　『史記』卷110「匈奴列傳」, p. 2919.

제2편

건국과 발전
(기원전 209~기원전 141)

묵특의 국가 건설과 지향:
선우에서 대선우로(기원전 209~기원전 174)

1. 묵특의 집권과 호와 융의 통합 노력

기원전 3세기 중반 흉노는 융을 비롯한 호를 통합해 조를 공격했으나 이
목이 10만 유목민(호)을 격파하면서 처참히 패배하고 말았다.[1] 호와 연
합했던 담람, 동호, 임호 등의 융도 사라지거나 조에 복속되었다.[2] 이 전
투의 규모를 통해 흉노가 이 무렵 상당한 정도의 세력으로 성장했음을
추정해볼 수 있다. 또한 이런 심각한 패배 이후 별다른 움직임이 없었던
것에서 이후 세력을 제대로 회복하지 못했음도 알 수 있다. 얼마 지나지
않아 흉노는 전국을 통일한 진이 북으로 진출해 장성을 건설하면서 북쪽
으로 밀려났다.

   이로부터 어느 정도 시간이 지나 '만萬'을 뜻하는 '튀멘tümen'의 음

---

1   『史記』 卷110 「匈奴列傳」, p. 2886.
2   『史記』 卷81 「廉頗藺相如列傳」, p. 2449.

차인 '두만頭曼'이라는 이름의 선우가 진의 압박으로 북으로 쫓겨 갔는데, 이를 통해 흉노의 다른 움직임을 포착할 수 있다.[3] 두만의 등장과 이목의 전투가 30년 정도 시차가 있다는 점에서 과거의 흉노와 두만을 바로 연결하기는 어렵다. 더욱이 두만의 본격적인 활동은 이로부터 10년도 더 지난 시점, 즉 기원전 210년경 몽염이 죽은 뒤 비로소 장성을 넘어 다시 오르도스 등지로 진출하며 시작되었다.[4]

이때 흉노가 어느 정도 규모의 세력이었는가 역시 정확히 알 수 없다. 다만 군장의 이름을 통해 1만 호戶 정도였다고 추정할 뿐이다. 유목 세계 내 흉노의 권위 역시 불분명하다. 기원전 214년 시황제가 오르도스에 신진중을 설치해 유목민을 황하 이북으로 밀어낸 뒤 이에 그치지 않고 몽염을 시켜 황하 너머에 장성을 건설할 때까지도 흉노 관련 기록은 없다. 몽염이 유목민을 지칭하는 호를 밀어냈다고 기록된 것처럼,[5] 흉노는 이때까지도 유목을 대표하는 세력이 아니었다.

진의 신진중 설치와 장성 건설은 원래 이곳에 살던 유목민이 오르도스 등지로 남북 방향의 계절 이동을 하지 못하게 해서 생활 리듬을 깨려는 의도였다. 진의 압박을 받아 밀려난 흉노를 비롯한 유목 세력(호)은 약 4년 정도 남쪽에 전혀 내려오지 못하고 음산의 동부 지역에서 지내야 했다. 유목 세력의 입장에서는 목초지가 줄어들고 중원과의 교역이 약화되는 등 큰 타격이었다.

기원전 210년 시황제가 죽고 진한 교체의 혼란이 본격화되자 흉노

---

3   『史記』卷110「匈奴列傳」, p. 2887.

4   위와 같음.

5   『史記』卷88「蒙恬列傳」, p. 2565.

는 비로소 황하를 건너와 오르도스 동부를 회복하기 시작했다. 그동안 몽염의 공세로 빼앗겼던 중요 근거지를 되찾은 것이다. 흉노는 이를 바탕으로 주변에 영향력을 확대할 수 있었으나 아직 **"이 무렵 동호가 군세고 월지月氏의 [힘이] 넘쳤다"**[6]라는 기록처럼 규모가 어느 정도인지 알기 어려운 여러 유목 세력 중 하나였다.

얼마 지나지 않아 흉노는 점차 세력을 확장하더니 두만 선우의 아들 묵특冒頓[7] 시기에 중국을 상대할 정도의 거대한 유목제국으로 발전했다. 이런 충격적 사건을 맞닥뜨린 사마천은 흉노가 '**갑작스럽게 발전한 이유**'에 주목했다. 특히 묵특의 집권과 국가 건설에 대해 다른 부분과 비교할 수 없을 만큼 자세히 다뤘다. 이 중에서도 묵특이 선우가 된 일화는 눈앞에 장면이 펼쳐지듯 사실적으로 묘사했다.

묵특은 두만 선우의 아들로 원래 태자太子였다가 계모가 낳은 이복동생이 태자로 지명되자 서방의 월지에 볼모로 가야 하는 어려운 처지에 놓였다. 이는 기원전 210년 몽염이 죽고 두만 선우가 오르도스로 돌아간 이후 얼마 되지 않았던 때의 일로 보인다. 이때 두만 선우는 서방의 유력 세력인 월지와 좋은 관계를 유지하기 위해 묵특을 볼모로 보냈다.

월지는 지금의 오르도스 서부 허란산맥賀蘭山脈부터 치롄산맥祁連山脈 북방 초원과 오아시스 지역을 차지한 유목 세력으로 동서를 연결하는 하서회랑을 무대로 활동했다. 월지가 당시 어느 정도 규모였으며 진의 통일기에 어떤 역할을 했는가에 대한 기록은 없다. 이 무렵 상당한 세력

---

6   『史記』卷110「匈奴列傳」, p. 2889.

7   묵특은 일반적으로 굳센 사람(용사勇士) 내지는 싸움을 잘하는 사람(전사戰士) 정도의 의미를 가진 바가투르baghatur의 음사로 설명하는데, 그 밖의 음차로 '묵독墨毒', '묵돌墨突' 등이 있다(澤田勳, 『冒頓單于-匈奴遊牧國家の創設者』, 山川出版社, 2015).

을 가졌고 경제적으로 풍요로운 지역에서 발전하고 있었다는 것 정도를 알 수 있을 뿐이다. 이는 월지와 관련된 것으로 보이는 오지烏氏 출신의 나倮라는 인물에 대한 다음의 기록을 통해 엿볼 수 있다.

> 오지의 나라는 사람은 길들인 짐승을 풀어 먹였는데, [그 숫자가] 많아지게 되면 [그의 가격을] 살펴 팔았고, 보기 어려운 비단을 얻게 되면 몰래 융의 왕에게 바쳐 보내주었다. 융의 왕은 그 값을 열 배로 쳐서 길들인 짐승을 주 었는데, 길들인 소나 말이 골짜기로 따질 만큼 많았다. [나가 이렇게 부자가 되었기 때문에] 진시황제가 나를 군郡을 다스리는 사람과 같게 맞이했고, 때가 되면 다른 신하들과 조회에도 들게 했다.[8]

먼저 나라는 인물은 지금의 닝샤회족자치구 구위안현固原縣 부근인 한대 안정군安定郡 오지현에 살던 부유한 사람으로 목축을 하던 융과 관 계를 맺어 가축을 기르고, 그것을 비단과 교환해 재산을 축적했다. 그 많 은 재산 덕분에 진으로부터 높은 대우를 받았다. 또한 그는 흉노가 세력 화할 즈음에 활동했는데 진의 영향을 받으면서도 독립적이었고, 주변의 융과도 긴밀한 관계를 유지했다. 위의 기록은 중국과 관련된 부분만 다 루어 나와 월지의 관계를 정확하게 알 수 없으나 둘 사이가 긴밀했다는 정도는 추정할 수 있다.[9]

나가 살던 오지는 오아시스 도시와 산지 초원이 공존하던 곳으로 목축으로 얻은 축산물을 비단과 교역하는 것이 축재 수단이 될 정도로

---

8 『史記』卷129「貨殖列傳」, p. 3260.

9 Craig G. R. Benjamin, *The Yuezhi: Origin, Migration and the Conquest of Northern Bactria*, Turnhout: Brepols Publishers, 2007.

상업이 발전했다. 또한 이곳은 북쪽으로는 오르도스, 남쪽으로는 진, 서쪽으로는 황하를 건너 하서회랑으로 이어지는 교통의 요지였다. 이런 지리적 조건 덕분에 이곳에는 서방에서 온 국제 상인들의 거점이 많았다.[10]

오지보다 서쪽에 있는 지금의 간쑤성 산단현山丹縣 옌즈산焉支山(혹은 옌즈산燕支山) 주변의 초원지대는 월지의 또 다른 중요 무대였다. 이곳은 넓은 계곡을 따라 산지에 비옥한 초원이 펼쳐진 곳으로 가축, 특히 말의 사육에 적합했다. 이곳의 목축민은 여름에는 초원에서 지내다가 겨울이면 분지 중앙부의 농경이 가능한 오아시스로 이동했는데, 이곳을 지나가는 동서 교역로를 장악해 오지 출신의 나처럼 축산물과 중국 물품의 교역으로 이익을 얻었다.[11] 이와 같이 월지는 초원과 오아시스가 공존하는 복합지역에서 교역과 목축, 오아시스 농업을 하면서 하나의 세력을 형성하고 있었다.[12]

사마천은 기원전 210년경 막 세력화를 시작한 흉노보다 월지가 더 강력한 세력이었다고 서술했다.[13] 월지에 대항해 세력을 키우고자 했던 흉노는 오르도스를 회복한 다음 서쪽으로 진출하려 했다. 하지만 아직 세력이 약했기 때문에 두만 선우는 월지와 관계를 잘 유지하기 위해 태자에서 밀려난 묵특을 볼모로 보냈다. 묵특을 쫓아내 제거하려는 목적도

---

10   小谷仲男,『大月氏』, 東方書店, 1999(오다니 나카오, 민혜홍 역,『대월지: 중앙아시아의 수수께끼 민족을 찾아서』, 아이필드, 2008, p. 33).

11   李振國,「甘肅山丹縣境內焉支山 – 祁連山間大馬營草灘歷代烽燧考」,『中國長城博物館』 2009-1, p. 7.

12   Craig G. R. Benjamin, 앞의 책, 2007, p. 83.

13   『史記』卷110「匈奴列傳」, p. 2887.

있었고, 그를 볼모로 하여 월지를 안심시킨 다음 공격하려는 의도 역시 감춰져 있었다. 두만 선우의 계획은 빗나가고 말았다. 이를 눈치챈 묵특이 좋은 말을 훔쳐 월지에서 흉노로 돌아왔기 때문이다. 두만 선우는 상황이 자기 생각과 다르게 전개되자 어쩔 수 없이 묵특을 다시 인정하고 군사를 지휘하게 했다. 이때 두만 선우가 묵특에게 1만 기 정도의 기병을 조련하게 했는데, 향후 월지를 공격할 때 그를 이용하려는 의도였던 것으로 보인다.

한편 묵특은 부하들이 말을 타고 활을 쏘는 훈련을 할 때 자신의 명령을 알리는 '소리 나는 화살(명적鳴鏑)'의 조준에 따라 표적을 맞히도록 했다. 부하들이 반드시 자기 명령을 따르도록 "소리 나는 화살을 쏜 곳에 모두 쏘지 않으면 베어버릴 것이다"라고 말했다. 또 훈련 성과를 확인하기 위해 사냥을 나가 새와 짐승, 좋은 말(선마善馬), 아끼는 처(애처愛妻), 선우의 좋은 말 등을 연이어 쏘게 하고, 말을 듣지 않는 부하는 죽여버렸다.[14] 처음에는 생경한 훈련에 두려워하던 부하들은 이런 과정을 거치며 점차 묵특의 명령에 철저히 따르는 이들이 되었다. 이렇게 확보한 무력은 훗날 묵특이 정변을 일으키는 데 중요한 기초가 되었다. 자기 말을 잘 따르는 병사를 확보한 묵특은 사냥을 나갔다가 부왕 두만 선우를 쏴 죽여버렸다. 계모와 동생들, 자신을 따르지 않는 대신들까지 모두 죽이고 자립했다.[15]

이 일화는 흉노가 묵특 선우를 중심으로 내적으로 완전히 다른 체제를 만들었음을 보여준다. 유목 군장은 원래 능력을 바탕으로 강력한

---

14   위의 책, p. 2888.

15   위와 같음.

카리스마를 갖추어야 하지만, 동시에 자신을 따르는 무리의 이익 역시 충족해주어야 했다. 즉 약탈물이나 조공으로 받은 물품을 나눠 주는 것 (혜시惠施)이 중요한 덕목이었다.[16] 묵특 선우는 자신에게 철저히 봉사하는 새로운 무력 집단을 확보해 정변에 성공한 다음 권력을 장악할 수 있었다. 묵특의 '소리 나는 화살' 일화는 군주의 사적 의지를 관철하는 데 봉사하는 강력한 존재, 즉 '**친병집단親兵集團**'의 형성을 설명하는 좋은 예로 이해되기도 한다.[17]

또한 사마천은 묵특 선우가 이후 주변 세력의 견제를 극복한 두 번째 일화를 통해 그의 발전 동력을 다루었다. 묵특 선우는 국가 발전의 기초를 다지기 위해 흉노 이외의 다른 '백성'을 확보하려 노력했다.[18] 이

---

16   김호동, 「北아시아 遊牧國家의 君主權」, 『東亞史上의 王權』, 한울아카데미, 1993, pp. 152~155.

17   위의 글, p. 141.

18   유목사회의 기본 단위는 부부와 그 미혼 자녀로 구성된 핵가족이다. 이동을 전제로 한 생활 형태로 정주 사회와 같은 복합 가족 형태는 거의 없다. 계절에 따라 생활 단위의 규모를 바꾸기도 했는데, 핵가족 단위로만 생활하기는 어렵기 때문이다. 목민들은 주로 동영지에서 협업이 필요할 경우 친족 내지 다른 가족과 하나의 단위를 이루었다. 겨울나기에 필요한 공동 작업을 위해 핵가족들이 유기적으로 결합하는 방식이었다. 이를 통해 목민들은 겨울부터 봄까지의 혹독한 생활을 견뎌냈다. 몰이사냥이나 이동 또는 공동 행사를 위해 더 큰 단위를 만들기도 했는데, 이것이 유목사회를 구성하는 중요 단위가 되었다. 돌궐과 위구르에서는 이런 규모의 단위를 '박bagh'이라 했고, 그 내부에 '보드bod'라는 작은 단위가 여러 개 묶인 '보둔bodun(백성百姓으로 번역 가능)'이 있었다. 보드는 대가족 또는 친족의 의미였고, 보둔은 그 복수로 여러 개의 친족 집단이 모인 단위 안에서 '지배를 받는 백성'이나 그 구성원을 의미했다. '박'을 구성하는 보둔 중에는 약탈이나 전쟁 등으로 포섭한 다른 집단도 있었으나 주로 동족 집단의 성격이 강했다. 즉 공동의 조상을 가진 씨족 단위이거나 아니면 다른 족속이 일부 포함된 하나의 행동 단위였다. 따라서 개별 목초지, 즉 분지分地는 이런 단위를 중심으로 정해졌다. 씨족 정도의 단위인 '박'의 상위에는 이것이 몇 개 모인 연합체 '일il(또는 el)'이 있었다. '일'은 개별 친족 집단인 '박'의 연합체로 부족 tribe 정도로 번역하기도 한다. '일'이 여러 개 모여 이룬 부족 연합체 혹은 국가인 '일'과

내용은 동호 관련 일화에 나오는데, 묵특 선우의 집권 이후 동호는 흉노를 강력하게 견제했고 묵특 선우는 이를 타개하여 국가를 발전시키려고 했다. 사마천은 이에 주목해 관련 내용을 자세하게 소개했다.

정변 이후 흉노가 취약해지자 동호의 왕은 흉노에 사신을 보내 천리마를 요구했다. 묵특 선우는 주변의 반대에도 불구하고 이를 흔쾌히 받아주었다. 이어 다시 자신이 사랑하는 연지閼氏(선우의 아내를 지칭하는 말로 내적으로 층위가 있어 여러 가지 명칭이 있었다)를 요구한 것도 받아주었다. 하지만 흉노와 동호의 경계에 있는 망 보는 시설(구탈甌脫)[19] 밖의 1000여 리에 이르는 버려진 땅을 요구한 것은 거절했다. 이때 신하들이 목초지가 아닌 땅이니 내어 주자고 하자 묵특 선우는 크게 화를 내면서 "땅이란 나라의 뿌리인데 너희가 어찌 주자고 하는가!"라고 말했다. 그런 다음 버려진 땅이니 주어버리자고 말한 신하를 모두 목 베어 죽이고는 자신이 선두에 서서 "뒤늦게 나아가는 자도 베어버리겠다!"라면서 동호를 기습 공격했다.[20]

이 일화는 묵특 선우가 '땅의 확보'를 중요시했음을 보여주는 것이라 설명되기도 한다. 일반적으로 유목민은 계절 이동의 목적인 구획된 목초지, 즉 분지가 있음에도 목축의 주체인 '인구人口'를 단위로 체계를

더 발전된 제국을 뜻하는 '일'도 있었다. 몽골에도 이와 비슷하게 기본 친족 집단인 '아일ayil', 같은 조상을 가진 씨족 집단인 '오복obogh', 그리고 이동 단위나 규모가 더 큰 '쿠리엔küriyen' 등이 있었다. 쿠리엔은 수레바퀴를 의미하는데, 수백 내지는 1000여 개의 가구가 한 단위가 되어 야영 시에 원형의 진을 쳤기 때문이다. 쿠리엔이 모여 '울루스ulus' 혹은 '이르겐irgen'이라는 부족 연합체를 만들기도 했다. '울루스'는 앞에서 설명한 투르크의 '일'과 같이 점차 규모가 확대되면서 국가 또는 제국을 의미하기도 했다. 흉노도 이와 비슷했다고 설명할 수 있다(정재훈, 『돌궐 유목제국사 552~745』, 사계절, 2016, pp. 121~126).

19   陶克濤, 앞의 책, 1987, pp. 261~262.

20   『史記』卷110 「匈奴列傳」, p. 2889.

만들기 때문에 '토지土地'를 중시하는 정주 농경 지역과 비교했을 때 상대적으로 인구를 더 중시한다고 인식된다. 그러나 인구를 확보하면 토지도 당연히 따라오는 것이고, 분지를 사이에 둔 다툼이 중요한 송사가 되기도 했듯이 유목민에게도 토지의 확보가 중요했다. 즉 특별히 묵특 선우만 토지를 중시했던 것은 아니다. 따라서 이 내용은 토지에 대한 이야기라기보다는 사마천이 동호를 상대하는 묵특 선우의 '**치밀함**'에 주목한 것이라 볼 수 있다. 묵특 선우의 입장에서 천리마와 사랑하는 연지보다 황무지가 더 중요한 것은 아니었다. 정변 이후 바로 동호와 전쟁을 벌일 수는 없었고, 안정을 찾은 뒤 전쟁 준비를 할 시간적 여유가 필요했을 뿐이다. 처음에는 동호의 요구를 받아주면서 그들의 말을 따르는 것처럼 해서 동호가 흉노를 얕잡아보고 방어를 소홀히 하게 하려는 목적이었다.

이런 준비 끝에 묵특 선우는 동호의 허를 찌르듯 급습을 감행했다. 이는 아버지를 살해하기 위해 철저한 준비를 했던 일과도 맥을 같이한다. 이 두 일화는 모두 사마천이 묵특 선우의 계획적이고 치밀한 모습을 주목하고 높이 평가한 것이다. 또한 개인의 능력에 대한 설명을 넘어 흉노가 결코 쉬운 상대가 아님을 보여주려 한 것이기도 했다. 결국 동호는 제대로 대비하지 못한 상태에서 묵특 선우의 기습 공격을 받고 패망했다. 흉노는 동호를 완전히 해체하여 백성으로 확보했다. "**[묵특] 선우가 [동호의] 인민(민인民人)과 길들인 짐승과 나온 물자(축산畜産)를 빼앗았다**"[21]라고 한 것처럼 동호의 일부는 흉노의 중요한 백성이 되었다. 묵특 선우는 자기보다 강한 동호의 인적, 물적 재화를 확보해 초기의 어려움에서 벗어날 수 있었다. 이후 동호는 어떤 움직임도 보이지 못했고, 일부

---

21 『史記』卷110「匈奴列傳」, p. 2889.

가 지금의 싱안링산맥 방향으로 도망가 오환과 선비鮮卑의 선조가 되었다는 전설만이 남았다.[22]

여기에서 끝나지 않고 묵특 선우는 오르도스 남쪽의 월지마저 격파해 그들이 서쪽으로, 그러니까 지금의 간쑤성 동부로 옮겨 가게 했다. 이는 흉노가 오르도스를 안정적으로 확보하는 데 최대 걸림돌이었던 세력을 제거한 일이었고, 더 서쪽으로 진출하기 위한 교두보를 마련한 것이기도 했다. 묵특 선우는 여기서 더 남쪽으로 내려가 융의 하나로 중국과 각축을 벌이던 누번, 백양白羊 등도 복속했다.[23] 이렇게 해서 흉노는 과거 몽염이 빼앗았던 신진중까지 완전히 차지할 수 있었다. 그 결과 전국시대와 진 통일기 중국의 확장에 따라 북으로 계속 밀려났던 이곳의 주민들이 다시 고지故地로 돌아올 수 있었다.

이런 과정을 통해 묵특 선우는 초원과 잡거지 등에 퍼져 있는 다양한 호와 융을 모두 통합했다. 이후 그동안 자유로운 목축을 방해해온 장성을 무너뜨리기 위해 하남에 있던 장성에서 조나朝那(지금의 닝샤회족자치구 평양현彭陽縣), 부시膚施(지금의 산시성陝西省 위린시楡林市)까지 밀고 들어갔다. 아울러 연의 대 지역까지도 쳐들어갔다. 대로 진출한 것은 초원으로 밀려난 융의 원주지인 목농복합구역을 되찾기 위한 움직임이었다.[24] 이를 통해 흉노는 초원의 유목 세력을 통합하고, 더불어 전국시대 말 장성 구축 이후 중원에 대항하며 형성된 **'호와 융의 통합'** 역시 강화할 수 있었다.[25]

---

22   『後漢書』卷90「烏桓鮮卑列傳」, p. 2979.

23   『史記』卷110「匈奴列傳」, p. 2890.

24   위와 같음.

25   王慶憲, 「匈奴盛時其境內非匈奴人口的構成」, 『內蒙古社會科學』 2003-1.

이후 흉노는 장성을 넘어와 중국에 역공을 가하면서 비로소 강력한 유목 세력으로 등장했다. 이에 주목한 사마천 역시 이런 초기의 성과를 **"묵특 [선우 시기]에 이르러 흉노가 가장 세고 커져 북의 오랑캐(북이北夷)를 모두 아래로 두고 남쪽으로 중국과 맞설 수 있는 나라가 되었다"**[26]라고 평가했다. 즉 흉노는 초기에 초원의 유목 세력만이 아니라 장성 주변에 흩어져 있던 융까지 확보했다. 뿐만 아니라 진한 교체기 중국의 혼란이 확대되면서 이탈한 중원 출신 주민도 다수 포섭했다.[27]

이후 신생 국가인 흉노는 다양한 백성의 욕구를 채워주고, 이를 하나로 통합할 새로운 체제로 변모해야 했다. 이를 위해 묵특 선우는 서방과 북방 세력에 대한 공세와 함께 융이 살던 장성 이남 지역을 확보하기 위한 원정, 그 밖에 출신이 각기 다른 백성을 포섭하기 위한 노력을 본격

26　『史記』 卷110 「匈奴列傳」, p. 2890.

27　진의 중국 통일 과정에서 북방에 있던 조와 연의 일부 유민들은 진의 통제를 받아들이지 않고 이탈해 독립을 시도했다. 진의 공격으로 조가 멸망하자 공자가 대로 도망해 세력화한 것(『史記』 卷34 「燕召公世家」4, p. 1561)이나 연 출신인 위만衛滿이 동쪽으로 도망가 조선을 차지한 것(『史記』 卷115 「朝鮮列傳」, p. 4015) 등이 이런 움직임과 관련된 것이다. 흉노가 진에서 이탈한 중원 사람을 얼마나 포섭했는가에 대한 기록은 없다. 다만 관련해 망명한 예를 보면, 흉노나 동호 등에 중원 사람이 투항했거나 흉노가 이들을 끌어들여 국가를 재건하려고 했던 움직임을 볼 수 있다. 전국시대 말에 장성 수축에 따라 북으로 밀려난 주민들은 장성에 저항하며 남으로 내려오려고 했다. 반대로 이를 유지하려던 세력 역시 자신의 안위가 위협받으면 장성 너머 세력과 결합하기도 했다.

진의 통일은 전국시대에 만들어진 장성 주변의 세력 변화에 큰 영향을 미쳤다. 통일에 성공한 이후 진이 북쪽으로 확장하면서 장성을 개축하고 연장하려 한 것도 반발하는 세력에 대응할 대책을 마련한 것으로 볼 수 있다. 진은 기존의 장성을 유지해 조나 연 같은 북방 국가의 영역을 확보할 뿐 아니라 이탈 가능성이 있는 세력을 차단하려고 했다. 이후 기원전 210년경 진이 멸망하고 중국 내지가 혼란에 빠지자 장성은 그 역할을 잃을 수밖에 없었다. 이는 장성으로 나뉜 두 세계가 원래부터 완전히 분리 유지되었다는 견해에 대한 반성을 요구한다. 장성은 세력의 부침과 이해관계의 변화에 따라 언제든지 해체도 되고 유지도 되는 가변적인 것이었다.

화했다. 이러한 작업을 원만하게 추진할 수 있는 집권 체제의 고도화는 건국 초기 묵특 선우에게 가장 중요한 과제였다.

2. 기마 유목민 '인궁지민' 중심의 체제 정비

사마천은 흉노의 놀라운 성공에 대해 "흉노의 귀인貴人과 대신大臣 모두가 따르며 묵특 선우를 도움을 주는(현賢) 분이라 했다"[28]라고 서술했다. 이와 같은 언급을 통해 유목 군주의 뛰어난 능력, 즉 '현'을 소개했다. 현은 "유무형의 다양한 능력을 통해 얻은 것을 아무런 대가 없이 주는 것" 정도로 해석할 수 있다. 사마천은 이 표현을 통해 흉노가 묵특의 뛰어난 능력을 바탕으로 세력화할 수 있었음을 설명하면서 유목 군주는 육체적·물리적 능력인 **'굳셈(勇)'**과 정신적·도덕적 능력인 **'어짊(賢)'**을 고루 갖추어야 함을 강조했다.[29]

『사기』에는 묵특 선우 개인에 대해서는 자세한 기록이 남아 있지만, 군장의 명칭인 선우에 대해서는 기본적인 설명조차 없다.[30] 이와 달리 『한서』에서는 "선우의 성은 연제씨攣鞮氏인데, 그 나라에서 그를 불러

28　『史記』卷110「匈奴列傳」, p. 2893.

29　유목사회에서 수령 내지 군주가 권위를 확립하는 데 가장 중요한 것은 '개인적 능력'이었다. 집단의 규모에 상관없이 통솔하는 대상 내부에서 일어난 분쟁을 조정하고 그 항상성을 유지하는 것이 중요했다. 또한 분지라는 유목 경계와 관련하여 그곳의 우선적 사용이나 무단 침범으로 인한 분쟁도 해결해야 했다. 이는 유목민의 생존과 직결된 문제였다. 아울러 다른 집단의 약탈 등 여러 위협을 막으며, 획득한 물품을 예하의 주민에게 분배도 해야 했다. 내부의 결속력을 강화하는 모임, 예를 들어 제천행사 등을 주재하여 자신의 권위를 강화할 필요도 있었다(정재훈, 앞의 책, 2016, p. 125).

30　사마천의 기록에는 다른 유력한 씨족에 대해 "호연씨呼衍氏, 난씨蘭氏 다음에 수복씨須卜氏가 있었는데, 이 세 가지의 성이 높다"라면서 당연히 다뤄야 할 선우를 배출한 연제씨에 대해서는 아무 내용이 없다. 이 중요한 정보는 사마천의 기록을 반고가 인용할 때까지는 있다가 이후에 탈락한 것으로 추정된다(『史記』卷110「匈奴列傳」, pp. 2890~2891).

말하기를 '텡그리 쿠트 선우(撐犁孤塗單于)'라고 한다. 흉노는 하늘을 텡그리(撐犁)라고 하고, 아들을 쿠트(孤塗)라고 한다. 선우란 넓고 큰 모습이고, 그 모습은 하늘같이 넓고 크다는 것을 말한다"[31]라고 했다. 이는 선우가 중국을 지배하는 '천자天子'에 상응하는 존재였다는 설명이다.[32] 선우는 호와 융을 통합한 흉노의 최고 통치자로서 중원을 통합한 천자, 즉 황제皇帝와 대등한 존재를 의미했다. 이는 또한 선우가 '크다'를 뜻하는 군장의 칭호로 사용되다가 묵특 이후 호와 융 모두를 통합한 유목국가를 다스리는 '하늘의 아들'이 되었음을 보여준다. 선우의 의미 변화는 묵특이 부락의 추장을 넘어 강력한 권위를 가진 유목 세계의 군장이 되었음을 뜻한다.

이후 선우는 자기 권위를 확대 재생산할 수 있는 체제를 안정적으로 유지하기 위해 만기장萬騎長 24인을 두어 국가를 운영했다. 그 구조는 "[선우 아래에는] 좌현왕左賢王, 우현왕右賢王, 좌록리왕左谷蠡王, 우록리왕右谷蠡王, 좌대장左大將, 우대장右大將, 좌대도위左大都尉, 우대도위右大都尉, 좌대당호左大當戶, 우대당호右大當戶, 좌골도후左骨都侯, 우골도후右骨都侯를 두었다. 흉노는 '어질다(賢)'를 도기屠耆라고 해서 늘 태자가 좌도기왕左屠耆王이 되었다. 또 좌현왕과 우현왕 이하 당호에 이르기까지 크게는 만기 적게는 수천 기를 거느렸는데, 대개 24명의 장을 [달리] 불러 만기萬騎

---

31 『漢書』卷94上「匈奴傳」, p. 3751.

32 '고도孤塗'를 퉁구스어에서 아들을 의미하는 '코토koto'로 보고 '탱려고도撐黎孤塗'를 "중국의 천자와 같다"라고 한 것은 중국적인 개념과 대응하여 해석한 것이다. 이와 달리 '탱려'를 텡그리tengri, 즉 하늘(天 또는 神)로, '고도'를 투르크어의 쿠트qut, 즉 '축복'의 의미로 이해하고 수식어로 봐서 '하늘로부터 복을 받은 군주'라고 해석하기도 한다. 흉노 선우의 이름 교정 및 계보에 대한 고증은 다음을 참조. 龔蔭, 「匈奴單于疏證」, 『西北民族研究』 1999-2, pp. 89~111.

라 했다. 여러 대신은 모두 관官을 이어받았다"[33]라는 서술에서 엿볼 수 있다.

선우 이하 24명의 만기장은 세습 관료로 선우를 배출하는 황금씨족 黃金氏族인 연제씨 출신이거나 이와 연합한 특정 씨족 출신이었다. 이들이 중핵 집단이었는데, 24명의 만기장이 흉노의 관제에서 등급으로 나뉜 위계 속 존재인지 아니면 위계와 상관없이 선우를 보좌하는 최고위 관리였는지는 불분명하다.[34] 이 기록은 건국 초기의 상황이므로 관제가 등급에 따라 체계화되었다기보다 같은 명칭의 관직을 복수로 둔 정도였을 것이다. 이와 같은 초기의 국가 체제는 정비된 관제에 기초했다기보다는 세력 확장에 따라 그때그때 생긴 측면이 강했다.[35]

---

33 『史記』卷110「匈奴列傳」, p. 2890.

34 "만기를 이끄는 장이 24개"라고 한 것과 관련하여 흉노의 관제를 『사기』 및 그와 같은 『한서』의 기록, 그리고 이후의 변화를 기록한 『후한서』의 내용을 비교해 복원하려는 다양한 시도가 있었다. 『후한서』에서는 "其大臣貴者左賢王, 次左谷蠡王, 次右賢王, 次右谷蠡王, 謂之四角; 次左右日逐王, 次左右溫禺鞮王, 次左右漸將王, 是爲六角; 皆單于子弟, 次第當爲單于者也. 異姓大臣左右骨都侯, 次左右尸逐骨都侯, 其餘日逐, 且渠, 當戶諸官號, 各以權力優劣, 部衆多少爲高下次第焉."이라고 기존의 기록과 달리 사각四角, 육각六角, 이성대신異姓大臣 등을 설명했다. 이에 대해서는 흉노의 정치적 지배력이 확대되는 과정에서 신설된 것이라는 설명도 있었다(護雅夫,「北アジア・古代遊牧國家の構造」,『岩波講座 世界歷史』6, 1971, p. 362; 李春梅,「匈奴政權中"二十四長"和"四角", "六角"探析」,『內蒙古社會科學』, 2006-3, 2006, p. 51). 이와 달리 단순한 명칭의 변화가 아니라 같은 내용의 다른 표현이라는 설명도 있었다(Omeljan Pritsak, "Die 24 T'a-chên. Stuide zur Geschichte des Verwaltungsaufbaus der Hsiung-nu Reiche", Oriens Extremus v.1, 1954, pp. 178~202). 이에 대해 24장을 맡는 좌우현왕과 좌우곡리왕 및 좌우골도후를 지위로 보고 대장, 대도위, 대당호는 그에 소속된 것이라는 견해도 있었다(山田信夫,『北アジア遊牧民族史研究』, 東京大學出版會, 1989, pp. 31~46). 이와 달리 좌현왕, 좌곡리왕, 우현왕, 우곡리왕의 사각을 상급으로, 좌우대장, 대도위, 대당호를 중급 지휘관으로 분류한 다음, 이들의 역할을 별다른 근거도 없이 좌현왕 이하의 관직과 그 숫자가 일치하지 않는 24개 주요 관직과 함께 설명한 연구도 있었다(사와다 이사오, 앞의 책, 2007, p. 158). 여기에서 사각, 육각, 이성대신 등을 나눠 기록한 것은 흉노가 분열하면서 분권화가 진행되어 나타난 변화로 볼 수 있다.

묵특 선우는 초원의 유목민인 호만이 아니라 장성 인근에서 목축을 하며 지내던 융까지 통합한 하나의 국가를 만들기 위해 계속해서 원정을 했다. 그리고 이 과정에서 확보한 다양한 백성을 국가라는 체계 안에서 효율적으로 통제하고 쉽게 동원할 수 있는 방식을 고안했다. 이 일은 단계적으로 이루어졌는데, 그 첫 대상이 동호였다. 묵특은 동호 원정에 성공한 다음 동호의 인민과 생산 도구를 확보하고 통제했다.[36]

이렇게 점차 백성을 확보해나가면서 유목국가 체제가 구체화되었다. 동호를 격파한 다음 왼쪽(左)의 왕이나 장군을 시켜 동쪽을 통제하게 했는데, 이것이 소위 '**좌부左部**' 성립의 기초가 되었다. 좌부는 주로 장성 이남 상곡군 동쪽을 맡으며 멀리 예맥穢貊, 조선과 접했다.[37] 이곳은 가장 최고위인 태자 좌현왕과 그다음 순위인 좌록리왕이 나누어 통제했는데, 각각 개별 영지가 따로 있었다. 그 밑에 좌대장, 좌대도위, 좌대당호, 좌골도후가 있었다.

이어 월지가 패해 서쪽으로 도망간 다음에는 오른쪽(右)의 왕이나 장군이 서쪽에 살면서 상군의 서쪽을 맡게 했다. 이들은 서쪽으로 더 밀려난 월지나 저氐, 강羌과 맞닿아 있었다. 또한 상군이 오르도스 초원에 있었으므로 남쪽 원정을 통해 확보한 누번, 백양을 통제했다. 이것이 소위 '**우부右部**' 성립의 기초가 되었다. 이곳 역시 좌부와 마찬가지로 우현왕과 우록리왕이 나누어 통제했고 이들 역시 영지가 따로 있었다. 그 밑에는 좌부처럼 우대장, 우대도위, 우대당호, 우골도후가 있었다. 우부는

---

35   Nicola Di Cosmo, "Aristocratic Elites in the Xiongnu Empire as Seen from Historical and Archeological Evidence", *Nomad Aristocrats in a World of Empires*, Wiesbaden, 2013, pp. 23~54.

36   『史記』卷110「匈奴列傳」, p. 2889.

37   위의 책, p. 2891.

초기에는 오르도스에 왕부가 있다가 서방 진출이 본격화되면서 이후 그 통제 범위가 서쪽으로 옮겨 가며 확대되었다.

흉노의 좌부와 우부는 이렇게 세력 확장과 함께 순차적으로 만들어졌다. 좌부와 우부에는 흉노의 중핵 집단만이 아니라 복속된 여러 족속이 함께 있었는데, 이들은 세력이 완전히 해체된 것이 아니라 기존 부락의 왕이 본래 지위를 유지하면서 속국屬國의 형식으로 들어왔다. 이러한 방식으로 흉노의 지배를 받아들인 여러 융은 자신의 체제를 유지한 채 흉노의 일원이 되었다.

좌, 우부를 포괄하며 국가 전체를 통합하는 '중부中部'가 있었고, 그곳을 통제하는 중심은 선우정單于庭(ordu)이었다. 장성 너머 대군과 운중군에 맞닿아 있었던 중부는 음산 이남의 산지 초원지대로 막남의 중심이었다. 과거 중국의 조와 장성을 사이에 두고 대결을 벌이던 오랜 근거지이기도 했다. 선우는 이곳을 중심으로 계절 이동을 위한 거점을 여러 곳에 두고 자기 직할지에 속한 백성은 물론 국가 전체를 아우르며 통치했다.

이런 삼분의 국가 구조는 전국시대 말기 장성을 사이에 두고 진, 조, 연과 대결하던 상황과 연결해볼 수 있다. 흉노는 지역적으로 구분되는 세 지역에 각각 중심을 두고 장성 너머를 공격해 각자의 영역을 확장했다. 독립 분봉지分封地로 구성된 세 구역의 군장은 자신이 통제하는 지역을 중심으로 그 예하의 왕들과 함께 중국을 상대했는데, 선우와 좌우 각각 2명의 왕이 영역을 확장하면서 삼분 구조가 자연스럽게 형성되었다. 흉노의 계속된 원정에 따라 단계적으로 형성된 초기 체제는 이후 점차 세력이 확장되면서 가변적인 모습을 보였다.

선우정의 소위 중앙 관료들은 대부분 문무의 구분이 없어 군사적 역할을 하며 선우를 보좌했다. 이들 가운데는 선우를 직접 돕는 좌골도

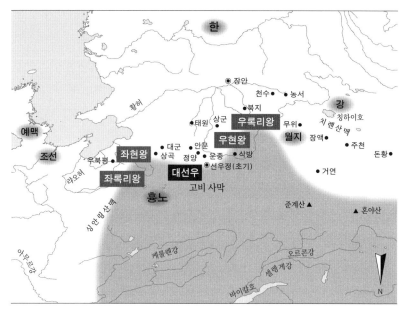

[그림 1] 흉노 초기의 분봉과 지배 영역도

후와 우골도후 등을 비롯한 여러 관리가 있었다. 골도후는 주로 다른 성씨(이성異姓)가 맡았는데 호연씨, 난씨, 수복씨 등이었다. 호연씨는 좌측에, 난씨와 수복씨는 우측에 자리했다고 하는 것으로 보아 호연씨 출신이 지위가 더 높았다. 정확한 기록은 없으나 유목민 출신 관료들과 함께 행정 등 필요에 따라 중원 출신도 골도후와 같은 역할을 했다. 국가가 안정적으로 유지되려면 행정과 외교 등이 중요했고, 이런 분야는 특화된 능력이 필요했다는 점에서 유목민보다 정주 지역 출신이 맡는 것이 일반적이었다. 이후 초기보다 국가가 더 고도화되고, 투항민의 숫자가 늘어나면서 중원 출신의 역할과 비중이 계속 커졌다.

흉노의 국가 체제는 초기부터 '**분봉分封**'에 따른 삼분 구조로 이루어졌다. 24명의 만기장이 자기 영지에 속한 백성을 각각 통솔했고, 선우는 자기 영지를 갖는 동시에 흉노라는 나라 전체를 대표했다. "**각각의 영역(分地)이 있었으며 그 안에서 [맴돌며] 물과 풀을 따라 옮겨 다니며 사는데, 좌현왕과 우현왕 그리고 좌록리왕과 우록리왕의 영역이 가장 컸다**"라고 한 것처럼, 좌부와 우부에서 영역을 분봉받은 왕들은 자기 목초지를 독립적으로 운영했다.

이는 목축하며 생활하는 유목민이 본래 각자의 목초지(分地)를 유지하던 습속을 따른 것이었다. 또한 24명의 만기장 각각의 밑에 있던 천장千長, 백장百長, 십장十長, 비소왕裨小王, 상봉相封, 도위都尉, 당호當戶, 저거且渠 등의 속관도 이런 체제를 유지하는 하위 관직이었다.[38] 이들을 십진 단위의 체계로 조직한 것은 유목민이 가축을 세는 방식에서 유래했다.

정치의 중심에 있던 선우정은 한곳에 고정되어 있지 않았다. 흉노는 가축의 습성에 따라 계절 이동을 했다.[39] 주로 동영지冬營地와 하영지夏營地로의 계절 이동이 일반적인데, 이동하는 과정에서 여러 곳의 거점을 두기도 했다.[40] 선우는 이 거점에서 자신의 권위를 확립하고 체제의 안정을 확보하기 위해 예하의 만기장 등 지배집단을 불러 모아 다양한 행사를 벌였다. 먼저 동영지에 머무는 정월에 만기장을 선우정에 불

---

38   위와 같음.

39   吉田順一, 「モンゴルの遊牧における移動の理由と種類について」, 『早稻田大學大學院文學研究科紀要』 28, 1982, pp. 327~342; B. Chinbat, *The Nomadic Movement of Mongolian Herdsmen*, Ulaanbaatar, 1989.

40   흉노 이후 북위, 위구르, 거란, 몽골제국 시기의 유목 습속과 관련해 군주의 계절 이동에 관한 연구가 많은데, 주요한 것만 소개하면 다음과 같다. 최진열, 『북위 황제 순행과 호한 사회』, 서울대학교출판문화원, 2011; 정재훈, 「위구르 카를륵 카간(747~759)의 季節的 移動과 그 性格」, 『중앙아시아연구』 11, 2006, pp. 1~27; 尤李, 「遼金元捺鉢研究評述」, 『中國史硏究動態』 2005-2, pp. 9~16; 김호동, 「몽골帝國 君主들의 兩都巡幸과 遊牧的 習俗」, 『중앙아시아연구』 7, 2002, pp. 1~23.

러 모아 신년 맞이 제사를 지냈다. 이를 소회小會라고 한 것에서 알 수 있듯이[41] 추운 겨울에 이동이 어려운 상황을 고려해 만기장을 비롯한 주요 관리만 모여 새해 인사를 나누고 제사를 지냈다. 겨울에는 각자의 영지에 있다 하더라도 제사 모임을 통해 내적인 결속을 다지고 선우의 권력을 유지했다.

겨울 모임은 주로 몰이사냥을 하는 유목민의 습속과도 관련이 있었다. 유목민들에게 사냥은 모피를 비롯한 재화를 얻는 생산 활동으로서 매우 중요했다. 특히 겨울철에 가축을 공격하는 이리를 사냥하는 것은 생태계를 유지해 생존을 도모하는 일이자 오락이기도 했다. 이런 사냥은 단독이나 소규모가 아니라 무리를 지어 하는 '몰이사냥'의 형식을 취했다. 건국 이후에는 이런 겨울철 활동을 국가 차원으로 발전시켰는데, 이는 이후 군사 동원과도 연결되는 중요한 훈련의 역할을 했다.

유목민들에게 봄철은 새로 태어난 가축을 돌보고, 생활에 필요한 자원을 만드는 등 바쁜 시기였다. 이런 집단 노동을 동영지에서 마무리한 다음 날씨가 따뜻해지고 초지가 비옥해지는 여름이 되면 하영지로 이동해 축제(몽골에서는 이를 '나담'이라고 한다)를 벌였다.[42] 흉노 역시 이런 습속에 따라 다양한 행사를 했다. 춘영지春營地를 거쳐 하영지에 도착하는 5월에 농성龍城(또는 용성龍城)[43]에 모여 조상, 하늘과 땅 그리고 귀

---

41   『史記』 卷110 「匈奴列傳」, p. 2892.

42   박원길, 『유라시아 초원제국의 샤머니즘』, 민속원, 2001, p. 32.

43   『사기』에서는 농성龍城, 『한서』에서는 용성龍城이라 했으며 이는 하영지에서 제천행사를 위해 만든 시설이었다. 고정된 성곽과 같은 형식이 아니라 '선우의 천막인 오르두ordu를 중심으로 여러 천막이 둘러싼 둥지 형태의 시설' 정도로 추정된다. 『한서』에서 용성이라고 한 것은 선우가 지내는 곳이라는 표현을 번역한 것으로 볼 수 있다(제3편 주8 참조). 흉노와 한의 혼인 관계가 형성된 이후 선우의 거주지에 고정된 형식의 성곽과 건물이 만들

신에게 제사를 지냈다.[44] 이렇게 겨울나기를 끝내고 봄을 거치며 다양한 생산 활동을 마치면 여름에는 휴식기를 가질 수 있었다. 휴식기의 축제는 건국 이후 국가 단위로 만기장이 이끌고 부민의 다수가 참여하는 행사가 되었다.

추영지秋營地에서 동영지로 넘어가기 직전인 말이 살찌는 가을에는 대림蹛林에서 큰 모임(대회大會)을 열었다.[45] 대림은 삼림과 초원의 접점에 있던 곳이라고 추정할 수 있는데, 여름철 시원한 산지 초원에서 온난하고 바람이 적은 동영지로 이동하는 중간 지점쯤에 있었다. 가을이 되면 유목민들은 겨울나기를 위해 가축을 살찌우려 빈번하게 돌아다녔다. 겨울을 보낼 수 있는 가축을 제외하고, 도축하고 난 다음에 유지해야 할 가축의 숫자를 따지기도 했다. 이 무렵에 국가 주도의 대규모 행사를 열었다는 것은 국가가 유목 생활에 필요한 기본 작업을 파악하고 국가 운영의 기초로 삼았음을 뜻한다.[46]

어졌다. 이것을 농성 내지는 용성이라 부르기도 하지만 이 고정된 주거지는 하영지가 아니라 동영지에 있었다. 초원에 정주민을 위해 설치한 고정 시설은 주로 겨울을 나기 위한 용도였다. 여름에 제천행사와 모임을 위해 세운 농성은 고정형의 건물이라기보다는 이동식 천막이나 제사를 위한 임시 시설 정도였다. 이는 몽골제국의 하영지에 대칸의 천막을 중심으로 바퀴 모양을 이루며 형성한 커다란 군집을 '쿠리엔küriyen'이라고 한 것과도 연결해 이해할 수 있다. 하영지에도 제사 또는 정주민의 거주를 위한 소규모 시설이 일부 있었으나 큰 규모의 성채는 아니었다. 몽골의 수도 카라코룸에 건설된 고정 가옥과 성채도 모두 동영에 필요한 시설이었다(白石典之, 『モンゴル帝國史の考古學的研究』, 同成社, 2002).

44 『史記』 卷110 「匈奴列傳」, p. 2892.

45 위와 같음.

46 가을 대림 모임에서 가축과 사람의 숫자를 파악한 것은 중항열의 체제 정비에 관한 기록에서도 확인할 수 있다(『史記』 卷110 「匈奴列傳」, p. 2899). 국가 차원에서 인적 물적 자원을 파악해 부세를 거두어들인 것은 체제의 재생산 구조를 안정화하는 데 큰 영향을 끼쳤다.

건국 이후 묵특 선우는 유목사회의 기본 습속에 따른 여러 모임을 국가 차원으로 발전시켜 자신의 권위를 확인하고, 동시에 조세 체계도 확립했다. 분봉으로 나뉘어 독립적으로 움직이던 통치 체제를 선우 주도의 행사를 통해 자신을 중심으로 한 통합적 집권 구조로 만들었다. 또한 묵특 선우는 중부에서 장성 남부를 회복하기 위한 공세를 강화하는 동시에 배후의 위협을 제거하고자 북방의 백성도 확보했다. 원정을 통해 혼유渾庾, 굴석屈射, 정령丁零, 격곤鬲昆, 신려薪犁 등을 복속했다.[47] 이 과정에서 이제까지 알려지지 않았던 막북 초원과 삼림 지역의 족속들이 확인되었다.[48] 이들은 흉노의 지배를 받은 이후에도 크게 주목받지 못했다. 당시 막북 초원과 그 이북 지역에 살던 족속들은 경제적으로나 문화적으로나 흉노와 비교해 취약한 상태였기 때문이다. 흉노 역시 이들에 대한 원정을 통해 지배권을 확인하는 정도에 머물렀다.

묵특 선우는 계속된 원정을 통해 여러 세력에 대한 지배권을 확보하고, 나아가 체제를 정비해 명실상부한 초원의 새롭고 강력한 권력이 될 수 있었다.[49] 이제까지 없었던 '흉노'라는 최초의 새로운 유목국가가

이런 작업을 가을철 모임인 대림에서 실시한 것은 유목 습속과 국가 행사를 연결한 것이었다.

47   『史記』卷110「匈奴列傳」, p. 2893.

48   이들이 살던 정확한 위치는 알 수 없는데, 흉노 초기에 이 다섯 족속은 기록한 순서와 같이 막북 초원지대와 그 북방의 삼림 지역에서 남에서 북으로 이동하며 살았다고 추정된다. 초기에 흉노가 막북에 진출하지 않은 것으로 보아 이들 중 일부는 정복 이후에도 여전히 막북 초원에 있었다. 이들이 막북에서 밀려나 더 북방으로 올라가게 된 것은 무제의 원정으로 흉노가 막북으로 이주한 이후의 일로 보인다.

49   『사기』「흉노열전」에서는 건국 이후 법률을 제정하고 유목 습속을 국가 체제와 연계하는 등 초기 흉노 내부의 상황을 소개하고 있다. 묵특 선우는 이런 과정을 통해 체제를 안정시켰는데, 보충하는 차원에서 인용하면 다음과 같다. "그의 법에 따르면, 칼을 한 자 이상

등장한 것이다. 사마천은 이에 대해 "한의 군대가 항우項羽(기원전 232~기원전 202)와 대치하여 싸우느라 중국이 전쟁에 지쳐 있었기 때문이다"[50]라고 했다. 이 말에는 중국이 제대로 견제했다면, 혹은 시황제처럼 북방으로 진출했다면 흉노의 눈부신 성장을 막을 수 있었을 거라는 아쉬움이 담겨 있다. 사마천은 이전에 흉노가 세력화하지 못한 것은 통일 이후 총력을 기울여 장성을 쌓고 유목민을 통제하려 했던 시황제의 노력이 일시적이나마 성공을 거둔 결과라고 생각했다.

진이 무너지면서 장성과 직도의 건설, 요새와 둔전의 설치 등이 중단된 것은 흉노 입장에서는 절호의 기회였다. 묵특 선우는 치밀한 준비 끝에 아버지를 죽이고 권력을 장악한 다음 주변으로 확장해나갔다. 즉위 이후 10여 년에 걸쳐 중국의 간섭 없이, 느슨한 연합 형태가 아닌 자신의

칼집에서 뽑는 자는 사형에 처하며, 도둑질한 자는 그의 집안[의 재산]을 몰수했다. 가벼운 범죄자는 알형軋刑에 처하며 큰 죄를 지은 자는 사형에 처했다. 감옥에 갇혀 있는 기간은 길어도 열흘을 넘지 않으니 죄수는 전국을 통틀어도 몇 명이 되지 않았다.
선우는 아침 천막에서 나와 해가 뜨는 [동쪽을 보고] 절하고, 저녁에는 달을 보고 절했다. 좌석은 왼쪽을 중요하게 여겼고 북쪽을 향하였다. [열흘마다 돌아오는 십간十干 중에서 제5일째의] 무일戊日과 [제6일째의] 기일己日을 길일吉日로 쳤다. 장례를 치를 때 관棺, 곽槨에다 금은이나 의상衣裳 등을 부장품으로 넣었으며, [무덤에] 봉분을 하거나 나무를 심지 않았고 상복喪服도 입지 않았다. [군주가 죽으면] 측근 신하나 애첩이 따라 죽었는데(순사殉死) 많으면 수십, 수백 명에 이르렀다. 전쟁을 일으킬 때는 항상 달의 상태를 따랐는데, 차면 공격해 싸우고 이지러지면 군대를 물렸다. 전투를 벌여 목을 베거나 [산 채로] 포로를 잡으면 상으로 한 잔의 술을 내렸고, 노획품은 그대로 본인이 갖게 하였다. 포로는 잡은 자의 노비가 되었다. 그러므로 전투 시에 사람들은 제 이익을 향해 달려 나갔는데, 군대를 유인하여 적을 덮치는 것을 잘하였다. 그 까닭에 이익을 좇는 것이 새 떼처럼 모여들고, 어려워 패하는 것이 구름이 스러지는 것처럼 흩어졌다. 전쟁터에서 죽은 사람을 거두는 자는 죽은 사람의 집과 재물을 모두 갖게 했다."(『史記』 卷110 「匈奴列傳」, p. 2892).

50   『史記』 卷110 「匈奴列傳」, p. 2893.

강력한 통제하에서 '**호와 융을 통합한 새로운 국가**'를 만들 수 있었다. 새로운 국가를 건설한 이후에는 비록 초보적이기는 하나 '분봉'으로 나뉜 각각의 영역을 하나로 묶는 다양한 통치 행위를 통해 자신을 중심으로 체제를 정비했다.

아울러 흉노는 장성을 넘어 생산력이 높은 대의 주변 지역으로 진출해 이곳을 차지했다. 그리고 이를 발판으로 중국에 압박을 가했다. 이는 향후 흉노가 전국시대 이후 중국이 만든 장성을 무너뜨리고 '**초원과 목농복합구역을 통합한 체제**'를 완성하기 위해 기울인 노력과 긴밀하게 연결된다. 이러한 노력을 바탕으로 흉노는 새롭게 중국을 통합한 한과 대결 구도를 형성할 수 있었다.

3. 통일 중국 한과의 화친과 반한 세력의 포섭

건국에 성공한 묵특 선우는 세력을 확장하고 더 발전하기 위해 진한 교체기 중국에서 이탈한 주민이나 통일 과정에서 한에 저항한 세력을 포섭했다.[51] 이들에게 흉노는 자신들을 지원해줄 수 있는 존재로 인식되기도 했다. 이를 통해 흉노는 중원의 세력을 '대체'할 수도 있었다.

묵특 선우는 이런 움직임에 부응하여 확장을 멈추지 않았고 거대한 통합 체제, 즉 '**유목제국**'으로의 발전을 도모했다. 이는 단지 호와 융만이 아니라 다양한 집단을 하나로 통합하는 일이었다. 묵특 선우는 막 통일된 중국에 공세를 가해 자신의 입지를 인정받으며 새로운 '**대안 세력**'이 되고자 했다. 또한 진의 진출로 위축되었던 과거와 같은 일을 다시 겪

---

51   Hayashi Toshio, "The Role of Sedentary People in the Nomadic State: From Xiongnu Empire to the Uigur Qaghanate", *Urban and Nomadic Societies in Central Asia: History and Challenges*, Proceedings of International Conference, Almaty, 2004, pp. 118~122.

지 않고, 나아가 더 남쪽으로 확장하려는 의지를 보였다.

흉노의 이런 움직임은 진한 교체기의 혼란을 해소하고 가까스로 천하를 통일한 한의 고조高祖(유방劉邦, 기원전 256 또는 기원전 247~기원전 195, 재위 기원전 202~기원전 195)에게는 체제를 뒤흔들 수 있는 심각한 위협이었다. 반한反漢 세력과 흉노의 결합은 이런 우려를 더 강화했다. 한은 장성 주변에서 묵특 선우의 압박에 강력히 대응했다. 고조는 흉노를 밀어 올려 목농복합구역인 장성 이남 지역을 확보한 다음 기존의 장성을 복구하려 했다. 이는 유목 세력의 위협을 막는 것뿐만 아니라 왕조 자체의 안정과 과거 진의 영역을 재확보하는 차원에서도 필요한 일이었다.

이와 관련해 고조는 기원전 201년 봄에 한왕韓王 한신韓信(?~기원전 196)의 봉지를 태원군太原郡(지금의 산시성山西省 우타이산五臺山과 관천산管涔山 이남, 훠산霍山 이북)으로 옮기고 도읍을 진양晉陽(지금의 산시성山西省 타이위안시太原市 서남쪽)에 두게 했다. 낙양洛陽(지금의 허난성河南省 뤄양시洛陽市)에 있던 한신이 혹시 이후에 큰 위협이 될까 하는 걱정에서 우선 그를 견제하고, 동시에 흉노 문제를 시급히 해결하기 위해서였다.

북쪽으로 간 한신은 이런 고조의 의도를 알아챈 듯 고조에게 편지를 보내 자신의 봉지가 흉노의 공격을 받았는데, 도읍인 진양이 북변과 거리가 멀어 방어하기 어려우니 왕부를 인접한 북쪽의 마읍馬邑(지금의 산시성山西省 쉬저우시朔州市)으로 옮기게 해달라고 청했다.[52] 이를 고조가 받아주자 한신은 곧 마읍으로 옮겨 갔다. 그러나 그해 가을 흉노가 다시 공격해 오자 한신은 사신을 보내 흉노와 화친을 해버렸다.

고조는 한신이 흉노의 공격을 받았다는 소식에 직접 군대를 이끌고

---

52   『史記』卷93「韓信盧綰列傳」, p. 2633.

북쪽으로 가서 도와주려 했으나, 곧이어 한신이 흉노와 화친을 맺었다는 소식을 들었다. 고조는 이를 자신에 대한 배반이라 생각하여 한신을 꾸짖기 위해 고자告者를 사신으로 보냈다. 한신은 건국 이후 공신 제거에 열중하던 고조의 의도를 간파하고는 자신 역시 죽임을 당할까 두려워 바로 흉노에 투항해버렸다. 이후 마읍을 넘겨주고는 군대를 이끌고 남하해 태원군을 공격하기 위해 진양으로 나아갔다.[53]

기원전 200년 겨울 고조는 이에 대응해 직접 군대를 이끌고 동제銅鞮(지금의 산시성山西省 친현沁縣)에서 한신의 부대를 격파했다. 패배한 한신은 흉노로 도망가 묵특 선우와 방어를 상의했다. 그는 묵특 선우에게 자기 신하인 만구신曼丘臣과 왕황王黃 등을 시켜 조의 후예인 조리趙利를 조왕趙王으로 삼은 다음 패잔병을 긁어모아 고조를 공격하자고 제안했다. 협의를 마친 한신은 연합 부대를 구성해 다시 남하했다. 이때 흉노 좌현왕과 우현왕의 1만 기병과 왕황 등이 이끄는 부대가 광무廣武(지금의 산시성山西省 다이현 서쪽 양밍바오진陽明堡鎮 부근)까지 와서 주둔했다.

이후 한신과 흉노의 연합 부대는 진양까지 왔다가 전투에서 패하자 이석離石(지금의 산시성山西省 뤼량시呂梁市 리스구離石區)으로 도망갔다가 이곳에서도 패했다. 이후 흉노가 다시 누번樓煩(지금의 산시성山西省 링우현靈武縣 부근) 서북으로 가서 군대를 모아 공세를 취하나 고조가 보낸 전차 부대와 기병에게 또 패했다. 흉노는 거듭 패배하자 북쪽으로 도망갔고, 한의 군대가 이를 뒤쫓았다.

진양에 와 있던 고조는 대곡大谷(지금의 산시성山西省 판스현繁峙縣에서 위안핑시原平市 일대)에 묵특 선우가 머물러 있다는 소식을 듣고는 정찰을

---

53 『史記』卷110「匈奴列傳」, p. 2894.

보내 공격을 해도 될지 살펴보게 했다. 정찰이 돌아와 흉노를 공격할 수 있다고 보고하자 고조는 바로 평성平城(지금 산시성山西省 다퉁시大同市 동북쪽)으로 빠르게 쫓아갔다. 이때 묵특 선우는 먼저 소규모 기병을 보내 패퇴하는 척하면서 물러나 한을 유인했다. 고조는 흉노의 속임수를 알아채지 못하고 방심한 채 추격을 계속했다.

정예 부대를 감춘 흉노의 패배와 도주는 약한 것처럼 위장해 한의 군대를 북쪽으로 끌어들이려는 책략이었다. 추격에 나선 한 군대의 이동 노선이 늘어지면서 전차와 기병, 보병으로 이루어진 부대가 여러 개로 쪼개졌다. 게다가 계절이 겨울이라 상대적으로 추위에 약하고 준비도 덜 된 한의 군대는 더욱 괴로웠다. "때마침 겨울이라 몹시 춥고 눈까지 내려 손가락을 잃는 병사가 열 중에 두셋이 되었다"[54]라고 한 것처럼 겨울철 북쪽 지역에서 벌어진 추격전은 한의 부대를 더욱 힘들게 했다. 이때 한의 군대가 32만 명이었다고 하는데, 대부분 보병이라 흉노의 기병을 제대로 추격하지 못하고 뒤섞였다. 평성에 먼저 도착한 고조의 부대와 달리 그를 따르는 보병은 전혀 뒤따라 올 수 없었다.

이를 알아챈 묵특 선우는 바로 정병 40만 기를 풀어 백등산白登山(지금의 산시성 다퉁시 동북쪽의 마푸산馬鋪山)에서 고조를 에워쌌다.[55] 여기에 참가한 흉노 기병은 서쪽 부대는 모두 흰색 말(백마白馬), 동쪽 부대는 모두 푸른색 말(청방마靑駹馬), 북쪽 부대는 모두 검정색 말(오려마烏驪馬), 남쪽 부대는 모두 적황색 말(성마騂馬)로 이루어져 있었다.[56] 흉노의 기병

---

54   『史記』卷93「韓信盧綰列傳」, p. 3536.

55   흉노 병력이 40만 명이라는 기록은 묵특 선우가 30만 명의 인궁지민을 거느렸다고 한 내용과 차이가 난다. 이는 한신의 병력까지 합친 숫자이거나 아니면 그 이후에 세력이 커져 인원이 더 늘어났기 때문인 것으로 보인다(澤田勳, 앞의 책, 2015, p. 48).

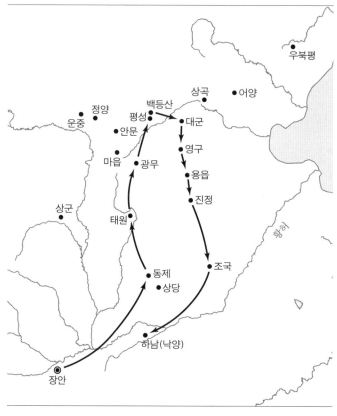

[그림 2] 한 고조의 흉노 친정 노선

조직이 체계적임을 과시해 포위된 고조의 기세를 꺾으려는 의도였다.

　이레에 걸친 포위로 인해 고조와 그를 따르는 부대는 안팎에서 서로 도와줄 수도 없고, 식량도 보급할 수 없었다. 흉노가 총공격을 벌이면 속절없이 죽을 수밖에 없는 처지가 된 고조는 신하들에게 해결 방안을 물었다. 이에 호군중위護軍中尉 진평陳平이 자신의 가신이 이곳 출신이라

56　『史記』卷110「匈奴列傳」, p. 2894.

묵특 선우의 연지와 가까운 사람을 알고 있다며, 그 사람을 통해 연지에게 선물을 주어 선우를 달래자고 했다. 이 말에 고조는 연지에게 몰래 사신을 보내 후한 선물을 주면서 사정을 했고, 연지의 설득으로 선우는 포위를 풀어주었다.

묵특 선우는 혹시 모를 한의 음모를 의심하면서도 연지의 말대로 포위망의 한쪽을 풀어주었다. 고조는 병사들에게 활시위를 한껏 당긴 채 화살을 바깥으로 향하도록 명령하고 열린 쪽으로 도망쳐 나왔다. 다행히도 자신을 돕기 위해 온 군대에 바로 합류할 수 있었다. 묵특 역시 더 이상의 확전을 원치 않아 바로 군대를 이끌고 돌아갔다.[57] 고조의 성급한 북진과 흉노의 효과적 유인 전술로 소위 백등산 포위 사건은 '백등산의 치욕'이라고 불릴 정도로 한의 완전한 패배로 끝났다.

이후에도 흉노의 공격은 끝나지 않았고, 기원전 197년에 한신은 다시 왕황 등을 시켜 대와 운중 등을 공격했다. 또 얼마 지나지 않아 대에 주둔하던 진희陳豨(?~기원전 195)를 꼬드겨 한에 대항하게 했다. 이는 고조의 패배 이후 한신의 도전이 더 강력해졌음을 뜻한다. 고조는 번쾌樊噲(기원전 242~기원전 189)를 시켜 대군, 안문군, 운중군 등의 군현을 회복하였으나 이들은 여전히 장성 안에서 대항하는 정도였다. 기원전 196년 한신이 흉노와 함께 한을 공격했다가 고조가 보낸 시무柴武의 반격에 패

57　고조가 평성 인근의 백등산에서 흉노에 포위되었다가 풀려나는 과정은 『사기』 「한신노관열전」과 「흉노열전」에 자세히 기록되어 있다. 두 기록은 연지에 관한 내용이나 묵특 선우의 생각을 기록한 부분만 일부 다를 뿐 거의 비슷하다. 전체적으로 고조가 어려운 처지에 있다가 벗어난 상황을 덜 부정적으로 묘사한 점이 특징이다. 고조가 포위된 이유를 겨울철의 추위에서 찾거나, 포위에서 풀려난 것은 뇌물을 좋아하고 의심이 많은 흉노 때문이었다는 식으로 설명한다. 또 포위를 풀고 빠져나가는 장면도 마치 고조가 선도한 것처럼 묘사한다.

하고 말았다.[58] 이로써 한에 대한 흉노와 한신의 도전은 일단락되었다.

양국의 대결 과정에서 흉노에 투항한 장수들이 많았다. 이들은 흉노와 연계해 변경 지역에서 도발을 계속했다. 이는 한에서 넘어온 인사들이 흉노 사회에서 중요한 구성원이 되었음을 뜻한다. 반한 세력에게 흉노는 한을 대체할 정도는 아니었으나 자신들을 적극적으로 지원해줄 수 있는 존재임은 분명했다. 흉노는 이들을 포섭해 대를 비롯한 변경 지역을 약탈하고, 나아가 차지하려고 했다. 한 초기의 어려운 상황을 철저히 이용해 이익을 확대하려 한 것이다.

장성을 넘어 공격해 들어오는 흉노에 대응하기 어려웠던 고조는 신하들에게 이를 해결하기 위한 방법을 논의하도록 했다. 고조는 흉노를 밀어낸 다음 기존의 장성을 회복하는 것과 반한 세력을 제압하는 것, 이 두 가지 측면에 초점을 맞추고 해결 방안을 구했다. 이런 고조를 적극적으로 설득해 화친을 통한 문제 해결을 꾀한 이는 한신에 대한 친정親征을 반대해 신임을 얻은 유경劉敬이었다. 유경은 오랜 통일 전쟁으로 내부 상황이 좋지 않은 데다가 강력한 흉노를 무력으로 제압하기는 어렵고, 그렇다고 인의도덕仁義道德으로 설복하기도 쉽지 않다고 보았다. 흉노 문제를 근본적으로 해결하기 위해서는 오래 걸리더라도 흉노를 한에 완전히 복속시키는 '화친和親'이 최선이라는 것이 유경의 주장이었다. 이를 위해 한 고조의 황후인 여후呂后(여치呂雉, ?~기원전 180)는 공주를 흉노로 시집보내 선우의 자식을 낳게 한 다음 그 자식, 즉 고조의 외손자를 태자로 삼게 하여 차기 군주로 만들자고 했다. 흉노의 군주가 한의 외손이 되면 흉노는 한을 더 이상 공격하지 않을 것이고, 결국 한에 복속할 것이라

---

58   『史記』卷93「韓信盧綰列傳」, p. 2635.

는 구상이었다. 이와 함께 재화에 대한 욕구가 큰 흉노에게 물자를 지원해주자고도 했다.

고조는 흉노와 혼인하여 양국 관계를 혈연으로 발전시키자는 조금은 황당하기까지 한 주장을 받아들였다. 그 역시 흉노와 군사적 대결을 이어가는 것보다 화친이 더 효과적이라고 판단했기 때문이다. 다만 자기 친딸인 노원공주魯元公主를 보내려고 한 것은 여후의 반대로 좌절되었고, 대신 다른 궁녀를 공주로 삼아 선우에게 시집보냈다.[59] 이때 유경은 사신으로 흉노를 직접 방문해 함께 간 황실의 여인을 연지로 삼게 하고, 황제와 선우가 형제 관계임을 약속했다. 아울러 매년 솜, 비단, 술, 쌀 등의 물품을 공급하기로 약속했다.[60]

흉노에서 돌아온 유경은 오르도스에서 흉노의 통제를 받는 백양과 누번 등이 관중關中에서 가까운 곳에 살고 있어 한에 큰 위협이 될 거라며 고조에게 관련 대책을 올렸다. 고조는 전국의 명문가 출신을 관중으로 이주하게 하여 수도 방위를 강화하는 소위 '**강간약지**强幹弱枝' 정책을 시행했다.[61] 이는 흉노 방어인 동시에 지방 명족의 발호를 제어하는 효과적인 방법이었다.

묵특 선우 역시 화친 맹약을 통해 한의 인정을 받는 것이 중요하다고 인식하고 화친을 받아들였다. 그는 황실과 혼인 관계를 맺어 사위이면서 한의 황제와 형제가 되는 묘한 관계를 맺을 수 있었다. 더욱이 중국의 공식적 인정을 통해 필요한 세폐歲幣도 받아낼 수 있었다. 그러나 이

59　『史記』卷99「劉敬叔孫通列傳」, p. 2719.

60　『史記』卷110「匈奴列傳」, p. 2895.

61　『史記』卷99「劉敬叔孫通列傳」, p. 2719.

후 양국 관계는 고조의 생각과 다르게 전개되었다. 흉노가 여전히 장성을 넘어 그 이남 지역, 특히 대 지역에 대한 이권을 확보하려고 움직이면서 충돌이 계속되었기 때문이다.

고조도 국내 문제를 해결하는 차원에서 흉노와 관계를 개선하려고 했을 뿐이지 흉노에게 대를 넘겨줄 생각은 없었다. 그는 진회의 반란을 진압한 후, 유씨 이외의 왕을 인정하지 않는 조치에 반발한 연왕燕王 노관盧綰(기원전 256~기원전 194)이 기원전 196년에 무리 수천 명을 이끌고 흉노에 투항한 것에도 대응해야 했다. 이때 연으로 진출한 흉노는 화친 약속을 깨고 노관과 함께 군대를 보내 상곡군 동쪽을 약탈하기도 했다.[62] 일시 소강 상태였던 양국 관계는 다시 급속히 나빠졌다.

한신, 노관과 같이 고조의 집권에 반발한 세력이 흉노와 결합한 것은 장성 주변을 계속 혼란스럽게 만들었다. 이는 고조의 입장에서는 시급히 해결해야 할 현안이었다. 얼마 후인 기원전 195년 6월에 고조가 죽자 흉노가 다시 한을 압박했다. 이에 대해 자세한 기록은 없으나 기원전 192년 묵특 선우가 여태후를 희롱하는 편지를 보내기 전까지 흉노가 변경에서 군사적 도발을 이어가며 반한 세력을 지원했으리라 짐작해볼 수 있다.

묵특 선우는 한에 편지를 보내 자신의 욕구를 관철하려고 했다. 여태후는 묵특 선우의 편지에 크게 화를 내며 흉노에 강력하게 대응하려고 했다. 이에 번쾌가 무력 정벌을 주장하기도 하나 계포季布는 화친을 주장했다. 여태후가 계포의 제안을 채택한 것은 조정의 장군들이 "고조의 현명함과 용맹함으로도 평성에서 곤욕까지 겪었습니다"[63]라고 했듯이 흉

---

62   『史記』卷93「韓信盧綰列傳」, p. 2639.

노에 무력으로 대응하기란 어려운 일이었기 때문이다. 여태후는 묵특 선우에게 답신을 보내 달래는 말을 하며, 천자가 타는 두 대의 수레와 그에 맞는 말 여덟 필을 주어 화친을 회복했다. 흉노의 세력에 대한 한의 잠정적 인정이 있었기에 가능했던 일이다. 묵특 선우 역시 화친 사절을 통해 답례로 말을 보내 화답하면서 양국 관계는 회복되었다. 물론 이 회복은 과거 유경이 흉노와 맺은 관계 정도의 수준이었다.

묵특 선우는 이에 만족하지 않고 다시 한에 편지를 보내 "고독해서 설 수 없는 임금은 음습한 땅에서 태어나 드넓은 초원에 소와 말이 사는 곳에서 자랐으나 여러 번 변경에 와서 중국에서 놀기를 원했소이다. 폐하께서도 홀로 즉위하시니 고독해 설 수 없는 과부의 신세이십니다. 두 임금이 즐거움이 없고 없어 스스로 걱정을 하니 그 원하는 것을 있고 없는 것과 바꾸어봅시다"라고 여태후를 짓궂게 희롱하면서 자신의 욕구를 드러냈다. "**여러 번 변경에 와서 중국에서 놀기를 원했다**"라고 한 것에서 묵특 선우의 공격 의사를 짐작할 수 있다.[64] 농담처럼 말했지만 자신이 비록 초원을 무대로 살아왔으나 이제 힘이 세졌으니 변경을 넘어 언제든지 중국에 들어가 이익을 확보하겠다는 의사를 강하게 드러낸 것이다. 흉노는 여전히 장성 너머로의 영역 확장을 멈출 생각이 없었다.

이후 혜제惠帝(유영劉盈, 기원전 211 또는 201~기원전 188, 재위 기원전 195~기원전 188) 시기부터 여태후가 임조칭제臨朝稱制를 했던 기간까지 양국 관련 기록이 없다. 이는 아마도 여태후가 가능하면 흉노와 무력 충

---

63 『史記』 卷110 「匈奴列傳」, p. 2895.

64 『사기』 「흉노열전」에는 여태후에게 보낸 묵특 선우의 편지 내용은 없고 간단한 화친 내용만 있다. 이와 달리 『한서』 「흉노전」에는 편지 내용과 함께 조정에서 번쾌와 계포 사이에 벌어진 논쟁도 남아 있다(『漢書』 卷94上 「匈奴傳」, pp. 3754~3755).

돌을 하지 않으려 하면서 양국 관계가 소강상태를 맞았기 때문일 것이다. 하지만 기원전 182년 흉노가 다시 서부에서 도발을 시작했다. 흉노는 적도狄道(지금의 간쑤성 린타오현臨洮縣)까지 쳐들어와서 아양阿陽(지금의 간쑤성 징닝현靜寧縣)을 공격했다. 또 기원전 181년에 다시 적도로 쳐들어와 2000명을 잡아갔다.[65]

흉노가 다시 도발을 시작하자, 기원전 180년 문제文帝(유항劉恒, 태종, 기원전 203~기원전 157, 재위 기원전 180~기원전 157)가 즉위하여 화친을 시도해 관계를 "다시 고칠(復修)" 수 있었다.[66] 이처럼 흉노의 소규모 도발이 간혹 있기는 했지만, 이후 양국은 대체로 화친을 지키며 물자를 교류하는 방식으로 관계를 유지했다. 이는 기원전 177년 여름 흉노 우현왕의 오르도스 공격에 관한 대응을 지시한 문제의 조詔에서 **"한과 흉노는 형제가 되어 변경을 침해하지 않아 흉노에게 보내주는 것이 많다"**[67]라고 한 것을 통해 알 수 있다. 이렇게 양국은 얼마간 별다른 무력 충돌 없이 물자를 교류하면서 관계를 유지했다. 묵특 선우가 이렇게 한과 화친을 유지한 것은 중국의 위협을 피하며 내적인 역량을 축적하기 위해서였다. 당시 흉노는 아직 선우 중심의 강력한 집권 체제를 확립하지 못했고, 주변의 일부 세력을 포섭한 이후로는 더 이상 확장하지 못하고 있는 상황이었다. 흉노를 위협할 만한 세력으로 서부에 자리 잡고 있던 월지의 존재 역시 흉노의 도발을 제약하고 있었다.

흉노는 한과 혼인 관계를 맺고, 중국 쪽에서 오는 정주민을 받아들

65　『漢書』卷3「高后紀」, p. 99.

66　『史記』卷110「匈奴列傳」, p. 2895.

67　『漢書』卷94上「匈奴傳」, p. 3756.

이고, 한에서 공급받은 물자를 바탕으로 체제를 고도화하며 내부의 다양성을 확보했다. 묵특 선우 시기 10년 넘게 지속된 화친의 결과로 얻은 여유와 안정은 이후 서방 진출의 기초가 되었다.

4. 서방 진출과 기마 유목민 중심의 유목제국 '인궁지국'의 성립

여태후 집권 시기에 벌어진 흉노의 두 차례 도발은 우현왕이 주도했다. 우부 주도의 도발은 기원전 180년 문제 즉위 이후에도 멈추지 않았다. 문제가 즉위 이후 흉노와 화친했으나, 기원전 177년 여름에 우현왕이 북지군으로 쳐들어와 오르도스 남쪽까지 내려와서 상군을 공격했다. 흉노와 한이 이곳을 둘러싸고 충돌한 것은 이제까지 흉노의 통제를 받던 주민이 한에 투항하여 흉노 방어에 동원되었기 때문이다. 문제가 "흉노가 상군의 장성을 지키던 만이蠻夷를 공격하여 이들을 그곳에 살 수 없게 했다"[68]라고 한 것에서 그 이유를 알 수 있다.

앞서 묵특 선우는 오르도스 남쪽의 백양과 누번 등을 확보한 다음 이곳의 여러 융(蠻夷)에 대한 통제를 우현왕에게 맡겼다.[69] 어떤 사정이 있었는지 정확히 알 수는 없으나 여태후 시기부터 이곳 주민들이 이탈해 한으로 넘어갔고, 이를 막기 위해 우현왕이 이들을 공격하면서 양국이 대결을 벌였다. 이제까지 흉노를 따르던 주민이 갑자기 한에 투항해 한을 위해 봉사하는 것을 흉노는 도저히 받아들일 수 없었다.

우현왕의 입장에서 오르도스 남부 초원을 상실하는 것은 겨울을 보내기 위한 목초지와 사냥 구역은 물론 통제하에 있던 여러 족속의 공납

---

68   위와 같음.

69   『史記』卷110「匈奴列傳」, p. 2890.

과 동원까지 전부 잃는 것이라 심각한 문제였다. 이는 묵특 선우가 그해 여름 한의 문제와 화친을 회복하면서 약속했던 것과 다른 상황이었다. 문제에게도 이곳을 확보하는 일은 중요했다. 과거 유경이 우려했던 북의 위협으로부터 수도를 방어하는 일과 직접 관련되는 지역이었기 때문이다. 장안을 중심으로 경기京畿인 관중을 유지하려면 오르도스 남부 장성 지대의 방비 강화가 필수적이었다. 한은 일찍부터 오르도스 남부에서 방어를 위한 장성 요새를 계속 수리해나갔고, 흉노의 기병에 효과적으로 대응할 수 있는 이곳 주민(蠻夷)을 포섭하려 했다.

양국 모두에게 오르도스 남부를 확보하는 일은 중요했다. 우현왕의 공격은 한의 안위와 직결되는 문제였다. 문제는 이에 적극적으로 대응하기 위해 직접 감천甘泉(지금의 산시성陝西省 간취안현甘泉縣)까지 나아가 상황을 파악하고, 6월에 8만 5000명의 기병을 징발해 관영灌嬰(?~기원전 176)에게 지휘를 맡겨 흉노를 공격하게 했다. 출전한 관영은 고노高奴(지금의 산시성陝西省 옌안시延安市)에서 우현왕을 격파하여 장성 밖으로 몰아냈다. 문제도 고노로 갔다가 다시 태원에 머무르며 흉노의 동향을 살폈다. 이때 제북왕濟北王 유흥거劉興居(?~기원전 177)가 황제의 부재를 틈타 봉기하는 바람에 문제는 장안으로 귀환해야 했다. 이후 한은 흉노에 제대로 대응할 수 없었다.[70] 흉노의 우현왕 또한 패배한 다음 바로 퇴각해 한에 더 이상 위협이 되지 않았다.

우현왕이 상군을 공격한 이유는 다음 해인 기원전 176년 묵특 선우가 보낸 편지 내용에서 확인할 수 있다. 묵특 선우는 한의 변방 관리가 우현왕을 먼저 침범했다며 화친을 깬 귀책사유가 한에 있음을 분명히 했

---

70   위와 같음.

다. 그러면서도 우현왕이 자신과 상의도 없이 부하 후의노후後義盧侯와 난지難氏 등의 계획만 듣고 한의 관리와 서로 미워해 이전의 약속을 깨뜨린 것은 잘못이라며 사과했다. 또한 이후에 다시 화친을 위해 보낸 편지가 전달되지 않아 관계를 회복하지 못한 것을 안타까워했다.[71] 이를 통해 선우 역시 한과의 화친 유지를 중요하게 여겼음을 알 수 있다.

묵특 선우는 편지에서 잘못에 대한 벌로 우현왕에게 서방의 월지를 공격하게 했다고 말했다. 그러나 이는 핑계일 뿐 실제는 이와 달랐다. 월지 공격은 우현왕의 오르도스 남부 공격과 연결된 일이었다. 흉노가 월지를 공격하기 위해 오르도스 남쪽을 통해 서쪽으로 가려면 이곳에 있는 한의 요새에서 자신을 위협하는 것, 그리고 이곳 주민이 월지와 연합하는 것을 우선 막아야 했다. 묵특 선우는 한이 내부 문제로 흉노를 공격할 수 없는 상황을 적절히 이용해 서방 진출을 위한 조건을 만들 생각이었다.

묵특 선우는 또한 편지에서 우현왕을 시켜 월지만이 아니라 누란樓蘭, 오손烏孫, 호걸呼揭과 그 인근의 26개 나라를 모두 평정한 것을 자랑했다. **"모두 흉노와 한 나라가 되어 인궁지민들이 모두 한 집안의 식구가 되니 북쪽 지방은 이미 안정되게 되었다"**[72]라고 했는데, 이는 흉노가 황하 이서의 월지만이 아니라 하서회랑을 넘어 지금의 신장 지역에 있는 오아시스와 그 주변 초원 주민에게도 승리했다는 의미였다. 즉 선우는 충분한 준비를 한 뒤 한과의 화친을 통해 배후를 별 탈이 없게 만든 상태에서 서방 원정에 총력을 기울인 것이다.

흉노와 대결 관계에 있던 다른 '인궁지민'인 월지를 복속한 것은 선

---

71   『漢書』卷94上「匈奴傳」, p. 3756.

72   『史記』卷110「匈奴列傳」, p. 2896.

우에게 매우 결정적인 일이었다. 한에 보낸 편지에서 밝힌 것처럼 그는 유목 세계를 아우르는 통합된 '인궁지국'[73]을 세우고자 했다. 이를 위해서는 자신이 한과 형제로서 대등한 위치에 있으며, 황실과 관련된 여인을 연지로 받아들여 한과 인척 관계를 맺을 정도로 초원 세계 유일의 패자임을 드러내 보여야 했다. 이런 큰 계획 속에서 한과의 관계 회복은 여러모로 필요한 일이었다.

기원전 180년대에 흉노의 도발이 없었던 것은 묵특 선우가 서방 원정 준비에 열중했기 때문이다. 흉노에게는 새로운 도약을 위한 충분한 준비 시간이 필요했다. 이는 이후 돌궐과 몽골제국이 서방 원정을 위해 몇 년의 준비 기간을 갖는 것으로 이어진다. 묵특 선우는 서방 원정에 대해 "하늘의 도움이 있고 이끄는 자와 따르는 자가 좋았으며 말의 힘이 셌기 때문이다"[74]라고 겸양하는 투로 말했으나 실제로는 원정에 성공하기 위해 엄청난 노력을 기울였다.

이후 묵특 선우는 "싸움을 끝내 사졸을 쉬게 하고 말을 먹여 앞서 있었던 문제를 다시 말하지 맙시다. 앞서 한 약속과 같은 상태로 되돌려 변경의 백성이 편히 살게 하고, 이전에 한 것처럼 어린아이가 잘 자라고, 늙은이가 사는 곳에 설 수 있게 하여 대대로 가지런하고 즐겁게 살게 해주고 싶습니다"[75]라고 말했다. 한에 대한 도발 의사가 전혀 없으며, 더이상 전쟁을 벌이고 싶지 않다는 뜻이었다. 또한 이미 자기 목적을 성취했으니 관계를 악화시키지 않고 현 상태로 유지하고 싶다는 속내를 표현

---

73   위의 책, p. 2902.

74   위의 책, p. 2896.

75   『漢書』卷94上「匈奴傳」, p. 3757.

한 것이기도 했다.

묵특 선우의 이런 생각은 문제가 기원전 174년에 보낸 편지에서도 확인된다. 문제는 **"선우께서 몸소 군사를 이끌고 여러 나라를 정벌해 비록 전과는 얻었으나 전쟁으로 인한 피해 역시 크다** 하니 짐의 의복인 수겹기의繡袷綺衣, 장유長襦, 금포錦袍 각 1벌, 비소比疏 1개, 황금으로 만든 허리띠(황금식구대黃金飾具帶)와 황금으로 만든 허리띠 장식(황금서비黃金犀紕) 1개, 수놓은 비단(수繡) 20필, 비단(금錦) 20필, 붉은색의 두꺼운 비단(적제赤綈)과 푸른색 비단(녹증綠繒) 40필씩을 보내오"[76]라고 말했다. 이 내용은 앞서 묵특 선우가 우현왕을 시켜 서방 원정을 추진했다고 했으나 실은 그 자신도 직접 원정을 지휘했으며, 이 과정에서 흉노 내부에 타격이 있었음을 보여주는 것이기도 하다.

당시 서방 원정은 흉노의 명운을 건 일이나 다름없었으며, 여기서 낸 성과는 이후 발전의 중요한 계기가 되었다. 묵특 선우는 이를 발판으로 한에 사신을 보내 싸우지 않으면서도 더 많은 지원을 얻어내려 했다. 그는 "흉노가 한의 변경에 접근하는 것을 원치 않는다면 귀국의 관리와 백성에게 조칙을 내려 이로부터 멀리 떨어져 살라고 명해주시기를 바랍니다"[77]라면서 낭중 혜호천係虖淺을 사신으로 삼아 편지와 낙타(橐佗) 한 마리, 전투용 말(騎馬) 두 마리, 수레 끄는 말(駕) 두 짝(駟)을 선물로 보냈다. 변경 주변에 대한 지배권을 흉노가 그대로 유지하겠다, 그러니 한은 장성을 구축해 우리를 압박하지 말고 물러나라는 강력한 의사를 전하는 것이었다. 자신을 견제할 서방 세력이 없어진 상황에서 흉노는 장성 주

---

76   위의 책, p. 3758.

77   위의 책, p. 3757.

변의 목농복합구역을 절대로 양보할 뜻이 없었다.

기원전 176년 6월에 묵특 선우의 편지가 도착하자 문제는 신하들과 논의해 결국 화친을 허락했다. 문제가 이런 판단을 한 것은 **"묵특 선우가 새로 월지를 격파해 승세를 타고 있으니 공격할 수 없습니다.** 또한 흉노의 영토를 얻어도 늪 아니면 소금기 많은 황무지뿐이니 살 만한 곳이 아닙니다. 화친이 더 낫습니다"[78]라는 의견이 더 많았기 때문이다. 결국 문제는 기원전 174년 다시 흉노에 편지를 보내 화친을 받아들였다.

문제의 입장에서도 즉위 이후 제왕들의 도전이 이어져 어느 한쪽에 전력을 다할 수 없었고, 그런 상황이라면 흉노를 인정해 더 심각한 사태를 막는 것이 나았다. 그의 불가피한 선택은 가의賈誼(기원전 200~기원전 168)가 "이때 흉노가 세져서 변경을 쳐들어왔다. 천하가 하나가 된 지 얼마 되지 않아 제도가 잘 갖춰져 있지 않았다. 제후 왕들이 참칭하고 의심해 차지한 땅이 옛 제도에 정한 것보다 넘쳤는데, 회남왕淮南王과 제북왕이 모두 역모로 죽임을 당했다"[79]라고 한 설명을 통해서도 알 수 있다.

묵특 선우는 한과의 타협을 통해 손쉽게 원하던 지역을 확보했고, 자신의 위상도 보장받았다. 이를 바탕으로 체제를 안정시키고 발전을 도모해 과거와 다른 거대한 범위를 아우르는 군주로서 중국 이외의 북방 모두를 통합한 패자가 될 수 있었다. 묵특 선우가 문제에게 보낸 편지에서 자신을 **"하늘이 세워준 흉노 대선우(天所立匈奴大單于)"**라고 표현한 것을 주목해볼 만하다.

문제 역시 그를 **"흉노 대선우匈奴大單于"**라고 불렀다. '**대선우大單于**'라

---

78   위의 책, p. 3758.

79   『漢書』卷48 「賈誼傳」, p. 3013.

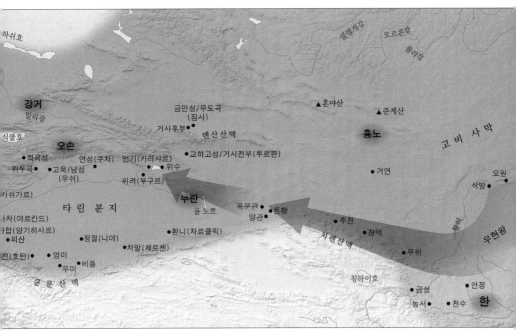

[그림 3] 묵특의 서방 원정과 판도 변화도

는 새로운 호칭의 등장은 외교적 격식에 따른 것으로 볼 수도 있으나, 과거 여태후가 흉노에 보낸 편지에서 '선우'라고 칭했던 것과는 확실히 달라졌다. 이는 흉노의 위상이 과거보다 높아졌음을 보여주는 예의 하나로 충분하다. 묵특은 이제 과거 융과 호의 일부를 통합한 수준이 아니라, 중국에서 온 반한 세력과 서쪽에 있던 월지 및 월지의 통제를 받던 오아시스와 유목민 모두를 통제하는 명실상부한 유목제국의 '대선우'가 되었다.

  이 무렵 흉노의 영역은 동으로는 요동에 접하고, 남으로는 대와 하남, 그리고 하서회랑을 거쳐 톈산 부근의 오아시스와 그 주변 초원에 이르는 범위에 걸쳐 있었다. 이곳뿐만 아니라 하서회랑, 특히 동서 교통에

서 중요한 오아시스의 하나로 발전하던 누란 역시 흉노의 통제를 받게
되었다.[80] 또한 월지에 의해 서부 톈산 속으로 밀려나 있던 유목 세력 오
손도 흉노의 지배하에 들어왔다.[81] 그 결과 흉노는 톈산을 가로지르는
교통로를 안정적으로 확보할 수 있었다.

서방 원정 이후로 중국과 서방을 잇는 교통로를 장악한 흉노는 이
전과 다른 변화를 시도할 수 있었다. 이제 동쪽의 조선에서 서쪽의 강거
康居(지금의 카자흐스탄 초원)로 이어지는 '**초원길**' 운영의 주체가 되어 개
별 세력이 분점하던 교통로를 하나로 통합하고, 나아가 동서 교역을 장
악할 수 있었다. 무엇보다 흉노는 중국의 자원을 최대한 얻어내 흉노 사
회의 질적 변화와 성장을 도모하고자 했다. 대선우가 된 묵특이 한에 화
친을 강조하며 많은 물자 지원을 요구한 것은 이후 흉노가 나아갈 방향
을 보여주는 일이었다.

그런데 묵특 대선우는 화친 성립 이후 얼마 되지 않아 죽었고, 그가
설정한 과제는 다음 시대로 넘어갔다. 이후 흉노는 서방 진출을 통해 체
제의 고도화를 모색해야 했다. 이는 상당 부분 한의 물자 지원을 최대한
얻어내는 것에 달려 있었으나 한의 호락호락하지 않은 태도 때문에 늘
제약이 있었다.[82] 흉노는 내부적으로 대선우의 권위를 강화해 그를 중심
으로 집권적 체제를 만들고, 한을 더욱 강력히 압박하는 것으로 목적을
달성하고자 했다.

---

80   『漢書』卷96上「西域傳 鄯善國」, pp. 3875~3878.

81   『漢書』卷96下「西域傳 烏孫國」, p. 3901; 王明哲·王炳華, 『烏孫研究』, 新疆人民出版社,
      1983.

82   한에서 흉노에 주는 물자는 교역이 가능할 만큼 충분하지 않았고, 겨우 내부적으로 사용
      할 정도의 의례적 수준이었다.

대선우 중심의 체제 정비와 한과의 관계
(기원전 174~기원전 141)

1. 노상 대선우의 위상 강화와 한인 관료의 협력

기원전 174년 묵특의 아들인 계육稽粥이 즉위해 노상 대선우老上大單于(?~
기원전 160, 재위 기원전 174~기원전 160)가 되었다. 그는 부왕의 업적을 유
지하며 거대한 유목제국을 이끄는 '대선우'에 걸맞은 체제 정비를 해야
했다. 서방 개척이 막 시작된 상태에서 가장 중요한 것은 역시 한과 원만
한 관계를 유지하는 것이었다. 흉노에게는 내부의 수요뿐만 아니라 대외
교역을 위해서도 한의 물자 지원이 절대적으로 필요했다.

고조 이후부터 문제 시기까지 화친 관계는 흉노의 도발에 따라 파
기되기도 하고 회복되기도 하며 지속되었다. 묵특 대선우 말기 흉노가
군사 도발을 하자 가의는 군사적 대응을 주장했다.[83] 문제는 그의 주장

---

83   가의는 『신서新書』에서 「이표오이二表五餌」로 흉노 대책을 정리했다(賈誼, 于智榮 譯, 『賈誼
新書譯注』卷4「匈奴」, 黑龍江人民出版社, 2003, pp. 110~123).

을 받아들이지 않고 노상 대선우가 즉위하자 곧바로 기원전 174년에 화친 관계를 회복했다. 기존처럼 황실 여인을 시집보내 연지로 삼게 하고, 물자도 제공했다. 문제가 흉노의 요구를 받아들여 관계를 회복한 것은 앞서 살펴본 것처럼 내부 문제로 흉노에만 전력으로 대응할 수 없는 상황에서의 불가피한 선택이었다.

화친이 성사되어 흉노로 시집가게 된 옹주의 호위(傅)로 연 출신의 환관 중항열이 임명되었다. 그는 가고 싶지 않은데 억지로 가게 된 것을 불평하며 "정말 나를 가게 한다면 한을 나쁘게 할 수밖에 없을 것이야"라는 말로 조정에 강한 반감을 드러냈다. 이후 그는 자기가 한 말처럼 흉노로 가자마자 투항해 대선우의 집권화에 적극적으로 협조했다. 대선우 역시 그를 몹시 사랑하고 아꼈다고 하는데, 실제로 중항열은 이후 흉노 정치에 깊이 개입했다.[84]

중항열은 묵특이 서방 원정의 성공으로 마련한 체제를 안정적으로 유지할 수 있도록 다양한 제도적 장치를 마련했다. 흉노 앞에는 지금까지 경험해보지 못한 거대한 영역이 펼쳐져 있었고, 이를 위해서는 중국과의 관계를 새롭게 정립해야 했다. 중국을 깊이 이해하고 있는 중항열의 협조는 대단히 중요했다.

사마천은 중항열이 한의 사신과 나눈 몇 가지 대화를 자세히 기록했다. 그 내용은 중항열이 어떤 구상을 하고 대선우를 도왔는가를 잘 보여준다. 그는 한의 사신에게 중국의 내부 상황을 빗대어 "지금 중국에서는 드러내놓고 아비와 형의 처를 취하지 않지만, 친족이 멀어지게 되면 서로 죽이고 역성易姓까지 하는 것도 모두 이런 부류에서 생긴 것입니

---

84   『史記』卷110「匈奴列傳」, p. 2898.

다"라고 했다. 이는 한의 유씨劉氏 종실 반란에 대한 지적인데, 흉노의 수계혼 습속을 야만적이라기보다는 오히려 장점이라고 한 것과도 연결된다.[85]

또한 그는 **"흉노의 풍속은 길들인 짐승의 고기를 먹고 그 젖을 마시며 그 가죽을 입는데, 길들인 짐승이 풀을 먹고 물을 마시기 위해 때에 따라 맴돌며 옮겨 다닙니다.** 서둘러야 하면 사람들이 말타기와 활쏘기를 익히며 느긋해도 되면 일 없이 즐기고, 그의 약속은 간단해 실행하기 쉽습니다. 임금과 신하도 소통이 쉬워 한 나라를 다스리는 것이 마치 한 몸과 같습니다"[86]라며 흉노의 강점을 언급했다. 흉노 사회는 체계가 간단해 수월하게 작동할 수 있다고 설명한 것이다. 그는 흉노가 거대한 중국에 비해 인구가 적어 약해 보여도 중국처럼 거추장스러운 예절이나 조정의 예제 없이도 '사회적 결속'이 훨씬 강하다고 말했다.

두 나라를 모두 깊이 이해한 중항열은 이러한 비교를 통해 흉노가 한과 '대등한 존재'임을 강조했다. 그는 화친을 통해 흉노가 한과 형제 관계를 맺고 황제의 사위가 된 것에 만족하지 않았다. 제국으로 발전한 흉노의 군주가 '대선우'로서의 위상을 한에게 인정받기를 원했다. 고조 시기에 화친을 통해 얻은 인정보다 더 높은 수준의 대우를 바란 것이다.

흉노에서는 한에서 한 자 한 치의 나무쪽(독牘)을 써서 편지를 보내자, 이를 바꿔 한 자 두 치의 나무쪽을 쓴 다음 봉인 역시 기존에 사용하던 것보다 넓고 길고 큰 것을 썼다. 또한 "황제는 삼가 흉노 대선우가 무고하신가 안부를 묻소"라고 시작하는 한의 편지에 답장하며 "글을 쓰는

---

85   위의 책, p. 2900.

86   위와 같음.

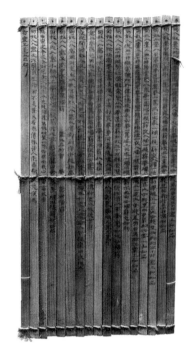

[그림 4] 한대의 목간 거연한간居延漢簡

투도 오만하게 하면서 '하늘과 땅이 낳고 해와 달이 둔 흉노 대선우(天地所 生日月所置匈奴大單于)가 삼가 중국의 황제에게 무고하신가 안부를 묻소'라 고 인사하고 보내는 물자와 용건을 이야기하였다."[87] 문서의 형식은 물 론 내용에서도 자신의 격을 더 높인 것이다. 이를 통해 조정의 예제를 중 시하는 한의 방식에 따라 흉노도 같은 형식의 문서를 사용했음을 알 수 있다. 또한 양국 사이의 외교적 교섭에서 나무쪽에 한자로 쓴 편지를 사 신을 통해 교환했고, 그 구체적인 형식은 화친 과정에서 결정되었다는

---

87   위의 책, p. 2899.

사실도 확인할 수 있다. 이와 같이 흉노는 양국이 형제 관계를 설정하여 대등하게 문서 교환을 약속하고 이에 따라 교류하기를 원했다.

흉노는 대선우의 위상을 보여주기 위해 임의로 편지의 형식을 바꾸고 칭호도 격을 높여 썼다. 묵특 말기에 보낸 편지에서 **"하늘이 세워준 흉노 대선우"**라고 한 것과 달리, 노상 대선우는 자신을 **"하늘과 땅이 낳고 해와 달이 둔 흉노 대선우"**라고 표현했다. 더 많은 수사를 통해 자신의 위상이 한의 황제 이상임을 보이고, 유목제국 군주로서의 권위를 내세운 것이다. 사용한 문서의 형식이 바뀌었다는 것은 그전부터 양국 간에 형식화된 외교 문서가 오갔음을 뜻한다. 또한 이는 흉노 내부에 이 일을 전문적으로 맡은 관료가 있었고, 아마도 그 사람은 중국에서 온 관료였을 거라는 추측을 가능케 한다. 흉노는 국가 운영에 필요한 다양한 인적 자원을 포섭하려 노력했고, 이들을 통해 문서 행정 체계를 구축했다. 이런 체계를 갖추어야만 거대한 국가를 운영할 수 있었기 때문이다.

중항열은 "[대]선우 주변의 관리들에게 일을 분류해 기록하는 것을 가르쳐 그 사람의 무리와 먹여 키우는 것에 대해 과세를 헤아리도록 했다." 인구와 가축을 파악해 세제를 정비한 것에 관한 내용이다. 앞서 정례 행사를 다룬 부분에서 "가을이 되어 말이 살찔 무렵에 대림에서 큰 모임을 열어 백성과 가축의 숫자를 헤아렸다"[88]라고 한 것도 이와 관련한 기록으로 보인다. 이는 가을의 큰 모임에서 국가 차원의 호구 조사가 이루어졌음을 나타낸다.

노상 대선우는 자신의 직할지를 두고 24명의 만기장이 개별적으로 백성을 통솔하는 분봉 체제를 근간으로 국가를 조직했다. 이 무렵 가

---

88   『史記』卷110「匈奴列傳」, p. 2892.

의는 흉노가 겨우 30만 명 정도의 인구로 6만 기의 병력을 갖추고 있었다고 한 바 있다.[89] 이는 아마 선우가 통솔하는 병력이었을 것이고, 나머지 24명의 만기장이 통솔하는 병력까지 더해 묵특 시기에 30만 기가 한을 공격한 것이 맞을 것이다. 이를 바탕으로 이 무렵 흉노의 전체 인구가 150만 명 정도였다고 추정할 수 있다.

유목민은 늘 기르는 가축의 수를 세어야 했기 때문에 계산에 능했다. 이런 바탕에서 중항열의 도움을 받아 인구와 가축을 파악했고, 이를 국가 단위의 관리 체계로 고도화해 조세를 수취할 수 있었다. 이는 대선우의 권위를 강화할 수 있는 물적 토대가 되었다. 중항열이 중국식 호구 조사와 등재 등의 제도를 직접 도입했는가는 알 수 없으나 행정을 어느 정도 체계화했음은 분명하다.

흉노의 체제 정비를 돕던 중항열에 대해 잘 알고 있던 가의는 황제에게 자기 생각대로 하면 흉노 대선우가 목을 매어 죽을 것이고, 중항열을 무릎 꿇게 한 다음 배신행위에 대해 태형을 가할 수 있을 것이라 자신하며 흉노에 관한 대책을 올렸다.[90] 이는 역으로 중항열이 흉노의 정책 방향을 결정할 만큼 중요한 자리에 있었음을 보여준다. 사마천도 중항열에 대해 **밤낮으로 [대]선우에게 도움이 되는 것과 나쁘게 되는 것을 살필 수 있게 가르쳤다**[91]라고 했다. 중항열의 상황 인식과 대책이 대선우의 집권화에 큰 영향을 미쳤던 것이다.

한편 중항열은 한의 물품을 좋아하던 대선우를 제지하며 흉노의 체

---

89 『賈誼新書譯注』 卷4 「匈奴」, p. 110.

90 『漢書』 卷48 「賈誼傳」, p. 2240.

91 『史記』 卷110 「匈奴列傳」, p. 2901.

제가 유지되는 동력을 강조했다. 흉노가 중국의 한 군郡에도 못 미치는 적은 인구에도 불구하고 천하를 품고 한을 좌지우지할 수 있는 데는 다른 이유가 있다며[92] 특유의 장점인 '기마궁사'로서의 능력을 유지해야 한다고 했다. 중항열은 화친을 통해 받은 "비단과 명주솜을 입고 풀과 가시덤불 속을 헤집고 다니며 말을 달려 나가면 옷과 바지가 모조리 찢어져 못쓰게 된다", 이런 옷은 기마를 위해 입는 **"털이나 가죽으로 된 훌륭하고 튼튼하고 좋은 것만 못하다는 점을 보여줄 필요가 있다"**라고 했다.[93] 심지어 한에서 온 먹거리마저 모두 버리고 젖과 유제품을 먹어야 한다고 했다. 일견 극단적으로 보이기도 하지만, 한에서 가져다준 물품에 의존하면 흉노가 위험해질 수 있다는 걱정에서 나온 주장이었다.

이렇게 내부 단속의 필요성을 말하면서도 중항열은 다른 한편으로 비단과 무명, 쌀과 누룩 등과 같이 세폐로 제공하는 물자를 한에 더 많이 요구했다. 그 요구를 들어주지 않으면 "잘 갖추어지지 않아 거칠고 나쁘다면 [우리는] 가을 추수를 기다려 말을 달려가 네가 농사지은 것들을 짓밟아놓을 것이다"라고 위협했다. 이는 사실상 중항열이 한에 의존하는 것을 걱정하면서도 내심 한의 물자 공급을 강력히 원했고, 그 공급이 제대로 이루어지지 않는 것에 불만이 많았음을 뜻한다. 흉노가 한에 더 많은 물자 공급을 요구한 것은 지배 집단만이 아니라 다수 유입된 중원 출신의 욕구도 채워줘야 했기 때문이다. 그들의 수요를 감당할 만큼의 물자가 필요했는데, 실제로 제공할 수 있는 것이 충분하지 않았다. 흉노는 화친의 요건을 충족시키지 않는 한에 대한 강한 불만의 표시로 군사

---

92   『漢書』卷48「賈誼傳」, p. 2240.

93   『史記』卷110「匈奴列傳」, p. 2899.

적 공세를 가하기로 했다.

기원전 174년 이후 일시적 평화를 유지하던 흉노는 기원전 169년 6월 변경을 침탈해 적도까지 공격했다.[94] 한의 문제는 이를 막기 위해 군대를 동원했는데, 앞서 언급한 것처럼 조조가 흉노에 대한 대책을 상소했다.[95] 문제는 그의 말에 따라 변방의 방어를 강화하고 백성을 모집해 장성 부근으로 옮겨 이곳을 충실하게 했다.[96] 또한 기원전 168년 3월 흉노가 북변을 공격하자 이곳에 와서 살 주민을 모집하기도 했다.[97]

화친 유지와 도발의 상황이 교차하다가 결국 기원전 166년 겨울 양국 사이에 대규모 대결이 벌어졌다. 대선우가 기병 14만 명을 보내 한의 변경을 공격했다. 흉노는 조나, 소관蕭關(지금의 닝샤회족자치구 구위안현)으로 들어와 북지군 도위 앙卬을 죽이고 백성과 가축을 노략질한 다음 팽양彭陽(지금의 간쑤성 전위안현鎭原縣)까지 공격했다. 선발대인 돌격 기병奇兵(적이 예측할 수 없는 기묘한 전술로 기습하는 부대)은 더 남쪽으로 들어와 회중궁回中宮(지금의 산시성陝西省 룽현隴縣 서북쪽)을 불태웠고, 척후 기병대(후기候騎)는 옹주雍州(지금의 산시성陝西省과 간쑤성, 칭하이성靑海省 동부 지역)에 있는 감천궁甘泉宮(지금의 산시성陝西省 순화현順化縣 서북쪽의 간취안산甘泉山에 위치)까지 쳐들어왔다.[98]

이는 한의 심장부인 관중 북부에 대한 공격이라 한의 입장에서는 큰 위협이었다. 이를 대선우가 주도했다는 점은 이전과는 달라진 원정

---

94 『漢書』卷4「文帝紀」, p. 123.

95 『漢書』卷49「爰盎鼂錯傳」, p. 2279.

96 정창원,「西漢帝國的國家防衛與西北邊區開發」,『역사와실학』59, 2016, pp. 466~469.

97 『史記』卷30「平準書」, p. 1419.

98 『史記』卷110「匈奴列傳」, p. 2901.

의 규모와 성격을 보여준다. 그전까지는 오르도스 방향에서 관중으로 이어지는 공격은 주로 우현왕이 맡았는데 이제 그 주체가 달라졌다. 대선우가 직접 군대를 지휘한 것은 우현왕의 영지가 오르도스 북방이 아니라 더 서쪽으로 이동했기 때문이기도 했다. 흉노가 서방으로 진출함에 따라 이제 관중에 대한 공세는 대선우의 몫이 되었다.

흉노가 대규모 공격을 시작하자 문제는 중위中尉 주사周舍와 낭중령郎中令 장무張武를 장군으로 삼아 전차 1000대, 기병 10만 명을 장안 근방에 두어 수도 방비를 강화했다. 동시에 창후昌侯 노경盧卿(?~기원전 166)을 상군장군上郡將軍으로, 영후甯侯 위속魏遫을 북지장군北地將軍, 융려후隆慮侯 주조周竈를 농서장군隴西將軍, 동양후東陽侯 장상여張相如(기원전 229~기원전 165)를 대장군大將軍, 성후成侯 동혁董赤(?~기원전 138)을 전장군前將軍으로 임명한 다음 전차와 기병을 이끌고 흉노를 직접 공격하게 했다.

한은 흉노를 장성 밖으로 밀어내고는 바로 돌아왔기 때문에 큰 전과를 세우지 못했다. 대선우 역시 한이 강하게 대응하자 장성 이남에 와서 한 달 정도 머물다가 돌아갔다. 이후 흉노는 한의 대응을 비웃듯이 다시 방향을 바꿔 운중과 요동 등지의 변경으로 들어와 인민과 가축을 죽이고 빼앗았다. 공격당한 대군의 피해 규모가 1만여 명에 이를 정도로 컸다. 이어서 대선우가 다시 대군과 운중군을, 좌현왕이 요동 방면을 공격했다.[99]

가의의 지적처럼[100] 흉노의 이런 도발은 변경 지역에 주로 살던 융에 대한 지배권을 유지하기 위해서였다. 이 무렵 의거와 동호같이 흉노

---

99   위와 같음.

100   『賈誼新書譯注』卷4「匈奴」, pp. 110~112.

의 통제를 받던 집단이 한에 투항한 것이 공격의 가장 중요한 이유였다. 흉노는 이탈한 목축민이나 유목민을 한이 포용한 것을 그대로 둘 수 없었다. 다시 말해서 이는 장성 주변, 즉 한과 흉노 사이에 끼어 있는 주민을 확보하기 위한 대결이었다. 다른 기록에서는 이를 흉노의 도발로 처리했으나, 가의의 지적처럼 이탈한 주민에 대한 흉노의 '회복' 전쟁이라는 측면도 있었다.

흉노의 도발이 한에 위협적이었음은 양자 간의 협상 논의에서도 확인된다. 기원전 162년 문제는 흉노에 사신을 보냈는데, 이는 앞서 흉노에서 사신을 보낸 것에 대한 답례였다. 흉노에서 온 사신은 말 두 필을 선물로 받은 것에 감사하면서 과거 화친 약속을 할 때 분명히 한 것처럼 두 나라가 장성을 사이에 두고 다른 세계를 다스리는 '**대등한 존재**'임을 강조했다. 이에 대해 문제는 "선제先帝께서 다음과 같이 말씀하셨소. '**장성 북에 있는 활을 당기는 사람의 나라(引弓之國)**'는 [대]선우에게 명을 받으며, '**장성 안쪽에 있는 의관衣冠과 속대束帶를 갖춘 나라(冠帶之室)**'는 또한 짐이 **다스리오**. 만백성을 시켜 밭을 갈고 베를 짜고 사냥하게 하여 입고 먹게 하면 아비와 자식이 멀어지는 일이 없고, 신하와 임금이 서로 편안하게 되니 모두가 사나워지지 않소"라고 했다. 여기에서 또한 "**한과 흉노는 이웃의 상대가 되는 나라**" 또는 "**형제 나라로서의 친분**"이라면서 흉노를 인정했다.[101]

이는 화친을 회복하여 더 이상 전쟁을 확대하지 말자는 흉노의 요청에 대한 문제의 화답이었다. 문제는 자신을 대등한 국가로 대우해달라는 흉노의 요구를 받아주었다. 이와 함께 해마다 일정량의 차조, 누룩, 황

---

101 『史記』卷110「匈奴列傳」, pp. 2902~2903.

금, 견포, 명주솜 등을 세폐로 주기로 했는데, 이는 전보다 조금 더 늘어난 수준에 불과했다. 흉노는 기존의 화친을 깨고 변경을 약탈해 한을 굴복시키려 했으나, 결과적으로는 명분 이외에 별다른 현실적 이익을 얻지 못했다. 한의 지원은 본래 수준과 크게 다르지 않았지만, 문제는 마치 큰 선심을 쓰는 것처럼 말했다. 여기에서 이상한 것은 문제가 이전의 서신과 달리 흉노가 보낸 편지에서 필요한 구절만 인용했다는 점이다. 대선우가 화친의 조건으로 무엇을 요구했는지는 알 수 없으나, 그 규모가 과도했음을 짐작해볼 수 있다. 문제는 "짐과 선우는 모두 사소한 이유 등을 흘려버리고 같이 대도大道를 걸으며 과거의 잘못(구악舊惡)을 깨버림으로써 오래 갈 대책을 세워 양국 백성이 한 집안의 식구처럼 살 수 있게 만듭시다"[102]라고 했다. 노상 대선우를 달래면서도 그의 요구를 다 받아주지는 않으려는 의도를 엿볼 수 있다.

이 상황에서 알 수 있듯이 양국의 중요 현안은 '이탈 주민 처리 문제'였다. 가의의 지적처럼, 이는 건국 이래로 줄곧 다룰 만큼 중요한 문제였다.[103] 문제는 흉노로 도망쳤거나 흉노 쪽에서 잡혀 온 백성을 풀어주겠다는 생각을 밝혔고, 화친이 성립한 이후에는 "흉노로부터 도망해 온 사람들이 인구를 더해주는 것도 영토를 넓혀주는 것도 아니니 흉노가 국경을 넘어 못 들어오게 하고 한도 국경을 못 나가게 할 것이다. 약속을 어기는 자를 베면 오래도록 화친할 수가 있을 것이고 뒷날에도 문제가 생기지 않아 모두가 편하게 될 것이다"[104]라고 했다. 문제는 이렇게 해서 흉노

---

102 위의 책, p. 2903.

103 『賈誼新書譯注』卷4「匈奴」, pp. 114~121.

104 위와 같음.

와 화친을 하고 이탈 주민 문제까지 처리했다.[105] 이후 주민이 더 이상 이탈하지 않도록 하여 양국의 경계를 분명히 하고, 그 경계 안의 주민을 확실하게 확보하려 했다. 그러나 노상 대선우는 좌현왕과 함께 계속 장성을 넘어와 융의 거주지인 목농복합구역의 지배권을 쟁취하려 했다.

흉노는 한의 변경 지역을 공격하면서, 동시에 화친을 통해 관계를 회복하려는 상반된 모습을 보였다. 화친을 통한 물자 지원을 강력하게 요구한 것은 앞서도 언급했듯이 서방 진출과 교역의 활성화를 위해서였다. 6세기 후반 서방 원정의 성공 이후 돌궐이 중국과 안정적 관계를 유지하며 대량의 물자를 확보하여 교역을 활성화한 것과 일맥상통한다.[106] 그 밖에 흉노는 배후의 안전을 확보하기 위해서도 한과 원만한 관계를 유지하는 것이 중요했다.

흉노는 기원전 177년경 대월지를 격파한 이후에도 여전히 서방 진출에 골몰했다. 계속되던 서방 원정은 노상 대선우 시기가 되어서야 비로소 마무리되었다.[107] 이는 오손의 군장 곤막昆莫이 어린 시절 대월지의

---

105 기원전 164년경 흉노에 투항했던 반한 세력 가운데 주요한 인물이었던 한신의 아들 한퇴당韓頹當과 한영韓嬰이 무리를 이끌고 한으로 돌아왔다. 문제는 퇴당을 인고후弓高侯로, 영을 양성후襄城侯로 삼았다. 반한 세력이 한에 온 것에 크게 고무된 문제가 이와 관련해 의견을 냈다(『史記』 卷93 「韓信盧綰列傳」, p. 2636).

106 돌궐은 흉노와 달리 건국 이후 북중국의 분열로 북제와 북주의 물질적 지원을 충분히 받으며 서방으로 진출할 수 있었다. 또한 서방 원정의 승리를 통해 유라시아 대륙을 가로질러 동서를 연결하는 교역 체제를 만들어냈다(정재훈, 앞의 책, 2016, pp. 191~209). 반면에 흉노는 서방 진출에도 불구하고 그에 따르는 교역 체제를 발전시키지 못했다. 이를 유지할 만큼의 물적 토대를 마련하지 못했기 때문이다. 다시 말해서 흉노 시기에는 서방 진출과 지역 통합에도 불구하고 동서 교역에 한계가 있었다.

107 흉노에게 패배한 이후 월지의 단계적 서방 이주는 흉노의 서진 과정과 연결해 따져볼 수 있다. 『사기』에는 월지가 패망한 이후 서방으로 이동했다가 현재 아프가니스탄 지역에서 어떻게 부활했는가에 대해 전혀 언급이 없다. 후대의 기록인 『한서』에서 장건의 여행

공격으로 아버지를 잃고 흉노에 머물다가 고지를 회복한 것에 대한 기록을 통해 알 수 있다. 곤막은 흉노의 도움을 받아 대월지에 원수를 갚았고, 이 과정에서 대월지는 서쪽으로 완전히 쫓겨났다. 이후 대월지는 더 멀리 서쪽의 대하大夏(박트리아, 즉 지금의 아프가니스탄 북부의 페르가나)로 이주해야 했다. 흉노는 톈산 지역에서 대월지와 계속 전투를 벌였는데, 우현왕을 보내 오손의 왕인 곤막과 함께 싸웠다.[108] 이와 같이 서방 원정을 확대하려면 우부를 중심으로 내부를 정비할 필요가 있었고, 이를 위해서는 한과의 관계 유지도 중요했다.

반면 한은 흉노와 형제를 칭하며 대등한 관계를 인정하면서도 원하는 만큼 물자를 주지 않았다. 한이 이런 태도를 끝까지 버리지 않았기 때문에 흉노는 큰 도움을 받을 수 없었다. 즉위 초부터 흉노의 성장에 큰 위기감을 느낀 문제는 견제를 멈추지 않았고, 장성을 확보 유지하여 통일제국 황제로서의 위상을 확고히 하려 했다. 문제는 가의의 주장을 받아들여 흉노가 변경 지역에 요구한 관시關市의 개설을 허락하지 않았다.[109] 관시는 흉노가 원하는 물자를 쉽게 얻을 수 있는 발판이었다. 문제는 이를 끝까지 거부해 흉노에게 타격을 주려고 했다. 유목제국으로의 발전을 지향하던 노상 대선우는 한과의 관계를 자신이 원하는 방향으로 가져갈 수 없었다. 그가 할 수 있는 가장 효과적인 일은 '군사적 압박'이었다.

을 서술하며 언급한 월지 관련 정보를 통해서만 알 수 있다(오다니 나카오, 앞의 책, 2008, p. 58).

108 『漢書』卷96下「西域傳 烏孫國」, p. 3901.

109 『賈誼新書譯注』卷4「匈奴」, pp. 121~122.

2. 군신 대선우의 압박과 한의 화친 고수

대선우 중심 체제를 고도화하여 자신의 위상을 강화하려 했던 노상 대
선우의 노력도 결국 성공하지 못했다. 그러한 계획은 기원전 160년 그의
죽음과 함께 끝났고, 이어 아들인 군신 대선우軍臣大單于(?~기원전 126, 재
위 기원전 161~기원전 126)가 즉위했다. 군신 역시 이 무렵 서방 진출을 마
무리하고 그 위상을 뒷받침하는 체제를 마련해 유목제국으로 성장해나
가려 했다. 이를 위해 먼저 해야 할 일은 기존의 관례에 따라 한과 화친
관계를 회복하는 것이었다.

군신 대선우는 한과 혼인 관계를 맺은 후에도 공급받는 물자가 일
정 정도에 머무르고,[110] 자신을 특별하게 대우해주지 않자 다시 군사적
도발로 상황을 반전시키려 했다. 그는 기원전 158년 겨울 화친을 깨고
상군과 운중군으로 각각 3만 기를 이끌고 가서 노략질을 했다. 이번에도
대선우가 직접 도발을 주도했는데, 한에서는 3명의 장군을 북지, 대의 구
주산, 조趙의 비호구飛狐口(지금의 허베이성 위현蔚縣 동남쪽 헝산협곡구恒山峽
谷口의 북쪽 입구)에 주둔시켜 대비했다. 세 방향에서 흉노를 방어하는 방
식은 대선우와 좌현왕의 공세에 대응하는 것이었다.

이와 동시에 문제는 관중 방어를 위해 3명의 장군을 배치했다. 이들
은 장안 서쪽의 세류細柳(지금의 산시성陝西省 셴양시咸陽市 서남에 있는 웨이
수이渭水의 북안)와 위수 북쪽의 극문棘門(원래 진秦의 궁문宮門, 지금의 산시
성 셴양시 동북), 패상霸上(지금의 산시성陝西省 시안시西安市 동쪽)에 각각 진
을 쳤다. 이렇게 한에서 군사를 보내 대응하자 흉노는 대군의 구주산 주
변까지 쳐들어와 위협한 다음 바로 철수했다.

---

110 『史記』卷110「匈奴列傳」, p. 2904.

얼마 지나지 않아 문제가 죽고 경제景帝(유계劉啟, 기원전 188~기원전 141, 재위 기원전 157~기원전 141)가 즉위하자 흉노가 다시 군사 행동을 시작했다. 기원전 157년 4월 흉노가 대군에 쳐들어가자 경제는 어사대부御史大夫 장청적莊青翟(?~115)을 대군에 보내 화친을 시도했다.[111] 이후 양국은 몇 차례 교섭을 했고, 결국 기원전 155년 가을 한과 흉노가 화친을 회복했다.[112]

이후 기원전 154년 정월에 오초칠국吳楚七國이 조정에 반발했을 때 조왕趙王 유수劉遂(?~기원전 154)가 흉노에 사람을 보내 변경에서 도발해줄 것을 부탁했다.[113] 이때 흉노가 조를 돕기도 했으나 조정에 바로 진압당했고, 오와 초 역시 조정에 패한 다음 철수했다. 이를 기회로 한에 압력을 가하려던 흉노는 화친과 도발을 반복하며 기회를 엿보았다. 흉노는 반한 세력과 결합해 한을 더 강하게 압박하며 장성 이남 진출을 시도했다.

조정에 도전하는 세력이 흉노와 결합하는 일이 반복되자 경제는 이를 해결하려고 했다. 기원전 152년 화친을 회복해 대선우에게 옹주를 보내고 물자를 주면서 관시를 열어주었다. 흉노는 그동안 바라던 관시를 통해 장성 주변까지 와서 교역할 수 있었다. 그동안 한의 장성 통제로 내지와의 물자 교류에 큰 어려움을 겪었던 흉노는 이를 계기로 비로소 본격적인 교역을 벌일 수 있었다. 흉노에게 이는 중요한 발전의 계기였으며 양국 관계의 새로운 돌파구였다.

그럼에도 흉노는 한에 대한 우위를 유지하기 위해 간헐적으로 도

---

111 『漢書』 卷5「景帝紀」, p. 140.

112 위의 책 p. 141.

113 『史記』 卷110「匈奴列傳」, p. 2904.

발을 계속했다. 심지어 기원전 148년 연을 공격하여 화친이 깨지기도 했다. 이후 양국 관계가 원점으로 돌아간 상황에서 내부 문제로 흉노에 있던 한인들이 다시 한으로 투항했다. 기원전 147년에 흉노의 왕 2명이 한에 투항해 열후列侯로 봉해졌다.[114] 또한 기원전 145년 흉노에 와 있던 연왕 노관의 손자 노타지盧他之(?~기원전 144)도 동호왕과 같이 한에 투항해 아곡후亞谷侯로 봉해졌다.[115]

흉노에서 한으로 이탈한 사람들은 양국 주민이 언제든지 자신의 이익에 따라 양쪽을 오고 갈 수 있었음을 보여준다. 어느 정도 높은 위상을 가지고 있던 관리가 이탈하는 것은 그가 이끄는 주민까지 포함하는 큰 규모라는 점에서 흉노에게는 큰 문제일 수밖에 없었다. 이를 잘 알고 있던 한은 과거에 반한 세력이었던 이들이라도 포용적 태도로 적극 수용해 흉노를 견제했다. 반대로 흉노는 이에 반발해 기원전 144년 6월 안문과 상군을 공격해 상군에서 말 사육장을 약탈하고 2000명 정도를 죽였다.[116] 또 기원전 142년 3월에 안문을 공격해 안문 태수 풍경馮敬을 죽이기도 했다. 흉노의 반복된 도발은 이탈한 주민을 한이 수용한 것에 대한 강한 대응이었다. 이제까지 중요한 역할을 했던 반한 세력이 이탈하고, 장성 주변의 목축민까지 한에 들어가 흉노에 도전하는 것은 대단히 위협적인 일이었기 때문이다.

흉노의 대응에도 불구하고 "경제 시대에 때때로 소규모의 변경 침범이 있었으나 대규모 침입은 없었다"[117]라는 사마천의 평가처럼 일시

---

114 『史記』卷11「孝景本紀」, p. 445.

115 『漢書』卷34「韓彭英盧吳傳」, p. 1895.

116 『漢書』卷5「景帝紀」, p. 150.

117 『史記』卷110「匈奴列傳」, p. 2904.

적 충돌은 있었으나 상황이 심각해지지는 않았다. 이는 무제 시기 벌어진 대규모 북벌 이전에는 양국의 대립이 간헐적 충돌에 불과한 수준이었음을 보여준다. 실제로 당시 양국 관계는 대체로 평온했는데, 관시의 개설로 도발이 더 이상 확대되지 않았기 때문이다. 무제가 즉위한 기원전 140년에도 과거의 화친 약속을 재확인하며 관시에서 흉노를 후하게 대우하고 식량을 제공했다. 무제의 우대로 군신 대선우 이하가 모두 한을 가까이 여겨 장성 부근까지 왔다 갔다 했을 정도로 교역이 활발했다.[118] 흉노는 장성에 개설된 관시를 통해 한에서 필요한 물자를 구하고 중요 산품을 수출할 수도 있었다.

대선우는 이러한 물자 교류의 통제권을 가지며 권위를 강화해나갔다. 일반적으로 유목국가에서 공식적인 교역을 통한 수익은 군주의 것이라 대선우는 관시의 개설과 관리에 적극적이었다. 대선우가 교역을 위해 장성 지역까지 내려온 것도 그런 맥락이다. 그러나 관시의 규모나 정확한 위치 등에 대한 기록은 남아 있지 않아 마읍 인근에 있었다는 정도만 알 수 있다. 이런 한계는 관시의 규모가 제한적이었고, 대선우를 제외한 다른 만기장은 참가할 수 없었음을 보여주는 것이기도 하다. 관시의 개설이 흉노 사회에 얼마나 큰 영향을 주었는가도 뚜렷하게 확인하기 어렵다. 다만 관시에서의 교역이 흉노의 입장에서는 충분한 규모가 아니었다는 것은 분명하다.

흉노는 서방으로 진출하며 대월지를 축출했지만, 새로 얻은 이익은 자기 영역 안의 집단에서 공납을 거두어들이는 정도에 그쳤다. 군신 대선우가 중항열의 제안을 받아들여 호구와 가축 조사를 했다고는 해도 이

---

118 위와 같음.

역시 초보적이었다. 흉노의 지배 집단뿐만 아니라 중원 출신의 고위 인사들에게 분배할 의복과 식량 등도 필요했는데, 한에서 이를 충분히 공급해주지 않으면 어려움을 겪을 수밖에 없었다. 오아시스를 통제하고 그 주변의 유목 세력을 제압해 교통로의 안전을 확보해도 한의 지원이 없으면 교역에서 큰 이익을 얻기 어려웠다. 부의 창출이 대부분 한의 태도와 정책에 달려 있었다.

따라서 흉노의 입장에서는 요새로 연결된 한의 장성 체제를 무너뜨리기보다는 화친을 통해 필요한 것을 얻어내는 쪽이 유리했다. 이는 대선우의 입지를 강화하는 방법이기도 했다. 그러나 한의 지원은 늘 제한적이었기 때문에 대선우는 장성과 그 주변에 대한 위협을 멈추지 않았다. 계속되는 변경 침탈로 한을 압박하는 것 말고는 방법이 없었다. 이후 흉노에 협조하던 반한 세력이 이탈하고 흉노 내부의 통제력이 약화되자, 대선우의 이런 노력도 한계를 맞았다.

한은 건국 초기에 굴욕스러운 화친을 통해 흉노에 압도당하는 것처럼 보였지만, 오히려 이를 적절히 이용하며 유리한 입지를 점했다. 흉노의 군사적 압박 속에서도 화친에서 정한 부분 이상의 요구는 들어주지 않았고, 장성을 굳건히 유지해 이익을 지켰다. 내부의 정치적 안정을 확보한 이후로는 장성 주변의 방비를 더욱 강화하면서 인근의 목축민마저 포섭해 흉노에 대항하도록 만들었다.

흉노 국가를 구성하는 근간 가운데 하나인 융과 일부 반한 세력의 이탈은 대선우의 권위를 취약하게 했다. 내부의 다양성을 확보하고, 이를 바탕으로 집권적 질서를 구축하려던 대선우의 의지는 관철되기 어려웠다. 서방으로 진출하여 얻은 영역도 효과적으로 통제할 수 없었다. 이 모든 일에 한의 협조가 필요했으니 군신 대선우가 계속해서 관시의 확대를 요구하고, 장성 주변에서 영향력을 키우려 한 것은 자연스러운 일이었다.

이후 양국은 미온적인 대결 상태를 유지하면서 어느 일방도 우위를 확보하지 못하는 방향으로 나아갔다. 대선우는 주도권을 갖고자 계속 노력했으나 여의치 않았다. 한 역시 표면적으로는 이런 움직임에 응하는 태도를 보였으나, 결코 그 욕구를 완전히 해소해주지 않았다. 이런 상태가 무제 초기까지 유지되다가 북벌 준비를 마치고 난[119] 기원전 133년부터 흉노를 완전히 제압하기 위한 무제 주도의 전면전이 시작되었다. 그동안 계속 화전和戰을 반복하면서도 확전하지 않던 흉노와 한의 대결 국면이 이제 끝을 알 수 없는 치열한 전쟁으로 바뀌었다. 흉노가 서방 진출을 통해 거대한 유목제국의 판도를 확보하고 중항열 등 다양한 관료의 도움을 받아 정비한 체제에도 새로운 변화가 일어났다. 군신 대선우 역시 한의 집요한 공세 속에서 이제까지 고수해왔던 방식으로는 체제를 유지할 수 없다고 판단했기 때문이다.

---

119 즉위 초부터 흉노를 공격할 의지를 가졌던 무제는 필요한 준비를 해나갔다. 공손홍公孫弘을 발탁해 흉노에 사신으로 보내 상황을 보고받고자 했으나 원하는 것을 얻지 못했다고 한 기록(『史記』 卷112 「平津侯主父列傳」, p. 2949), 한언韓嫣이 기사騎射에 뛰어나 총애를 받았는데 그가 흉노를 정벌하려는 황제의 뜻에 부응하기 위해 기마궁술을 익혀 더욱 사랑을 받았다고 한 기록(『史記』 卷125 「佞幸列傳」, p. 3194) 등을 통해 알 수 있다.

제3편

대결과 위축
(기원전 141~기원전 56)

제1장

흉노와 한의 전면전과 막북 이주
(기원전 141~기원전 119)

1. 군신 대선우의 공세와 무제의 북벌

기원전 141년 3월 즉위한 무제는 흉노가 한과의 무역에 큰 관심이 있음을 간파하고 기존의 화친을 유지하며 관시를 확대해주었다. 이는 흉노를 안심시키면서 다른 한편으로는 북벌을 준비하기 위한 여건을 조성하는 일이었다. 무제는 기원전 148년 흉노에게 패해 도망간 대월지와 교섭하여 군사적 동맹을 맺을 수 있다는 사실을 알게 되었다. 흉노에서 투항해 온 사람이 "흉노는 [대]월지 왕을 깨뜨려 [죽인] 다음 그의 두개골로 술잔을 만들었습니다. 대월지는 살던 곳을 뒤로하고 쫓겨난 이후 흉노를 미워하고 있으나 흉노를 같이 칠 나라가 없습니다"[1]라며 이제까지 전혀 알지 못했던 소식을 전했기 때문이다.

무제는 대월지가 흉노에게 격파당해 도망간 다음 원한을 품고 있으

---

1   『漢書』卷61「張騫李廣利傳」, p. 2687.

며, 흉노를 공격해 원주지로 돌아오려는 의지가 강하다는 첩보에 고무되어 흉노를 협공하기 위한 동맹의 결성을 추진했다. 이를 위해 기원전 139년 대월지에 보낼 사절로 장건張騫(기원전 164~기원전 114)을 뽑았다. 장건은 당읍堂邑 출신 흉노인 길잡이 감보甘父와 100여 명의 일행을 이끌고 대월지로 출발했다. 그러나 얼마 지나지 않아 하서회랑을 지나다가 흉노에게 사로잡혀 선우정으로 압송되었다. 이 무렵에는 하서회랑이 흉노의 통제하에 있었기 때문이다.

군신 대선우는 장건에게 "[대]월지는 우리 북쪽에 있는데, 한[의 사신]이 어찌 지나갈 수 있겠는가? 내가 월越에 사자를 보낸다면 한은 내 말을 기꺼이 들어주겠는가?"라며 그의 통행 의도를 간파하고 비꼬듯이 물었다. 한이 흉노를 공격하기 위해 장건을 대표로 하여 대월지와 외교 교섭을 하려고 한 것, 그리고 화친의 성립에도 불구하고 흉노를 대등하게 대해주지 않는 것에 강한 불만을 표시한 것이다. 대선우는 한과 대월지의 교섭을 용인할 수 없다며 장건을 잡아두고 보내주지 않았다.

한편 무제는 장건이 흉노에 억류되었다는 사실을 알지 못한 상태에서 화친을 깨지 않으려고 유화적인 모습을 보였다. 흉노 역시 관시를 유지하며 많은 이익을 얻으려고 했다. 이런 상황 속에서 장건은 10여 년 동안 흉노 우부에 머물러야 했고, 현지 여인과 결혼해 자식까지 두었다. 그러던 어느 겨울에 흉노의 감시가 소홀한 틈을 타서 탈출했다. 장건은 서쪽으로 이동해 중간 경유지인 대완까지 갔다. 한과 관계를 맺고 싶어 한 이곳 왕의 도움을 받아 그는 대월지에 도착했다.

하지만 이미 현지에 정착한 대월지의 왕은 예상과 달리 흉노에 복수할 생각이 없었다. 결국 장건은 동맹이라는 목적을 달성하지 못하고 그곳에 1년 정도 머무르다 한으로 돌아왔다. 귀환하는 길에는 흉노가 통

[그림 1] 장건의 착공을 주제로 한 우표

제하던 하서회랑을 피해 강羌이 지배하는 기련산祁連山 남록을 따라왔으
나 다시 붙잡혀 1년 넘게 억류되었다. 그러다 군신 대선우 사후 일어난
흉노 내부의 계승 분쟁을 이용해 다시 탈출할 수 있었다. 이런 어려움을
이겨내고 마침내 기원전 126년 장건은 장안으로 돌아올 수 있었다.[2]

이때는 이미 흉노에 대한 무제의 북벌이 시작된 뒤였다. 따라서 대
월지와 군사 동맹을 맺어 흉노를 협공하려 했던 장건의 목표는 실패로
끝났다고 볼 수 있다. 그러나 그가 서행西行에서 얻은 이른바 '서역西域'
에 관한 정보는 이후 한의 대흉노 전쟁 및 서역 진출에 큰 도움이 되었다.
사마천 역시 그의 업적을 서쪽으로 간 '착공鑿空'이었다고 높이 평가했
다.[3] 지금도 중국에서는 이른바 '실크로드Silk road'의 개척과 관련해 장
건에 대한 현창顯彰 작업이 이루어지고 있다.[4]

---

2   위의 책, pp. 2688~2690.

3   『史記』卷123「大宛列傳」, p. 3196.

4   장건의 서역 착공 여행은 서방 개척, 이른바 '실크로드'의 개통으로서 주목받아왔다. 장
     건의 묘지를 비롯한 중국 내 실크로드 관계 유적이 2014년 '유네스코 세계문화유산'

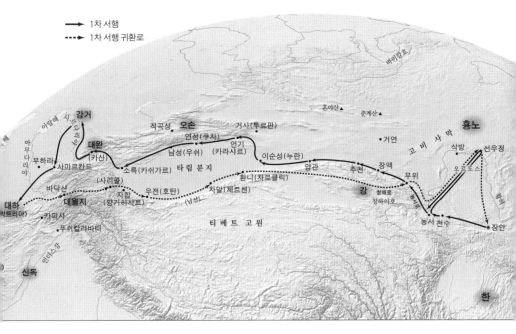

[그림 2] 장건의 1차 서행 노선도

무제는 장건이 가지고 온 정보를 통해 그동안 몰랐던 서쪽 오아시스와 주변 유목 세력의 동향을 알 수 있었다. 현지의 여러 세력과 흉노의 관계를 파악해 그동안 흉노의 통제로 한과 교섭하지 못하던 국가들의 입장도 이해할 수 있게 되었다. 이러한 이해를 바탕으로 한은 흉노를 견제

에 등재되었는데, 이는 중국의 '개방'을 상징하는 정치적 수단으로 활용되었다. 장건은 1978년 이후 중국 정부가 추진한 '개혁 개방' 정책과 2013년 이후의 '일대일로—帶—路' 정책, 즉 '신실크로드 전략 구상'을 상징하는 역사적 인물로 설정되었다. 장건 기념 우표를 비롯해 전기를 다룬 서적 출간, 동상 제작 등 중국에서 '열풍'이라고 불릴 만큼 다양한 현창 사업이 진행되었다(정재훈, 「개혁 개방 이후 중국의 신장 실크로드사 연구」, 『동북아역사 논총』 65, 2019, pp. 76~84). 장건의 여행에 대해서는 다음을 참조(정재훈, 「흉노를 넘어 저 멀리 서쪽으로 가는 길을 뚫은 장건」, 『유라시아로의 시간 여행』, 사계절, 2018, pp. 30~41).

하려면 서역과 흉노의 관계를 끊어야 한다는 점을 분명히 알게 되었다. 무제는 이후 이와 관련한 정책을 적극적으로 추진해나갔다.[5]

무제는 대월지와 군사 동맹을 맺기 위해 떠난 장건이 돌아오기 전인 기원전 129년부터 흉노를 공격했다. 이 계획은 문제 시기부터 논의가 시작되었고, 가의와 조조도 장성 주변에서 벌어지던 흉노의 도발에 대한 효과적 대응책을 제안했다.[6] 무제 역시 이전 시기처럼 장성을 지키는 것이 한의 안전을 유지하면서 자신의 지배력을 확대하는 출발점이라 여겼다. 한의 이익선인 장성을 유지하기 위해서는 융을 비롯해 장성 이남의 주민을 완전히 포섭하여 흉노와 단절시켜야 했다. 이전에도 한은 이러한 정책을 줄곧 추진했다. 내부 문제로 전면적인 공격을 하지 않았을 뿐이다. 그전까지는 흉노의 요구를 일부 들어주며 수세적으로 대응하면서 견제를 유지하려 했으나 무제는 장성을 확보하는 정도의 현상 유지로는 만족할 수 없었다. 관시를 개설해 흉노를 달래면서 관계를 유지하던 방식도 바꾸려고 했다. 건국 이후 계속된 수세적 상황을 반전하여 흉노를 완전히 굴복시키는 것, 나아가 과거의 치욕을 씻어 황제의 위상을 확립하고 '대일통大—統'을 완성하는 것이 무제의 목표였다. 즉 흉노를 무력으로 완전히 제압해 다시는 자신에게 도전하지 못하게 만들고자 했다.

북벌을 준비하던 무제는 기원전 133년 흉노와 접한 마읍에 살던 섭일聶壹이라는 노인에게 흉노 유인책을 듣고 이를 실행하려 했다. 섭일은 이전부터 국경을 넘어 흉노와 물자 교역을 하며 대선우와 친밀한 관계를 맺고 있었다. 그는 대선우가 관시에 자주 내려오니 이때를 이용해 그를

---

5   이춘식,「한 제국의 흉노 패권 탈취의 전략과 정책: 국제협공책, 차별이간책, 분할공략책 중심으로」,『정치와 평론』22, 2018, pp. 176~186.

6   『漢書』卷48「賈誼傳」, p. 3013;『漢書』卷49「爰盎鼂錯傳」, p. 2279.

사로잡자는 방안을 제시했다. 대행령大行令 왕회王恢(?~기원전 133)가 이를 무제에게 아뢰었고, 바로 계획이 실행되었다. 어사대부 한안국韓安國(?~기원전 127)이 반대했으나 흉노를 무너뜨릴 생각에 고무된 무제는 이를 무시하고 원정을 준비했다.[7]

그해 6월 무제는 한안국을 호군장군護軍將軍에, 위위衛尉 이광李廣(?~기원전 119)을 효기장군驍騎將軍에, 태복太僕 공손하公孫賀(?~기원전 92)를 경거장군輕車將軍에, 대행 왕회를 장둔장군將屯將軍에, 태중대부太中大夫 이식李息을 재군장군材官將軍에 임명해 총 30만여 명의 병력을 통솔하게 했다. 이들 모두 흉노가 내려올 마읍 근방의 계곡에 병력을 숨기고, 섭일로 하여금 흉노로 가서 마읍성을 판다는 말로 대선우를 꼬드겨 장성 안으로 들어오게 했다.

이미 관시에 여러 차례 내려온 적이 있어 주변 상황을 잘 알고 있던 대선우는 섭일의 말만 믿고 10만 명의 기병을 이끌고 왔다. 이때가 여름이라 하영지인 농성龍城[8]에서 열린 여름 정기 모임에 온 대규모 인원을 군대로 동원할 수 있었다. 농성에서 바로 남하한 대선우는 무주새武州塞

---

7   『資治通鑑』卷18「漢紀」10〈世宗孝武皇帝上之下〉, pp. 582~583.

8   이 무렵 흉노 대선우가 여름을 보냈던 선우정인 농성의 위치는 한대의 제문택諸聞澤(지금의 내몽골자치구 우란차부시烏蘭察布市 차하얼유이첸기察哈爾右翼前旗 황치하이) 주변 초원으로 추정할 수 있다. 이곳은 해발 1400미터 정도의 고원 분지로 여름철에 시원하고 주변에는 초원과 삼림이 펼쳐져 있어 하영지로 좋은 입지였다. 사마천이 농성이라고 한 것은 여름에 설치한 대선우의 오르두를 중심으로 둥지(籠) 모양을 한 거주지를 묘사한 것으로 볼 수 있다. 집락을 이룬 둥근 모양의 집단 천막 모임은 몽골제국 시대에도 쿠리엔, 즉 바퀴 모양의 천막군 형식으로 열리곤 했다. 반고는 이를 용성龍城이라고 했는데, 이는 반고 자신이 생각하는 의미에 따라 농籠을 용龍으로 차자借字해서 바꾼 것으로 보인다. 다만 이것이 모양을 표현한 것이라면 농성이라는 사마천의 표현이 더 사실에 가깝다(제2편 주 43 참조).

(지금의 산시성山西省 쥐원현左雲縣)를 넘어 마읍 서남부까지 진군했다. 흉노는 별다른 저항 없이 마읍에서 겨우 100여 리 떨어진 곳까지 들어왔다.

그런데 대선우는 들판에 가축이 가득 널려 있으나 목자가 하나도 없는 것을 이상하게 여겨 여기에서 더 나아가지 않고 인근의 정장亭障(변방의 요새에 설치하여 사람의 출입을 검사하는 관문)을 공격해보았다. 이때가 여름이라 가축을 방목하려면 산록으로 가는 게 맞는데, 가축은 들판에 풀어져 있었고 관리하는 목자도 없었다. 대선우는 목축 경험이 많았기 때문에 수상함을 바로 알아차렸다. 마침 안문위사雁門尉史가 장성을 순시하다가 흉노가 쳐들어온 것을 보고 정장을 지키려다 사로잡혔고, 대선우는 그를 통해 한의 계획을 알게 되었다.

한이 자신을 마읍으로 유인해 공격하려고 대규모 부대를 매복시켰다는 사실을 안 대선우는 바로 장성을 넘어 초원으로 돌아갔다. 한의 대군은 흉노가 마읍에 들어오면 배후를 치려던 계획이 실패하자 아무런 소득 없이 돌아와야 했다. 공을 세우기 위해 기병을 보내 철수하는 흉노를 장성까지 쫓아가 공격했으나 성공하지 못했다.

계획을 입안했던 왕회는 군대를 이끌고 초원으로 나아가 흉노의 배후에 있던 보급 부대(치중輜重)를 칠 수도 있었지만, 흉노가 돌아갔다는 소식을 듣고 공격하지 않았다. 이 일로 왕회는 무제의 노여움을 사서 죽임을 당했다. 무제는 계략을 세우고도 제대로 된 공격 한 번 하지 못한 그에게 책임을 물었다. 이처럼 무제가 야심차게 시도한 1차 흉노 공격은 아무런 소득 없이 끝났다.

군신 대선우는 한의 계략에 빠지지 않고 탈출한 것을 하늘의 도움이라 여기며 안도했다. 한의 공격을 전혀 예상하지 못한 상황에서 함정에 빠질 뻔한 것이라 충격이 더 컸다. 흉노는 한과의 화친이 깨졌다고 보고 장성 지역을 공격했다. 이후 양국 사이에는 화친과 도발이 반복되었다. 흉노가 한의 변경으로 자주 들어와 도둑질한 것이 셀 수 없었다고 할 정도로 보복성 약탈이 이어졌다.[9]

　이후에도 한은 흉노가 관시 교역을 원하고 재물을 밝히자 이를 유지해주었다. 이는 향후 재개할 북벌에 앞서 흉노의 도발을 제어하려는 한시적 조치였다.[10] 이런 일시적 소강상태가 지나고 기원전 129년 봄[11]에 한이 다시 흉노를 전면적으로 공격했다. 무제는 네 장군에게 각각 1만 기씩을 주어 관시 부근에 와 있던 흉노는 물론이고, 더 나아가 초원의 거주지도 공격했다. 이 중에서 상곡군을 출발해 농성을 공격한 거기장군車騎將軍 위청衛靑(?~기원전 106)만이 흉노의 수급과 포로 700명을 잡아 왔다. 흉노에 대한 최초의 중요 전과로 크게 부각되었으나 실제 상황은 조금 다르다. 위청은 흉노의 하영지가 있던 농성을 공격해 별다른 저항 없이 승리를 거두었다. 시기가 겨울이라 대선우가 하영지를 떠나 서쪽 음산 방향의 동영지로 이동했기 때문이다. 위청의 전과는 하영지에 남아 있던 일부 수비 병력 내지는 상곡군 북방의 일부 부대를 대상으로 거둔 승리에 불과했다.

　이와 달리 운중군을 나간 경거장군 공손하는 별다른 전과를 거두지 못했다. 대군에서 북상해 공격을 벌인 기장군騎將軍 공손오公孫敖(?~기원

9 　『史記』卷110「匈奴列傳」, p. 2905.

10 　위와 같음.

11 　『한서』에는 봄, 『자치통감』에는 겨울로 기록되었는데, 겨울에서 봄으로 넘어가는 시점으로 같은 때를 나타내는 것이다. 이때는 초원에 자연재해가 많아 유목민이 생활하기에 가장 힘든 시기였다. 주로 폭설이나 눈보라 등으로 큰 어려움을 겪었는데, 이런 취약한 상황에서 외부의 공격을 받게 되면 반격이 어려웠다.

전 96)는 7000명을 잃었다. 또한 안문군에서 출격한 효기장군 이광도 흉노에 패한 다음 사로잡혔다가 겨우 도망쳐 돌아왔다.[12] 세 방향의 공격은 모두 동영지가 있던 음산 남쪽의 저지로 이동한 대선우를 노린 것이었고, 흉노 주력과 만난 한의 군대는 모두 실패했다.

뛰어난 기마 실력을 갖춰 발탁된 위청뿐만 아니라 세 방향의 공격을 지휘한 장군 모두 기마에 뛰어난 융 출신 인물이었다. 공손하와 공손오는 목축을 전업으로 하는 북지군 의거 출신이었고, 이광 역시 농서 출신으로 융에 속하는 인물이었다.[13] 무제는 이들을 발탁해 흉노와 기병전을 벌였음에도 공세에 성공하지 못했다. 한은 성채 안에서 농성하며 적을 방어하는 것에는 능했지만, 기병의 돌격 전술에는 능하지 못했기 때문이다. 한의 전력은 여전히 기병전에서 흉노를 감당할 수준이 못 되었다.

한의 기습을 당한 흉노는 응징 차원에서 그해 겨울 수천 명의 병사를 장성 너머로 보내 한을 공격했다. 동쪽 어양군 방향의 피해가 컸다. 이 공격은 인접한 곳에 있던 좌현왕의 좌부가 주도했다. 한이 장군 한안국을 어양군에 보내 방비를 했음에도 흉노는 이듬해 가을 다시 기병 2만 명을 보내 장성을 넘어 요서 태수遼西太守를 죽이고 2000여 명을 잡아갔다. 이후 흉노는 다시 어양 태수의 군대 1000여 명을 격파하고 재관장군材官將軍 한안국을 포위했다. 때마침 구원병이 도착해 흉노가 바로 물러났다.

---

12   『史記』卷110「匈奴列傳」, p. 2906.

13   한에서 목축민 출신을 기병 부대로 구성한 것은 기마 역량뿐만 아니라 말의 수급을 위한 일이기도 했다. 말을 기르고 잘 다룰 수 있는 주민을 적극적으로 활용하지 않으면 흉노를 공격할 수 있는 전마 확보가 쉽지 않았다(王文劍,『弓與犁 - 草原與中原的和與戰』, 山東畵報出版社, 2018, p. 65).

이전부터 어양군에 와 있던 한안국은 잡은 흉노 포로를 심문해 흉노가 멀리 갔다는 말을 듣고 무제에게 농사철에 일시적으로 군대를 주둔하지 않게 해달라고 했다. 이후 1개월 정도 군대를 빼자 흉노가 이를 틈타 바로 상곡군과 어양군 방면을 공격했다. 당시 700명 정도의 병력밖에 없던 한안국은 흉노와 잘 싸웠으나 이기지 못했다. 한과 싸워 승리한 흉노는 1000명 정도의 병력과 가축, 재물 등을 빼앗아 갔다. 대선우 역시 안문군에 들어와 1000여 명을 죽이거나 사로잡아 갔다. 흉노의 도발이 이후까지도 멈추지 않고 계속되면서 양국의 대치가 본격화되었다.

이에 한은 흉노를 방어하기 위해 이광을 우북평군 태수로 보냈다. 동시에 3만 기를 거느린 위청은 안문군에서, 이식은 대군에서 흉노를 공격했다. 이를 통해 한의 군대는 흉노의 수급과 포로 수천을 잡는 성과를 거두기도 했다.[14] 또한 위청은 기원전 128년에 운중군에서 서쪽으로 이동해 농서에서 흉노의 통제를 받던 누번왕과 백양왕을 오르도스에서 격파했다. 이를 통해 수급과 포로 수천, 소와 양 100만 마리 이상을 얻는 등 큰 전과를 거두었다.

오르도스를 둘러싼 양국의 전투는 전세가 점차 한쪽으로 기울었다. 한은 흉노에게 빼앗겼던 오르도스를 차지한 다음에 삭방군朔方郡(지금의 내몽골자치구 허타오 서북부)을 두고 성을 쌓았다. 또한 주보언主父偃(?~기원전 126)의 주장에 따라 옛날 진의 몽염이 쌓았던 장성을 수리해 황하를 따라 방비를 갖추었다. 이는 몽염이 황하 이북까지 올라가 무리하게 군대를 주둔하여 겪었던 어려움을 반복하지 않기 위해서였다. 이렇게 해서 한은 황하를 건너가지 않고 오르도스 서북에 흉노를 방어할 수 있는 체

---

14   『史記』卷108「韓長孺列傳」, pp. 2864~2865.

계를 갖추었다.[15]

한편 기원전 127년에는 한이 상곡군 북쪽에 치우쳐 있던 조양 땅을 흉노에게 넘겨주었다.[16] 이는 장성 이북 지역을 포기하는 것이었는데, 한의 입장에서는 좌부의 계속된 도발에 대응하여 장성 이북의 불필요한 곳을 포기하고 대신 장성을 잘 유지하려는 의도였다. 이 과정에서 기원전 126년 겨울 한과 군사적 대결을 벌이던 군신 대선우가 죽었다. 그는 이제까지 흉노의 발전을 위해 한과 화친을 유지하는 동시에 도발도 계속했다. 무제의 공세가 시작된 이후로는 장성 지역을 중심으로 더욱 강하게 반격했다. 한을 통해 얻는 이익을 최대한 유지하려면 결코 이곳에서 물러설 수 없었기 때문이다.

군신 대선우 사후 흉노 내부에서는 그동안 유지되던 장자 상속이 무너지면서 지배 집단에 균열이 생겼다. 대선우의 동생인 좌록리왕 이치사伊穉斜(또는 이치사伊稚斜, ?~기원전 114, 재위 기원전 126~기원전 114)가 정변을 일으켜 조카를 제치고 자립했다. 이치사는 원래 차기 계승자이자 조카였던 좌현왕 어단於單의 통제를 받는 좌부의 좌록리왕이었다. 그는 조카에게 밀려 좌현왕이 되지 못한 것에 불만을 품고 있다가 형이 죽자 곧바로 조카인 어단이 무능하다며 정변을 일으킨 것이다.

쫓겨난 어단은 결국 한으로 도망쳤다. 4월 장안에 도착한 그는 섭안후涉安侯로 책봉되었다가 얼마 되지 않아 5월에 바로 죽었다.[17] 이는 흉노 지배 집단 내에서 계승 분쟁이 일어나 한에 투항한 최초의 사건이었다.

---

15   『漢書』卷64上「嚴朱吾丘主父徐嚴終王賈傳」, p. 2800.

16   『史記』卷110「匈奴列傳」, p. 2906.

17   『史記』卷20「建元以來候者年表」, p. 1031.

어단의 투항은 계속된 양국 대결의 불씨가 될 수도 있었으나 그가 일찍 죽으면서 흉노의 내분은 확대되지 않았다. 하지만 이치사의 집권은 결국 지배 집단 내부의 권력 쟁탈을 촉발해 내적 결속을 약화하였다. 흉노는 위청의 공격으로 이미 크게 위축된 상태였는데, 여기에 정변까지 일어나자 어단의 동생 우현왕마저 크게 약화했다. 여기에서 그치지 않고 죽은 좌현왕 어단의 형제와 기존 군신의 측근들도 심한 타격을 입었다.[18] 대선우 개인의 능력이 상대적으로 중요한 유목국가에서 계승 분쟁은 심각한 문제였다.[19]

이후 대선우로 즉위한 이치사는 한이 북벌 공세를 본격화하자 이를 막아내고 체제를 유지하기가 어려웠다. 대외적 간섭을 막고, 체제 정비를 하며, 무제의 공격에 대응해야 했으나 한의 전면적인 공격 앞에서 이는 쉬운 일이 아니었다. 반대로 무제는 이런 상황을 철저히 이용해 흉노를 굴복시킬 기회를 얻었다.

---

18 기원전 125년 가을 7월에 흉노에서 왕 조안계趙安稽와 상국相國 무룡無龍이 투항한 것은 지배 집단 내부의 갈등이 표출된 예의 하나이다(『史記』卷20「建元以來候者年表」, pp. 1031~1032).

19 유목국가도 중국과 마찬가지로 '장자 상속'이 일반적인 계승 방식이었다. 이것을 지킬 수 없을 때만 불가피하게 능력이 있는 지배 집단, 즉 황금씨족의 구성원을 군주로 선출했다. 이는 군주가 어리거나 심각한 위기가 닥친 비정상적 상황에만 한정되었다. 이를 '적임자 상속適任者相續'이라고 설명하기도 한다(김호동, 앞의 글, 1989, pp. 302~303). 유목국가에서는 장자 상속이나 정례적 군주 추대 의례를 통해 군주가 즉위해도 내적 갈등이 있었다. 계승에 대한 규칙이나 불문율이 확고하게 정착되지 않아서가 아니라 군주의 지위를 둘러싼 쟁탈 자체가 일반적 현상이었을 수도 있다. 흉노만이 아니라 이후 돌궐, 위구르, 몽골에서도 지배 집단 내부의 권력 투쟁은 늘 있었다. 이는 '권력' 자체의 속성이라는 점에서 유목국가의 특수성이라고만 보기는 어렵다.

2. 대결 격화와 이치사 대선우의 막북 이주

기원전 126년 여름 이치사 대선우는 수만 기를 이끌고 대군에 쳐들어와 대군 태수 공우共友를 죽이고 1000여 명을 잡아갔다. 이는 여름에 농성에 모여 내적 결속력을 확인한 후에 이루어진 공세였다. 대선우가 직접 공격을 지휘한 것은 자기 권위를 과시하면서, 동시에 한과의 화친 관계를 회복하기 위해서였다. 가을에 안문군까지 쳐들어와 1000여 명을 죽이거나 잡아간 것 역시 하영지에서 동영지로 이동하면서 벌인 한에 대한 군사 공세였다.

대선우는 한에 투항한 좌현왕 어단이 바로 죽자 별문제 없이 내부 반발을 안정시켰다는 것을 과시하듯이 군사 도발을 했다. 한의 강력한 공세를 선제적으로 막으려는 것이었다. 이를 통해 화친 관계를 회복하고 내적 안정을 위한 여유를 확보하려는 것이기도 했다. 흉노는 기원전 125년 여름에도 대군, 정양군定襄郡(지금의 내몽골자치구 허린거얼현和林格爾縣, 칭수이허清水河, 줘쯔현, 차하얼유이중기察哈爾右翼中旗 등지), 상군 방향으로 각각 3만 기를 이끌고 들어와 수천 명을 죽이거나 잡아갔다. 대군에 대한 공세는 대선우가 직접 지휘했다.

우현왕은 이전에 빼앗긴 오르도스의 삭방에 있는 한의 요새를 탈환하기 위해 정양군과 상군을 공격했다. 그는 이후에도 계속 삭방군에 침범해 들어와 관리와 백성을 살해하거나 약탈했다. 기원전 124년에도 오르도스 북쪽에 세운 삭방성을 다시 공격할 만큼 우현왕에게는 위청이 빼앗은 영지를 회복하는 일이 중요했다. 좌부가 우북평군을 공격한 것은 대선우를 중심으로 한 좌부의 세력이 우부에 비해 상대적 우위에 있었음을 보여준다. 이전에도 좌록리왕이었던 이치사가 공격을 주도했고, 그는 대선우가 된 이후에도 계속 장성을 넘어와 공격했다. 기원전 124년 가을에 좌부에서 다시 대군에 1만 기를 보내 도위 주영을 죽이고 1000여 명을 잡아가는 등 도발을 계속했다.[20]

기원전 123년 봄 2월에 이치사의 대선우 즉위 이후 일시적으로 잠 잠했던 한이 공격을 다시 시작했다. 봄은 가축들의 영양 상태가 가장 나 쁘고 자연재해가 심해 유목민들이 견디기 힘든 시기이다. 가축을 돌보는 일만으로도 몹시 바쁜 기간이라 전투를 벌이기 어렵다. 한은 이때가 유 목민을 동원하기 가장 어려운 시기라는 점을 이용해 흉노를 기습 공격했 다. 이를 위해 대장군 위청이 중장군 합기후合騎侯 공손오, 좌장군 태복공 太僕公 공손하, 전장군 흡후翕侯 조신趙信(?~기원전 107), 우장군 위위 소건 蘇建, 후장군 낭중령 이광, 강노장군強弩將軍 함속대장군鹹屬大將軍 좌내사左 內史 이저李沮 등 6명의 장군과 10만여 명의 병력을 이끌고 정양을 출발해 북쪽으로 출정했다.

한의 기병 부대는 빠른 속도로 장성에서 600~700리 정도 나아가 밤중에 우현왕을 포위 공격했다. 이동 거리를 통해 추정해보면, 한의 공 격은 황하를 건넌 다음 황하를 따라 동진해 우현왕을 치는 방식으로 이 루어졌다. 원래 우현왕은 겨울이 끝나갈 무렵에 황하 이남에서 지내야 했는데, 이때는 오르도스를 빼앗긴 다음이라 음산 방면에서 지내고 있었 다. 한의 요새에서 멀리 떨어져 있다 보니 한의 공격을 전혀 예상하지 못 하다가 기습당한 것이다.

더욱이 우현왕은 무방비 상태에 술까지 취해 있어 변변한 대응을 하 지 못했고, 겨우 몸만 빠져나와 도망쳤다. 한의 기병 부대는 그가 내버려 두고 간 비소왕 등 10여 명과 남녀 1만 5000명을 잡았다.[21] 이제까지 한

---

20   『史記』卷110「匈奴列傳」, p. 2907.

이 황하를 건너가 흉노를 공격한 적이 없었기 때문에 우현왕은 전혀 대응하지 못했다. 이후 우현왕은 오르도스뿐만 아니라 황하 북방의 영지까지 빼앗기고 도망갔다. 당시 한에 잡힌 사람의 수를 보면 우현왕은 이 심각한 패배로 크게 위축되었으리라 짐작할 수 있다. 우부만이 아니라 서쪽의 과거 대월지 영역의 여러 세력에 대한 지배력도 크게 약화되었다.

이후 위청은 군대를 물려 정양, 운중, 안문 등지에 돌아와 있다가 기원전 122년 4월에 6명의 장군과 함께 다시 흉노를 공격했다. 이때 위청은 10만여 명의 기병을 거느리고 정양에서 수백 리 밖까지 진군했다. 이역시 하영지로 이동하기 전에 초원의 목민을 공격하여 최대의 효과를 얻으려는 전략이었다. 위청은 이때 약해진 우현왕만이 아니라 선우정의 대선우까지 직접 공격했다.

한은 위청을 중심으로 대규모 병력을 동원해 흉노를 두 번이나 기습 공격했다. 여기서 수급과 포로 약 1만 9000여 명을 얻는 큰 성과를 거두었다. 흉노의 영지를 직접 공격해 제압하는 기동 전술이 효과를 본 것으로, 여기에는 장건이 가져온 흉노에 관한 정보가 주효했다. 한은 경제적으로 중요한 역할을 하는 우부를 먼저 격파한 다음 중부를 공격하는 방식으로 흉노에 심각한 타격을 주었다.

한의 입장에서도 쉬운 승리는 아니었다. 2명의 장군과 군사 3000여기를 잃었다.[22] 전비를 조달하느라 재정이 고갈되었다는 말이 나올 만큼 군사 작전에 비용도 많이 들었다.[23] 우장군 소건은 흉노를 공격하다가

---

21   『資治通鑑』卷19「漢紀」11〈世宗孝武皇帝中之上〉, p. 616.

22   『史記』卷110「匈奴列傳」, p. 2907.

23   『史記』卷30「平準書」, pp. 1421~1422.

패배해 단신으로 겨우 탈출했고, 전장군 조신도 위청의 명을 받아 우장
군과 함께 주력에서 떨어져 나와 홀로 대선우의 부대를 공격하다가 전멸
당했다. 패한 조신은 흉노로 투항했는데, 원래 그는 흉노의 소왕小王이었
다가 잠시 한에 투항해 흡후 책봉을 받고 흉노 공격에 동원되었던 인물
이다. 그가 다시 흉노에 투항하자 대선우는 그를 자차왕自次王으로 삼고,
자신의 누이를 처로 주는 등 우대했다. 그리고 그의 도움을 받아 한을 공
격할 계획을 세웠다.

　조신은 이치사 대선우에게 현재 음산 남쪽에 있는 선우정을 북쪽
으로 물려, 즉 고비를 건너가 한의 공세를 막아내자고 조언했다. 고비 이
북에 머무르며 한의 군대를 끌어들인 다음, 고비를 넘느라 지친 상대를
공격하는 전략이었다. 기병의 신속한 기동 전술을 구사하는 한의 새로
운 전략에 대응해 장성 가까이에 있던 선우정을 북으로 옮겨 쉽게 공격
할 수 없게 하려는 의도이기도 했다. 대선우는 조신의 계책에 따라 선우
정을 고비 북방으로 옮겨둔 다음 병력을 매복시키고 한의 공격을 기다렸
다.[24] 이 무렵에도 흉노 내부에서는 투항한 한인들이 중요한 역할을 했
다. 과거 중항열이 체제 정비를 위해 많은 조언을 했던 것과 유사하다. 한
과 치열한 대결을 벌이는 상황에서 상대를 잘 이해하고 구체적인 정보를
가진 이들의 존재는 대단히 중요했던 터라, 흉노는 이런 정보원을 확보
하기 위해 적극적으로 노력했고 실제로 많은 인물을 등용했다.

　기원전 122년 5월 흉노는 여전히 세력을 유지하고 있던 좌부를 중
심으로 1만 기를 이끌고 상곡군에 쳐들어와 수백 명을 죽였다. 한의 공세
로 위축된 전세를 만회할 의도였으나 큰 규모는 아니었다. 장성 주변에

24　『史記』卷110「匈奴列傳」, p. 2908.

대한 도발이 이 정도로 끝난 것은 여전히 대선우의 권위가 강력하지 못했기 때문이다. 당시 흉노는 병력을 대규모로 조직해 내지로 들어갈 정도의 세력을 형성하지 못했으며, 치고 빠지는 식의 전형적인 게릴라 전술을 펼칠 수밖에 없었다. 이에 한은 흉노의 허를 찔러 완전히 제압하려고 했다. 흉노의 내부에서 활약한 중원 출신이 있었던 것처럼, 한에도 흉노에 대해 잘 아는 정보원들이 있었다. 무제는 작전을 수립하는 과정에서 흉노를 직접 경험한 장건이나 흉노 출신 감보 같은 인물의 도움을 받았다.[25] 이를 바탕으로 이후 우부와 그 통제를 받던 하서회랑에 대한 공격을 시작했다.

기원전 121년 3월에 표기장군驃騎將軍 곽거병霍去病(기원전 140~기원전 117)이 1만 기를 이끌고 농서에서 서쪽으로 출격했다. 그는 17세였던 기원전 123년에 이미 위청을 따라 북벌에 참여해 큰 군공을 세운 바 있었다. 이번에는 자신이 직접 군대를 이끌고 농서에서 하서회랑으로 이어지는 지역을 공격했다. 서쪽으로 진출한 곽거병은 언지산焉支山(지금의 간쑤성 융창현永昌縣 서쪽과 산단현山丹縣 동남쪽에 있는 옌치산焉耆山)을 중심으로 한 초지를 확보할 수 있었다.[26]

이곳의 왕들은 자신을 흉노라고 했으나, 이들은 24명의 만기장에 속하지 않는 속국의 왕이었다.[27] 대부분은 흉노가 대월지를 몰아낸 다음 기존의 세력을 그대로 인정해준 경우였다. 흉노에 복속된 이후 이들은 우부의 통제를 받았으나 우현왕의 직할 통제 대상은 아니었다. 다른 기

---

25   『漢書』卷61「張騫李廣利傳」, pp. 2689~2692.

26   『史記』卷110「匈奴列傳」, p. 2908.

27   위의 책, p. 2890.

록을 살펴보아도 이곳의 왕들이 흉노가 한을 공격할 때 참여한 적은 없었다. 이들은 우현왕이나 대선우에게 공납을 바치면서 자기 영지를 통치했다. 이곳을 통제하던 우현왕도 그 자신의 주요 영지는 오르도스에 있었다. 따라서 하서 속국의 왕들은 흉노 우부가 동북쪽으로 밀려난 이후 그 통제에서 벗어났다.

이런 공백을 틈타 곽거병은 이 속국들을 공격해 흉노의 지배력을 완전히 없애려 했다. 농서에서 서쪽으로 진격해 5명의 왕이 다스리던 땅을 지나 6일 동안 싸워 언지산 주변까지 차지했고, 여기에서 빠른 속도로 서쪽으로 더 나아가 1000여 리를 확보했다. 이는 유목민이 가장 취약한 상태인 3월에 벌인 기습이었다. 그 결과 한은 절란왕折蘭王을 죽이고, 노후왕盧侯王을 베고, 혼야왕渾邪王(?~기원전 116)의 아들과 상국相國, 도위를 사로잡았으며, 약 8900여 급을 얻는 큰 전과를 거두었다. 한이 처음으로 하서회랑에 진출한 사건이다.

이와 같이 우현왕은 위청에게 오르도스를 빼앗긴 것에 그치지 않고, 힘도 써보지 못한 채 하서의 다섯 속국마저 곽거병에게 빼앗겼다.[28] 다섯 속국의 왕 중에서 2명이 잡혀 죽었고, 가을에 죽임을 당하지 않을까 겁을 먹은 휴도왕休屠王과 혼야왕은 한에 투항하려 했다. 큰 성과를 거둔 곽거병은 일시 회군했다가 여름에 다시 합기후 공손오와 함께 수만 기를 이끌고 북지군에서 장성을 빠져나가 흉노 우부를 공격했다. 흉노를 깊숙이 공격하려고 2000리나 안쪽으로 쳐들어갔다가 돌아왔다.

이후 곽거병은 거연居延(지금의 간쑤성 진타현金塔縣)을 넘어 소월지小月氏를 지나 기련산까지 갔다. 단환單桓, 추도왕酋塗王, 상국과 도위 등

---

28   『史記』卷111「衛將軍驃騎列傳」, pp. 2929~2932.

[그림 3] 곽거병의 하서회랑 원정 노선도

2500명에게 항복을 받았고, 3만여 명을 참수하고 비소왕 70여 명마저 잡
았다. 그를 따라간 응격사마鷹擊司馬 조파노趙破奴(?~기원전 91)가 속복왕
濮遫王을 죽이고, 계차왕稽且王을 사로잡았다. 교위校尉 고불식高不識도 호
우도왕呼于屠王을 잡고 왕자 이하 11인과 포로 768명을 잡았다.

　곽거병이 현지 왕을 잡는 등 큰 전과를 올리자 모두가 큰 포상을 받
았는데, 곽거병과 헤어져 공을 세우지 못한 공손오만 징계를 당했다.[29]
이 원정을 통해 한은 언지산 방향에서 몽골 초원 방향으로 연결되는 통
로를 완전히 확보할 수 있었다. 반면에 흉노는 다시 하서회랑으로 내려
올 수 없게 되었다.[30] 오르도스에서 우현왕을 몰아내고, 그를 황하 이북

29　『資治通鑑』卷19「漢紀」11〈世宗孝武皇帝中之上〉, p. 630.

에서 격파한 뒤 하서회랑을 차지하는 전략이 흉노의 오른쪽 날개를 완벽하게 꺾어놓은 것이다.[31]

이와 동시에 위위 장건과 낭중령 이광 등이 우북평군에서 흉노 좌부를 공격했다. 그러나 이들은 4000기를 이끌고 갔다가 공격에 성공하지 못하고, 오히려 좌현왕의 4만 기에 포위당했다. 어려운 처지에 놓였던 이광은 뒤따라온 장건의 도움으로 겨우 포위를 풀고 돌아올 수 있었다. 이들은 곽거병과 달리 별다른 공을 세우지 못해 모두 징계를 당했다. 이렇게 좌부는 한에 반격을 할 수 있었고, 대선우 역시 하영지에서 바로 남진해 대군과 안문군에 들어와 수백 명을 죽이고 노략질을 했다.[32]

대선우는 곽거병의 공격을 받고 도망간 혼야왕과 휴도왕을 패전의 책임을 물어 죽이려고 했다. 이에 심한 압박을 느낀 두 왕은 한에 사신을 보내 투항하겠다는 의사를 전했다. 한에서는 사신이 가져온 투항 소식이 계략일지 모른다고 의심하면서도 일단 곽거병을 시켜 항복을 받아내게 했다. 곽거병이 이들을 맞이하러 갔더니 휴도왕이 갑자기 후회하며 오려고 하지 않았다. 그러자 혼야왕이 그를 죽이고 혼자서 투항했다. 곽거병은 강을 건너 혼야왕의 무리와 마주했다. 그를 본 혼야왕의 비장이 투항을 원치 않는 사람들을 이끌고 가서 숨었다. 곽거병은 먼저 말을 달려 가서 혼야왕을 맞이한 다음, 투항하지 않고 도망간 8000여 명을 뒤쫓아 가서 죽이거나 잡아 왔다. 혼야왕은 4만 명의 무리를 거느리고 장안에 와서 만호萬戶로 책봉되고 누음후漯陰侯가 되었다.

---

30   王海·續楠,「“斷匈奴右臂”戰略与漢朝西域經營」,『西域研究』2021-1, pp. 49~58.

31   『史記』卷111「衛將軍驃騎列傳」, p. 2931.

32   『史記』卷110「匈奴列傳」, p. 2909.

한은 하서회랑 다섯 군의 왕을 장성 밖에 있는 오르도스 방면으로 옮겨 살게 했다. 이들을 이용해 이곳으로 다시 돌아오려는 우현왕의 공세를 막으려는 의도였다. 다섯 왕은 한의 기미를 받으며 기존처럼 독자적인 세력을 유지한 채 지낼 수 있었다.[33] 이렇게 해서 한은 금성하金城河(지금의 간쑤성 란저우시蘭州市 황허 지류) 서쪽으로 남산南山(지금의 치롄산맥)에서 염택鹽澤(지금의 신장위구르자치구 뤄부포羅布泊로 추정)까지 통제하게 되었다.[34]

반대로 한의 공세에 밀린 흉노는 오르도스에서 하서회랑을 거쳐 서방으로 나아가는 교통로에 대한 영향력을 완전히 잃어버렸다.[35] 흉노는 **"우리의 기련산을 잃어 우리의 길들인 모든 짐승(육축六畜)이 불고 늘지 못하게 되었네! 우리의 언지산을 잃어 우리의 여인들이 낯빛을 잃었네!"**라고 슬퍼하며 노래할 정도로 심한 타격을 입었다.[36] 기련산과 언지산을 중심으로 한 산지 초원과 그 주변 주민에 대한 지배권 상실은 우부에게는 엄청난 손실이었다. 이곳은 흉노와 한 모두에게 말의 생산 및 공급지이자 교역로로서 매우 중요한 지역이었다.[37]

한의 북벌을 주도한 장수와 그를 따라 움직인 병력은 모두 뛰어난 기병으로 대부분 북지군을 비롯한 변경의 주민인 융 출신이었다. 한이

---

33   김병준, 「秦漢帝國의 이민족 지배 – 部都尉 및 屬國都尉에 대한 재검토」, 『역사학보』 217, 2013, p. 136.

34   『資治通鑑』 卷19 「漢紀」11 〈世宗孝武皇帝中之上〉, p. 634.

35   賈文麗, 『漢代河西經略史』, 中國社會科學出版社, 2017, p. 92.

36   "失我祁連山, 使我六畜不蕃息: 失我焉支山, 使我嫁婦無顏色."(『史記』 卷110 「匈奴列傳」, p. 2908)

37   李振國, 「甘肅山丹縣境內焉支山 – 祁連山間大馬營草灘歷代烽燧考」, 『中國長城博物館』 2009-1.

확보한 오르도스와 기련산, 언지산 주변의 주민도 이들과 비슷했다. 혼야왕과 같이 투항하려다가 마음을 바꾸는 바람에 죽임을 당한 휴도왕의 아들 일제日磾(기원전 134~기원전 86)도 그런 부류의 하나였다. 그의 이후 활동을 통해 이곳 주민의 모습과 역할을 짐작할 수 있다.

일제는 처음 장안에 잡혀 와서 자신의 어머니, 삼촌과 함께 말을 관리하는 일을 했다. 그러다가 그는 무제의 눈에 들어 시위 역할을 하면서 고관으로 발탁되었다. 그는 진중한 성품을 갖추고 있었을 뿐만 아니라, 말도 잘 키우고 능숙하게 다룰 줄 알았다. 더욱이 키가 8척 2촌에 용모가 무섭다는 평이 있었을 정도로 중원인과 모습이 많이 달랐다.[38] 이런 그를 무제가 중용한 것은 당시 농서에서 하서회랑에 이르는 일대에 살던 주민에게 기대하는 능력이 있었기 때문이다. 중국에서 그를 '호胡'라고 부른 것에서 알 수 있듯이 그 역시 '기마'에 뛰어났다.

한편 무제는 일제에게 '김金'이라는 성을 하사했다. 이는 또 다른 특수한 능력과 관련된 것이었다.[39] 곽거병이 휴도왕을 친 다음에 그 나라에서 모시던 금인金人(쇠로 만든 사람의 상)을 빼앗아 왔는데, 휴도국에는 금인을 만들어 천주天主에 제사를 지내는 습속이 있었다고 한다.[40] 다시 말해서 이들에게는 금속을 가공할 수 있는 기술을 보유한 특수 집단이 있었던 것이다. 서방에서 들어온 사카Saka를 중심으로 발달한 금속 문화

---

38 『漢書』卷68「霍光金日磾傳」, p. 2959.

39 국내에서는 한에 투항한 김일제金日磾를 가야와 신라의 조상과 연결하기도 한다(서동인, 『흉노인 김씨의 나라 '가야'』, 주류성, 2011; 정형진, 『실크로드를 달려온 신라 왕족』, 일빛, 2005; 정훈식, 「金日磾 관련 논의의 현 단계와 새로운 이해의 방향」, 『동양한문학연구』 52, 2019, pp. 183~206). 이런 주장은 실증할 수 있는 근거가 부족하고, 추론에 따른 결론이라는 점에서 비판적 접근이 필요하다.

40 『漢書』卷68「霍光金日磾傳」, p. 2967.

의 확산에서 이들이 한 역할을 생각해볼 수 있다.[41]

한은 위청과 곽거병의 활약으로 장성 주변의 목농복합구역에 살던 융을 차지하기 위한 경쟁에서 흉노 우부를 제치고 우위를 점할 수 있었다. 한이 혼야왕을 얻자 농서, 북지, 하서에 대한 흉노의 침공이 현저히 줄어든 것도 이런 상황을 잘 보여준다. 한은 이후 이에 대한 통제를 강화하기 위해 함곡관函谷關(지금의 허난성 링바오시靈寶市 동북 방면으로 30킬로미터 떨어진 곳에 위치) 동쪽, 즉 빼앗은 오르도스 땅과 진대의 신진중 지역에 중원의 빈민을 옮겨 살게 하여 북지군의 서쪽 수비병을 절반으로 줄일 수 있었다.[42] 또한 오로도스에 대한 지배력을 확대해 흉노의 재진출 가능성을 완전히 없앴다.

이후 한이 공세를 더욱 강화하려고 하자 흉노 역시 가만히 당하고만 있지는 않았다. 기원전 120년 가을 흉노는 우위를 점하고 있던 좌부에서 우북평군과 정양군에 각각 수만 기를 보내 1000여 명을 죽이거나 사로잡아 갔다. 그러나 이는 과거와 비슷한 수준의 도발에 불과했다. 이 무렵 흉노가 할 수 있는 일에는 한계가 있었으며, 이를 통해 소기의 목적을 이루기도 어려웠다. 한에 빼앗긴 우부를 회복하지 못할 만큼 흉노가 받은 타격은 심각했다.

더욱이 무제는 흉노의 요구를 받아들일 생각이 전혀 없었고, 이들을 굴복시키려는 확고한 의지를 보였다. 기원전 119년 좌부와 우부를 공격하면서 이전에 성공하지 못한 선우정과 좌부에 대한 북벌을 재개했다. 이는 흡후 조신의 조언에 따라 고비를 넘어 이동한 대선우를 직접 공격

---

41   Yan Liu, "Exotica as Prestige Technology: The Production of Luxury Gold in Western Han Society", *Antiquity* v.91, 2017, p. 1600.

42   『史記』卷110「匈奴列傳」, p. 2909.

하려는 시도였다. 이제까지 한의 공세는 주로 막남의 흉노를 대상으로 한 것이었는데, 이 공격은 대규모 장거리 기동 작전이었다.

대장군 위청과 표기장군 곽거병이 10만 명의 기병을 나누어 이끌고 출정해 위청은 정양군에서 대선우를 치고, 곽거병은 대군에서 좌현왕을 공격했다. 낭중령 이광이 전장군, 태복공 공손하가 좌장군, 주작도위主爵都尉 조식기趙食其(기원전 162~?)가 우장군, 평양후平陽侯 조양曹襄이 후장군으로 대장군에게 소속되었다. 동원된 10만 명의 기병 배후에 이를 지원하는 4만 필의 말과 식량을 운반하는 수만의 병력이 뒤따랐다. 이 공격에서도 이전과 마찬가지로 곽거병이 빠른 속도로 공격하는 별동부대를 지휘했다.

그 이전에 고비를 넘어간 이치사 대선우는 한의 군대가 공격해 오더라도 사람과 말이 많이 지치기를 기다렸다가 치면 가만히 앉아서도 상대를 잡을 수 있다고 굳게 믿고 있었다. 이제까지 한 번도 이런 작전을 해본 적이 없는 한의 약점에 맞춘 전술이었다. 따라서 대선우는 전투에 참여하지 않는 가족이나 보급 부대는 더 북방으로 대피시킨 뒤 자신은 정병을 거느리고 한의 군대를 기다렸다.

대장군 위청은 사로잡은 흉노의 포로에게서 대선우의 거처를 알아내고는 자신이 직접 정병을 이끌고 빠르게 나아갔다. 아울러 다른 방향에서 대선우를 협공하기 위해 이광과 공손하를 동쪽으로 보냈다. 이들은 기동하기 어려운 곳에 들어가는 바람에 제대로 싸워보지도 못하고 돌아왔다. 이들과 달리 위청은 장성에서 빠져나와 고비를 넘어 1000여 리를 진격해 기다리고 있던 대선우와 대치했다.

한의 군대가 장성에서 약 1000리 정도 나왔다고 한 것에서 알 수 있듯이, 양군이 대결을 벌인 곳은 음산을 넘어 서북 방향으로 고비 너머에 위치한 준계산浚稽山(지금의 몽골공화국 달란자드가드시 서쪽에 있는 알타이 산맥 최동단)의 동남단이었다. 이곳은 대규모 병력이 가축을 돌보면서 한의 공격을 막을 만한 곳이었다. 이곳에서 양군은 종일 전투를 벌였는데 해 질 무렵에 큰바람이 일어나자 한이 좌우로 군대를 풀어 대선우를 포위했다. 대선우는 자신의 힘으로 한의 공격을 막을 수 없다고 생각하고 홀로 친위군(장기壯騎) 수백 기만 거느린 채 포위를 돌파하여 서북쪽으로 도망쳤다. 대선우가 도망가자 흉노 병사들 역시 한의 군대와 뒤섞여 그 뒤를 따라갔다. 밤이 되어 한의 군대는 대선우를 더 이상 추격하지 못하고 놓아주었는데, 이때까지 베거나 사로잡은 흉노의 수급과 포로가 1만 9000여 명이나 되었다.

위청은 이 대승리에 만족하지 않고 더 북으로 전안산寘顔山(지금의 몽골공화국 알타이산맥 동단으로 추정)의 조신성趙信城(지금의 몽골공화국 달란자드가드시 주변으로 추정)까지 갔다가 돌아왔다.[43] 이곳에서 그는 북쪽에 감춰두었던 보급품마저 빼앗아 흉노가 다시 한을 공격할 여지를 없앴다.[44] 위청은 정확한 정보와 기동력을 통해 흉노를 제압할 수 있었다.

---

43 위청이 공격한 조신성의 위치는 일반적으로 몽골 초원 중부 하누이강 유역에 있는 옛 성터 유적으로 추정한다(宋超, 『漢匈戰爭三百年』, 華夏出版社, 1996, p. 61). 이와 달리 조신성의 위치를 준계산 서북에 있는 봉우리의 하나인 전안산 인근으로 보기도 하는데, 이러한 견해는 이 무렵은 아직 흉노 초기라 성채가 없었다는 점에 근거한 것이다. 조신성은 조신이 살던 곳이라는 의미였지 고정된 형식의 성채로 보기 어려운 점도 있다. 위청이 조신성에 가서 저장된 보급품을 빼앗았다는 기록을 통해서도 전투를 벌인 곳과 조신성이 멀리 떨어져 있지 않았음을 알 수 있다. 따라서 조신성이 항가이산맥 북쪽 하누이강 유역에 있었다고 보기는 어렵다. 흉노가 하누이강 유역을 중심으로 성채를 만든 것은 한의 압박을 받아 다시 막남으로 돌아올 수 없게 된 이후의 일이었다. 또한 조신성은 다른 기록에 나오는 범부인성과 관련해 위치를 확인할 수 있는데, 이곳은 지금의 몽골공화국 음느고비아이막 달란자드가드시의 서쪽이라고 추정하고 있다(譚其驤 主編, 『中國歷史地圖集 II – 秦·西漢·東漢時期』, 地圖出版社, 1982, p. 39).

한편 대선우는 알타이산맥 산록을 따라 도망갔다가 오랫동안 백성과 만나지 못했다. 그는 이제까지 살아보지 않은 곳으로 중심지를 옮겨야 했다. 전투에서 패하고 도주한 처지라 다시 고비를 넘어 남쪽 원주지로 돌아갈 수는 없었다. 이후 대선우가 일시적으로 실종되고, 그가 이끌던 백성마저 흩어지자 우록리왕이 대선우가 죽었다고 생각하고는 스스로 대선우가 되려고 했다.[45] 우록리왕이 대선우가 되려고 한 것은 우부만이 유일하게 공격을 받지 않아 세력을 유지하고 있었기 때문이다. 하지만 그 역시도 취약한 상황이라 대선우가 돌아오자 다시 자리를 넘겨주었다. 이만큼 흉노의 패배는 처참할 정도로 심각했다. 대선우가 조신의 전략에 따라 한에 대응했던 방식은 위청의 전격적 기습전으로 대패로 끝났다.

한편 좌부를 공격한 곽거병은 대군에서 동북 방향으로 2000여 리를 나아갔고, 우북평 태수 노박덕路博德은 우북평군에서 출정했다. 합류한 한의 군대는 고비 인근에서 흉노와 전투를 벌였다. 여기에서도 흉노가 대패해 둔두왕屯頭王과 한왕韓王 등 3명의 왕과 장군, 상국, 당호, 도위 등 38명이 잡히고 좌현왕과 다른 장군은 모두 도망갔다.

양군이 전투를 벌인 곳은 대군과 우북평군 양쪽에서 한의 군대가 출동해 2000리 정도 이동한 곳이었다. 곽거병은 이곳으로 가기 위해 대군에서 북상한 다음 바로 동쪽으로 방향을 틀어 진군했다. 우북평 태수 노박덕 역시 곽거병과 합류하기 위해 우북평에서 북상하여 서쪽으로 방향을 틀었다. 2000리 정도 이동하여 고비 인근에서 전투를 벌였다고 한

44   『史記』卷110「匈奴列傳」, p. 2910.

45   위와 같음.

것을 보면 이곳은 싱안링산맥 서남단의 어느 초원으로 추정된다.

이후 곽거병은 승리를 기념해 낭거서산狼居胥山(지금의 내몽골자치구 시린귀러맹錫林郭勒盟 동편 싱안링산맥의 봉우리로 추정)에서 봉제封祭를 올리고, 고연산姑衍山(지금의 내몽골자치구 시린귀러맹 동편 싱안링산맥 봉우리의 하나로 추정)에서 선제禪祭를 지낸 다음 한해翰海까지 가서 흉노 7만 404급을 취했다. 이 일로 곽거병과 우북평 태수는 큰 포상을 받았다.[46]

좌현왕은 대패한 다음 도망쳤는데, 그가 가축과 백성을 이끌고 간 곳은 서북쪽으로 고비를 가로질러 가는 몽골 초원이 아니라, 동북쪽의 현재 시링골(내몽골자치구 시린귀러맹) 방향이었다고 추정해볼 수 있다. 이곳으로 가면 가축 등을 건사하면서 백성을 통제할 수 있는 초지를 확보하기 쉬웠다. 또한 곽거병의 이동 방향이나 거리 등을 고려하면, 봉선 행사를 한 두 곳의 산 역시 인근 싱안링산맥의 어느 봉우리로 추정된다. 이를 현재 몽골공화국 울란바토르 인근에 좌현왕정左賢王庭이 있었다고 보고 곽거병이 싸운 곳을 울란바토르 방향에 있는 고비로, 한해를 바이칼 호수로 추정한 것과 다른 견해다.[47] 곽거병이 몽골 초원을 가로질러 울란바토르로 갔다는 주장은 이동 거리로 보면 전혀 타당하지 않다. 그 보다는 곽거병의 대군과 우북평 태수가 자신이 있던 곳에서 나와 좌현왕을 협공하려면 몽골의 동부 초원, 즉 지금 시링골 초원 남쪽에서 전투를 벌이는 것이 더 자연스럽다. 이와 연결해 한해 역시 북쪽의 후룬호 또는 바이호(후룬베이얼호呼倫貝爾湖)로 보기도 한다.[48] 이것도 가능하나 이동

---

46   『史記』卷110「匈奴列傳」, p. 2911.

47   富谷至, 『ゴビに生きた男たち - 李陵と蘇武』, 白帝社, 1994(도미야 이타루, 이재성 역, 『나는 이제 오랑캐의 옷을 입었소』, 시공사, 2003, p. 76); 박한제 외, 『아틀라스 중국사』. 사계절, 2015, p. 37.

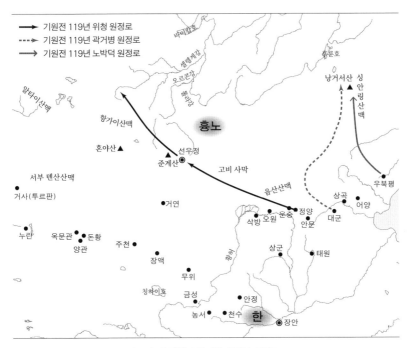

[그림 4] 위청과 곽거병의 막북 원정도

거리를 고려하면, 한해는 시링골 지역에 있는 달라이 누르(다리누얼達理諾爾)일 수도 있다. 만약 한해를 항가이의 음차라고 보면, '삼림초원'을 뜻한다는 점에서 특정 지역이 아니라 싱안링 주변에 있던 삼림초원, 즉 낭거서산이나 고연산의 주변 초원 어딘가를 지칭하는 것일 수도 있다. 이렇게 본다면 곽거병도 흉노와의 전투 이후에 기병을 이끌고 멀리까지 가

---

48 중국 학계는 한해를 바이칼로, 낭거서산을 울란바토르 인근의 헨티산으로 본다(譚其驤 主編, 『中國歷史地圖集 II – 秦·西漢·東漢時期』, 1982 p. 39). 이와 달리 한해를 현재 후룬호呼倫湖(내몽골자치구 후룬베이얼초원 서부의 신바얼후유기新巴爾虎右旗와 신바얼후쭤기新巴爾虎左旗, 자라이누얼紮賚諾爾區)로, 낭거서산을 싱안링산맥 남단의 어느 봉우리로 비정하기도 한다(孫進己·王綿厚 主編, 『東北歷史地理』, 黑龍江人民出版社, 1989, p. 248).

지 않은 것이 된다. 굳이 더 북쪽으로 갈 필요가 없었던 것은 위청이나 곽거병이나 모두 마찬가지였다.

이와 같이 한은 위청과 곽거병의 활약으로 흉노를 막북으로 몰아내는 예상 밖의 큰 성과를 거두었다. 그러나 이광을 비롯한 일부 부대는 전과를 거두지 못했고, 전체 원정에 동원된 14만 필의 말 중에서 겨우 3만필 정도만 살아남았다. 전투에 참여했던 사졸 가운데서도 수만 명의 사상자가 나왔으며[49] 전쟁에 투입된 재정적 부담 역시 엄청났다.[50] 말이 부족해 흉노를 재차 공격할 수 없다고 할 정도였다.

흉노가 멀리 도망간 이후 막남에 선우정이 없게 되었다는 기록처럼,[51] 한은 흉노를 장성 이북에서 고비 너머로 완전히 몰아낼 수 있었다. 한은 이후 고비 이남, 즉 과거 흉노가 통어統御하던 곳을 안정적으로 유지하기 위해 황하를 건너 삭방 서쪽으로 영거令居(지금의 간쑤성 융덩현永登縣)까지 수로를 통하게 하고 전관田官을 두었다. 또한 5만~6만 명 정도의 병력을 흉노가 있던 장성 이북 지역에 두었다. 이와 같이 한은 흉노에 대한 대대적인 원정을 통해 막남 초원과 흉노가 일부 통제하던 목농복합구역을 완전히 확보할 수 있었다. 이곳에 대한 통치력을 강화하기 위해 농업을 실시해 일부 지역을 내지와 비슷하게 만들고, 북방에 장성도 건설했다. 이후 흉노가 막남에 돌아오는 것을 철저히 막으려는 의도였다.

한편 심각한 타격을 입고 막북으로 밀려난 이치사 대선우는 안정에

---

49   『史記』卷30「平準書」, p. 1421.

50   한은 흉노 정벌 비용을 충당하는 과정에서 재정적 어려움을 겪게 되자 염철 등을 전매하고 균수법을 실시해 재원을 마련했다(환관, 김한규·이철호 역, 『염철론』, 소명출판, 2002, p. 26).

51   『史記』卷110「匈奴列傳」, p. 2911.

[그림 5] 한의 중요 공격 무기인 쇠뇌의 방아쇠 뭉치

필요한 시간을 벌기 위해 조신의 조언을 따라 한에 화친 사절을 보냈다. 조신은 화친을 통해 향후 이어질지 모를 한의 공격을 멈추려고 했다.[52] 한의 입장에서도 막북 원정이 성공적으로 마무리된 상황에서 흉노에서 사신이 오자 화친을 논하게 했다. 한 역시나 원정 이후의 혼란을 정돈할 시간이 필요했다. 이때 승상장사丞相長史 임창任敞이 흉노가 패배해 처지가 곤란하니 변경으로 불러 외신外臣으로 삼자는 의견을 냈다. 이를 위해 그 자신이 흉노에 사신으로 갔으나 대선우가 받아들이지 않았다. 대선우는 여전히 한의 황제와 동등한 위상을 보장받고자 했다. 박사博士 적산狄山도 화친을 주장했다. 한에서는 그를 변경 방어에 투입하나 그 역시 얼마 후에 흉노에게 죽임을 당했다.[53] 이런 일을 겪은 한은 이후 흉노와의 화친을 더 이상 논의하지 않았다.

이때의 패배로 흉노는 음산 남부의 선우정과 대군, 상곡군, 우북평

---

52   위와 같음.

53   『史記』卷122「酷吏列傳」, p. 3141.

군의 북부 지역 등 좌부의 근거지마저 잃는 엄청난 타격을 입었다. 또 원래 살던 음산 남쪽의 초원뿐만 아니라 장성 주변 주민에 대한 통제권도 완전히 잃었다. 호를 중심으로 융을 지배하려던 묵특 대선우가 만든 유목제국 '인궁지국'이 크게 위축되었다. 반면 한은 전국시대 말기 중국의 확장을 가로막던 융을 몰아내고 구축한 장성을 중심으로 흉노와 벌여온 대결에서 승리했다. 과거 고조가 겪었던 치욕에서 벗어났을 뿐 아니라 불가피하게 유지하던 화친도 거부할 수 있을 정도로 관계의 역전을 이루어냈다. 또한 막남 초원과 그동안 쟁탈전을 벌이던 장성 주변까지 확실하게 차지해 전국시대와 시황제 시기에 확장하고자 했던 범위까지 나아갈 수 있었다. 그런 다음 한은 이 지역을 체계적으로 지배하기 위해 목축민을 통제하고 사민徙民을 실시해 내지화를 추진하기도 했다.[54]

흉노는 유목을 위해 계절 이동을 해왔지만 고비 남북을 이동한 적은 없었다. 그런데 이제 고지로 돌아가지 못하고 익숙하지 않은 막북에 자리를 잡아야 했다. 유목민들은 그나마 초원에 익숙했지만, 이제까지 막남에 살던 정주민과 그 밖의 다양한 구성원들은 다른 환경에 적응해야 했다. 흉노는 이제 막남에서 일시적으로 후퇴한 것이 아니라, 쉽사리 막남에 돌아가지 못하게 된 상태에서 막북을 중심으로 체제를 정비해야 했다.[55] 이후에 있을지 모를 한의 군사적 공격에 대응하고, 나아가 언젠가

---

54 『漢書』卷6「武帝紀」, p. 178.

55 동돌궐東突厥은 630년 멸망하고 당唐의 기미 지배를 받다가 687년 막북으로 이동해 유목 국가를 재건했다. 이후 돌궐은 740년대 중반 멸망할 때까지 당의 견제로 '막북에 고립'되었다. 막북은 중국의 북벌을 막기는 좋으나 물자를 획득하기는 어려웠다. 반면에 막남은 막북보다 환경이 좋아 가축 사육에 유리했으며 중국과 가까워 약탈이나 교역에 유리했지만, 그만큼 언제든지 공격당할 수 있는 위험도 컸다. 당의 계속된 북벌에 시달리던 돌궐이 부흥 이후 제대로 발전하지 못하고 지역 단위의 국가에 머물렀던 것도 당의 강력한

막남 고지로 돌아가 다시 한과 대등한 위상을 회복하기 위한 지난한 준비를 시작해야 했다.

고립 정책 때문이었다. 돌궐 제2제국(687~745)은 결국 당의 계속된 무력 정벌 시도와 외교 관계 단절 등으로 쇠퇴했다. 이 무렵 흉노의 상황은 당의 공격을 받아 막남에 돌아가지 못하고 막북에 고립된 상태에서 당의 강력한 견제를 받던 돌궐과 비슷했다(정재훈, 앞의 책, 2016, p. 499).

한의 공세 강화와 막북에 위축된 흉노
(기원전 119~기원전 56)

1. 흉노의 위축과 지역 국가화

기원전 119년 흉노의 화친 요구가 실패로 끝난 이후 한동안은 양국 관계에 대한 기록이 전혀 없다. 패배한 이후 흉노는 한에 대응할 수 없는 상태였으며, 한 역시 경제적 파탄을 추스르고 있었음을 짐작해볼 수 있다. 얼마 후 무제는 경제적 어려움에도 불구하고 다시 병사와 전마戰馬를 회복해 흉노를 공격하려 했다. 그러나 이를 주도해야 할 곽거병이 기원전 117년 24세의 나이로 갑자기 죽은 데다가 양월兩越을 공격하느라 흉노에 대한 공격은 잠시 멈추었다.

그 이후로도 기원전 114년에 이치사가 죽고 그의 아들 오유烏維(?~기원전 105, 재위 기원전 114~기원전 105)가 대선우로 즉위할 때까지도 별다른 기록이 없다.[56] 그전까지는 대선우가 교체되면 화친 사절을 보내는

---

56   『史記』卷110「匈奴列傳」, p. 2912.

것이 일반적이었는데, 이마저도 없었을 만큼 전쟁이 남긴 상처가 컸다. 흉노 입장에서는 막북에서 밀려난 상황에서 충분한 회복의 시간을 거친 뒤 한에 대응하는 것이 나았다.

한도 곽거병의 사망 이후 북벌이 중지된 상태에서 흉노를 제압할 대책을 마련하는 데 골몰했다. 그 일환으로 이른바 '실변實邊', 즉 변경에 사민을 실시하여 방어력을 강화하고 그 지역의 내지화를 추구했다.[57] 시황제가 성공하지 못한 일을 완수하고, 흉노를 막남에서 몰아낸 성과를 유지하려는 의도였다. 나아가 무제는 흉노가 완전히 굴복하여 더 이상 세력을 회복하지 못하도록 다시 북벌을 기획했다. 이를 위해 이른바 '서역' 진출을 주장한 장건의 제안을 받아들였다. 기원전 115년 흉노 원정에 실패해 박망후博望侯에서 서인庶人으로 강등되었던 장건이 대하 등의 지역에 대해 궁금해하던 무제의 부름을 받고 다시 기용되었다. 장건은 오손의 상황을 설명하고 그들과 연합하자며 다음과 같이 주장했다.[58]

지금 선우는 새로 한에 시달리고 있으며, 혼야왕이 다스리던 땅은 텅 비어 사람이 살지 않습니다. 이적의 습속은 옛 땅에 연연하며 또 한의 재물을 탐하니 만일 이런 때에 진실로 오손에 두텁게 예물을 보내 동쪽으로 가까이 불러들여 혼야왕이 다스리던 옛 땅에 살게 하고 한과 형제의 의리를 맺자고 하신다면 그 모양새로 보아 오손은 마땅히 한의 말을 듣게 될 것입니다. 그렇게 되면 이는 **흉노의 오른팔을 끊는 것과 같습니다.** 일단 오손과 연결만 된다면 그 서쪽에 있는 대하 등의 나라도 모두 불러들여 외신으로 삼을 수 있

---

57 『漢書』卷6「武帝紀」, p. 178.

58 『漢書』卷61「張騫李廣利傳」, p. 2692.

습니다.

오손의 왕 곤막을 고지인 과거 혼야왕의 영지로 복귀하게 해주고, 비단을 비롯해 중국의 많은 물자를 제공하며, 과거 흉노와 맺었던 화친 관계처럼 형제로 대우해주어 그가 흉노를 공격하게 하자는 것이 골자였다. 오손은 원래 기련산과 돈황敦煌 사이의 초원에서 목축 생활을 하다가 월지에 의해 서쪽으로 밀려나 톈산 초원지대(지금의 신장위구르자치구 이리하싸커자치구伊犁哈薩克自治州 자오쑤현昭蘇縣 주변)에 살고 있었다. 이들을 이전에 살던 언지산을 중심으로 한 혼야왕의 영지로 돌아오게 하는 것은 한에게도 좋은 대책이었다. 양마養馬에 좋은 여건을 갖춘 곳이라 전마 확보에 유리했기 때문이다. 오손의 우수한 기병을 확보하는 것은 흉노를 상대해야 하는 한에게 매우 중요한 일이었다. 무제는 오손을 흉노를 대체할 세력으로 만들어 기미하려고 했다.[59] 오손을 통해 흉노를 제압하고, 나아가 서방 세계를 모두 외신으로 만들려는 원대한 구상이었다. 중국의 외연을 확장하여 '대일통'을 구현하려는 출발점이기도 했다.

장건은 중랑장中郎將으로 임명되어 300여 명의 수행원을 이끌고 세 번째 여행을 떠났다. 그는 수행원에게 1인당 말을 두 필씩 주고, 오손에게 제공할 수만 마리의 소와 양, 수천이라 할 만큼 많은 황금과 비단 등 엄청난 물자를 가지고 출발했다. 오손에 도착한 장건은 이 물품들을 군주 곤막에게 건네주고 "오손이 동쪽의 고향에 살 수 있다면 **한은 공주를 보내 부인으로 삼게 하며 형제의 결맹을 맺을 것**입니다. 함께 합쳐 흉노와

---

59   김한규, 『古代中國的世界秩序研究』, 일조각, 1982; 김한규, 「漢代의 天下思想과 羈縻之 義」, 윤내현 외, 『中國의 天下思想』, 민음사, 1988; 김한규, 「고대 동아시아 세계질서의 구 조적 특성」, 서강대 동양사연구실 편, 『동아시아 역사의 還流』, 지식산업사, 2000.

대적한다면 깨부수는 것도 힘들지 않을 것입니다"[60]라고 했다.

장건의 기록에 따르면, 곤막은 흉노에 오랫동안 복속되어 있었던 탓에 한의 파격적 제안에도 불구하고 고지로 돌아가려 하지 않았다. 그는 한의 사정을 제대로 알지 못했을 뿐만 아니라, 아들 간의 세력 다툼으로 나라를 제대로 통솔할 수 없는 상황이라 사신을 보내 말 수십 필로 답례를 하는 정도로 대응했다. 곤막이 이런 태도를 보인 것은 고지 복귀보다 현재 살고 있는 지역에 더 많은 장점이 있었기 때문이다. 톈산 중앙부에 있는 지금의 테케스강 유역은 고원의 산지 초원지대로서 양마에 좋은 초원이며 목축에도 적합했다. 특히 이곳은 주변 세력의 간섭이나 견제를 덜 받을 수 있어서 오손이 세력을 유지하며 발전하기에 좋았다. 만약 오손이 한의 요구를 받아들여 고지로 복귀하면 흉노의 견제뿐만 아니라 한의 통제까지 받게 될 수 있었다. 게다가 한의 용병으로 동원되어 흉노와 전투를 벌이게 될 가능성도 높았다.

이제까지 대월지와 흉노, 서방의 강거 등의 견제와 간섭에 시달렸던 곤막의 입장에서는 한과 연합해 다툼에 휘말려들 이유가 없었다. 중립적 태도를 보이는 것이 현명한 일이었다.[61] 더욱이 곤막은 어린 시절 흉노로 도망가 도움을 받으며 성장한 처지라 한이 큰 보상을 제시했다 하더라도 흉노를 무시하고 함부로 움직일 수 없었다. 이후에 흉노가 오손이 한과 사절을 교환했다는 사실을 알고는 공격하려 한 것을 보면, 곤막 역시 이를 몹시 우려했음을 알 수 있다.

장건이 주도한 오손과의 교섭은 큰 성과보다는 시작이라는 의미가

---

60 『漢書』卷96下「西域傳」下, p. 3902.

61 王明哲·王炳華, 『烏孫研究』, 新疆人民出版社, 1983, p. 4.

있었다.[62] 한은 의도한 대로 되지 않자 혼야왕과 휴도왕 등의 영지를 직접 통제하는 방식으로 바꾸었다. 기원전 115년에 군을 설치한 영거에서 더 서쪽으로 나아가 오초령烏鞘嶺(지금의 간쑤성 우웨이시武威市 텐주티베트족자치현天祝藏族自治縣의 중부)을 넘어 하서회랑으로 이어지는 노선을 따라 군을 설치했다. 한의 서방 진출과 군 설치는 이전에 없던 새로운 전환점이었다. 정확한 설치 시기를 특정하기는 어려우나,[63] 한은 이즈음인 기원전 115년경에 주천군酒泉郡(지금의 간쑤성 수러허疏勒河 동쪽과 가오타이현高臺縣 서쪽 지역)과 무위군武威郡(지금의 간쑤성 가오타이현 이동 뤄수이弱水 상류와 내몽골자치구 어지나기額濟納旗 지역), 그리고 기원전 111년에 장액군張掖郡(지금 간쑤성 가오타이현 이동과 뤄수이 상류와 내몽골자치구 어지나기 지역)과 돈황군(지금의 간쑤성 수러허 이서와 위먼관玉門關 이동 지역)을 두고 사민을 실시해 둔전을 개발했다.[64]

흉노 발전의 토대가 될 수 있는 곳을 하나씩 막고 옥죄어 꼼짝하지 못하게 묶는 차단 정책이 시작된 것이다. 한은 이를 본격화하면서 장건이 말한 **"흉노의 오른팔을 끊는 일"**을 할 수 있었다. 이는 흉노에 강력하게 대응하겠다는 한의 의지를 표현한 것으로 이후 그 확대판인 이른바 '서역 경영', 즉 삭방, 하서, 서역을 묶어 관리하는 정책이 본격적으로 시작되었다.

한의 이런 움직임은 흉노에게 심각한 위협이었다. 흉노는 이에 대

---

62   장석재, 「西漢의 西域邊疆政策」, 『중국사연구』 115, 2018, p. 16.

63   김경호, 「前漢時期 河西 徙民의 背景과 性格」, 『祥明史學』 5, 1997, p. 149; 이성규, 「前漢 內郡과 河西 4郡 간의 交易網 形成 - 肩水金關 出土 簡牘 通行證과 關出入者簿名籍을 중심으로」, 『동양사학연구』 122, 2013, p. 1.

64   『史記』 卷123 「大宛列傳」, p. 3168.

응해 오손이 한과 연합하는 것을 막고, 나아가 오아시스에 대한 기득권을 유지하려 했다. 그리고 한의 하서 진출에 위협을 느낀 기련산 북록의 강羌을 끌어들였다. 이후 흉노와 한의 대결 무대는 막남이 아니라 서쪽으로 이동했다. 기원전 112년 9월에 서강西羌의 10만여 명이 한에 반발해 흉노와 사신을 교환하고 안고安故(지금의 간쑤성 린타오현臨洮縣 남쪽)를 공격한 다음 포한袍罕(지금의 간쑤성 린타오현 동북쪽)을 포위하자, 흉노는 이에 힘을 보태기 위해 남하하여 오원五原(지금이 내몽골자치구 바오터우시 서쪽)을 공격해 태수를 죽였다.[65]

　몇 년간 휴지기에 들어갔던 양국의 대결이 다시 시작되었다. 흉노의 도발은 모두 한의 하서 진출을 막기 위한 노력이었으나 쉽지 않은 일이었다. 한도 흉노의 공격을 막기 위해 1만 명의 인원을 징발해 서강을 진압했다. 이후에 한은 양월을 정복한[66] 다음 다시 흉노 공격을 시작했다. 먼저 가을에 태복을 지냈던 공손하가 1만 5000명의 기병을 거느리고 구원九原(지금의 내몽골자치구 우라터첸기烏拉特前旗)에서 2000여 리를 나아가 부저정浮苴井(지금의 내몽골자치구 다얼한마오밍안롄허기達爾罕茂明安聯合旗 바이링먀오百靈廟 북쪽으로 추정)을 공격했다. 이곳은 음산 동북에 있었는데, 한의 군대가 이미 고비를 넘어간 흉노를 더 이상 추격하지 않아 전투로 이어지지는 않았다. 종표후從驃侯 조파노가 이끄는 1만여 기도 영거에서 출발하여 수천 리를 북상해 흉노하수匈奴河水(지금의 몽골공화국 바잉헝거르아이막에 있는 바이들락강과 분차간호수 부근으로 추정)까지 갔다가 돌아왔다.[67] 한의 기습 공격은 흉노를 보지도 못하고 돌아왔을 정도로

65　『漢書』卷6「武帝紀」, p. 188.

66　『史記』卷113「南越列傳」, p. 2977.

별 소득을 거두지 못했다. 이미 흉노는 항가이 이북으로 옮겨 간 상황이라 그 남록에 가봐야 별다른 성과를 거둘 수 없었다.

이 작전 이후에 한은 흉노의 공세에 대비하여 4군을 조정한 다음 사민을 통해 공지空地를 메꾸려 했다. 이렇게 해서 '하서사군河西四郡'이 윤곽을 갖추었다. 이곳은 향후 한이 하서회랑을 지배하는 거점이자 서방 진출을 위한 교두보가 되었다. 한이 이 지역을 빠른 속도로 내지화한 만큼 흉노는 이곳으로 돌아올 기회를 완전히 잃고 말았다.

무제는 흉노에 군사적 응징을 가하고, 기원전 110년 10월 직접 변경을 순시했다. 친히 18만 명의 기병을 이끌고 선우대單于臺(지금의 내몽골자치구 후허하오터시 서쪽)가 있는 곳까지 갔다가 다시 삭방으로 돌아와 황하 가에서 군사를 점검했다. 황하를 따라 늘어선 군사의 행렬이 1000여 리에 이를 정도였을 만큼 엄청난 세력을 과시했다. 이와 함께 한의 위세를 보이기 위해 곽길郭吉을 흉노에 사신으로 보냈다.[68] 오유 대선우를 만난 곽길은 "남월 왕의 목이 이미 한의 수도 북문 밑에 걸려 있습니다. 지금 [대]선우께서 할 수 있다면 나와서 한과 한번 싸워보십시오. 천자께서 몸소 병사를 거느리고 변경에서 기다리고 계십니다. [대]선우께서 이를 못 하겠다 생각되시면 빨리 남쪽을 향해 한 천자의 신하가 되십시오. 어찌 부질없이 멀리 도망처 막북의 춥고 고통스럽고 물도 풀도 없는 땅에 숨어 살고 계십니까?"라고 했다.

대선우는 과거처럼 한과 형제 관계를 맺으려는 자신을 무시하는 사신의 말에 크게 화를 냈다. 대선우가 한과 화친하고자 한 것은 형제 관계

---

67   『史記』卷110「匈奴列傳」, p. 2912.

68   위와 같음.

를 회복하려는 것이었지 무제의 요구처럼 군신 관계를 받아들이는 것은 아니었다. 이때도 대선우는 자신이 한의 천자와 대등한 지배자라고 인식하고 있었다. 이것이 바로 대선우의 자의식이었는데, 한의 사신이 이를 무시하자 도저히 받아들일 수 없었다. 대선우는 자신을 곽길과 만나게 한 주객을 즉시 베고, 곽길을 억류한 뒤 북해北海(바이칼호)로 욕보여 내쳐버렸다. 그러나 곧장 한을 공격할 수는 없었다. 무제가 직접 변경까지 와서 무력시위를 벌이며 위협한 것에 자존심이 상하기는 해도 한에 대응할 만큼의 세력을 키우지 못했기 때문이다. 그저 군사와 말을 쉬게 하고, 수렵을 통해 활쏘기를 익히게 하는 등 군사 조련을 할 뿐이었다.

이후에도 대선우는 여러 차례 한에 사신을 보내 좋은 말로 화친을 요구했다.[69] 이미 무제의 강한 공격 의지를 실감한 상태라 무모한 도발은 생각할 수 없었다. 언제든지 자신을 공격할 수 있는 한과의 관계를 악화시키고 싶지 않았기 때문이다. 이는 흉노가 막북에 이주한 이후 생활이 어려워진 상황과도 관계가 있었다. 비록 수사적 표현이기는 하나 곽길이 말한 것처럼 흉노는 **"막북의 춥고 고통스럽고 물도 풀도 없는 땅"**에 새롭게 적응해야 했다.

흉노가 이전에 살던 막남 초원과 쫓겨 간 막북의 환경은 완전히 달랐다. 수용 가능한 인구 규모를 비롯해 가축의 사육 방식, 식생의 분포 등에 큰 차이가 있었다. 한의 공격을 피해 대규모 인원이 쫓기듯 다른 환경으로 옮겨 간 터라 흉노는 이즈음 너무나 힘든 상황이었다. 목축을 통해 생활 자원을 마련하는 유목민에게 초지의 변화는 치명적인 문제였기 때문이다. 막북 이주 이후에 초지를 다시 확보하고 분배하는 동안 내적 안

---

69   위와 같음.

정성이 깨질 위험이 있었기 때문에 한과 휴전 상태를 유지하며 충분한 시간을 벌어야 했다. 흉노는 한에 도전한 서강에 호응해 오원을 공격하기는 했어도 더 이상 확전할 수 있는 형편은 아니었다. 한의 하서회랑 통제를 방해하기는 더욱 어려웠다. 생존을 위해서는 한과의 관계 회복이 필수였다.

흉노의 화친 요구를 받아줄 생각이 없던 무제는 직접 삭방에서 대군의 사열을 받는 등 무력시위를 벌였다. 흉노를 옥죄기 위한 포위망 구축의 일환이었다. 무제는 기원전 109년 양월과 서남이를 복속시켰을 뿐만 아니라[70] 서역과 조선에도 원정했다. 이를 통해 흉노와 좌우에서 연합 가능한 세력을 모두 제거했다. 또한 무제는 기원전 108년 12월 겨울에 장군 조파노를 보내 거사車師(지금의 신장위구르자치구 투루판시吐魯番市 서쪽)를 공격했다. 그에 앞서 조파노는 경기병 700명을 이끌고 가서 누란왕을 사로잡았다. 이제 거사마저 무너뜨려 오손과 대완에 속했던 여러 도시를 옥죄었다. 이후 이미 군을 설치한 주천부터 옥문玉門(지금의 간쑤성 둔황시 서북쪽)까지 정장을 늘어서게 하여 방어 체제도 갖추었다.[71]

한의 서방 원정은 흉노와 오손 등의 영향력 아래서 공납을 바치며 교역의 안전을 얻으려 했던 오아시스에 대한 최초의 공격이었다. 한은 이제까지 교섭도 전혀 없었고 한에 호의적이지도 않았던 타림 분지 오아시스의 두 세력인 누란과 거사를 정복해 향후 서방 진출을 위한 교두보를 마련했다. 이를 계기로 그전까지 서방 진출의 한계점이었던 돈황을 넘어 더 서방으로 나아갈 수 있었고, 기원전 104년 이광리李廣利(?~기원

70   『史記』卷123「大宛列傳」, p. 3170.

71   위의 책, p. 3172.

전 89)의 대완 원정을 준비할 수 있었다.

그 밖에도 기원전 109년에 누선장군樓船將軍 양복楊僕과 좌장군左將軍 순체荀彘(?~기원전 108)가 수륙 양로로 조선을 공격했다. 처음에는 공격에 실패했지만 전투를 재개하여 기원전 108년에 결국 왕검성王險城을 함락하고 조선을 멸망시켰다.[72] 이후 그의 고지에는 한사군漢四郡이 설치되었다.[73] 이와 같이 흉노를 차단하고 압도하려는 여러 움직임 속에서 한은 그 위세를 주변으로 확장할 수 있었다.

기원전 107년 조신이 죽자 무제는 흉노가 쇠약해졌으니 신하로 만들 수 있다고 보고 사신을 보냈다. 흉노로 간 사신 양신楊信은 화친 조건으로 태자를 한에 시자侍子(인질로 보낸 아들)로 보내라고 했다. 이를 받아들일 수 없었던 오유 대선우는 과거와 같은 화친을 요구했다. 그는 "한에서 늘 옹주를 보내면서 비단, 명주솜, 식품 등을 등급 차이에 따라 주어 화친을 하게 되면 흉노도 한의 변경을 소란스럽게 하지 않을 것이다"[74]라고 했다. 여전히 대선우는 기존의 태도를 바꾸지 않고 한과 대등한 관계를 회복하려 했다. 대선우가 양신을 돌려보내자 왕오王烏가 다시 파견을 왔다. 앞서와 같은 요구에 대선우는 그를 받아들이는 척하며 자신이 직접 장안에 가서 천자를 만나 상의하고 싶다고 말했다. 왕오가 돌아와 이를 보고하자 고무된 무제는 장안에 큰 집을 지어 맞을 준비를 했다. 하지만 이후 이와 관련된 외교적 교섭을 위해 흉노에서 온 고위 사신이 갑자기 죽는 바람에 관계가 다시 냉각되었다. 한은 노충국路充國에게

---

72 『史記』卷115「朝鮮列傳」, p. 2987.

73 김병준, 「漢이 구성한 고조선 멸망 과정 – 『사기』 조선열전의 재검토」, 『한국고대사연구』 50, 2008.

74 『史記』卷110「匈奴列傳」, p. 2913.

2000석 고관이 차는 인수印綬를 주어 흉노 사신의 유해를 호송한 다음 정중한 장례를 치르게 했다. 그 비용을 수천 금이나 주는 등 성의를 표시해 흉노를 달랬다.

오유 대선우는 자신의 귀한 사자를 한이 임의로 죽였다고 생각하고 노충국을 잡아두고 돌려보내지 않았다. 또한 그는 교섭에서 우위를 차지하기 위해 기습 부대를 보내 군사적 도발을 감행했다. 물론 대규모 병력은 아니었고, 한의 대응을 확인하는 정도였다. 이에 무제는 곽창郭昌을 발호장군拔胡將軍으로 삼고 착야후涅野侯 조파노를 삭방의 동쪽에 주둔시켜 공격에 대비하게 했다. 한도 강력한 응징보다는 잠정적으로 소강상태를 유지하고자 했다.[75] 양국은 이후에도 별다른 대결 없이 외교적 교섭을 이어갔다. 한과 흉노에 서로 억류한 사신이 있었다는 기록을 통해 이를 짐작해볼 수 있다.

정확한 시점은 알 수 없으나 이즈음 흉노가 오손의 곤막과 한이 교섭을 벌인 사실을 알아챘다. 흉노가 공격을 해 오자 곤막도 태도를 바꾸었다. 이제까지 머뭇거렸던 태도를 버리고 한의 공주를 맞아들이고 무제와 형제 관계를 맺는 등 화친을 하고자 했다. 곤막이 한의 요구를 받아들인 것은 장건이 구상한 것처럼 흉노의 자리를 오손이 대체하고, 흉노가 유목 세계에서 갖고 있던 권위를 무너뜨리기 위해서였다. 곤막의 희망을 들은 무제는 먼저 빙물聘物을 들인 뒤에 여자를 보내주어야 한다는 의견에 따라 곤막에게서 말 1000필을 받았다. 그리고 원봉元封 연간인 기원전 110년에서 105년 사이에 강도왕江都王 유건劉建(?~기원전 121)의 딸 세군細君(기원전 130~기원전 101)을 공주로 삼아 시집보냈다. 수레와 의복과

---

75   위와 같음.

황실의 물품을 하사하고, 관속과 환관 및 시중드는 사람 수백 명을 보냈다. 곤막은 세군을 우부인右夫人으로 삼았다. 마침 흉노도 대선우의 딸을 보내 그녀는 좌부인左夫人으로 삼았다. 흉노가 오손을 두고 이처럼 치열하게 외교적 교섭을 벌인 것은 세력 균형이 무너지는 것을 원하지 않았기 때문이다.[76] 당시 흉노는 오손의 성장을 걱정할 만큼 한의 위협을 크게 느끼고 있었다.

이런 상황에서 기원전 105년에 오유가 죽고 아들인 오사려烏師廬(『한서』에는 첨사려詹師廬로 기록)가 즉위했다. 이를 계기로 흉노는 다시 한과 교섭을 벌일 수 있었다. 새롭게 대선우가 된 오사려는 나이가 어려 아선우兒單于(?~기원전 102, 재위 기원전 105~기원전 102)라 불렸지만, 오히려 한에 호전적 태도를 보였다.[77] 한은 권력 교체 과정에서 혼란을 맞을 수도 있는 흉노를 더욱 약화시키려 조문 사절을 대선우 쪽으로 하나, 우현왕 쪽으로 하나 파견했다. 어린 나이에 즉위한 선우를 무시하여 흉노를 분열시키려는 의도였다.

이를 알아챈 대선우는 화가 나서 사신을 돌려보내지 않고 한을 공격할 준비를 했다. 부대를 서쪽으로 이동하여 좌부는 운중군, 우부는 주천군과 돈황군에 맞섰다.[78] 이는 하서회랑에서 오아시스를 통제하려는 한에 대한 대응이었는데, 비록 밀리는 처지였지만 하서사군을 설치하며 서역 진출에 강한 의지를 보이던 한을 흉노의 입장에서 그대로 두고만 볼 수는 없었다. 이를 막지 않으면 그동안 흉노가 공납을 받으며 통제하

---

76   『史記』卷123「大宛列傳」, p. 3172.

77   『史記』卷110「匈奴列傳」, p. 2915.

78   위와 같음.

던 오아시스에 대한 이권마저 완전히 잃을 수 있었다.

그런데 이 무렵, 오사려 대선우가 즉위한 다음 해인 기원전 104년 겨울 초원에 큰 눈이 내려 가축 대부분이 굶주리고 얼어 죽는 재해가 발생했다.[79] 초원에서 발생하는 재해는 유목 생산양식 자체의 태생적 약점과 무관하지 않다. 초원은 농경지대보다 환경의 영향을 많이 받아 작은 변화에도 생존이 결정될 만큼 취약했고, 3년에 한 번 소재小災, 5년에 한 번 중재中災, 10년에 한 번 대재大災가 발생한다고 할 정도로 재해가 빈번하게 일어났다.[80] 그런 환경 조건에 비해 유목민들은 변화를 인위적으로 막거나 조절할 힘이 약했다. 유목 자체가 자연적 치유나 회복을 위한 시간을 전제로 하는 생산양식이었다.[81] 이처럼 자연의 순환에 직접적으로 의존하는 초원의 유목경제는 갑작스러운 재해를 맞으면 재생산 구조가 파괴될 수 있었다. 재해로 초지가 파괴되면 다시 복구하는 데 시간이 오래 걸렸다.[82]

이런 특성을 이유로 초원에서 발생하는 재해가 권력의 약화와 국가의 붕괴를 가져온다는 식의 설명이 이루어지기도 한다. 하지만 이는 단순한 논리이고, 군주가 권위를 유지하고 예하의 유목민을 잘 통제할 수 있다면 재해가 발생해도 문제가 되지 않았다. 국가 체계가 빠르게 대응할 수 없더라도 외부의 위협이 없는 상황이라면 어느 정도 시간이 지나

---

79   위와 같음.

80   額爾敦布和, 「牧區 "白災" 及防禦對策」, 內蒙古自治區蒙古族經濟史研究組 編, 『蒙古族經濟發展史研究』第2集, 1988, p. 146.

81   유목국가의 멸망 원인으로서 자연재해와 전염병에 관한 연구는 다음을 참조. 정재훈, 「위구르 유목제국(744~840)의 붕괴와 유목세계의 재편」, 『동양사학연구』76, 2001, pp. 141~153.

82   梁景之, 「自然災害與古代北方草原遊牧民族」, 『民族研究』1994-3, pp. 42~49.

면 항상성을 회복할 수 있었다. 재해의 상황이 아주 심각할 때가 문제였다. 이 당시의 흉노는 막남보다 환경이 좋지 않은 막북에서 생활했고, 이곳에 발생한 재해는 유목사회의 내적 항상성과 재생산 구조를 약화할 수 있었다. 몽골 초원에서 초지가 파괴되거나 가축이 폐사하면 원래의 상태로 돌아오는 데 일반적으로 3년에서 5년 정도의 시간이 걸렸다.[83] 만약 큰 기아(대기大饑)를 유발할 정도로 심각한 재해가 일어나면 초원은 사람이 살기 힘들 정도로 타격을 입었다. 즉 재해와 기근은 불가분의 관계가 있었다.

이 무렵의 폭설은 백재白災라고 불리는데, 겨울 혹은 겨울에서 봄으로 넘어가는 계절에 주로 일어났다. 백재는 오늘날에도 중요 재난으로 북위 41도 이북, 해발 2500~3000미터 이상의 지역에서는 언제든 일어날 수 있어 막북 초원은 늘 그 위험 아래 있다. 이런 폭설은 예측을 할 수 없어 대응이 어렵고, 눈보라와 한파가 함께 닥쳐 유목민과 가축을 고립시키고 동사나 기아로 죽게 했다.[84]

겨울이나 겨울에서 봄으로 넘어가는 시기에 유목민들이 자연재해에 쉽게 노출되는 이유는 유목이라는 생산양식 자체가 축적이 불가능하기 때문이다. 건초를 마련하거나 축사를 설치해 가축을 추위와 재해에서 보호할 수 있는 구조가 아니었다. 흉노 시기에는 지금보다 상황이 더 열악했기 때문에 겨울철에도 초지에 가축을 그대로 방목했고, 이러한 유목 경영 방식은 폭설을 만날 때마다 초지 상실과 가축의 폐사, 기아를 초래하기 마련이었다.

---

83 暴慶五,「談草原畜牧業基本特徵」, 內蒙古自治區蒙古族經濟史硏究組 編, 『蒙古族經濟發展史硏究』第2集, 1988, p. 197.

84 額爾敦布和,「牧區"白災"及防禦對策」, 위의 책, pp. 144~159.

이렇게 재해가 일어난 상황에서 외부의 개입이나 내부 갈등이 일어나면 회복하기가 더욱 어려웠다. 나이 어린 군주의 즉위 이후 한이 간섭하고 교란하는 상황에서 발생한 심각한 재해는 내부의 반발과 함께 작용하여 흉노의 상황을 더욱 어렵게 했다. 이를 잘 보여주는 사례로, 좌대도위가 대선우를 죽이겠다는 계획을 몰래 한에 알린 일이 있었다. 좌대도위는 한에 사람을 보내 "제가 [대]선우를 죽이고 한에 항복하려고 하는데, 한이 너무 멀리 떨어져 있으니 한의 군대가 바로 와서 저를 맞아주면 제가 바로 실행할 것입니다"[85]라고 했다. 오유의 동생으로 추정되는 좌대도위가 폭설로 어려운 상황이었던 어린 대선우를 제거하고 권력을 잡기 위해 한과 연합하려 했음을 확인할 수 있다.

무제는 좌대도위의 반기를 도우려 인우장군因杅將軍 공손오를 보내 수항성受降城을 쌓고 기다렸다.[86] 폭설로 어려움을 겪는 유목민을 고비 너머로 끌어내리려는 한의 의지가 담긴 일이었다. 기원전 103년에는 착야후 조파노가 2만 기를 거느리고 삭방군에서 서북으로 2000여 리를 나아가 준계산까지 쳐들어갔다.[87] 한이 동영지에 있던 선우정을 직접 공격한 것은 대선우에게 매우 치명적이었으나, 흉노는 좌대도위의 움직임을 알아채고 그를 죽인 다음 좌부의 군대를 이용해 조파노를 공격했다. 조파노는 행군 과정에서 수급과 포로 수천을 얻기도 했으나 이후 별다른

---

85 『史記』卷110「匈奴列傳」, p. 2915.

86 Alexei A. Kovalev·Diimaazhav Erdenebaatar·Sergei S. Matrenin·Ivan Iu. Grebennikov, "The Shouxiangcheng Fortress of the Western HAN Period-Excavation at Baian Bulag, Nogom Sum Ömnögov Aimag, Mongoloa", Ursula Brosseder·Bryan K. Miller (ed.), 앞의 책, 2011, pp. 475~508; 李宗俊,「新忽熱古城與漢受降城及唐燕然都護府治所關系辨」,『中國邊疆史地研究』2023-3.

87 『史記』卷110「匈奴列傳」, p. 2915.

성과를 거두지 못했다. 그러다가 수항성에서 400리쯤 떨어진 곳에서 뒤쫓아 온 흉노 8만 기에 포위당했다. 그는 밤에 직접 물을 구하러 나갔다가 흉노에게 사로잡혔고, 군대 역시 공격을 당했다. 남은 병사와 관리들은 장군을 잃고 죽임을 당할까 두려워 흉노에 투항해버렸다.

대선우는 수항성 동북쪽에 있던 좌부의 온 병력을 동원해 조파노를 포위 공격했을 것이다. 흉노는 다시 기습부대를 보내 수항성을 공격했으나 함락하지 못하고 변경을 노략질하고 돌아갔다. 대선우는 기원전 102년에 자신이 직접 수항성을 공격하려고 왔다가 도중에 병이 나서 죽었다. 흉노가 이렇게 적극적인 대응을 한 까닭은 한이 유목민을 고비 이남으로 유인하려고 수항성을 쌓고 공격을 해왔기 때문이다. 폭설과 같은 자연재해로 인한 피해는 대체 초지로 이동해 가축을 건사하는 식으로 극복하는 것이 일반적이었다.

대선우는 이렇게 이동하는 목민을 수항성을 쌓아 받아들이려는 한의 의도를 간파하고 선우정을 방어한 뒤 조파노를 사로잡은 것이다. 그는 자연재해로 생활 터전을 잃은 목민이 고비를 넘어 남하하려는 것을 겨우 막아내고 내부 혼란을 수습했다. 하지만 얼마 지나지 않아 대선우가 갑자기 죽고 기원전 102년에 그의 숙부인 우현왕 구리호呴犂湖(?~기원전 101, 재위 기원전 102~기원전 101)가 대선우로 즉위했다.[88] 어린 대선우에게 후사가 없었기 때문에 어쩔 수 없는 선택이었다. 연이은 대선우의 교체로 흉노는 내적인 안정을 확보하기가 쉽지 않았다.

한은 대선우가 새로 즉위한 이후 그의 도발에 대비해 방비 태세를 강화했다. 무제는 광록훈光祿勳 서자위徐自爲를 시켜 오원새에서 수백 리

88   『史記』卷110「匈奴列傳」, p. 2916.

를 나가 멀리 1000여 리에 걸쳐 성채와 망루를 쌓아 흉노의 영역인 여구

산廬朐山(지금의 내몽골자치구 음산 동부에 있는 지맥으로 추정)까지 연결하

게 했다. 이는 중부와 좌부의 공세를 막기 위해서였는데, 유격장군遊擊將

軍 한열韓說(?~기원전 91)과 장평후長平侯 위항衛伉(?~기원전 91)이 주변에

주둔했다. 또한 강노도위强弩都尉 노박덕 역시 거연 근처에 장성을 쌓고

주둔했는데,[89] 이는 우부를 막기 위해서였다.[90] 한은 이렇게 장성을 북쪽

으로 확장해 음산 이북에 쌓은 수항성을 보호하면서 흉노의 공세도 막으

려 했다.

한이 기존보다 더 북방에 요새를 축조하는 등 흉노의 도발에 대응

하는 체계를 마련한 것과 관련하여 당시 막북에 있던 흉노의 상황을 추

정해볼 수 있다. 이때 대선우의 동영지는 조파노의 공격 대상이 되기도

했듯이 고비 너머 준계산 북쪽에 있었다. 따라서 여기서 시작된 흉노의

공세는 동남쪽의 삭방을 향했다. 반대로 한이 흉노를 공격할 때는 삭방

에서 고비를 가로질러 준계산 방향으로 진출했다. 또한 좌부는 이전보다

서쪽으로 이동해 운중에 맞섰다고 기록된 것처럼 음산의 동북쪽에 있었

다. 한에서는 이를 방어하기 위해 여구산에 요새를 두었다. 이때 좌부의

중심은 막북이 아니었다. 이전에 곽거병의 공격을 받았을 때 싱안링산맥

을 따라 북쪽으로 갔다가 한의 군대가 철수한 이후에 돌아와 상곡군 북

방으로 옮겼고, 이후 대선우가 좌부를 더 서쪽으로 옮겨 대군 북방에 두

기도 했다. 이 무렵의 흉노 좌부는 운중과 정양의 북방, 즉 음산 동북방

초원에 있었다.

---

89   위와 같음.

90   Chen Bo · Gideon Shelach, "Fortified Settlements and the Settlement System in the Northern
      Zone of the Han Empire", *Antiquity* v.88, 2014, pp. 222~240.

한편 우부는 막북에서 거연 방향으로 가는 준계산 서남부, 흉노하수가 흘러 들어가는 분차간호 부근에 있었다. 조파노가 이전에 영거에서 출발해 수천 리를 북상해 이곳까지 온 적이 있었는데, 이를 통해 우부의 중심을 추정할 수 있다. 여기에서 바로 남하하면 거연호를 거쳐 주천과 장액으로 연결되었다. 기원전 102년에 우현왕이 주천과 장액에 들어와 수천 명을 잡아간 것도 이 노선을 따라 공격한 것이다.[91]

기원전 102년 가을 구리호 대선우는 한에 대한 공세를 시작했다. 운중, 정양, 삭방으로 쳐들어와 수천 명을 죽이거나 잡아갔다. 또한 흉노는 2000석의 고관 몇 명이 이끌던 군대를 격파한 뒤 돌아가는 길에 광록대부 서자위가 만든 성채와 망루마저 파괴했다. 이는 대선우와 좌부가 연합해 공격을 벌인 것인데, 음산 북부에 장성을 쌓고 흉노를 포섭하려는 한의 노력을 막기 위함이었다. 흉노는 이 공격을 통해 한의 북방 진출을 막고, 이를 발판으로 다시 막남의 원주지로 돌아가려고 했다.

한은 곧바로 반격을 가했다. 임문任文이 우현왕의 하서회랑 공격을 막아 흉노는 빼앗은 것을 모두 잃고 돌아가야 했다. 기원전 104년에 이사장군 이광리가 대완을 원정하고 돌아왔다는 소식을 듣고 대선우가 그의 귀로를 차단하려 한 것도 실패했다. 흉노는 이광리가 획득한 재화를 약탈하여 한의 차단 정책에 저항하려 했다. 무제가 흉노에 대한 포위망을 완성하고, 대완 원정을 통해 우수한 전마를 획득한 것은 곧 흉노 원정을 새로이 시작하겠다는 뜻이나 마찬가지였기 때문에 흉노로서는 반격하지 않을 수 없었다. 그러나 여전히 충분한 힘을 키우지 못한 터라 장성 주변을 기습 공격하는 정도에 그쳤다. 흉노는 기병 공격이 가능할 뿐 공

91　『史記』卷110「匈奴列傳」, p. 2917.

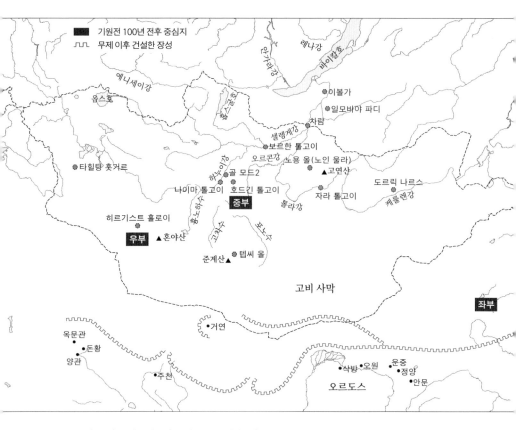

[그림 6] 막북 이주 이후 흉노의 주요 근거지로 추정되는 유적지와 흉노 중심지(기원전 100년 전후)

성전에는 취약한 한계가 있었다. 남쪽 가까운 곳에 근거지를 두고 한의 공세에 예민하게 대응할 뿐 다른 방식의 공격을 하기 어려웠다.

이후 막북과 음산 동북부 지역을 차지한 흉노는 한의 공세와 철저한 차단 및 포위 정책으로 과거에 비해 좁은 범위를 차지한 국가로 위축되었다. 원주지인 음산 이남과 오르도스 등 초원으로의 귀환은 어려워졌다. 흉노 자체의 존립을 위해서는 내적 안정을 유지할 수 있는 체제를 만들어 한의 집요한 공세를 막아내야 했다.

2. 전면전 재개와 흉노의 고립 타개 노력

기원전 101년에 구리호 대선우가 즉위한 지 1년 만에 병에 걸려 죽자 그의 동생 좌대도위 저제후且鞮侯(?~기원전 96, 재위 기원전 101~기원전 96)가 대선우로 즉위했다. 군주가 교체된 뒤 권위를 안정시키기까지는 시간적 여유가 필요했는데, 이치사 이후 잦은 군주 교체와 내부 갈등으로 흉노는 정치적 안정을 찾기 어려웠다. 조카의 뒤를 이어 권력을 차지한 구리호, 형을 이어 대선우가 된 저제후 등과 같이 형제 상속이 이어지면 향후 그 사촌 간에 권력 쟁탈이 벌어질 수 있었다. 지배 집단 모두가 대선우의 후손으로서 권력을 차지할 수 있는 명분을 갖게 되기 때문이다.

대선우는 즉위 이후 한과의 관계를 악화시키지 않기 위해 외교적 노력을 다했다. 이전에 한에서 왔던 사신 가운데 흉노에게 항복하지 않아 잡혀 있던 사람을 모두 돌려보내는 등 유화적 조치를 했다. 또한 사신을 보내 "나는 어린애다. 어떻게 내가 감히 한의 천자와 대등하기를 바라겠는가! 한의 천자는 나의 아버지 같은 어른이다"라고 전하며 무제의 마음을 돌려 북벌을 막으려 했다.

당시 흉노는 대선우가 막북으로 밀려난 후 여전히 안정된 체제를 마련하지 못한 처지였다. 대등한 관계를 전제로 한 화친을 포기하더라도 한의 전면적인 공격만은 막아야 했다. 게다가 한이 대완 원정에 성공해 얻은 한혈마汗血馬에 무제가 고무된 상태였기 때문에 흉노 입장에서는 더욱이나 화해의 뜻을 분명히 드러내야 했다. 좌우에 한의 변군을 설치해 흉노를 완벽히 차단하는 데 성공한 무제는 흉노를 더욱 갑갑하게 만들려고 했다. 조칙을 내려 "고조 황제는 짐에게 평성의 고통을 남기셨다. 고후 때에는 선우가 매우 무도한 편지를 보내왔다. 옛날 제나라 양공襄公(?~기원전 686)이 구세九世의 원수를 갚으니 『춘추』에서 이것을 칭찬했다"[92]라며 북벌 재개의 의지를 강하게 밝혔다. 무제는 당장 공격을 실행하지는 않고 먼저 중랑장 소무蘇武(기원전 140~기원전 60)를 흉노에 사신으로 보내 대선우에게 후한 예물을 주며 그를 달래는 유화적 조치를 했다.

그다음 해인 기원전 99년 5월이 되어서야 비로소 이사장군 이광리가 3만 기를 이끌고 주천에서 북쪽으로 향하여 톈산에 있던 우현왕을 공격했다. 우현왕은 하영지 부근에서 이광리와 전투를 벌였는데, 이때 그가 서쪽으로 나아간 곳은 톈산 북방, 즉 현재 하미哈密(Hami) 북방에 있는 포류해蒲類海(지금의 신장위구르자치구 바리쿤하싸커자치현巴裏坤哈薩克自治縣 바리쿤호巴裏坤湖) 주변 초원으로 추정된다. 이광리는 이곳에서 흉노 우부와 싸워 수급과 포로 1만여 명을 얻는 큰 성과를 거두었다. 그러나 돌아오다가 흉노의 포위에 걸려들어 열에 여섯 또는 일곱을 잃고 돌아왔다. 또한 인우장군 공손오는 서하西河, 거연에 있던 강노도위 노박덕과 함께 북쪽으로 나아가 탁야산涿涂山에서 흉노를 공격했으나 큰 성과를 거두지 못했다. 공손오는 오원에서 서북쪽으로 가는 경로를 이용하지 않고 하란산賀蘭山(지금의 닝샤회족자치구와 내몽골자치구의 경계)을 넘어가 불시에 선우정을 공격했다. 여기에서 서북쪽으로 더 나아가 우현왕의 동영지를 공격했지만 별다른 성과를 거두지 못했다. 대선우가 준계산 동남부가 아니라 하영을 위해 더 북쪽으로 이동했기 때문이다.[93]

이후 9월에 기도위騎都尉 이릉이 보병과 기병 5000명을 거느리고 거연에서 북쪽으로 1000여 리를 나아갔다. 중부를 공격한 이릉은 대선우와 전투를 벌여 흉노 병력 1만여 명을 죽이거나 상하게 하는 성과를 거

---

92   『史記』卷110「匈奴列傳」, p. 2917.

93   위의 책, pp. 2917~2918.

두었다. 그러나 병력과 식량이 다 떨어져 포위를 풀고 돌아오려다가 사로잡혔다. 이릉은 아마도 가을에 북방에서 동영을 위해 내려오던 흉노 주력 부대와 충돌했다가 패했을 것이다. 전투가 벌어진 곳은 거연에서 2000리 정도 북상을 했다는 점에서 볼 때 준계산 북록이었다. 결국 이릉은 흉노에 투항했고, 그의 병사 중에서 포위를 풀고 도망쳐 나온 이는 겨우 400명에 불과했다. 대선우는 이릉을 귀하게 여겨 자기 딸을 아내로 삼게 하는 등 우대를 했다.

기원전 99년에 벌어진 한의 공격은 일부 성과도 있었으나 큰 승리로 이어지지 않았다. 이에 기원전 97년 정월에 이광리가 6만 명의 기병과 7만 명의 보병을 이끌고 삭방에서 북쪽으로 쳐들어갔다. 유목민이 겨울에 취약하다는 점을 이용해 동영을 위해 최대한 남쪽으로 내려와 있던 흉노를 공격한 것이다. 거연에 있던 강노도위 노박덕도 1만여 명을 거느리고 이광리와 합류했다. 여기에 유격장군 한열이 보병과 기병 3만 명을 거느리고 오원에서, 인우장군 공손오가 1만 명의 기병과 3만 명의 보병을 거느리고 안문에서 출발했다. 이처럼 동영지로 남하해 있던 상황에서 한의 군대가 세 방향에서 대규모로 공격해 오자 흉노는 심각한 위협을 느꼈다. 저제후 대선우는 먼저 처자와 재산을 모두 여오수余吾水(지금의 몽골공화국 톨라강으로 추정)의 북쪽에 대피시켰다. 이전처럼 보급 부대를 북쪽으로 이동시켜 보호했는데, 유목민이 겨울철에 가축을 보호하는 것은 전투에서 승리하는 것만큼 중요했다. 그런 다음 대선우는 직접 10만 기를 이끌고 여오수 남쪽에서 북상한 이광리와 전투를 벌였다. 이광리는 되돌아오던 길에 대선우와 10여 일이나 계속 전투를 벌였다. 좌현왕과 전투를 벌인 유격대장 한열과 공손오는 전세가 불리해지자 바로 철수했다.[94]

한은 겨울철을 이용해 공격했음에도 불구하고 흉노가 근거지를 몽골 초원의 북방으로 철수하자 별다른 성과를 거두지 못했다. 이 과정에서 흉노의 중부와 좌부는 선우정이 있던 준계산 북방과 좌부가 있던 음산 동북부에서 몽골 초원의 중북부로 옮겨 갔다. 흉노는 이후 이곳에서 지내면서 한의 기습 공격에서 벗어날 수 있었다. 반대로 중국과는 거리가 멀리 떨어지면서 변경 지역을 약탈할 수 없게 되었고, 음산 이남의 고지로 복귀하기도 어려워졌다.

한 역시 공격에서 별다른 성과를 거두지 못하고 큰 피해를 입었다. 몽골 초원 깊숙이까지 쳐들어가 기습 전술을 펼쳤으나 흉노의 효과적 방어로 이전과 같은 성과를 내지 못했다. 흉노가 이전에 곽거병이 신속한 기동 전술을 구사하여 공격했을 때보다 잘 대응할 수 있었던 것은 추격 가능한 범위 밖으로 옮겨 갔기 때문이다. 한이 성채를 지키는 방식으로 기마 부대의 공격을 막은 것처럼, 흉노는 한의 군대를 장거리 이동하게 한 다음 요격하는 전술로 효과적인 방어를 했다. 한의 기병은 보급선이 길어지거나 기동전을 위해 빠른 속도로 이동하다가 고립될 경우 오히려 흉노에게 포위당하기 쉬웠다. 초원에서 기마술이 뛰어난 흉노를 상대로 비교 우위를 갖기는 어려운 일이었다. 무제가 일찍부터 뛰어난 말과 기마궁사를 확보하기 위해 노력했던 것도 이런 한계를 극복하기 위해서였다. 그러나 흉노를 감당할 만큼 좋은 자원을 충분히 확보하기는 어려웠기에 기동 전술에서는 한이 늘 밀리기 마련이었다.

북벌이 끝난 다음 해인 기원전 96년에 저제후 대선우가 즉위 5년 만에 병으로 죽었다. 그에게는 두 아들이 있었는데, 큰아들은 좌현왕이었고 작은아들은 좌대장이었다. 죽기 전 대선우는 큰아들인 좌현왕을 대

---

94   『漢書』卷94上「匈奴傳」, p. 3777.

선우로 세우라고 유언을 남겼다. 이전처럼 계승 분쟁이 벌어지지 않도록 미리 대비한 것이다. 대선우 사후에 좌현왕이 선우정으로 오지 못하는 상황이 발생하자 귀인들이 좌대장을 대선우로 추대했다. 이를 안 좌현왕은 선우정으로 가지 않았는데, 동생인 좌대장이 형을 불러 자리를 양보했다. 좌현왕은 병을 핑계로 계속 사양하다가 결국에는 즉위했다. 그가 호록고狐鹿姑(?~기원전 85, 재위 기원전 96~기원전 85) 대선우이다.

대선우 즉위를 두고 형제간에 벌어진 사건에 대해 자세한 기록이 남은 것은 이것이 중요한 일이었기 때문이다. 이후 벌어질 사촌 형제의 갈등을 설명하기 위한 복선이었고, 이 일 자체도 첨예한 문제였다. 좌현왕이었던 형이 병에 걸렸다며 선뜻 동생의 양보를 받지 않았던 것은 양자 간의 팽팽한 세력 관계를 보여준다. 형을 대신하여 추대되었다가 양보한 동생이 이후 좌현왕이 된 것도 그 역시 강한 세력이었다는 뜻이다. 이 좌현왕(대선우의 동생)이 기원전 92년경에 죽자 내재되어 있던 갈등이 다시 드러났다. 죽은 좌현왕, 즉 동생의 아들인 선현탄先賢撣(?~기원전 34)이 아니라, 대선우의 아들이 좌현왕이 되면서 문제가 불거졌다. 더욱이 선현탄은 좌현왕도 우현왕도 아닌 일축왕日逐王이 되어 중심에서 밀려났다.[95] 일축왕은 서방의 오아시스 도시를 통합하는 자리[96]로 본영으로부터 멀리 떨어진 곳에 영지를 부여받았다.

서쪽으로 밀려난 일축왕이 대선우와 갈등을 벌인 것을 흉노 분열의 원인 가운데 하나로 설명하기도 한다. 그러나 이는 결과론적인 설명이고, 그보다는 대선우의 짧은 재위와 형제 계승이 이어진 비정상적 상황

---

95   위의 책, p. 3778.

96   『漢書』卷96上「西域傳」上, p. 3872.

이 계속된 것이 더 문제였다. 호록고 대선우는 즉위 이후 거의 6년 동안 한을 공격하지 않았고 외교적 교섭도 없었다. 호록고 대선우와 관련하여 형제의 권력 관계와 계승 과정에 대한 기록만 있는 것은 그만큼 흉노가 초원 북쪽으로 밀려난 다음 내부 안정에 집중할 수밖에 없었음을 뜻한다. 앞서 한에 패퇴해 막남에서 막북으로 이동한 이치사 대선우도 옮겨 간 이후 일정 기간 별다른 기록이 없다. 다시 말해서 유목민들이 근거지 이동을 할 경우 내적으로 체제 정비를 할 시간이 필요했음을 짐작해볼 수 있다.

기원전 91년이 돼서야 무제가 강충江充(?~기원전 91)을 흉노에 사신으로 보냈다는 기록이 나오는데, 이는 그동안 중단되었던 양국의 외교적 교섭이 재개되었음을 뜻한다.[97] 사신을 보낸 한과 달리, 흉노는 9월에 상곡과 오원에 쳐들어와 관리와 백성을 죽이고 잡아갔다. 이어 기원전 90년 정월에 다시 오원과 주천에 쳐들어와 도위를 죽이기도 했다. 내적 안정을 회복하고 고립된 상황에서 벗어나기 위한 움직임이었다. 대선우를 중심으로 좌부와 우부가 모두 동원된 도발이었다는 점에서 전면적 공세가 시작된 것으로 볼 수 있다.

이에 기원전 90년 3월 이사장군 이광리가 7만 명의 군사를 이끌고 오원에서 서북쪽으로, 어사대부 상구성商丘成(?~기원전 88)이 3만여 명을 이끌고 서하에서 서북쪽으로, 중합후重合侯 망통莽通(?~기원전 88)이 4만 기를 이끌고 주천에서 서쪽으로 1000여 리를 쳐들어갔다. 흉노의 세 거점을 향한 대대적인 북벌이 재개된 것이다. 이에 놀란 대선우는 모든 보급품을 조신성 북쪽으로 옮기고 질거수郅居水(지금의 몽골공화국 셀렝게강

---

97   『漢書』卷45「蒯伍江息夫傳」, p. 2177.

의 지류 하누이강으로 추정)로 갔다. 이는 유목민이 가축과 처자를 안전지대로 옮기는 방식으로, 이 무렵 대선우가 동영을 위해 준계산 부근에 와 있었음을 보여주는 것이기도 하다. 이와 함께 좌현왕은 여오수를 건너 600~700리 정도 떨어져 있는 두함산兜銜山(지금의 몽골공화국 항가이산맥 남쪽 옹긴강 동북쪽의 산으로 추정)에서 한의 공격에 대비했다.[98]

이때 대선우는 본영을 북쪽으로 이동한 다음 몸소 정예 군대를 이끌고 안후수安侯水(지금의 몽골공화국 아라항가이아이막의 오르콘강으로 추정)의 좌측을 돌아 고저수姑且水(지금의 몽골공화국 바잉헝거르아이막 투인강으로 추정)를 건너 한의 부대를 기다렸다. 상구성의 군대가 먼저 목적지까지 왔다가 사경邪徑(지금의 몽골공화국 알타이산맥에 있는 고개) 방향으로 추적해도 흉노의 흔적을 찾을 수 없자 돌아갔다. 이에 흉노는 대장과 이릉이 3만여 기를 이끌고 상구성의 부대를 추격해 준계산 주변에서 아흐레 동안 싸웠다. 한이 흉노를 격파하여 많이 죽거나 상하게 했기 때문에 대선우가 이를 돕기 위해 포노수로 왔으나 전황이 불리하자 곧 돌아갔다.

한편 중합후 망통의 군대가 톈산 쪽으로 오자 흉노의 대장 안거偃渠와 좌호지왕장左呼知王將과 우호지왕장右呼知王將이 2만여 기를 이끌고 와서 요격했다. 하지만 한의 군대가 강력한 것을 보고 흉노가 곧바로 물러나는 바람에 망통 역시 아무런 소득도 손실도 없이 돌아왔다. 거사의 군대가 한의 군대를 가로막을까 우려한 개릉후闓陵侯 성만成娩만이 거사의 군대를 따로 포위해 왕과 백성을 모두 잡아서 돌아왔다.[99]

---

98   『漢書』卷94上「匈奴傳」上, p. 3778.

99   『漢書』卷96下「西域傳」下, p. 3913.

5월에 장성을 빠져나간 이광리를 흉노의 우대도위와 위율衛律이 이끄는 5000기가 부양구산夫羊句山(지금의 몽골공화국 알타이 남쪽 동단) 협곡에서 요격했다. 흉노는 이광리가 이쪽으로 올 것이라 예상하고 기다리고 있었다. 이광리 역시 속국 출신의 기병 2000명을 보내 싸웠지만 패배해 수백 명이 죽거나 다쳤다. 그럼에도 북쪽으로 계속 흉노를 추격하여 범부인성范夫人城까지 갔다.

이광리의 기세에 눌려 흉노는 함부로 대적하지 못하고 철수했다. 이때 이광리는 자신의 처자가 무고巫蠱에 연루되어 구금되었다는 소식을 듣고 두려워하면서 전공을 세우기 위해 더 깊숙이 쳐들어갔다. 승리가 절박했던 이광리는 더 북쪽으로 군대를 이끌고 가 질거수 주변까지 도망가는 흉노를 추격했다. 그런 다음 호군에게 2만 명의 기병을 이끌고 질거수를 건너 다시 흉노를 공격하게 했다. 다음 날 호군은 좌현왕과 좌대장이 이끄는 2만 기병과 싸워 좌대장을 죽이는 등 큰 승리를 거두었다.

그런데 장사長史가 이광리를 의심하고는 결휴도위決眭都尉 휘거후煇渠侯와 상의해 그를 잡아서 돌아갈 것을 모의했다. 그러나 이를 알아챈 이광리에게 오히려 이들이 죽임을 당했다. 이후 이광리는 군대를 물려서 돌아가기 위해 속야오연연산速邪烏燕然山(지금의 몽골공화국 항가이산맥) 쪽으로 갔다. 대선우는 이광리의 부대가 빠른 속도로 이동해 몹시 피로하다는 것을 알아채고 직접 5만 기를 이끌고 그들을 포위 공격했다. 흉노의 공격으로 궁지에 몰린 이광리는 다시 기습 공격을 받자 할 수 없이 투항했다. 이에 대선우는 그를 귀하게 여겨 자기 딸을 아내로 주고, 투항하여 자신을 돕던 위율보다 존경하고 우대했다.[100]

---

100 『漢書』卷94上「匈奴傳」上, pp. 3779~3780.

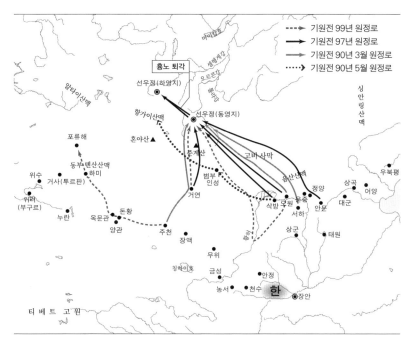

기원전 99년 원정로
기원전 97년 원정로
기원전 90년 3월 원정로
기원전 90년 5월 원정로

[그림 7] 무제 후기 흉노 원정도

　　이광리의 투항으로 무제 시대 막북에 대한 한의 작전은 실패로 끝
났다. 한은 몽골 초원 깊숙이 들어가 공격하는 전술을 썼으나 결국 흉노
의 기병을 당해내지 못했다. 과거의 실패 경험에도 불구하고 이광리는
무리하게 흉노의 기병을 쫓아 초원 깊숙이 들어갔다가 흉노의 전형적인
유인책에 말려들었다. 흉노가 7만 대군을 격파하자 그동안 압도적이었
던 한의 기세가 완전히 꺾였다. 이광리마저 투항하자 흉노는 자신감을
얻었다. 이 실패 이후 한은 원정을 중단했고, 반대로 흉노는 반격을 시작
했다.

3. 종전 이후 흉노의 화친 요구와 공방전 재개

한의 대대적인 북벌이 멈추자 흉노는 그간의 압박에서 벗어나고자 했다. 호록고 대선우는 한의 공격을 막아낸 것에 고무되어 다음 해인 기원전 89년 한에 사신을 보냈다. 대선우는 보낸 편지에서 **"남쪽에는 큰 나라 한이 있고, 북쪽에는 강한 흉노(胡)가 있소이다.** 흉노는 하늘의 사랑을 받는 아들(교자驕子)로 작은 예의로 스스로 번거롭게 하지 않습니다. 지금 한과 대관大關을 열고 한의 여인을 얻어 아내로 삼고자 합니다. 해마다 저에게 누룩으로 빚은 술 1만 석, 도정한 곡물 5000곡, 여러 가지 비단 1만 필을 주고, 그 밖의 것을 **과거의 약속과 같게 해주신다면 변경의 도둑질을 그만둘 것입니다"**[101]라고 했다. 원래의 화친 관계로 되돌아가고자 하는 흉노의 강한 의지를 엿볼 수 있다.

호록고 대선우는 한에 자신을 동등하게 대우하여 혼인 관계를 맺고 관시를 개설하며 원하는 물자를 공급해줄 것을 요구했다. 비록 몽골 초원으로 밀려나 크게 위축되어 있는 처지이지만 자신의 위상을 제대로 인정해달라는 뜻이었다. 그는 이런 태도를 굽히지 않았다. 한의 오랜 차단 정책과 공격으로 곤궁해진 상황에서 이광리의 투항을 기회로 상황을 반전시키고자 했다. 무제도 답으로 사신을 보내긴 했지만 이후 관계를 회복하지는 않았다. 흉노는 무고와 관련한 말다툼으로 한에서 온 사신을 3년간 억류하기도 했다. 기원전 89년 6월에 무제는 '윤대輪臺의 조詔'를 내려 더 이상의 대외 둔전 개발이나 원정을 하지 않고 내적 안정을 위해 노력하겠다고 선언했다.[102] 흉노에 대한 북벌을 완전히 종료한 것이다.[103]

101　위의 책, p. 3780.

102　『漢書』卷96下「西域傳」下, pp. 3912~3914.

흉노는 차단된 한과의 관계를 어떻게 해서든지 되돌리려고 했다. "이제까지 한의 군대가 흉노 안으로 깊숙이 쳐들어가 그들을 추격하기를 20여 년 계속하니 흉노는 임신한 것들이 전쟁으로 유산하여 피폐함이 극에 달해 고통스러워했다. 따라서 선우 이하의 모든 관리가 늘 한과 화친하고자 하는 계획을 가지고 있었다"[104]라고 한 것처럼, 흉노는 처참한 지경에 놓여 있었다. 척박한 막북 초원으로 밀려 간 상황에서 인구 증가를 감당할 수 없을 정도로 생산 수준이 낮았고, 중국뿐만 아니라 주변 국가로부터의 물자 공급도 완전히 막혀 있었다. 한의 집요한 북벌로 계속해서 전투가 벌어지면서 계절의 변화에 맞춰 가축을 돌보는 일이 어려울 만큼 큰 타격을 입었다. 막북 초원은 막남보다 환경이 좋지 못해 목초지를 충분히 확보할 수 없었다. 목초지를 새로이 지정하고 적절히 분배하는 것은 생존과 직결되는 문제였으나 어느 것도 여의치 않았다. 또한 다른 기후 조건에서는 가축을 제대로 건사하기도 쉽지 않았다. 가축이 임신이 되지 않았다는 간단한 기록만 있을 뿐이지만, 흉노가 힘든 시간을 보내고 있었음을 짐작해볼 수 있다. 그 해결 방법은 한과 평화적 관계를 회복하는 것뿐이었는데, 무제는 재위 기간 내내 흉노를 인정하지 않았고 무력 정벌의 뜻도 굽히지 않았다. 기원전 87년까지도 무제의 의지가 꺾인 적이 없을 정도로 집요하게 공세를 가했다. 흉노는 무제 사후에야 비로소 상황을 반전시킬 수 있었다.

흉노는 소제昭帝(유불릉劉弗陵, 기원전 94~기원전 74, 재위 기원전 87~기원전 74)가 즉위하자 강하게 자신의 의지를 표명했다. 한에 화친 관계 회

---

103   孫聞博,「輪臺詔與武帝的西域經營」,『西域硏究』2021-1, pp. 37~48; 楊勇,「再論漢武帝晚年政治取向 - 種政治史與思想史的聯合考察」,『淸華大學學報』2016-2, pp. 155~169.

104   『漢書』卷94上「匈奴傳」上, p. 3781.

복을 요구하며 동시에 군사적 공세를 벌였다. 기원전 87년 흉노가 삭방을 공격하자 한은 서하에 둔전을 하고 좌장군 상관걸上官桀(?~기원전 80)이 북변을 순행하는 것으로 대응했다.[105] 흉노의 이런 강온 양면 전략은 고립에서 벗어나려는 몸부림이었다.

기원전 85년 호록고 대선우가 병으로 죽고 새롭게 대선우가 추대되는 상황에서 이전부터 잠재되어 있던 내부 갈등이 터져 나왔다. 대선우는 사람들이 뛰어나다고 인정하는 이복동생을 좌대도위로 삼았었다. 하지만 대선우의 어머니가 이복동생을 시기해 죽이자, 다른 이복동생(죽은 좌대도위의 형)과 그의 어머니가 선우정에 가지 않았다.[106] 이윽고 대선우가 죽자 내부 여론은 대선우의 아들이 어리니 동생 우록리왕을 대선우로 세우자는 쪽이 우세했다. 그러나 위율 등이 호록고 대선우의 전거연지顓渠閼氏와 모의해 대선우의 죽음을 숨기고 거짓 명령으로 귀인들과 술을 마시며 대선우의 아들인 좌록리왕을 추대하기로 약속했다. 이렇게 해서 결국 호연제壺衍鞮(?~기원전 68, 재위 85~기원전 68) 대선우가 즉위할 수 있었다.[107]

---

105 『漢書』卷7「昭帝紀」, p. 218.

106 흉노가 막북으로 이주한 이후 선우정의 위치는 오르콘강 주변에 있었다고 추정된다. 이와 관련해 2017년 이후 발굴이 이루어진 아르항가이 울지트군 하르간 두르벌징이 동영지로 추정된다. 투무르-어치르 이데르한가이T. Iderkhagai, 「흉노 왕족의 여름 궁전」, 『유라시아 고대 네크워크 匈奴와 漢』(부산대학교 2020년 국제학술대회 발표문), 2020, pp. 19~22. 선우정의 위치에 대해서는 이외에도 다양한 접근이 있었다. Jan Bemmann, "Was the Center of the Xiongnu Empire in the Orkhon Valley ?", Ursula Brosseder · Bryan K. Miller (ed.), 앞의 책, 2011, pp. 441~461; Jean-Luc Houle · Lee G. Broderick, "Settlement Patterns and Domestic Economy of the Xiongnu in Khanuy Valley, Mongolia", Ursula Brosseder · Bryan K. Miller (ed.), 같은 책, 2011, pp. 137~152.

107 『漢書』卷94上「匈奴傳」上, pp. 3781~3782.

대선우가 되지 못한 것을 원망하던 좌현왕과 우록리왕은 무리를 이끌고 한으로 가려고 했다. 혹시나 계획이 성공하지 못할까 우려한 이들은 여도왕盧屠王을 협박해 함께 서쪽으로 옮겨 가 오손에 항복하고 흉노 본진을 공격하자고 했다. 여도왕은 이 사실을 대선우에게 알렸다. 대선우가 사람을 시켜 심문하자 우록리왕이 이에 불복하며 오히려 자신의 죄를 여도왕에게 떠넘겼다. 흉노인들은 좌현왕과 우록리왕이 제대로 처벌받지 않고 여도왕이 죄를 뒤집어쓴 것을 불평했다. 이에 좌현왕과 우록리왕은 자기 땅으로 돌아가 지내면서도 하영지에서 열리는 농성 모임에 가지 않았다.[108]

이후 내부 갈등이 심화하는 상황에서도 흉노는 기원전 83년 가을에 대군으로 쳐들어와 도위를 죽였다. 이는 대선우와 갈등 관계에 있던 좌부가 자신의 이권을 확보하려 움직인 것이었다. 반면에 대선우는 나이가 어리고 즉위한 지 얼마 되지 않아 별다른 움직임을 보이지 않았다. 게다가 대선우의 어머니인 전거연지가 부정을 저지르면서 나라가 분열되는 바람에 한의 군대가 쳐들어올까 걱정하는 처지였다.

선우정에서 어린 대선우를 내세워 연지와 함께 권력을 장악한 위율은 대선우에게 **"우물을 파고 성을 쌓으며 누각을 세워 곡식을 저장하여 중국인(진인秦人)에게 지키게 합시다.** 이렇게 하면 한의 군대가 와도 우리를 어떻게 할 수 없습니다"라면서 우물을 수백 개 파고 나무를 수천 그루나 베기도 했다. 한에서 투항해 와서 대선우에게 정치 조언을 하던 위율이 초원에 정주민을 위한 시설을 건설하는 일을 주도한 것은 막북으로 이주한 이후에도 여전히 흉노 내부에 남아 있던 많은 정주민과 관계가 있었

---

108   위와 같음.

다. 흉노는 국가 건설 과정에서는 초원의 유목민이 주를 이루었지만, 점차 세력을 확장하면서 중국 변경의 목축민과 농경 정주민도 포괄하는 체제를 만들었다. 다양한 주민을 아우르는 복합적 성격의 국가를 지향했던 결과 한에서 투항해 온 인물들이 활발히 활동했다. 한과의 전쟁 과정에서도 장수를 비롯해 많은 한인이 포로로 잡히거나 투항한 다음 흉노 안에서 중요한 역할을 했다.

이릉과 이광리 등은 흉노에 투항한 다음 초원에 살았다. 이광리가 이끌었던 병력 7만 명 가운데 상당수가 포로가 되었다면 정주민의 수가 폭발적으로 늘어났을 것이다. 이들뿐만 아니라 사신으로 갔다가 억류된 소무 같은 인물도 있었다.[109] 이들이 북해로 보내졌다는 점과 연결해 셀렝게강 하구에 있는 이볼가 유적에서 발견된 정주 시설의 용도를 추정해 볼 수 있다.[110] 몽골 초원에 유입된 정주민을 위한 시설들은 초원의 모습을 다양하게 만들었다. 정주민의 생활 방식에 적합한 시설을 잘 갖춰 한의 공격을 방어하는 데 정주민의 역량을 동원하는 것이 위율의 구상이었다. 정주민은 행정 능력을 갖추었을 뿐만 아니라, 공성전에 능하지 못한 흉노에게 군사적 측면에서도 큰 도움이 될 수 있었다.

이전에도 흉노는 고비를 넘어와 조신성이나 범부인성과 같은 정주 시설을 대선우의 동영지 인근에 건설했다. 이 역시 내부의 한인 수요에 맞춘 시설이었는데, 위율은 이에 착안해 자신의 기반을 확대하는 동시에

---

109   도미야 이타루, 앞의 책, 2003.

110   바이칼 호수 남쪽 셀렝게강 하구에 있는 울란우데 인근의 이볼가 유적에는 농경 취락이 발달했고, 그 남쪽의 삼림 지역에 있는 일모바야 파디 혹은 차람 등지에는 대형 고분이 있다. 이볼가 고분을 축조한 흉노 세력의 배후지로서 역할을 했음을 알 수 있다. 이런 정주 시설의 개발은 흉노 사회 내부의 다양성을 보여준다(潘玲, 『伊沃爾加城址和墓地及相關匈奴考古問題研究』, 科學出版社, 2007).

동부의 유목 세력을 견제하려고 했다. 이렇게 해서 초원에 더 많은 정주 시설이 만들어졌다.[111] 그러나 흉노 내부에서 위율의 대책에 대해 "흉노 인은 성을 지킬 수 없으니 이는 한에 먹을 것을 남겨주는 것입니다"라면 서 반대가 커지자 더 이상은 진행할 수 없었다. 이처럼 초원에 성채를 만 드는 것은 쉽지 않은 일이었다. 한과의 대결이 여전한 상황에서 성채를 만드는 데 필요한 자원의 확보는 물론 물자 공급 또한 여의치 않았다. 위 율과 연지의 부정한 관계로 인해 내부 여론이 좋지 않았다는 점 역시 반 발의 한 가지 원인이었다.

이후 위율은 한에서 사신으로 왔다가 억류되었으나 끝내 흉노의 압 박에도 항복하지 않았던 소무와 마굉馬宏 등을 한으로 돌려보내려고 했 다. 여전히 한과의 화친을 통해 막북에서 안정을 회복하려는 바람이 있 었던 것이다. 다른 한편으로 흉노는 어려움을 해소하기 위한 군사 도발 도 시작했다. 기원전 80년 좌부와 우부에서 2만 기를 내서 4개의 부대를 만들어 변경을 노략질했다. 이에 한이 반격을 가해 별 피해 없이 9000명 을 목을 베거나 포로로 잡았으며 구탈왕甌脫王도 사로잡을 수 있었다.

대규모 공격에 실패한 흉노는 한에 구탈왕이 잡힌 것을 알고, 그가 역으로 군대를 이끌고 자신을 공격할까 걱정하며 곧장 더 서북쪽으로 옮 겨 갔다. 이후에는 감히 남쪽으로 가축을 몰고 와 풀과 물을 먹이지 못하 고 백성을 동원해 구탈에 주둔했다.[112] 이처럼 흉노는 여전히 기회만 있

---

111 Bryan K. Miller·Martin Furholt·Jamsranjav Bayarsaikhan·Tömörbaatar Tüvshinjargal·Lennart Brandtstätter·Joshua Wright·Tseel Ayush·Tina Wunderlich, "Proto-Urban Establishments in Inner Asia: Surveys of an Iron Age Walled Site in Eastern Mongolia", *Journal of Field Archaeology* v.44-4, 2019, pp. 267~286.

112 『漢書』卷94上「匈奴傳」上, p. 3783.

으면 고비를 넘어 남쪽으로 내려오려고 했다. 다음 해인 기원전 79년에 흉노가 9000기를 보내 이전에 한이 만든 수항성 부근에 주둔했다. 막남에 진출하려는 의지를 드러낸 것이다. 한편 북쪽에서는 여오수에 다리를 놓아 가축 등이 쉽게 건너서 도망갈 수 있게 했다.

계속 도발을 시도하던 흉노에서 태도를 바꾸고 화친을 주도한 이는 대선우의 동생 좌록리왕이었다. 그는 변경 공격과 노략질을 줄이고 한의 사신을 후대하며 화친하자는 의사를 강하게 드러냈다. 한의 소제도 이를 이용해 흉노를 기미하려고 했으나 화친을 주도하던 좌록리왕이 바로 죽는 바람에 기미는 실현되지 않았다.[113] 기원전 78년 호연제 대선우는 한과의 관계가 생각대로 개선되지 않자 이우왕犁汙王을 보내 한의 사정을 엿보게 했다. 그는 주천과 장액의 군대가 약해지면 군대를 보내 땅을 되찾을 생각이었다. 한도 항복한 사람을 통해 이런 계획을 알아채고는 사전에 대비했다. 얼마 후 우현왕과 이우왕이 4000기를 3개 부대로 나눠 일륵日勒, 옥란屋蘭, 번화番和 방향으로 쳐들어왔다. 이에 장액 태수와 속국도위가 이들을 격파했다. 패배한 이우왕이 죽자 더 이상 장액에 쳐들어오지 못했다.[114]

이듬해인 기원전 77년에도 흉노의 남하는 계속 이어져 3000여 기가 오원에 들어와 수천 명을 잡고 죽였다. 이후에 다시 수만 기가 남쪽의 장성 부근에서 사냥하면서 장성 밖에 있는 정장을 공격해 관리와 백성을 잡아갔다. 한이 설치한 변군邊郡의 봉화대와 관측소가 정확하여 흉노는 계속된 공세에도 성과가 적었다. 흉노가 장성을 넘어 공격하는 일은 드

---

113 위와 같음.

114 위와 같음.

물 정도였다.[115] 흉노는 화친을 회복하지도 못하고, 군사적 도발에서도 성과를 거두지 못하여 고립에서 탈출하는 데 실패했다. 오히려 서쪽의 오손뿐만 아니라 흉노의 통제를 받으며 공납을 바치던 동부 오환의 도전에까지 직면하는 어려운 상황에 빠졌다.

이때 흉노를 공격한 오환은 기원전 119년 곽거병이 싱안링산맥 방향으로 흉노 좌부에 대한 원정을 진행한 이래로 그 일부가 한의 통제를 받았다. 한에서는 상곡군과 어양군, 우북평군, 요서군, 요동군 등 다섯 군의 장성 밖에 이들을 옮겨두고 흉노의 동정을 정탐하게 하였다. 이후 오환에 호오환교위護烏桓校尉를 설치해 이들을 감독했으며 오환의 대인大人이 조정에 오기도 했다. 이렇게 한은 오환을 지원해 흉노를 고립시키려 했다.[116]

한은 흉노가 오환을 공격하려 한 사실을 알아채고 흉노의 군대를 요격했다. 원래 흉노는 오환이 죽은 대선우의 무덤을 파헤친 것에 분개해 2만 기를 동원해 보복 공격을 한 것이었다. 이에 대장군 곽광霍光(?~기원전 68)이 군대를 동원해 오환을 도와주려 했으나 호군도위護軍都尉 조충국趙充國(기원전 137~기원전 52)이 반대해 이루어지지 않았다. 그러나 중랑장 범명우范明友(?~기원전 66)가 공격하자고 하자 그를 바로 도료장군度遼將軍으로 삼아 일을 맡게 했다. 범명우는 2만 기를 이끌고 요동으로 나가 흉노를 공격했다. 흉노는 한의 군대가 온다는 소식을 듣고 군대를 물려 돌아가다가 오환을 공격해 6000여 급을 베었고, 3명의 왕을 잡아갔다.[117] 이를 통해 싱안링산맥 동남부에 있었던 오환이 흉노의 약화를 틈

115   위의 책, p. 3784.

116   『後漢書』卷90「烏桓鮮卑列傳」, p. 2981.

타 서서히 세력을 확장했음을 알 수 있다. 이는 흉노 좌부 세력이 이전보다 상대적으로 약해졌기 때문에 가능한 일이었다.

한편 흉노는 오손에 사신을 보내 한의 공주를 보내라고 요구했다. 이 요구를 빌미로 압박을 가하며 오손을 공격해 거연車延과 악사惡師 땅을 빼앗았다. 흉노의 공격을 받은 오손에서는 시집온 한의 공주가 소제에게 편지를 올려 구원을 요청했다. 하지만 한에서는 흉노와 전쟁을 할지 결정을 내리지 못한 상황이라 논의만 했다. 흉노가 한과 동맹을 맺은 오손을 견제한 것은 고립 상황에서 벗어나기 위해서였다. 이후에도 흉노는 줄곧 이런 움직임을 보였고, 한 역시 이에 대응하면서 양국은 군사적 대결을 다시 본격화했다.

4. 선제의 북벌 이후 흉노의 위축 심화와 계승 분쟁

기원전 74년에 소제가 죽고 선제宣帝(유순劉詢, 중종中宗, 기원전 91~기원전 48, 재위 기원전 74~기원전 48)가 즉위하자 오손의 곤미昆彌가 편지를 보내 "연이어 흉노의 침범으로 땅을 빼앗겨 곤미가 온 나라의 정병 절반과 말 5만 필을 동원해 온 힘을 다해 흉노를 공격하려 하니 천자께서도 군대를 내어 공주를 불쌍히 여기시어 후원해주셨으면 합니다!"라고 했다. 서부에 고립된 처지에서 탈피하기 위해 움직이던 흉노에 대한 오손의 대응이었다. 선제는 그 간곡한 요청을 받아들여 흉노에 대한 공격을 재개했다.[118] 이를 위해 기원전 72년 정월에 무제 때보다 더 큰 규모로 원정군을 조직했다. 관동關東의 경장輕裝한 정예 병사를 동원하고 군국의 관리

---

117   위와 같음.

118   『資治通鑑』卷24「漢紀」16〈孝昭皇帝下〉, p. 797.

중에서 질秩(관직, 녹봉 따위의 등급)이 300석인 강건하고 말타기와 활쏘기에 익숙한 사람을 뽑아 모두 종군하게 했다. 또한 어사대부 전광명田廣明(?~기원전 71)을 기련장군祈連將軍으로 삼아 4만여 기를 이끌고 서하에서 출전하게 했고, 도료장군 범명우는 3만여 기를 이끌고 주천에서, 전장군 한증韓增(?~기원전 56)은 3만여 기를 이끌고 운중에서, 후장군 조충국은 포류장군蒲類將軍으로 삼아 3만여 기를 이끌고 주천에서, 운중 태수雲中太守 전순田順(?~기원전 71)은 호아장군虎牙將軍으로 삼아 3만여 기를 이끌고 운중에서 출전하게 했다.

다섯 장군은 총 16만 명의 기병을 이끌고 장성 밖으로 각각 2000여 리를 진출했다. 또한 오손을 보호하기 위해 교위 상혜常惠(?~기원전 46)를 시켜 서역 오아시스에도 군대 2만 명을 동원했다. 이에 오손의 곤미가 몸소 흡후 이하 5만여 기를 이끌고 서쪽 초원 방향으로 진군해 와서 다섯 장군의 부대와 합류했다. 이렇게 해서 흉노를 공격하기 위해 동원된 총 병력은 23만 명 정도가 되었다.[119]

반면에 흉노는 한이 출정했다는 첩보를 듣고는 노약자와 가축을 몰아 멀리 초원 북쪽으로 도망을 가버렸다. 그리고 준계산 북방에 있던 선우정을 셀렝게강 방향으로 이동하여 한의 대대적인 공격을 피했다. 그 결과 고비를 건너 선우정을 공격한 다섯 장군은 큰 성과를 거두지 못했다. 그러나 다른 곳에서는 일정한 성과를 거두었다. 먼저 주천에서 거연을 거쳐 북쪽으로 2000리를 진군한 도료장군은 포리후수蒲離候水(지금의 몽골공화국 서남쪽에 있는 하천으로 추정)까지 가서 700여 급을 베거나 포로로 잡았다. 또한 말과 소, 양 등의 가축을 1만여 마리나 잡을 수 있었다.

---

119 위와 같음.

한증은 운중에서 1200리를 나아가 오원烏員에 이르러 흉노를 베거나 포로로 잡았다. 또한 후산候山에 이르러 100여 급을 베거나 포로로 잡았고, 말과 소, 양 등의 가축 2000여 마리를 잡았다. 조충국은 오손과 만나 흉노를 포류해에서 공격하기로 했으나 오손이 약속한 날보다 일찍 왔다 가버리는 바람에 만나지 못했다. 이에 그는 장성을 1800여 리나 나와 서쪽으로 후산까지 가서 흉노를 베거나 포로로 잡았다. 여기에서 흉노의 사자 포음왕蒲陰王 이하 300여 급을 얻었고, 말과 소, 양 등의 가축 7000여 마리를 잡았다. 나머지 세 장군은 흉노가 이미 물러났다는 소식을 듣고 모두 정해진 기일 전에 돌아왔지만 큰 문책을 받지는 않았다.

서하를 출발한 전광명은 장성 북쪽으로 1600여 리나 나아가 계질산雞秩山(지금의 몽골공화국 서남쪽 알타이산맥에 있는 산으로 추정)에 이르러 19급을 베거나 포로로 잡고 소와 말, 양 등의 가축 100여 마리를 얻었다. 전광명은 돌아오는 길에 한의 사신 염홍冉弘 등을 만났는데, 염홍에게서 계질산 서쪽에 흉노가 있다는 말을 듣고도 오히려 그를 타이르며 흉노는 그곳에 없다며 군대를 돌리려 했다. 또한 어사의 속관 공손익수公孫益壽가 철수가 불가하다고 간언했음에도 말을 듣지 않고 군대를 물려 돌아왔다.

운중을 출발한 전순은 장성에서 800여 리나 나아가 단여오수丹余吾水(지금의 몽골공화국 서남부에 있는 하천으로 추정) 근처에서 900여 급을 베거나 포로로 잡았고, 말과 소, 양 등의 가축 7만여 마리를 잡은 다음 군대를 물려 돌아왔다. 선제는 전순이 예정한 날에 정해진 곳까지 공격하러 가지 않았으며 잡은 것을 거짓으로 늘려 보고했다고 여겼다. 또한 전광명이 앞에 흉노가 있다는 것을 알았음에도 공격하지 않았다는 것도 알게 되었다. 이에 선제는 두 사람에게 스스로 목숨을 끊도록 했다.

교위 상혜는 오손의 군대와 함께 흉노 우록리왕의 왕정을 기습했다. 왕정은 지금의 신장위구르자치구 하미 서북방 톈산 북쪽의 이오伊吾 근방에 있었다. 오손은 포류해를 지나 이곳까지 왔고, 상혜는 하미에서 북상해 왔다. 이곳에서 호연제 대선우의 아버지와 같은 항렬의 사람들과 대선우의 형수, 거차居次, 명왕名王, 이우도위犂汙都尉, 천장千長, 장將 등 3만 9000여 명을 잡고 말, 소, 양, 당나귀, 노새, 낙타와 같은 가축 9만여 마리를 잡는 큰 성과를 거두었다. 큰 공을 세운 상혜는 장라후長羅侯가 되는 등 포상을 받았다. 한에서 직접 동원한 장군들이 별다른 성과를 거두지 못한 것과 달리 오손과 오아시스에서 동원한 부대는 우록리왕을 격파했다.[120]

이번 한의 공격은 규모에서도 무제 시기를 넘어섰으며 오손과 오아시스의 군대까지 동원하는 등 새로운 시도도 있었다. 한은 하서사군과 한사군을 설치하고, 오손과 동맹을 맺었으며, 오환을 비롯한 여러 속국을 설치한 뒤에 흉노를 완전히 포위한 상태에서 공격했다. 흉노를 고립시킨 후에 공격하려 했던 무제의 구상이 비로소 완성된 것이다. 선제의 북벌로 "흉노의 백성 중에서 죽거나 다치거나 도망간 자들과 가축들이 멀리 이동하다가 죽은 것이 셀 수 없을 정도였다. 이에 흉노는 마침내 약해졌고 오손을 원망하게 되었다"[121]라고 할 정도로 흉노는 엄청난 타격을 입었다. 가장 우려했던 오손과 한의 연합 작전이 효과적으로 이루어지면서 흉노는 우부를 상실하고 크게 위축되었다.

겨울에 호연제 대선우가 몸소 1만 기를 거느리고 오손에 복수를 감

---

120 『漢書』卷96下「西域傳」下, p. 3905.

121 『漢書』卷94上「匈奴傳」上, pp. 3785~6.

행했다. 무엇보다 흉노로서는 오손을 굴복시켜 한과 동맹을 끊도록 하는 것이 시급했다. 그러나 이 원정은 겨울에 이루어져 작전을 실행하는 데 큰 어려움이 있었고, 노약한 자들만 겨우 얻는 정도의 성과를 거두었을 뿐이다. "하늘에서 눈이 많이 내려 하루에 한 장이나 쌓여 백성과 가축이 얼어 죽으니 돌아온 것이 열에 하나였다"라고 할 정도로 오히려 흉노가 큰 피해를 입었다. 게다가 그동안 흉노의 통제를 받던 족속들이 전방위적으로 반기를 들었다. 서북방의 정령이 북쪽에서, 오환이 동쪽에서, 오손이 서쪽에서 흉노를 공격했다. 흉노는 수만 급이 베이고, 수만 필의 말과 소, 양이 약탈당했을 만큼 결정적인 타격을 입었다. 이처럼 재해와 기습 공격으로 "먹을 것이 없어 죽기도 하니 백성 중에서 죽은 사람이 열의 셋이고, 가축 중에서 죽은 것이 열의 다섯에 이르러 흉노는 더욱 힘없게 되었다. **흉노의 아래에 있던 여러 나라가 모두 흩어져 그들이 흉노를 쳐서 빼앗아 어떻게 다스릴 수 없었다**"라고 할 정도였다.

선제 역시 3000기를 보내 세 갈래 길로 흉노를 다시 공격하여 수천 명의 포로를 잡아 왔다. 도저히 감당할 수 없었던 흉노는 결국 한과 화친하려고 했다.[122] 흉노는 막북에 완전히 고립된 상태에서 주변의 공세를 막기 위해 전전긍긍했다. 이후에 한이 변경 지역에 별 탈이 없게 되었다고 평가할 만큼 흉노는 제대로 힘을 쓰지 못했고, 한동안 내적 안정을 회복할 시간이 필요했다. 그러는 가운데 기원전 68년 여름 호연제 대선우가 죽고 동생인 좌현왕이 허려권거虛閭權渠(?~기원전 60, 재위 기원전 68~기원전 60) 대선우로 즉위했다.[123] 대선우는 이후 권력을 강화하기 위해

---

122   위의 책, p. 3787.

123   위와 같음.

우대장군右大將軍의 딸을 대연지大閼氏로 삼고, 형이 총애하던 전거연지를 쫓아냈다. 그리고 한이 흉노가 약해져 도발하지 못할 거라 판단하고 장성 밖 요새의 백성을 쉬게 했음을 알아차리고는 한과 화친을 맺고자 했다. 한에게 흉노의 위상을 인정받아 위축된 국가를 다시 일으켜 세우려는 의도였다.

쫓겨난 전거연지의 아버지 좌대저거가 이에 불만을 품고 대선우를 곤경에 빠뜨릴 계획을 세웠다. 호려자왕呼盧訾王에게 자신과 각각 1만 기를 거느리고 남쪽의 장성 주변에서 사냥하다 만나 함께 한에 쳐들어가자고 했다. 한의 공격을 유도하기 위한 것이었다. 이 군사 작전 계획은 한으로 도망간 흉노 병사를 통해 한에 알려졌다. 이에 한은 변경에 있던 기병을 일으켜 중요 방어 지점에 주둔했다. 대장군군감大將軍軍監 치중治衆 등 4명의 장군에게 5000기를 이끌고 3개의 부대로 나눠 장성에서 각 수백 리씩 나아가 흉노 병사 수십 명을 잡아 돌아오게 했다. 허려권거 대선우 역시 이를 알아채고 군대를 물렸기 때문에 좌대저거가 모의한 도발은 실패로 끝났다.

이해 가을 흉노가 이전에 포로로 잡은 서욕西嗕 가운데 좌부 군장 이하 수천 명이 가축을 몰고 와서 구탈에서 싸웠다. 이들은 전투로 많이 죽거나 다치자 한에 와서 항복하였다. 또한 이해에는 초원에 기근이 들어 백성과 가축이 열의 여섯 내지 일곱이나 죽었다고 할 만큼 심각한 상황이었다. 한은 이것이 약탈로 이어질까 우려하며 2개의 주둔군에서 1만 기를 내어 혹시 모를 움직임에 대비했다.[124]

좁고 척박한 초원에 고립된 채 전쟁과 재해를 반복해서 겪은 흉노

---

124 위의 책, p. 3788.

는 새로운 돌파구를 마련하기 위해 다시 서부 진출을 모색했다. 그동안 흉노에 공납을 내다가 저항을 시작한 오아시스 지역에 대한 대응이기도 했다. 기원전 67년 오아시스 국가들이 일제히 흉노를 공격하고 거사국을 차지한 다음 왕과 백성을 잡아갔다. 흉노는 이에 거사왕의 동생 두막兜莫을 거사왕으로 삼고 나머지 백성을 거두어 동쪽으로 옮겨 가게 했다. 두막이 살던 땅에서 떠나자 한은 이곳에 주둔할 군대를 더 보내 땅을 나누어 주어 거사 땅을 채웠다.[125] 기원전 66년에 다시 여러 나라가 거사국을 함께 공격하자 흉노는 좌대장과 우대장에게 각각 1만여 기를 이끌고 가서 주변에 있던 오손과 다른 오아시스를 압박하게 했다. 이어 기원전 65년에는 허려권거 대선우가 좌오건左奧鞬과 우오건右奧鞬에게 각각 6000기를 주어 좌대장과 함께 거사성에 둔전하고 있던 한의 주둔군을 공격하게 했다. 이처럼 흉노는 거사 진출을 시도하여 오아시스에 대한 기존의 통제권을 회복하려 했지만, 한의 적절한 대응으로 성공하지 못했다.[126] 이후 기원전 61년까지 3년에 걸쳐 흉노는 초원 서북방 예니세이 강 근방에 있던 정령이 고지로 돌아오려 하는 움직임[127]을 가까스로 저지하고 막북 초원의 지배권을 유지할 수 있었다.

기원전 60년 내적 어려움에 시달리던 흉노는 한에 화친을 압박하기 위해 10만여 기를 이끌고 남쪽으로 왔다. 장성 부근까지 와서 몰이사냥을 하는 척하면서 장성 너머를 공격했다. 항복한 흉노인 제제거당題除渠堂이 이 사실을 알리자 후장군 조충국이 4만여 기를 이끌고 장성에 가서

125　『漢書』卷96下「西域傳」下, pp. 3923~3924.

126　『漢書』卷94上「匈奴傳」上, p. 3788.

127　위와 같음.

변경의 아홉 군에 나누어 주둔했다. 한에서 흉노에 대한 대비를 갖춘 지 한 달쯤 지났을 때 허려권거 대선우가 병이 나서 회군하는 바람에 충돌은 일어나지 않았다. 압박을 가하려던 대선우는 귀환하는 길에 한에 화친 의지를 보이기 위해 제왕題王 도리호차都犁胡次를 사신으로 보냈다. 그러다 10월경에 허려권거 대선우가 죽고, 흉노 내에서 다시 계승 분쟁이 일어나며 대선우가 추대되는 사건이 벌어졌다. 이전에 쫓겨났던 전거연지가 자신과 사통한 우현왕 도기당屠耆堂을 악연구제握衍朐鞮(?~기원전 58, 재위 기원전 60~기원전 58) 대선우로 추대했다. 이는 농성에서 전거연지가 자신의 동생 좌대저거 도륭기都隆奇와 모의하여 벌인 일이었다. 대선우로 추대된 도기당은 아버지의 뒤를 이어 우현왕 자리에 있었는데, 오유 대선우의 현손으로 계보가 분명하지 않다.

즉위한 대선우는 권력을 장악하기 위해 앞선 대선우 허려권거를 섬기던 귀인 형미앙刑未央(?~기원전 60) 등을 모두 죽이고 전거연지의 동생 도륭기를 등용하였다. 또한 허려권거의 자제와 근친 등을 모두 파면한 다음 자기 아들과 동생들에게 그 지위를 대신하게 했다.[128] 다른 한편으로 한과 화친을 회복하고 자신에 대한 지지를 얻어내기 위해 동생 이추약왕伊酋若王 승지勝之를 한에 보냈다. 이때 허려권거 대선우의 아들 계후산稽侯狦은 정변이 일어나자 자신의 장인 오선막烏禪幕에게로 도망갔다. 오선막은 본래 오손과 강거 사이에 있던 나라 출신으로 두 나라에서 여러 차례 공격을 받자 무리 수천 명을 이끌고 흉노에 항복한 다음 호록고 대선우 동생의 아들인 일축왕 선현탄의 누이와 결혼한 다음 우부에 살고 있었다. 우부에 있던 일축왕 선현탄 역시 아버지가 좌현왕이니 당연히 자

128　위의 책, pp. 3789~3790.

신이 대선우로 즉위해야 한다고 생각했지만, 아버지가 형인 호록고 대선
우에게 양보하고 죽자 좌현왕이 되지 못하고 밀려나 있었다. 그는 우현왕
이었다가 대선우가 된 악연구제의 즉위에 대해 여론이 좋지 않다는 것을
핑계로 자신이 대선우가 되고자 했다. 실제로 선현탄이 대선우가 되어야
한다는 여론도 일부 있었다. 그러나 악연구제와 갈등 관계였던 선현탄은
어쩔 수 없이 수만 기를 이끌고 한에 투항해 귀덕후歸德侯가 되었다.

한편 악연구제는 선현탄을 비롯한 우부의 중추 세력이 한에 들어
가자 자신의 사촌형 박서당薄胥堂을 일축왕으로 삼아 우부를 통제하려고
했다. 이는 한에서 정길鄭吉(?~기원전 49)을 서역도호西域都護로 삼아 오아
시스 진출 의지를 드러낸 것과도 관련이 있다. 정길은 일축왕의 항복을
받고 막부를 설치한 다음 오루성烏壘城(지금의 신장위구르자치구 룬타이현
輪臺縣 동쪽 처다야향策達雅鄕으로 추정)을 쌓았다. 또한 한은 이곳에 둔전을
설치하고 과거와 달리 오아시스 지역을 직접 통제했다.[129]

그 결과 흉노는 그동안 동복도위僮僕都尉를 두어 오아시스로부터 받
던 공납을 더 이상 받지 못하게 되었다. 우부의 중요 기반인 오아시스를
한이 직접 통제하려 하자 흉노는 심한 압박을 느꼈다.[130] 이른바 한의 서
역 경영이 본격화되면서 흉노는 점차 위축되었고, 이런 상황은 이곳을
직접 담당하던 우부만이 아니라 좌부와 우부의 갈등으로 확대되었다.

기원전 59년 악연구제 대선우가 선현탄의 두 동생을 죽이자 선현탄
의 장인인 오선막은 둘을 구명하다가 불만을 품고 이탈했다. 좌오건왕이
죽자 대선우는 자기 막내아들을 오건왕으로 삼아 그의 왕정에 머무르게

---

129   『漢書』卷96下「西域傳」下, p. 3874.

130   王子今,『匈奴經營西域研究』, 中國社會科學出版社, 2016, pp. 45~67.

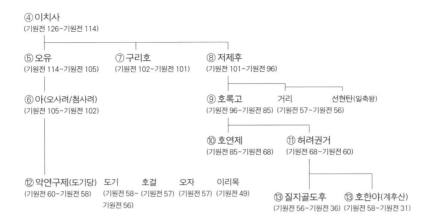

[그림 8] 막북 이주 이후 대선우의 계승

했다. 이에 오건부의 귀인들이 모두 죽은 오건왕의 아들을 왕으로 세운 다음 대선우에게 반발하며 동쪽으로 옮겨 가버렸다. 이에 대선우는 우승 상을 보내 그들을 공격했는데 승리는커녕 오히려 만 기 가운데 수천 명을 잃었다. 이후 좌부의 큰 반발에 직면하게 되었고, 이로써 흉노의 분열이 가시화되었다. 그런데도 대선우는 기원전 58년까지 여전히 권력 장악에만 골몰했다. 그는 즉위한 지 2년도 지나지 않았는데, **"그가 백성을 험하게 학대하고 죽이니 그 나라의 백성이 그에게 복속하려 하지 않았다"**라고 할 정도로 민심의 이반에 직면했다. 또한 대선우의 아들인 좌현왕이 여러 번 좌부의 귀인을 무고하니 귀인이 모두 좌현왕을 원망하게 되었다고 할 만큼 내부 통솔에도 실패했다.

이런 좌부의 혼란을 빌미로 기원전 58년 오환이 흉노 동쪽 변경에 있던 고석왕姑夕王을 공격했다. 이에 대선우가 화를 내자 이를 두려워한 고석왕이 오선막과 좌부 귀인들과 함께 계후산을 대선우로 추대했다. 이후 즉위한 계후산은 호한야呼韓邪(?~기원전 31, 재위 기원전 58~기원전 31)

대선우라 불렸다. 그는 즉위하자마자 바로 좌부의 4만~5만 명 정도의 병력을 이끌고 서쪽으로 나아가 고저수 북쪽에서 악연구제 대선우와 전투를 벌였다. 전투가 본격화하기도 전에 악연구제는 패해 도망가면서 사람을 시켜 자기 동생인 우현왕에게 도움을 청했다. 이에 우현왕이 오히려 그를 나무라며 자결을 요구하자 결국 스스로 목숨을 끊을 수밖에 없었다. 이렇게 악연구제가 죽자 선우정에서 권력을 잡고 있던 좌대저거 도륭기 역시 우현왕에게로 도망갔다가 다시 호한야에게 항복했다.[131] 대선우를 타도한 호한야는 내적 안정을 위해 자신의 형 호도오사呼屠吾斯를 좌록리왕으로 삼았다. 또한 우현왕의 귀인들을 시켜 우현왕을 죽이라고 했다.

그러나 아직 호한야의 권력이 강하지 못한 터라 그해 겨울 도륭기가 이탈하여 우현왕과 함께 일축왕 박서당을 도기屠耆 대선우(?~기원전 56, 재위 기원전 58~기원전 56)로 추대했다. 대선우가 된 도기는 수만 명의 군사를 동원해 바로 호한야를 습격했다. 기습당한 호한야가 패주해 동부로 도망가자 도기는 본거지인 우부로 돌아가면서 자신의 장자 도도오서都塗吾西를 좌록리왕으로, 막내아들 고무루두姑瞀樓頭를 우록리왕으로 삼아 선우정을 지키게 했다. 이렇게 우부와 좌부의 대결이 심해지면서 2명의 대선우가 양립했다.

승리하고 돌아간 도기는 기원전 57년 가을에 일축왕 선현탄의 형인 우오건왕右奧鞬王과 오자도위烏藉都尉를 시켜 각각 2만 명의 기병을 거느리고 동쪽으로 가서 호한야의 공격을 막게 했다. 이때 서방의 호걸왕呼揭王이 도기에게 와서 유리당호唯犂當戶와 함께 우현왕을 죽였다. 도기는 우

---

131   『漢書』卷94上「匈奴傳」上, p. 3791.

현왕 부자가 모반했다고 생각하고 죽인 것인데, 후에 이것이 유리당호의 모함이었다는 사실을 알고는 유리당호 역시 죽여버렸다. 반면에 이 일을 꾸민 호걸왕은 도기를 배반하고 도주해 스스로 호걸呼揭 대선우라고 칭했다. 우오건왕도 자립해 거리車犁 대선우라고 했으며, 또한 오자도위 역시 자립하여 오자烏藉 대선우라고 했다.[132] 이렇게 선우정을 둘러싼 좌부와 우부의 대결에서 승리한 우부에서는 대선우의 권위가 추락하여 핵분열이 일어나듯 여러 명의 대선우가 등장해 이른바 **'다섯 [대]선우 쟁립시대五[大]單于爭立時代'**가 되었다. 악연구제 대선우 즉위 이후 지배 집단 내부에서 벌어진 권력 다툼이 결국 여러 명의 대선우가 분립하고 각자의 영지에서 대선우로서 세력화를 도모하는 방향으로 전개되었다.

이 중에서도 특히 우부 내부의 대결이 극심했다. 먼저 도기가 군대를 이끌고 동쪽으로 가서 거리 대선우를 친 다음 동시에 도륭기를 보내 오자 대선우를 공격했다. 패배한 두 대선우 거리와 오자는 서북으로 도망가 대선우를 칭한 호걸과 연합해 4만 명 정도의 병력을 모았다. 궁지에 몰린 오자와 호걸은 대선우 칭호를 버리고 거리를 대선우로 추대했다. 도기는 좌대장左大將과 도위都尉를 시켜 4만 기를 이끌고 동쪽에 주둔해 호한야의 공세에 대비하고, 자신도 4만 기를 이끌고 서쪽의 거리를 쳤다.

패배한 거리는 서북으로 도주한 다음 소멸했기 때문에 5명의 대선우가 이제 다시 둘로 줄었다. 승리를 거둔 도기는 군대를 서남쪽으로 이끌고 가서 흡돈闟敦 지역에 머물렀다. 한편 기원전 56년 동쪽으로 밀려났던 호한야는 자신의 동생 우록리왕 등을 서쪽으로 보내 좌대장을 습격해 1만여 명을 죽이거나 잡았다. 8월에 좌대장의 패배 소식을 들은 도

---

132   『漢書』卷94下「匈奴傳」下, p. 3795.

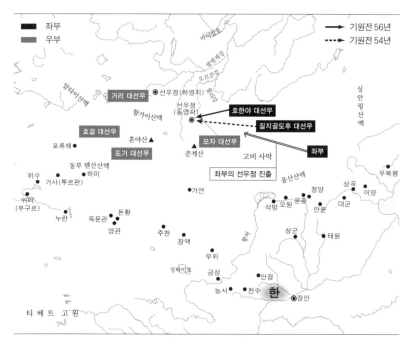

[그림 9] 다섯 선우 쟁립도

기는 바로 6만 명의 기병을 이끌고 호한야를 공격했다. 도기는 동쪽으로 1000리가량 나아가 욕고㖺姑에 도달하기도 전에 호한야의 4만 기와 맞붙어 싸웠다. 오랜 행군으로 지친 도기의 군대는 크게 패했고, 도기도 자살했다. 이때까지 그를 도와주던 도륭기는 도기의 막내아들인 우록리왕 고무루두와 함께 한에 망명했다. 이와 동시에 서북으로 패주했던 거리마저 대선우 칭호를 버리고 호한야에 항복했다.

11월에 호한야의 좌대장 오려굴烏厲屈과 그의 부친 호칙루呼邀累 오려온돈烏厲溫敦이 그에 속한 수만 명을 이끌고 한에 항복하였다.[133] 이에

---

133   위와 같음.

제3편 대결과 위축(기원전 141~기원전 56)

이릉의 아들이 다시 오자도위를 대선우로 추대하나 호한야가 그 역시 붙잡아 참수함에 따라 우부의 분열은 완전히 정리되었다. 승리를 거둔 호한야는 다시 선우정에 돌아올 수 있었다. 하지만 흉노는 계속된 내분으로 통제할 수 있는 병력이 겨우 수만 명에 불과했다. 더욱이 도기가 죽자 우부에서는 그의 종제從弟인 휴순왕休旬王이 기병 500~600명을 이끌고 좌대저거를 쳐서 죽인 뒤 세력화했다. 그는 남은 병력을 이끌고 우부로 돌아가 윤진閏振 대선우(?~기원전 54, 재위 기원전 56~기원전 54)라 칭하고 호한야에 대항했다. 이와 동시에 호한야의 형인 좌현왕 호도오사가 좌부에서 자립해 질지골도후郅支骨都侯(?~기원전 36, 재위 기원전 56~기원전 36) 대선우라고 했다. 좌부를 차지하고 있던 그는 동쪽 변경에 주둔한 상태에서 동생 호한야와 대립했다.

그다음 2년 뒤에 윤진 대선우가 무리를 이끌고 동쪽의 질지골도후를 공격하다가 실패했다. 승리를 거둔 질지골도후는 윤진 대선우의 군대까지 아우르는 데 성공해 세력을 불린 다음 호한야를 공격해 선우정을 차지했다.[134] 이를 통해 흉노의 좌우 대결은 좌부의 승리로 끝났으나 형제간의 대결이 계속 이어져 갈등은 끝나지 않았다. 몇 년간 이어진 지배 집단의 내분으로 대선우가 여럿 다투어 등장하면서 유목민들 역시 "죽은 사람이 만 명이 넘고 가축이 열의 아홉은 없어졌다. 사람들이 굶어 죽었다"[135]라고 할 정도로 심각한 손해를 입었다. 막북 초원의 상황이 매우 어려워졌다.

흉노는 최대 위기를 맞았으나 권력 집단 내부의 분열이 너무 심각

134　『漢書』卷94下「匈奴傳」下, pp. 3795~3796.

135　『漢書』卷8「宣帝紀」, p. 266.

해 이를 도저히 해결할 수 없었다. 이는 생산력이 고도로 발달하지 못한 막북 초원을 배경으로 한 유목국가가 통일제국 중국과 대결을 지속하는 과정에서 드러낸 한계였다. 흉노는 한의 강력한 도전에 근거지를 잃고 막북으로 이주한 다음, 그곳에서 뿌리를 내리고 안정적 국가 체제를 만들어내지 못했다. 흉노가 안정을 찾을 여유도 없이 집요하게 지속된 한의 공격 때문이기도 했고, 흉노 지배 세력들이 자신의 이권을 확장하려 서로 권력 쟁탈전을 벌인 탓이기도 했다. 남쪽으로 진출하려던 흉노의 노력도 참담한 결과를 맞았다.

흉노는 한과의 계속된 전쟁 위기에서 벗어나기 위해 한동안 임시방편 식의 상속을 해왔는데, 이것이 순조롭게 이루어지지 않으면서 세력이 해체되기 시작했다. 대선우 즉위 과정이 합의가 아니라 정변을 통해 이루어지자 돌이킬 수 없는 상처가 남았으며, 이는 결국 더 심각한 투쟁으로 이어졌다. 원칙이 지켜지지 않는 상황에서 대선우는 과거와 같이 흉노 전체를 아우르는 군주로서의 위상을 유지할 수 없었다. 이는 막북 초원으로 밀려난 흉노가 한과의 계속된 전쟁에 대응하느라 내부 체제를 안정시키지 못한 상태에서 개별 세력의 성장을 그대로 용인한 결과였다. 한의 집요한 공격과 여러 방향에서 밀고 들어오는 압박은 내부 결속력을 약하게 만들었다. 여러 세력 간의 갈등은 흉노 체제의 약점과 대선우 권력의 한계를 적나라하게 드러냈다. 그 결과 많은 사람이 한에 투항하고 말았다.

한의 선제는 서하군과 북지군 등에 속국을 두어 흉노에서 온 사람을 통제하려고 했다.[136] 또 흉노가 발전할 기회를 없애기 위해 서역 경영

---

136   위의 책, p. 267.

도 적극적으로 추진했다.[137] 이로 인해 흉노는 오아시스에 대한 통제력을 상실했을 뿐만 아니라 그동안 복속했던 오환과 정령 등의 도전도 맞닥뜨리게 되었다. 이러한 과정을 거치며 흉노는 세력이 크게 약화되었고, 한과의 관계에서도 전세가 역전되었다. 한은 흉노의 막북 고립과 무력 정벌을 통해 이러한 성과를 거두었다.

내부 분열 이후 흉노의 운명은 경쟁하는 두 세력이 그 상황을 타개하기 위해 어떤 노력을 기울이냐에 달려 있었다. 둘 중 하나는 승리해 유일한 대선우로서 권위를 새롭게 정립해야 했고, 이를 바탕으로 체제를 추슬러 한에 대적할 수 있는 세력을 회복해야 했다. 이는 형에게 패해 밀려난 호한야와 선우정을 차지한 질지골도후 두 사람 모두에게 중요한 과제였다.

---

137 石雲濤, 『絲路烽煙 – 漢與匈奴在西域較量』, 商務印書館, 2015.

제4편

고립과 반격
(기원전 56~48)

흉노의 고립과
막북 중심 국가의 형성(기원전 56~기원전 8)

1. 호한야의 남하와 질지골도후의 서천 실패

기원전 54년 계승 분쟁에 따른 대선우의 쟁립을 해소하고 지위를 겨우
회복한 호한야는 형 질지골도후의 공격을 받고 결국 선우정을 넘겨주어
야 했다. 그동안 벌어진 패권 다툼에서 우부를 제압하고 입지를 확립하
려다 형과의 갈등으로 좌부에서마저 밀려나게 된 호한야는 막북 초원에
서 재기하기 어려운 상태가 되었다. 세력을 회복해 형에 대응하기 위해
서는 발 빠르게 움직여야 했다.

이때 호한야를 돕던 동생 좌이질자왕左伊秩訾王이 현실을 타개할 수
있는 대책을 제안했다. 대선우가 직접 한에 가서 신하를 자처하며 황제
를 섬기겠다고 약속한 다음 지원을 받아내 질지골도후를 제압하고 선우
정을 되찾자는 것이었다. 이에 호한야는 머뭇거리며 여러 대신에게 의견
을 물었다. 그동안 흉노는 한과 전쟁을 벌이면서도 대등한 관계인 '화친
체제'를 회복하려고 해왔기 때문이다.

이제까지 대선우들은 군사적 도발을 해서라도 원하는 바를 관철하려고 했다. 태자를 한에 시자로 보내라는 무제의 제안도 거부했었다. 이것이 흉노가 유지해온 기본 태도라 상황이 아무리 절박하더라도 한에 굴종하는 모습을 보이기는 어려웠다. 게다가 건국 이래 대선우가 한을 직접 방문하는 것은 전례 없이 파격적인 일이었다. 대부분의 대신이 "그렇게 할 수 없습니다"라며 다음과 같이 이유를 설명했다.

우리 흉노의 풍속에서는 힘을 떨치는 것을 제일 위로 치고, 엎드려 따르는 것을 아래로 칩니다. 말 위에서 싸우며 나라를 만들었는데 모든 족속(百蠻)에게 이름을 떨칠 수 있었습니다. 싸우다 죽는 것은 장수가 할 바입니다. 이제 형제가 나라를 두고 싸워도 형에게 가지 않으면 동생에게 갈 것이니 비록 죽더라도 이름을 남기면 후손들이 늘 여러 나라의 우두머리가 될 수 있습니다. 한이 비록 군세다고 해도 흉노를 가져다 붙일 만큼은 아닙니다. 어찌하여 **조상께서 만든 체제(선고지제先古之制: 조법祖法)**를 어지럽게 하고 신하로서 한을 섬겨 이전 대선우 분들을 더럽혀 여러 나라의 웃음거리가 되어야만 합니까? 비록 이렇게 해서 가만히 있을 수 있다고 하더라도 어찌 모든 족속의 우두머리가 될 수 있겠습니까?[1]

흉노의 대선우는 한의 황제와 대등한 존재이며 한을 제외한 모든 족속에 대해 종주권을 가지고 있다는 인식이 잘 드러나는 말이다. 여기서 모든 족속이란 흉노가 통제하면서 공납을 받던 융과 호, 오아시스를 말한다. 즉 대선우는 이들에게 가지고 있던 군주로서의 위상과 유목 기

---

1   『漢書』卷94下「匈奴傳」, p. 3797.

마궁사, 즉 '호'로서 인궁지국을 만든 조상의 **영광스러운 전통(고제古** **制)'2**을 절대로 잃을 수 없다는 뜻이었다.

그동안 흉노가 한과 80년 이상 전쟁을 계속하며 지키려고 했던 위상을 포기하자는 파격적 제안은 내부의 강력한 반대에 부딪칠 수밖에 없었다. 대선우가 이를 받아들여 한과 교섭을 하려면 내부의 반발을 무마할 수 있는 이유와 그에 상응하는 대가가 있어야 했다. 그러나 어려운 상황을 빨리 타개하고자 했던 좌이질자왕은 "그렇지 않습니다. 단단하고 무른 것은 때가 있기 마련입니다. 이제 한은 크게 일어나 오손국을 비롯해 성곽을 가진 여러 나라[오아시스 국가]를 모두 신첩으로 삼았습니다. 반면에 저제후 [대]선우 이래 흉노는 날로 오그라들어 다시 돌아갈 수 없을 정도라서 비록 이곳에서 굳세게 대응해도 하루도 가만히 있을 날이 없습니다. 이제 한을 섬기면 가만히 있을 수 있고, 섬기지 않으면 어려워져 없어지게 될 것입니다. 어떤 것이 이보다 좋은 생각일 수 있겠습니까?"라면서 자신의 주장을 굽히지 않았다.

여러 내부 논의를 거쳐 결국 현실적 선택을 한 호한야는 기원전 53년에 자신이 직접 한으로 가기로 했다. 먼저 장성 가까이에 가서 아들인 우현왕 수루거당銖婁渠堂을 한의 조정에 시자로 보냈다. 이전에 태자를 한의 조정에 보내라는 무제의 요구를 거부했던 것을 생각해보면 이는 획기적인 결정이었다. 그만큼 흉노의 상황이 급박했던 것이다.

---

2 돌궐이나 위구르 시기에는 '고제'를 '퇴뤼törü'라고 했다. 이는 군주가 권력의 정통성을 확립하는 근거로, 국가를 통치하는 데 기본이 되는 '조법祖法'이라는 소극적인 의미와 '조상으로부터 물려받은 유무형의 전통'이라는 적극적인 의미가 있다(Sir Gerard Clauson, *An Etymological Dictionary Pre-Thirteenth Century Turkish*, Oxford Univ. Press, 1972, pp. 531~532; Д. М. Наделяев, Древнетюркские Словарь, Ленинград, 1969, p. 581).

막남으로 간 호한야의 움직임에 자극받은 막북의 질지골도후 역시 아들인 우대장 구우리수胸于利受를 한의 조정에 시자로 보냈다.[3] 흉노 내부의 대립과 경쟁이 초원에서만이 아니라 한의 조정으로 확대되자 결국 호한야는 기원전 52년에 오원새까지 와서 조정을 방문하겠다는 것을 알렸다. 흉노의 태도가 갑자기 바뀌자 지금까지 그칠 줄 모르던 양국의 전쟁이 마무리되고 화해의 시대로 접어들었다. 한은 그다음 해인 기원전 51년부터 변경 요새의 경비병을 10분의 2로 줄일 수 있었다.[4]

기원전 51년 호한야는 정월에 오원새를 출발해 장안으로 갔다. 한은 그를 호위하기 위해 거기도위車騎都尉 한창韓昌을 보내 영접하며 지나가는 일곱 군마다 2000명의 기병을 징발해 길에 늘어서게 했다. 남하한 대선우는 감천궁에 도착해 새해를 축하하는 조회(조하朝賀)에 참석했다. 선제는 그를 특별한 예로 우대하여 지위를 제후왕보다 위에 두고, 자신을 배알할 때 신이라고 칭하되 이름을 말하지 않게 했다. 이와 함께 대선우에게 관모와 허리띠, 저고리와 치마, 황금으로 만든 도장(새璽)과 여초綟草로 염색한 도장 끈, 옥으로 장식한 검과 허리에 다는 칼, 활 하나와 화살 4묶음, 덮개로 싸여 있는 의장용 창 10자루, 의자가 달린 수레(안거安車)[5] 1대, 말안장과 고삐 1세트, 말 15필, 황금 20근, 20만 전, 의복 77벌,

---

3   『漢書』卷94下「匈奴傳」下, p. 3797.

4   『漢書』卷8「宣帝紀」, p. 268.

5   [그림 1]은 노용 올 20호분에서 발견된 한식 마차와 그 복원도인데, 1세기 초 한의 고분 벽화에 묘사된 마차와 거의 같은 모습이다(Н. В. Полосьмак·Е. С. Богданов, Ноин-улинская коллекция. Результаты работы российско-монгольской экспедиции, *2006–2012* гг., Новосибирск: ИНФОЛИО, 2016, pp. 18~29; Н. В. Полосьмак·Е. С. Богданов·Д. Цэвээндорж, Двадцатый ноин-улинский курган, Новосибирск: ИНФОЛИО, 2011, pp. 76~89). 선제가 호한야에게 준 물품인 안거, 즉 '한식 마차'는 기원전 1세기 이후 건설된 흉노의 '묘도가 있는 방형 대형 무덤'에서 주로 발견된다. 이는 위세품威勢品으로서의 성

[그림 1] 노용 올 20호분 출토 마차와 중국 마차 벽화(왼쪽), 출토 마차 복원도(오른쪽)

수놓은 비단(금수錦繡), 고운 주름 비단(기곡綺縠) 등과 여러 종류의 비단
8000필, 명주솜 6000근 등을 주었다. 이전에 없던 파격적인 수량이었다.

조례朝禮가 끝난 뒤, 선제는 사자를 시켜 호한야보다 먼저 장안으

격을 보여주는 부장품으로 무덤 주인공의 신분이 대선우 혹은 대선우에게 마차를 받을
정도였음을 뜻한다(국립중앙박물관 편, 『몽골 흉노무덤 자료집성』, 성림, 2008, p. 35; 중앙문화
재연구원·동서문물연구원·몽골과학아카데미고고학연구소, 『몽골의 무덤』, 진인진, 2020, p. 227).
『한서』에는 황제가 직접 대선우에게 마차를 준 기록이 여섯 차례 정도 나온다. 이에 따
라 발굴된 마차가 한에서 유입된 것이라 보기도 하나 최근에는 옻칠 방식이나 제작 기법
등의 연구를 통해 조심스럽게 흉노 자체 제작으로 보기도 한다(G. 에렉첸, 「흉노 마구와 마
차」, 『동양미술사학』 9, 2019; 강나리, 「흉노 마차의 특징과 성격」, 『유라시아 고대 네트워크 匈奴와
漢』, 부산대학교 2020년 국제학술대회 발표문, 2020, p. 86). 한 황제가 준 선물이 흉노의 대형
무덤에서만 발견된다는 점은 이를 통해 매장자의 신분을 과시하려고 했음을 뜻하며, 이
러한 형태의 매장은 호한야 이후 한과의 경제적 교류가 활발해지면서 본격적으로 나타
난다.

로 가면서 길을 안내하도록 하였다. 도중에 대선우는 장평長平(지금의 산시성陝西省 징양현涇陽縣)에서 묵었고, 선제는 감천궁을 나와 지양궁池陽宮(지금의 산시성陝西省 싼위안현三原縣 춰어향嵯峨鄕 톈치위안天齊原에 위치)에서 숙박했다. 선제는 장평의 산비탈에 올라갈 때 대선우가 배알을 하지 않아도 된다는 조서를 내렸다. 대선우의 좌우 당호가 모두 줄지어 서서 이를 지켜보았다. 여러 외국(蠻夷)의 군장과 왕후 등 수만 명도 모두 위교渭橋 아래에서 천자를 영접하였다. 이들은 길을 사이에 두고 양쪽에 늘어서 선제가 위교에 올라서자 모두 만세를 외쳤다.

장안에 온 대선우는 선제에게서 받은 저택에서 한 달여간 체류하다가 오원 쪽으로 돌아갔다. 이때 대선우가 자청하길 광록새光祿塞(지금의 내몽골자치구 우라터첸기 동북에 있는 밍안현明安縣) 아래 지역에 머물면서 위급 상황 시 한의 관리하에 있는 수항성을 지키고 싶다고 했다. 이는 대선우가 막남으로 내려와 음산 이북에서 지내기를 원했음을 보여준다. 대선우는 막북을 차지한 질지골도후로 인해 고비를 넘어 돌아갈 수 없는 상태라 이곳에 머무를 수밖에 없었다.

이에 한은 장락위위長樂衛尉 고창후高昌侯 동충董忠과 거기도위 한창에게 기병 1만 6000명을 이끌고 호위하도록 했고, 아울러 변군의 병사와 말 수천을 징발해 호한야가 삭방군 계록새雞鹿塞(지금의 내몽골자치구 덩커우현磴口縣 서북쪽 사진타오하이소목沙金套海蘇木 하르가나아무춘베이구청哈日嘎那阿木村北古城으로 하룽거나이산커우哈隆格乃山口라고 불리는 곳) 밖으로 나가서 살게 도왔다. 이어 선제는 조서를 내려 동충 등이 남아서 대선우를 호위하고, 만약 그에 복종하지 않는 자가 있다면 죽이라고 했다. 이와 함께 변경 지역의 곡물, 도정한 곡물, 건량 등을 전후로 3만 4000곡斛을 보내 먹거리에 보태게 하였다.[6]

호한야의 전격적인 장안 방문은 흉노에게 일대 사건이었다. 그만큼 흉노는 고비 너머 새로운 환경에 적응하는 데 어려움을 겪었고, 계절도 겨울이라 식량 지원이 시급했다. 호한야가 머무르게 된 수항성 부근은 장성 이북에서는 그나마 목축하며 지내기 좋은 곳이었다. 살기는 좋아졌지만 이제 흉노는 한의 신하가 되어 그 통제를 받아야 했고, 황제와 대등한 존재라는 인식을 겉으로 드러낼 수 없게 되었다. 호한야는 대내적으로는 여전히 대선우였으나, 대외적으로는 이제 한의 신하를 칭한 여러 족속(蠻夷)의 하나에 불과했다. 이는 양국 관계만이 아니라 흉노 내부의 체제 변화로도 이어졌다.

막북의 질지골도후 역시 호한야의 움직임에 자극받아 한에 사신과 물자를 보냈다. 동생과 달리 그는 막북에서 흉노 군주로서 한의 합당한 대우와 인정을 받으려 했던 것으로 보인다. 초원을 실질적으로 지배하는 상황에서 호한야와 다른 태도를 보일 수밖에 없었다. 선제는 사신을 보낸 양자를 모두 같은 수준으로 대우해주었다. 양쪽에서 한에 보낸 사신 모두를 후하게 대접해서 양자의 갈등을 부추기는 쪽이 한에 유리했기 때문이다. 다음 해인 기원전 50년에 두 대선우가 경쟁적으로 사신을 보내고 물자를 바치자 호한야의 사자를 더 잘 대우해주면서도 양자를 모두 받아주었다.[7] 두 세력이 공존하는 가운데 호한야를 기미해 막북의 흉노를 방어하도록 하여 한의 군사적 부담을 줄이려는 의도였다.

질지골도후가 한에 적극적으로 접근하려는 움직임을 보이자 호한야는 기원전 49년 정월에 다시 장안에 왔다. 정초에 있는 조회에 참석하

---

6   『漢書』卷94下「匈奴傳」下, p. 3797.

7   위의 책, p. 3798.

[그림 2] 호한야의 입조 노선도

고, 월동에 필요한 물자를 얻기 위해서였다. 흉노는 남하한 이후 음산 북쪽에 근거지를 제대로 확보하지 못한 상태에서 동영을 하게 되어 큰 어려움을 겪고 있었다. 선제는 호한야를 맞아들이며 이전처럼 예우와 재물을 공여했는데,[8] 의복 110벌과 비단(금백錦帛) 9000필, 명주솜 8000근을 더 주었다. 동영을 위해 부족한 의복을 더 제공한 것이다. 그 밖에 호한야의 호송을 수항성 주변에 있던 한의 주둔병에게 맡기고 기병을 더 보내지 않았다.[9] 선제가 호한야를 잘 호위해준 것은 도발적인 행동을 제어하

---

8   위의 책, p. 3797에 나오는 한이 흉노에 준 물품 목록 참조.

9   위의 책, pp. 3798~3799.

려는 의도이기도 했다.

　다음 해, 즉 기원전 48년 초에 선제의 뒤를 이어 원제元帝(유석劉奭, 고종高宗, 기원전 75~기원전 33, 재위 기원전 48~기원전 33)가 즉위하자 호한야가 바로 편지를 보냈다. 주요 내용은 지금 백성이 매우 궁핍하니 더 많은 식량을 지원해달라는 요구였다. 막남으로 내려와 수항성 부근에 있던 흉노는 한의 계속된 물자 공급에도 여전히 생활이 여의하지 않았던 것이다. 이에 원제는 운중군과 오원군에서 곡식 2만 곡을 옮겨 주었다.[10]

　한편 막북의 질지골도후는 체제를 안정시키기 위해 우부에 대한 공격을 시작했다. 과거 계승 분쟁 과정에서 좌부와 우부의 대결이 흉노의 심각한 내분으로 연결되었는데, 이번에도 우부에서 대선우에 도전하며 독자적인 움직임을 보였다. 호한야를 도왔던 도기 대선우의 어린 동생이 우부로 도망가 이전에 자신의 두 형이 거느렸던 병사 수천 명을 끌어 모은 다음 이리목伊利目 대선우라 칭하고 질지골도후에 도전했다. 그러나 이리목은 곧바로 질지골도후의 공격을 받아 죽었고, 그의 5만여 군사 역시 병합되었다.

　이후 질지골도후는 선우정으로 돌아가지 않고 그대로 우부에 머무르며 그곳에 새로운 근거지를 만들려고 했다. 오랜 내전으로 인해 선우정을 중심으로 한 초원의 상황이 좋지 않았음을 짐작해볼 수 있다. 질지골도후는 이런 상황을 타개하고 자신의 세력을 확보하기 위해 서방 진출을 시도했다. 이는 한의 지원을 받는 호한야의 위협을 피하려는 것이기도 했다. 질지골도후는 서방으로 세력을 확대하며 오손을 자기편으로 끌어들이려 했다. 그러나 오손의 소곤미小昆彌 오취도烏就屠(?~기원전 30)는

10　위의 책, p. 3800.

서쪽으로 이주해 온 질지골도후가 쫓기는 신세라는 것을 알아채고 오히려 그를 공격했다. 오손 역시 한과 좋은 관계를 유지하기를 원했다. 소곤미는 질지골도후 쪽에서 온 사신을 죽인 다음 그 머리를 한의 서역도호에게 보냈다. 그러면서 동시에 8만 기의 군사를 보내 서진하던 질지골도후의 군사를 공격했다. 질지골도후 측에서도 보냈던 사신이 돌아오지 않자 위험을 감지했고, 오손의 군대가 많은 것을 보고는 군대를 정돈하여 맞서 싸웠다. 이 전투는 흉노의 승리로 끝났다. 이후 흉노는 초원의 북쪽에 군대를 보내 반기를 든 족속인 호걸을 쳐서 항복을 받아냈다. 또한 여기에서 더 서쪽으로 나아가 견곤과 그 북쪽에 있던 정령마저 굴복시켰다. 이렇게 이탈의 움직임을 보이던 북방의 세 나라가 다시 흉노에 병합되었다.

이 원정을 이끈 질지골도후는 사얀Sayan산맥(시베리아의 중남부, 바이칼호 서쪽에 있는 산맥) 이북의 견곤 고지에 머무르며 다시 서쪽의 오손을 공격하려 했다. 우부와 초원 북방 원정을 통해 일시적으로 재기의 발판을 마련한[11] 그는 이에 힘입어 기원전 46년 한에 사신을 보냈다. 질지골도후는 자신이 옮겨 간 북쪽이 한과 너무 멀어 교류가 어렵다는 말과 함께 한이 호한야를 도와준 것을 원망하며, 시자로 보낸 아들 구우리수를 돌려보내 달라고 했다. 호한야만 지원하는 한에 강하게 불만을 표현한 것이다. 구우리수가 돌아가는 길에는 한의 사신인 곡길谷吉(?~기원전 45)이 동행했다. 곡길은 흉노를 기미하기 위해 질지골도후를 설득했으나 받아들여지지 않았고 오히려 죽임을 당했다.[12] 이후에 원제는 시자로

---

11   위와 같음.

12   『漢書』 卷94下 「匈奴傳」 下, p. 3801.

와 있던 호한야의 아들 역시 돌려보내기 위해 거기도위 한창과 광록대부 장맹張猛을 사신으로 보냈다.

황제는 흉노가 고비 남쪽으로 내려온 다음 자신의 도움을 받아 사정이 좋아지면 다시 한을 공격하지 않을까 우려하고 있었다. 이즈음 음산 이북의 흉노는 "백성이 늘고 날로 번성해 변경 요새 주변의 짐승을 모두 포획하고, 충분히 자신을 지킬 수 있어 질지골도후를 두려워하지 않게 되자 대신들이 여러 번 북쪽으로 돌아갈 것을 권유했다"라고 할 정도로 형편이 나아진 상태였다. 이 무렵 흉노에 온 한창은 흉노가 고비를 넘어 막북으로 돌아가면 이전에 한과 맺은 약속을 지키지 않을까 걱정했다. 이를 막겠다는 생각에 조정의 허락도 없이 임의로 호한야와 맹약을 했다. 대선우 및 그의 대신들과 함께 낙수諾水의 동산東山에 올라 경로도徑路刀와 황금제 유리留犁라는 칼로 백마를 벤 뒤 그 피를 술과 섞어 마시며 "오늘부터 한과 흉노는 합해 한 집안이 되었으니 대대로 서로 속이거나 서로 공격해서는 안 됩니다. 서로 몰래 훔치는 일이 일어나면 서로 통보해 훔친 자는 베고 그 물건은 배상해야 합니다. 적이 쳐들어오면 군대를 일으켜 서로 돕습니다. 한과 흉노 가운데 감히 먼저 맹약을 배반하는 자가 있다면 하늘의 징벌을 받게 될 것입니다. 자손 대대로 모두 맹약처럼 하게 합시다"라고 약속했다. 이때 이들이 사용한 술잔은 노상 대선우가 죽인 월지왕의 해골로 만든 것이었다고 한다.

이는 장성 이북으로 남하한 흉노의 위험성에 대한 대처였으나, 한창은 귀국 이후 공경들의 격렬한 반대에 부딪쳤다. 여러 대신이 "호한야가 변새를 지키고 한의 울타리가 되었으니 비록 북으로 가려 해도 여전히 한에 위해가 되지 못할 것이다"[13]라며 맹약의 파기를 주장했다. 이를 통해 한은 흉노의 상황이 좋아진 이후에도 여전히 그들을 대등한 상대가 아니라 기미의 대상으로 이해했음을 알 수 있다. 맹약의 내용에서 확인할 수 있듯이 여기서 말하는 기미는 변새를 지키며 한에 필요한 군사적 조력을 하는 것이었다.

한편 한과의 맹약 이후 크게 고무된 호한야는 고비를 넘어 준계산 부근의 선우정으로 돌아갔다. 그와 함께 흉노 세력 모두가 이제까지 머물던 음산 이북을 떠나 막북으로 철수했다. 호한야는 질지골도후가 서쪽으로 이동한 다음 비어 있던 막북 초원으로 돌아가 흉노를 재편할 수 있었다. 질지골도후는 견곤을 친 다음 오손의 공격을 받던 강거와 맹약을 맺고 더 서방으로 이동했다. 그는 한의 사신 곡길을 아무 이유 없이 죽여 한과의 관계가 악화된 상황에서 막북으로 돌아온 호한야가 자신을 공격할까 우려했다. 이후 질지골도후가 이끄는 흉노는 서천을 하게 되나 도중에 추위로 많은 수가 죽고, 강거에 도착했을 때는 따르는 인원이 겨우 3000명에 불과할 정도로 크게 위축되었다.

맹약을 맺은 강거의 왕은 질지골도후를 크게 환대해 공주와 결혼하게 했고, 질지골도후 역시 자기 딸을 주어 결맹을 굳건히 했다. 흉노는 이곳에 자리 잡기 위해 적곡성赤谷城(지금 키르기스스탄 이식쿨 남쪽)을 약탈한 다음 세력화를 시도했다. 스스로 대국이라 여겨 강거 왕에게 무례하게 굴면서 왕의 딸과 대신 등을 죽이기도 했다. 또 현지 주민을 동원해 성을 수축하고 서쪽 나라에 사신과 공물을 보내기도 했다.[14] 이런 행패 때문에 강거에서는 흉노에 대한 반감이 커졌다. 이를 알아챈 서역도호 정길이 강거에 사신을 보내 결맹을 제안했다. 오손도 질지골도후를 공격했

---

13   위와 같음.

14   위의 책, p. 3802.

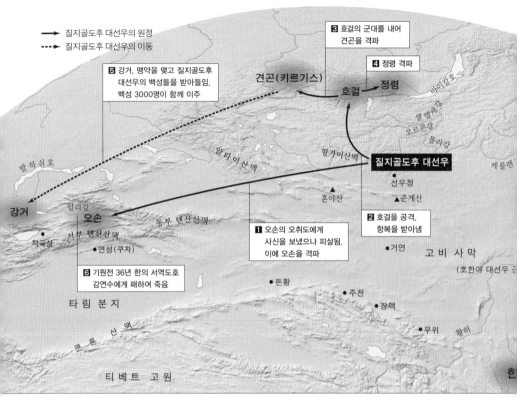

본문 지도 내 텍스트:

→ 질지골도후 대선우의 원정
┅➤ 질지골도후 대선우의 이동

3 호걸의 군대를 내어 견곤을 격파

4 정령 격파

5 강거, 맹약을 맺고 질지골도후 대선우의 백성들을 받아들임. 백성 3000명이 함께 이주

견곤(키르기스)

호걸 → 정령

바이칼호

셀렝게강

오르콘강

톨라강

알타이산맥

항가이산맥

질지골도후 대선우

케룰렌

선우정

▲준계산

발하쉬호

일리강

강거

오손

혼야산

▲

동부 톈산산맥

서부 톈산산맥

적곡성

연성(쿠차)

1 오손의 오취도에게 사신을 보냈으나 피살됨. 이에 오손을 격파

2 호걸을 공격, 항복을 받아냄

•거연

고 비 사 막

(호한야 대선우

6 기원전 36년 한의 서역도호 감연수에게 패하여 죽음

타 림 분 지

•돈황

•주천

•장액

•무위

황허

쿤 룬 산 맥

티 베 트 고 원

한

[그림 3] 질지골도후의 서천과 그 주변의 세력도

고, 이에 패배한 흉노는 크게 위축되었다.[15] 이어서 기원전 36년에 정길을 대신해 서역도호로 온 감연수甘延壽와 부도호 진탕陳湯(?~기원전 6)이 흉노를 공격하자 결국 질지골도후는 죽고 말았다.[16] 이렇게 흉노 좌부의 분열 이후 북방을 진압하고 서방으로 나아가 세력을 회복하고자 했던 질지골도후의 시도는 실패했다.

---

15 『漢書』卷70「傅常鄭甘陳段傳」, p. 3006.

16 『漢書』卷94下「匈奴傳」下, p. 3802.

서천을 시도한 흉노가 소멸하면서 이제까지 한과 원만한 관계를 유지하며 경제적 지원을 받았던 호한야를 중심으로 한 집단만이 막북에 남게 되었다.[17] 이후 호한야가 이끄는 흉노가 막북에서 다시 초원의 지배자가 되었으나 그 위상은 한에 종속된 존재에 불과했다. 더욱이 그동안 통제하에 두었던 여러 세력이 이탈해 과거와 같은 '**백만 중의 큰 나라(百蠻大國)**'[18]가 아니라 '**백만 중의 한 나라**'에 불과하게 되었다. 흉노는 이제 막북에 고립된 상태에서 한의 지원을 받아 경제적 풍요를 누리는 데 만족할 것인가, 아니면 과거와 같은 유목제국으로 다시 발전할 것인가를 선택해야 했다.

2. 막북 초원 중심의 체제 정비와 한과의 공존

기원전 51년 고비를 넘어와 수항성 주변에서 지냈던 호한야는 한의 지원으로 세력을 회복해 기원전 43년 다시 막북의 선우정으로 돌아갔다. 그는 자신의 무리를 이끌고 10년이 넘지 않는 기간 동안 고비 남쪽의 음산 북방 초원에 와서 살았는데, 이곳은 범위가 넓지 않았고 과거 조상이 살던 음산 이남의 초원도 아니었다. 한정된 공간에서 많은 수의 흉노가 지내야 했기 때문에 한의 식량 지원을 받으며 생계를 유지하다가 결국에

---

17 돌궐 제1제국도 계승 분쟁으로 분열한 다음 일부 세력이 막남에 내려와 중국의 지원을 받으며 막북의 세력을 공격해 재기하기도 했다. 계민가한啓民可汗(재위 599~609)은 오르도스를 비롯한 내지의 초원에 들어온 다음 '수隋의 신민臣民'을 자처하면서까지 경제적 지원을 받아내 세력을 회복했고, 이를 바탕으로 막북의 세력을 제압한 다음 분열된 돌궐을 재통합했다. 계승 분쟁에 따른 분열과 일부 세력의 막남 또는 중국 내지로의 이주, 중국의 지원을 받아 세력 회복, 재기의 과정이 마치 공식처럼 반복되었다(정재훈, 앞의 책, 2016, p. 264).

18 『漢書』卷66上「西域傳」, p. 2893.

는 다시 북쪽으로 돌아갔다. 만약 원제가 무제 시기에 건설한 요새 이남으로 이주하는 것을 허락했다면 흉노는 고지로 복귀할 수도 있었다. 이것이 불가능한 상황이었기 때문에 다시 막북으로 돌아가 세력을 회복하는 수밖에 없었다. 이후 기원전 36년 질지골도후가 죽었다는 소식이 전해질 때까지도 막북에 돌아간 호한야의 움직임에 대해서는 아무 기록이 없다. 이는 막북으로 돌아간 흉노가 내적 안정을 찾기 위해 체제 정비에 골몰했음을 보여준다.

기원전 33년 정월에 호한야가 한을 세 번째 방문했다. 그에 대한 예우와 물품 하사는 처음과 같았다.[19] 이때에는 의복과 비단, 명주솜을 더 주었는데, 모두 기원전 49년에 추가로 준 양보다 곱절이었다. 이런 막대한 양의 물품을 받은 것은 그만큼 흉노의 사정이 녹록하지 않았다는 뜻이다. 대선우는 한 종실의 사위가 되기를 원했다. 관계 설정의 중요한 매개인 결혼을 통해 위상을 회복하기 위해서였다. 원제가 이를 받아들여 황궁에 있던 양가자良家子 왕장王牆(자는 소군昭君, 기원전 54~기원전 19)을 시집보냈다.[20] 이를 통해 양국 관계에 새로운 국면이 시작되었다.[21]

또한 대선우는 천자에게 자신이 상곡에서 서쪽으로 돈황에 이르는 지역의 변새를 지키며, 영원히 그곳을 물려주기를 원한다고 상서했다. 그렇게 하면 변경에서 요새를 방비하는 이졸吏卒을 해산해 천자의 인

---

19   『漢書』卷94下「匈奴傳」下, p. 3797에 나오는 물품 목록 참고.

20   위의 책, p. 3803.

21   왕소군은 중국 4대 미녀로 추앙되며 수많은 문학, 회화, 드라마 등의 소재가 되었다. 왕소군을 한과 소수민족 간의 '화해'를 상징하는 인물로 자리매김하기 위해 후허하오터에 있는 왕소군의 무덤 청총青塚에 박물관이 건설되는 등 성역화 작업이 진행되기도 했다(유태규, 「王昭君 出嫁 和親의 主要 原因」, 『중국문화연구』 9, 2006).

[그림 4] 민족 우호의 상징 왕소군 출행도 우표

민을 쉽게 할 수 있으리라는 것이었다.[22] 방어를 위한 군사를 줄일 수 있다는 면에서 한의 입장에서는 솔깃한 제안이었다. 이는 또한 흉노가 한의 군사적 울타리, 즉 번병藩屛이 되어 기미를 수용하겠다는 의사를 표현한 것이기도 했다. 대선우는 생활환경이 열악한 막북에서 다시 장성 이북 혹은 음산 이남의 초원으로 돌아오고자 했던 것이다. 이들이 머물렀던 장성 주변의 초원은 생활 여건이 더 좋았을 뿐 아니라 한과 교류하기에도 유리했다. 흉노로서는 고비 이남으로 돌아오는 일에 사활을 걸어야 했다. 당면한 어려움을 극복하고 세력을 키우기 위해서는 과거처럼 한의 울타리 안으로 들어가는 방법밖에 없었다.

　　당장 한을 위협하는 세력이 없다는 점에서 대선우의 요구는 의심을 살 만했다. 흉노에게 방어를 맡겼다가는 한의 방어력은 약해지는 반면에 흉노는 장래에 장성을 돌파해 쳐들어올 만큼 힘을 키울 수도 있었다. 고양이에게 생선을 지키라고 하는 꼴이 될지 몰랐다. 기미를 수용하고 군

22　『漢書』 卷94下 「匈奴傳」下, p. 3803.

사적 봉사를 하겠다는 흉노의 갑작스러운 제안에 한의 조정은 고민하지 않을 수 없었다. 원제는 이 안건을 주관 대신들과 논의했는데 모두가 요청을 받아들이자는 의견이었다. 변경의 일에 익숙한 낭중 후응만이 「변경 요새를 없애는 것에 대한 후응의 열 가지 반대 의견」을 제출했다. 아래 후응의 주장을 통해 당시 흉노의 상황을 확인할 수 있다.

주와 진 이래로 흉노는 흉악하고 거칠어 변경을 쳐들어왔습니다. 한이 일어난 뒤 그 피해는 더욱 컸습니다. 신이 듣건대 북방 변경의 요새는 요동에 이릅니다. 그 밖에 음산이 있는데 동서로 1000여 리이며 풀과 나무가 빽빽하게 잘 자라 짐승이 많이 살고 있습니다. 본래 묵특 선우는 그 안에 기대어 머물면서 활과 화살을 만들고, 밖으로 나와 노략질하였습니다. 이곳은 그의 안마당(苑囿)이었습니다.

무제의 치세에 이르러 군대를 보내 공격해 이 땅을 열어 빼앗고 흉노를 막북으로 몰아냈습니다. 요새와 울타리를 세우고 감시 초소와 방어용 소로를 만들었으며, 요새 밖에는 외성을 쌓고 주둔군을 두어 지키게 했습니다. 그렇게 하니 변경은 조금 안정을 바랄 수 있었습니다.

막북은 땅이 고르나 풀과 나무가 적고 모래가 많습니다. 흉노가 와서 약탈해도 몸을 숨길 곳이 적습니다. 변경 요새 남쪽에 난 길은 깊은 산과 계곡을 지나야 해서 왔다 갔다 하기 매우 어렵습니다. 변경의 장로들은 흉노가 음산을 잃은 뒤 이곳을 지날 때 통곡하지 않은 적이 없다고 말합니다. 만일 변경의 요새를 지키는 경비 부대를 철수하면 이적에게 큰 이익을 줍니다. 안 되는 첫 번째 이유입니다.

지금 폐하의 성덕聖德이 널리 미쳐 하늘처럼 흉노를 덮고 있습니다. 흉노가 온전히 살게 해주는 은덕을 입을 수 있어 머리를 조아리고 와서 신하가 되었습니다. 무릇 이적의 본성은 갑갑해 막히게 되면 굽히고 따르며 세지면 거들먹거리며 대드는 천성이 이러합니다. 이전에 외성을 부수고 감시 초소와 방어용 소로를 없앴으며 지금은 겨우 척후병으로 감시하고 봉화로 소식을 전할 따름입니다. 옛사람은 편안할 때도 위험을 잊지 않았습니다. 다시 물러나면 안 됩니다. [안 되는] 두 번째 이유입니다.

중국에는 예의의 가르침과 형벌의 꾸짖음이 있습니다만 어리석은 백성이 그래도 여전히 법을 어깁니다. 그런데 하물며 선우가 그의 무리에게 끝까지 금약을 어기지 않게 할 수 있겠습니까. [안 되는] 세 번째 이유입니다.

일찍부터 중국은 관문과 교량을 세워 제후를 통제하였습니다. 신하의 분에 넘치는 욕망을 끊기 위해서였습니다. **요새와 울타리를 세우고 주둔병을 두는 것**은 흉노만을 염두에 두지 않았습니다. 여러 **속국의 귀순자(항민降民)들을 겨냥한 것**이기도 합니다. 본래 과거 흉노 사람들이었기에 이들이 과거를 생각해 도망칠까 두렵습니다. [안 되는] 네 번째 이유입니다.

근자에는 **서강인이 변새를 지키면서 한인과 왕래**하고 있습니다만 한의 관리와 백성이 이익을 탐하여 이들의 가축과 처자를 침범하여 빼앗았습니다. 서강은 이 일로 원한을 품고 봉기하여 한을 배반하기를 대대로 그치지 않고 있습니다. 지금 변경 요새를 이용하여 지키기를 포기한다면 서강과 마찬가지로 한과 흉노 사이에서도 업신여기고 다투는 발단을 만들 것입니다. [안 되는] 다섯 번째 이유입니다.

과거에 종군하였다가 **흉노에게 잡혀 돌아오지 못한 사람들이 많습니다.** 그의 자손이 빈곤하니 하루아침에 도망쳐 흉노 안에 있는 친척을 따르려 할 것입니다. [안 되는] 여섯 번째 이유입니다.

또한 **변경 주민(변인邊人) 밑에 있는 노비는 근심이 많고 고생을 해서 도망치려는 자가 많습니다.** 그들은 "흉노 안의 즐거움을 들어도 경비가 엄한 것을 어찌할 수 없구나"라고 말합니다. 그런데도 때로는 도망하여 요새 밖으로 나가는 자들이 있습니다. [안 되는] 일곱 번째 이유입니다.

도적들은 사납고 교활하여 무리 지어 법을 어깁니다. 만일 곤경에 처하여 **급해지면 도망쳐 북으로 나갈 것입니다.** 그래도 막을 길이 없습니다. [안 되는] 여덟 번째 이유입니다.

변새를 세운 지 100여 년이 흘렀습니다. 요새는 모두 흙담을 세워 만든 것이 아닙니다. 때로는 산의 암석이나, 잡목이 부러졌거나 말라 죽어 무너져 내린 곳, 계곡의 수문水門 등을 어느 정도 평탄하게 만들어 쓰기도 했습니다. 병졸과 형도刑徒가 요새를 쌓거나 유지하는 노력이 오래되고 비용이 많아 헤아릴 수 없었습니다. 신은 의논하시는 대신들이 그 끝과 처음을 깊이 헤아리지 않고 잠시의 판단으로 요역과 수비병을 폐지하려고 하는 것이 아닌가 두렵습니다. 10년 지난 뒤, 100년 안에 갑자기 다른 변고가 발생할 때 장새障塞가 무너지고 초소와 방어용 소로가 없어진다면 다시 둔병屯兵을 징발하여 수선하고 만들어야 합니다만 **몇 세대에 걸쳐 이룬 일을 갑자기 복구할 수 없을 것입니다.** [안 되는] 아홉 번째 이유입니다.

만일 수비병을 철수하고 척후병을 줄이면 선우는 자신이 변경 요새를 지키며 적의 공격을 막았다고 하면서 반드시 한에 깊이 은덕을 베풀었다고 할 것입니다. 대가로 달라고 **요구하는 것이 끝없을 것이며, 그 뜻을 조금이라도 잃는다면 [어떤 결과가 발생할지] 헤아리기 어렵습니다. 이적에게 틈을 허용해 중국의 단단함이 무너지게 될 것입니다.** [안 되는] 열 번째 이유입니다. 따라서 [대신들의 의견은] 영구히 지극한 안정을 유지하고 모두 이민족(百蠻)을 위세로 압도하는 긴 대책(장책長策)이 될 수 없습니다.[23]

23　위의 책, pp. 3803~3804.

이 내용의 골자는 대선우의 제안을 받아들이지 말고 한이 변경 요새와 주둔병을 계속 유지해야 한다는 것이다. 원제는 후응의 주장을 받아들였고, 흉노의 요청은 거부했다. 후응의 주장에는 흉노의 과거와 현재 상황, 한이 장새를 유지해야만 하는 사정 등이 정확하게 소개되어 있다. 그는 흉노가 건국 이후 무제의 공격 이전까지 음산과 장성 사이에 살다가 막북으로 밀려났다고 했다. 두 지역의 환경적 차이로 흉노가 막북으로 이주한 이후 큰 어려움을 겪고 있다는 점도 강조했다. 위의 내용에 따르면, 흉노의 원주지인 음산과 장성 사이는 동서로 1000리에 걸쳐 있으며 초목이 무성해 목축에 유리하고 짐승이 많아 수렵에도 유리했다. 즉 목축에 좋은 '산지 초원'이었다. 반면 흉노가 한의 공격을 받아 이주한 막북은 땅이 고르며 초목이 적고 모래가 많아 흉노가 와서 약탈하여도 몸을 숨길 곳이 적은 구릉으로 이루어진 '평지 초원'이었다.

이런 환경적 차이로 인해 막북은 생산력이 떨어지고, 변새 남쪽과의 사이에 깊은 산과 계곡이 있어 한과 교류하기도 어려웠다. 교류나 약탈을 통해 한의 물자를 얻어야 하는 흉노에게는 최악의 여건이었던 것이다. 이런 까닭에 흉노는 원주지 막남의 상실을 심각하게 여겼고, 언제든지 돌아올 기회를 엿보았다. 반면 한의 입장에서는 흉노의 성장을 견제해야 했다. 결국 한의 정책은 흉노의 복귀를 막는 방향으로 결정되었다.

후응은 한이 장새를 유지해야 하는 이유로 인간의 심성을 갖추지 못해 믿을 수 없는 흉노 쪽으로 **주민들이 이탈하는 것을 방지**해야 한다는 점을 중요하게 꼽았다. 이탈 가능성이 있는 대상을 열거하며 첫 번째로 든 것은 속국의 귀순자들이었다. 이들은 원래 목농복합구역에 살던 목축민으로 전국시대에는 융으로 불렸으며 줄곧 흉노와 한의 주요 쟁탈 대상이었다. 융은 필요에 따라 두 세력 가운데 하나를 선택해 협조했다. 한의 입장에서는 이들의 이탈을 막아 흉노와의 대결에 이들을 군사적으로 동원하는 것이 중요했다. 위의 서술에는 원래 이들이 흉노 사람이었다는 언급도 있는데, 한은 이들을 복속시킨 다음에도 본래의 습속을 인정하며 속국으로 삼았다(인기고속因其故俗). 후응은 이들을 방치하여 다시 흉노에 넘겨주어서는 안 된다고 주장했다.

두 번째로 서강 문제를 열거하는데, 이 역시 융과 관련된 문제로 하서회랑 진출을 도모한 흉노와 서강의 연계를 막아야 한다는 것이었다. 이 무렵 서강은 흉노와 연계해 하서회랑의 속국을 차지하고, 한에 압박을 가하면서 영향력을 확대하려 했다. 이는 서방에서 한의 영향력을 약화시키는 요인이 될 수 있어 적극적인 대응이 필요했다. 이쪽에서 문제가 생기면 흉노를 압박하기 위해 취하던 포위 정책이 무너질 수도 있었다.

나머지는 모두 장성 이남에 있는 한인의 이탈과 관련된 대책이었다. 먼저 가족이 흉노에 포로로 잡혀 간 사람들이 흉노 쪽으로 이탈할 가능성에 대한 우려였다. 후응이 이런 언급을 할 정도로 흉노에는 한인이 많았다. 흉노는 건국 이후 계속해서 한인을 포섭했고, 전쟁 과정에서도 많은 한인 포로를 잡아두었다. 이들은 흉노의 국가 운영에서 중요한 역할을 담당하기도 했다. 그런 만큼 이들이 내지 한인과 연계하는 것은 한에게는 매우 우려할 만한 일이었다. 아울러 후응은 노비와 도독의 이탈도 걱정했는데, 이는 체제 유지와 관련한 내부 통제의 필요성 때문이었다.

후응의 문서를 통해 한과 흉노 사이에는 장성이 있었지만, 이는 꽉 막힌 벽체가 아니라 구멍이 있는 **'탄력적 상태'**였음을 알 수 있다. 양국은 계속 전쟁을 벌이는 가운데서도 상당한 인적 교류를 계속했으며, 그 규모는 통제가 필요할 만큼 컸다. 이런 상황을 잘 알고 있던 한은 양국 사이의 비공식적 이동까지도 어떻게든 막고자 했다. 이는 장성의 기능이 외부 세력 방어보다는 이탈 방지에 초점이 맞춰져 있었음을 보여준다.

한편 원제는 흉노의 제안을 거부하면서도 대선우가 불만을 품고 한을 배반할까 걱정했다. 그래서 자신의 입장을 설명하고 흉노를 달래기 위해 거기장군 허가許嘉(?~기원전 28)를 사신으로 보냈다. 허가는 대선우에게 **"중국의 간사한 무리가 방종하여 변새를 나가 약탈하고 해를 끼치는 것을 막기 위함이다"**라며 제안을 받아들이지 않은 이유를 설명했다.[24] 대선우도 이에 대해 크게 반발하지 않고 받아들였다. 이후 양국은 혼인 관계를 맺어 더욱 돈독해지는 방향으로 나아갔다.

이렇게 해서 흉노는 음산 이남의 원주지로 돌아올 수 있는 결정적 기회를 잃었다. 호한야는 세 차례나 장안을 방문해 남하에 대한 강한 의지를 내보였지만 결국 그것을 관철하지 못하고 종실의 사위가 되는 정도에 만족해야 했다. 원제의 입장에서는 그동안 잘 유지하던 장새를 포기하고 흉노를 다시 남쪽으로 받아들일 이유가 전혀 없었다. 결국 흉노는 원제의 뜻을 바꾸지 못하고, 한의 물자 지원을 바탕으로 한 막북 초원 개발로 방향을 바꾸어야 했다. 대선우에게는 막북 초원에서 생계를 비롯한 현안을 해결해야 하는 숙제가 남았다. 이제 막북이 흉노의 중심 무대가 되어야 했다.

흉노는 셀렝게강 유역의 여러 지류가 있는 몽골 초원의 중심부인 항가이산맥 북사면 쪽으로 중심을 옮겼다. 이곳은 과거 한과의 대결에 유리했던 고비 이북의 준계산 주변 지역보다 목축하며 생활하기에 좋은 산지 초원이었다. 산지를 낀 초원에서는 목축과 사냥이 쉬울 뿐 아니라 생활에 필요한 다양한 임산물도 얻을 수 있었다. 항가이산맥 북쪽은 많

---

24   『漢書』卷94下「匈奴傳」下, p. 3805.

[그림 5] 흉노 시기 묘도가 있는 방형 무덤 주요 분포도

은 목민을 수용할 수 있는 공간적 여유도 있었다. 또한 이곳은 수원 확보가 용이해 일부 농경도 가능했다. 이런 면에서 한에서 온 정주민과 유목 생활을 하던 목민이 공존하기도 좋았다. 흉노는 이곳에 한에서 온 사람들의 거주와 생활을 지원하기 위한 시설, 즉 고정 건축물을 여럿 설치했다. 예를 들어 혼인 관계를 통해 흉노로 온 왕소군을 위해 계절별 처소와 지원 인력이 머물 시설을 마련했다.

그전까지 흉노는 계속된 전쟁 과정에서 조신성, 범부인성 같은 시설을 만들어 한에서 온 정주민을 살게 했다. 이제 완전히 막북에 정착하면서 더 넓은 범위에 걸친 정주민 시설을 건설했다. 이런 양상은 몽골 초원에서 실시한 최근의 여러 발굴 성과에서도 확인된다.[25] 공간적, 지리

25　[그림 5]의 분포도에서 확인할 수 있듯이 흉노가 막북으로 이주한 다음 준계산 이북에 선우정(동영지)을 두었다는 기록을 통해 돈드고비아이막 북쪽의 유적을 이와 연결해볼 수 있다. 이와 달리 셀렝게강 지류 유역에서 발견된 유적은 호한야가 막북을 중심으로 체제를 구축하기 시작한 이후에 주로 형성된 것으로 보인다. 이 무렵 집중적으로 등장하는

적으로는 다소 위축된 상태였지만, 흉노는 여전히 내적 다양성을 품고 있었다.

흉노의 안정과 발전은 한에 대한 공세나 대외적 팽창이 아니라, 한의 경제적 지원에 달려 있었다. 흉노로서는 한과의 관계를 어떻게 설정하느냐가 매우 중요했다. 호한야의 장안 방문과 혼인, 번병이 되겠다는 제안은 굴종적인 모습으로 보이지만, 사실상 생존을 위한 선택이었다. 막북으로 돌아간 흉노는 그곳을 새로운 중심지로서 최대한 개발하려 했으나 뜻대로 되지 않았다. 마치 새장에 갇힌 새처럼 비좁은 막북 지역에서 한의 통제를 수용하면서 체제를 유지해야 했기에 외압이 없는 상태임에도 점차 위축되다가 완전히 '고립'되고 말았다.

이런 상황에서 기원전 31년 호한야 대선우가 죽고[26] 아들인 조도막

'묘도가 있는 방형 대형 무덤' 대부분이 아르항가이, 투브, 헨티아이막, 셀렝게아이막 북쪽 러시아의 자바이칼 남부에 있다는 점에서 이곳을 흉노의 여러 중심지로 추정할 수도 있다(국립중앙박물관 편, 『몽골 흉노무덤 자료집성』, 성림, 2008, pp. 24~29). 흉노의 중심지에는 무덤만이 아니라 정주민의 거주 시설도 있었다(Ch. 유롤-에르데네, 「흉노의 도시유적」, 중앙문화재연구원 편, 『흉노고고학개론』, 진인진, 2018, pp. 79~81). 중심지가 여러 곳에 형성된 이유는 계절에 따라 이동했기 때문인지, 중부의 선우정을 중심으로 좌부와 우부로 나뉘었기 때문인지, 시간이 흐르며 중심지가 옮겨 갔기 때문인지 정확히 알 수 없다. 호한야의 아들 16명이 각각 자기 영지를 중심으로 세력을 확장하며 경쟁하는 과정에서 비롯한 것이었다고 추정할 뿐이다. 기록이 없어 호한야 아들들의 세력 범위를 정확히 알 수 없으나, 개별 세력의 분립에 따라 중심지가 여럿 형성되었음은 유적의 분포 양상을 통해 짐작해볼 수 있다.

26 호한야의 죽음과 장례에 대한 기록은 없다. 흉노의 장례와 관련한 기록은 『사기』에서 초기의 상황을 다루며 "장례를 치를 때 관棺, 곽槨에다 금은이나 옷가지, 갖옷 등을 부장품으로 넣었으며, 분을 하거나 나무를 심지 않았다"(『史記』卷110 「匈奴列傳」, p. 2892)라고 한 것뿐인데, 이는 호한야 이전 시기에 대한 설명이라 몽골 초원에서 발견되는 '묘도가 있는 방형 대형 무덤'과 연결하기는 어렵다. 이 무덤은 [그림 6]에서 알 수 있듯이 경사진 묘도를 따라 내려가면 곽과 관으로 구성된 매장부가 있고, 내부에 매장자와 함께 부장품이 들어 있다. 무덤 안에서 발견된 유물 가운데는 한과 그 밖의 여러 지역에서 제작한 것

고조도막고莫皐가 즉위해 복주류復株纍 약제선우若鞮單于(?~기원전 20, 재위 기원전 31~기원전 20)가 되었다.[27] 이 승계 과정에서 내부 갈등이 빚어질 뻔했다. 호한야에게는 모두 16명의 아들이 있었다. 이 중에서 계승자로 지명된 이는 적장자이자 16명의 아들 가운데 삼남인 저막거且莫車였는데, 최종적으로 승계한 이는 조도막고였다. 저막거는 좌이질자의 형 호연왕呼衍王의 두 딸 가운데 장녀이자 호한야의 첫 번째 연지인 전거연지가 낳은 아들이었다. 전거연지는 연지 중에서 지위가 가장 높았고, 호한야는 전거연지와의 사이에서 태어난 두 아들 중에서 저막거를 더 좋아했다. 이 두 아들 이외에 전거연지의 동생 대연지에게도 4명의 아들이 있었다. 큰아들 조도막고, 둘째아들인 저미서且麋胥가 저막거보다 연상이었고, 함咸과 낙樂은 그보다 어렸다. 전거연지는 흉노가 어려운 상황에 있다고 판단하고, 호한야의 유언과 달리 어린 자기 아들이 즉위하면 어려움이 있을 거라며 동생의 아들인 조도막고를 추대했다.

이는 적장자 상속의 원칙을 고수하는 측과 어린 저막거를 대신하여 연상인 조도막고를 지지하는 측의 대립으로 볼 수 있다. 이때 전거연지는 "흉노에 10여 년간 난리가 발생했으나 머리카락처럼 끊어지지 않다가 한의 힘에 의지해 다시 안정을 찾을 수 있었다. 지금 평정을 찾은 지

뿐만 아니라 흉노가 자체 제작한 것도 있었다. 한과의 교류 흔적은 특히 호한야 이후의 활발한 교류와 연결해서 볼 수 있다(G. 에렉젠, 「흉노의 무덤」, 중앙문화재연구원 편, 『흉노고고학개론』, 진인진, 2018, pp. 106~185).

27 이때부터 선우의 명칭에 약제若鞮가 붙게 되는데, 이는 흉노에서 효孝를 '약제'라고 한 것과 관계가 있다. 호한야 이래 한과 관계가 친밀해지면서 한 황제의 시호에 '효' 자를 넣는 방식을 도입한 것이다(『漢書』 卷94下 「匈奴傳」下, p. 3829). 이를 통해 흉노가 여전히 대선우의 권위가 한의 천자와 대등하다고 인식했음을 알 수 있다. 호한야 시기 흉노는 한과의 관계에서 굴욕스러운 처지에 놓이기도 했으나 적어도 호칭만큼은 한과 대등하게 쓰려했고, 대선우의 위상을 유지하여 과거의 권위를 회복하려 했다.

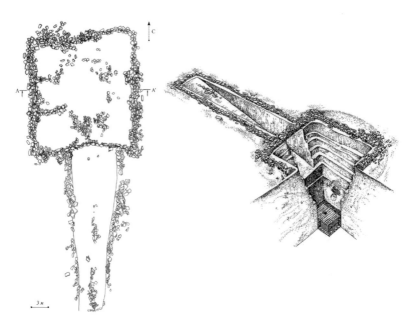

[그림 6] 묘도가 있는 방형 무덤 평면도 및 투시도(노용 올 20호분)

오래되지 않았으며 인민들도 싸움을 꺼리고 두려워한다. **저막거는 나이가 어리고 백성도 따르지 않으니 그를 세우면 다시 나라가 어려워지지 않을까 두렵다**"[28]라고 했다. 이런 상황 인식하에서 더 연장자이면서 적임자인 사람이 승계해야 한다는 의견이 승리했다.[29] 그 결과 대연지의 반대에도 불구하고 결국 전거연지의 뜻에 따라 승계가 결정되었다. 이 과정에서 조도막고는 이후 이복동생 저막거에게 자리를 물려준다는 약속을 했다. 두 연지가 친자매 관계라 문제를 쉽게 해결할 수 있었는데, 양쪽 모두 안정이 필요한 당시 상황에서 승계를 두고 다투는 것은 옳지 않다고

---

28   『漢書』卷94下「匈奴傳」下, pp. 3806~3807.

29   김호동, 앞의 글, 1989, pp. 302~303.

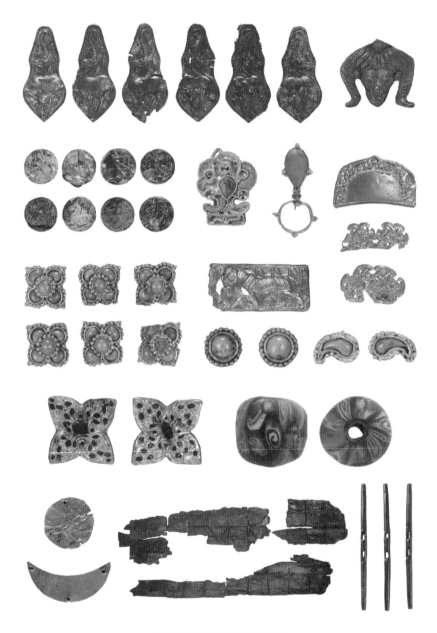

[그림 7] 골 모드 20호분 출토 유물

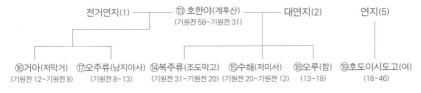

[그림 8] 호한야의 연지와 사후 대선우의 형제 계승

판단했다.

　　이처럼 흉노에서 어려운 상황을 해결하는 방법은 '연장자 승계'였다. 이후에도 이런 관례에 따라 형제 상속이 이루어졌다. 조도막고와 그의 동생 저미서, 저막거와 그의 동생 낭지아사囊知牙斯, 다음에는 저미서의 동생 함과 다른 이복동생 여輿가 차례로 즉위했다. 이는 전거연지가 만든 원칙을 따른 것으로, 이 원칙은 앞서 대선우가 여럿 난립했던 참담한 상황을 다시 겪지 않으려는 노력에서 나왔다. 이를 어기면 흉노가 자멸할 수도 있는 상황이라 모두가 이에 동의하고 내적 안정을 확보하려 했다. 이후 흉노는 막북의 한정된 공간에서 호한야의 아들들을 중심으로 재편되었다. 다른 세력이 내분 과정에서 소멸했기 때문이다. 유일하게 한의 경제적 지원을 받았던 호한야와 관련된 집단만이 세력을 유지할 수 있었다. 이와 같은 권력 집중은 중핵 집단의 단합을 가져왔다. 이는 상당 부분 연지들의 협력으로 가능했다. 하지만 여기에도 이후 다툼이 생길 위험성이 내포되어 있었다.

　　복주류는 대선우로 즉위하자마자 내부 정비를 위해 아들 우치노아왕右致盧兒王 혜해도노후醯諧屠奴侯를 한에 시자로 보내고, 저미서를 좌현왕, 저막거를 좌록리왕, 낭지아사를 우현왕으로 삼았다. 또한 형사취수兄死娶嫂의 전통에 따라 왕소군과 결혼해 딸을 낳고 큰딸 운云을 수복거차須卜居次, 작은딸을 당우거차當于居次로 삼았다. 왕소군은 호한야가 죽고 둘째 연지였던 대연지의 아들 복주류가 자신을 연지로 삼으려 하자 조정에 글을 올려 한으로 돌아가고자 했다. 그러나 성제成帝(유오劉驁, 통종統宗, 기원전 51~기원전 7, 재위 기원전 33~기원전 7)가 흉노의 풍속을 따르라고 칙령을 내려 다시 복주류 대선우의 연지가 되어야 했다. 흉노에 남게 된 왕소군과 그 자녀들은 이후 한과의 관계에서 중요한 역할을 하며 성장했다.[30]

기원전 28년에 대선우는 우고림왕右皐林王 이사막연伊邪莫演 등을 한으로 보내 공물을 바치고 정월 새해 조회에 참석하게 했다. 이때 사신으로 온 이사막연이 갑자기 한에 투항한다면서 한의 대응을 통해 그 속내를 살피려 했다. 이들을 맞이한 성제는 대신들에게 의견을 물었다. 대부분이 이를 받아주어야 한다고 했으나 광록대부 곡영谷永(?~기원전 8), 의랑議郞 두흠杜欽이 반대해 이루어지지 않았다.[31] 흉노가 사신을 보내 투항하겠다고 한 것은 한이 흉노를 고립시킨 것에 대한 불만을 드러낸 것이었다. 호한야가 죽은 이후 한은 흉노에 큰 관심을 보이지 않았고, 왕소군에 대한 지원 정도만 할 뿐이었다. 대선우로서는 다시 한의 관심을 돌려야 했다.

복주류 대선우는 부왕 호한야처럼 직접 장안을 방문할 계획을 세웠다. 기원전 26년에 장안을 방문하겠다는 소식을 전달한 다음 기원전 25년 한으로 향했다. 그 여행은 막북을 출발해 고비를 건너 장안까지 가는 힘든 여정이었다. 대선우가 장안에 도착하자 성제는 호한야의 3차 방문 때와 같은 수준의 대우를 해주었다. 이에 더해 수놓은 비단(錦繡)과 무

---

30   『漢書』卷94下「匈奴傳」下, pp. 3807~3908.

31   위의 책, p. 3808.

늬 없는 비단(증백繒帛) 2만 필, 명주솜 2만 근을 더 주었다.[32] 방문 목적
이 물자 지원에 있다는 점을 다시 한번 확인할 수 있다. 대선우는 이 방
문을 통해 자신이 왕소군과 결혼한 한 종실의 일원임을 확인하고, 필요
한 물자를 많이 얻어낼 수 있었다. 그러나 이후에는 막북 초원에서 장안
에 이르는 원거리 여행의 어려움으로 이런 입조를 더 이상 진행하지 못
했다. 대선우의 귀환 이후 흉노 내부의 움직임에 대한 기록이 전혀 없어
관련 내용을 확인할 수 없지만, 기존처럼 흉노가 체제 정비를 위해 노력
했으리라 추정해볼 수 있다. 이후 기원전 20년이 되어서야 복주류가 죽
고 동생 저미서가 순서에 따라 즉위해 수해搜諧 약제선우(?~기원전 12, 재
위 기원전 20~기원전 12)가 되었다는 정도가 기록되었을 뿐이다. 수해 약
제선우 역시 아들 좌축도한왕左祝都韓王 구류사후朐留斯侯를 한에 보내 입
시하게 했고, 계승 순서에 따라 이복동생인 저막거를 좌현왕으로 삼았
다.[33]

　　이 무렵 흉노의 내부 사정은 왕소군이 기원전 19년에 죽었다는 정
도만 알려졌다. 이후 한에서 흉노로 공주나 종실의 여인을 시집보내는
등의 조치가 따르지 않은 것을 보면, 한과 흉노의 관계는 냉각되었던 듯
하다. 한은 흉노에 별다른 관심을 보이지 않았고, 경제적 지원도 많지 않
았다. 수해 대선우는 이런 상황을 해소하기 위해 기원전 12년 장안을 방
문하려다가 변새에도 이르지 못하고 병으로 죽었다. 그 뒤를 이어 저막
거가 즉위해 거아車牙 약제선우(?~기원전 8, 재위 기원전 12~기원전 8)가 되
었다. 그는 즉위 직후에 아들 우어도구탄왕右於涂仇撣王 오이당烏夷當을 한

32　『漢書』卷94下「匈奴傳」下, p. 3797의 호한야에게 준 물품 내용 참조.

33　위의 책, p. 3809.

[그림 9] 흉노인의 모습(노용 올 31호분 출토 직물)

[그림 10] 고아도브 정주 시설에서 발견된 장식 타일

[그림 11] 텔룰진 두르벌징 정주 시설에서 발견된 기와

에 시자로 보내고, 동생 낭지아사를 좌현왕으로 삼았다.[34]

대선우 교체와 관련된 내용 이외에는 기원전 10년대 흉노에 관한 기록은 매우 제한적이다. 한도 흉노도 서로 어떤 요구를 하거나 교류를 한 기록이 없다. 이는 호한야 이후 양국 관계가 평화를 전제로 한 경제적 지원 위주로 별문제 없이 유지되었음을 보여주는 것이기도 하다. 이런 무관심한 듯한 소강상태 속에서 한은 전쟁 부담에서 벗어나 평화를 유지

---

34   위와 같음.

[그림 12] 흉노 정주 유적 상상 복원도

할 수 있었고, 흉노 역시 초원에서 안정적인 생활을 할 수 있었다. 게다가 흉노는 대선우 승계에서 형제 상속의 원칙이 지켜지면서 적어도 표면적으로는 단합이 잘 유지되는 것으로 보였다. 이런 표면적 안정 속에서 호한야 사후 각 연지의 자식들을 중심으로 세력이 형성되었다. 대선우를 중심으로 하는 체제 자체가 이복형제들의 협력에 기초하고 있었기에 나타난 현상이다. 대선우는 자신에게 협조하는 다른 형제들의 자율성과 발전을 용인해주어야만 체제를 안정적으로 유지할 수 있었다. 이런 구조는 물론 표면적으로는 협력적이나 각 세력이 언제든 자기 이익에 따라 움직일 수도 있는 위험을 내포하고 있었다.[35]

이는 향후 흉노 중핵 집단 내부의 경쟁을 심화시켜 갈등이 폭발할 수 있는 뇌관과도 같았다. 호한야 사후 임기응변식으로 이어진 형제 상속은 불안의 씨앗이나 마찬가지였다. 내부에 이와 같은 분절적 성향을 품게 되면서 각 세력의 부침은 한과의 관계에도 영향을 미칠 수 있었다.

---

35   주29 참조.

만약 흉노 내부의 여러 세력이 개별적으로 한과 연계한다면 내적 균형이 무너질 위험도 있었다. 대선우는 이를 잘 관리할 수 있는 집권적 체제를 만들어야 했다. 여기에도 물론 한의 태도가 강력한 영향을 미쳤고, 대선우는 이를 끊임없이 의식하면서 내부의 문제를 해결하는 수밖에 없었다.

한에 대한 흉노의 반격과
그 한계(기원전 8~48)

1. 흉노의 고립 심화와 한과의 갈등 폭발

한과 흉노의 관계가 별다른 변동 없이 평화적 공존으로 이어지던 기원전 8년 거아 대선우가 죽고 동생 낭지아사가 즉위해 오주류烏珠留 약제선우 (?~기원전 13, 재위 기원전 8~13)가 되었다.[36] 그는 두 번째 연지의 아들 낙을 좌현왕으로, 다섯 번째 연지의 아들 여를 우현왕으로 삼았다. 그리고 이전과 마찬가지로 아들 우고노왕右股奴王 오제아사烏鞮牙斯를 한에 시자로 보냈다. 이에 대한 답례로 한에서 중랑장 하후번夏侯藩과 부교위副校尉 한용韓容이 사신으로 왔다. 이때 한의 사자가 흉노에게 호한야 시기에 넘겨준 장성 이북의, 온우도왕溫偶騠王이 살던 거연해居延海 북쪽 땅을 요구했다. 한의 이런 요구는 흉노를 압박하기 위함이었다.

　　이에 반발해 대선우는 "**효선황제와 효원황제는 부친 호한야 [대]선우**

36　『漢書』卷94下「匈奴傳」下, p. 3809.

를 가련히 여겨 장성 이북 땅을 흉노가 갖게 했다"라고 했다. 장성 이북으로 돌아간 이후 흉노가 점유한 곳은 그대로 유지해달라는 뜻이었다. 또한 흉노는 고지를 돌려줄 수 없는 이유로 "흉노의 서쪽 제후들이 궁려穹廬(천막)와 수레를 제작할 때 모두 이 산의 재목을 가져다 만들 뿐만 아니라 선조의 땅이기 때문에 감히 버릴 수 없다고 하였다." 흉노에게는 고지를 지키는 것이 매우 중요했고, 한의 요구는 남으로 내려가고자 부단히 노력하던 흉노의 뜻과도 크게 달랐다. 성제가 이를 받아주며 달래자 대선우는 다시 아들 좌어도구탄왕左於駼仇撢王 계류곤稽留昆을 시자로 보냈다.[37] 흉노가 한에 보낸 시자는 관계 유지의 상징과도 같았다.

흉노는 이 무렵 한의 견제뿐만 아니라 초원의 다른 세력의 도전 역시 받고 있었다. 기원전 5년 오손의 서자庶子 비원치卑援寠 흡후가 흉노의 서쪽 경계 안으로 들어와 가축을 도둑질하고 많은 사람을 죽였다. 이에 대선우는 좌대당호 오이령烏夷泠을 보내 5000기로 공격을 가해 오손 병사 수백 명을 죽이고 1000여 명을 포로로 잡은 다음 소와 [기타] 가축을 몰고 왔다. 이 도발은 패배한 비원치가 흉노를 무서워하며 아들 추록趨逯을 인질로 보내는 것으로 마무리되었다.

그런데 한의 성제가 이에 간섭하여 중랑장 정야림丁野林과 부교위 공승음公乘音을 흉노에 사신으로 보내 꾸짖으며 비원치의 질자를 돌려보내게 했다. 이에 대선우는 어쩔 수 없이 조서를 받들고 한의 사신을 돌려보냈다. 이를 통해 흉노가 한의 압박에 바로 굴복할 만큼 눈치를 보는 처지였음을 알 수 있다.[38] 이후에 대선우는 이런 상황을 반전하고 한의 지

---

37   위의 책, p. 3810.

38   위의 책, p. 3811.

원을 얻어내기 위해 기원전 3년 애제哀帝(유흔劉欣, 기원전 25~기원전 1, 재위 기원전 7~기원전 1)에게 조회에 참석하겠다는 의사를 알렸다.

한에서는 과거 대선우가 조회에 참석하러 올 때마다 좋지 않은 일이 있었고, 대선우에게 제공하느라 재물이 헛되이 낭비된다는 의견이 많았다. 조정 내의 중론은 흉노에 경제적 지원을 하지 말고 견제하자는 방향으로 흘렀다. 한의 대신들은 막북에 고립된 흉노의 취약한 상태를 이용해 그 영향력을 제한하려 했다.[39] 오직 황문랑黃門郞 양웅揚雄(기원전 53~18)만이 진대부터 거의 200여 년 이상 지속된 양국 관계를 장문으로 열거하며 반대했다.[40] 양웅은 흉노를 비롯한 북방 세력이 과거부터 한에 가장 위협적이었는데, 이들이 자발적으로 한에 들어와 조회에 참석하려는 것을 막아서는 안 된다고 주장했다. 군사적 대결보다는 비용을 써서 흉노를 위무하는 편이 변방에서 화가 싹트는 일을 막는 데 도움이 된다는 뜻이었다.[41]

애제가 논의 끝에 양웅의 주장을 받아들여 다음 해에 대선우가 한에 오는 것을 허락해주었다. 대선우는 바로 한에 오려다가 병이 나서 다음 해에 오겠다고 했다. 다만 과거 수행원이 명왕 이하 200여 명으로 정해졌던 것을 500명으로 늘려달라고 부탁했다. 핑계를 대며 입조를 늦춰

---

39 위의 책, p. 3812.

40 반고가 『한서』에 양웅의 긴 상소문을 전문 그대로 게재한 것은 이 무렵 흉노에 대한 기록이 소략한 것과 비교가 된다. 논찬에서 밝힌 것처럼, 흉노 문제에 대해 이전의 논자가 말한 내용과 자기 생각을 비교하며 관련 대책을 자세히 소개하려 한 반고의 저술 의도가 드러나는 부분이다. 객관적 입장에서 사실 위주로 내용을 정리한 사마천의 「흉노열전」 저술과 비교해볼 수 있다. 반고가 남긴 내용을 통해 흉노 자체에 대한 정보를 얻기는 어려우나 양국 관계에 대해서는 상세히 알 수 있다.

41 『漢書』 卷94下 「匈奴傳」 下, pp. 3812~3817.

더 많은 물자를 얻어내려는 속내가 엿보인다.

기원전 1년 정월에 드디어 대선우가 한에 도착해 상림원上林苑에 있는 포도궁蒲陶宮에 머물렀다. 애제는 그에게 의복 370벌과 수놓은 비단과 [기타] 견직물 3만 필, 명주솜 3만 근을 추가로 주고, 나머지는 기원전 25년 복주류가 방문했을 때와 같은 대우를 해주었다.[42] 이렇게 다량의 물자를 대선우에게 준 것은 그의 욕구를 해소하여 그가 한의 의지대로 움직이기를 바랐기 때문이었다. 한은 대선우가 돌아가는 길에 시자로 한에 와 있던 계류곤을 같이 돌려보냈다. 대선우는 이에 대응해 계류곤의 동모형同母兄인 우대저右大且 방방과 그 부인을 보냈다. 아울러 우대저 방의 동모형인 좌일축왕左日逐王 도都와 그 부인도 보냈다.[43] 흉노가 한에 시자를 보내 관계를 확대할 기회를 마련하는 데 골몰했음을 알 수 있다.

한편 한에서는 어린 평제平帝(유간劉衎, 기원전 9~6, 재위 기원전 1~6) 시기 권력을 잡은 왕망王莽(기원전 45~23, 재위 9~23)이 기원후 2년에 태황태후太皇太后의 비위를 맞추기 위해 왕소군의 딸 수복거차 운을 한으로 보낼 것을 대선우에게 요구했다. 태후는 한에 온 수복거차 운에게 많은 상을 내려 흉노의 물자 욕구를 채워주었다. 이는 흉노 내부에 친한 세력을 부식扶植하려는 움직임이었다. 이후에도 한은 운에게 여러 차례 물자를 지원해주었고, 이는 왕소군의 후예들이 세력을 확대하는 데 기여했다.

이 무렵 대선우의 처지는 과거와 달랐다. 한 예로 서역의 거사후왕 구고句姑와 거호래왕去胡來王 당두唐兜 등이 한의 도호교위都護校尉에게 원한을 품고 처자와 인민을 이끌고 흉노로 도망 오자 이를 한의 의지에 따

---

42   위의 책, p. 3797의 호한야에게 준 물품 내용 참조.

43   위의 책, p. 3817.

라 처리했을 정도다. 한에 속한 주민이 흉노로 이주하는 것이 금지되어 있었기 때문에 이를 한에 알렸던 것이다. 이에 한의 중랑장 한륭韓隆, 왕창王昌, 부교위副校尉 견부甄阜(?~23), 시중알자侍中謁者 백창帛敞, 장수교위長水校尉 왕흡王歙 등이 와서 문제를 논의했다. 그 결과 서역의 다른 나라 왕들을 불러 모은 자리에서 도망간 구고와 당두의 참수한 머리를 보게 한 다음 네 가지 규약을 만들었다. 내용은 중국인이 흉노에 도망간 경우, 오손이 흉노로 도망간 경우, 서역 국가 가운데 중국의 인수印綬를 받은 국가의 사람이 흉노로 도망간 경우, 오환이 흉노로 도망간 경우 모두 받아들이면 안 된다는 것이었다. 이는 흉노가 한의 영역을 인정하고 주변으로 확장하지 않겠다는 약속이었고,[44] 막북 '고립'을 관철하는 것이었다.

당시 왕망은 권력을 잡은 뒤 온갖 제도와 이름을 수시로 바꾸던 중 두 글자 이름을 없애라는 법령을 내렸는데, 흉노에도 중국과 마찬가지로 두 글자로 된 이름을 쓰지 말라고 했다. 대선우는 "다행스럽게 번신藩臣이 되어 남몰래 한의 태평성제太平聖制를 좋아하였습니다. 신은 원래 이름이 낭지아사인데 이제 삼가 이름을 바꿔서 지知라고 하겠습니다"라면서 이를 받아들였다. 한제漢制를 받아들이면서 대선우는 고립 상태에서도 자기 권위를 지키려 했다. 흉노가 요구를 수용하자 한은 큰 상을 주었다. 그럼에도 대선우는 이후 한에서 흉노로 투항하는 사람들을 받아들이지 않겠다는 규약을 제대로 지키지 않았다. 특히 흉노는 오환에 대한 통제권을 포기하려 하지 않았다. 오환에서 받던 물자가 중요했기 때문이다. 위의 규약을 반포한 다음 오환을 감호監護하는 한의 사신이 오환의 군장에게 그동안 흉노에게 내던 피포세皮布稅를 내지 말라고 했다. 흉노

---

44   위의 책, pp. 3818~3819.

는 오환에 사신을 보내 납부를 독촉했다. 한의 조치를 반긴 오환은 흉노의 요구를 거부하고, 흉노 사신을 죽인 다음 따라온 사람의 재물마저 빼앗았다.

대선우는 오환의 도발에 보복하기 위해 좌현왕의 군사를 보내 사신을 죽인 자를 문책한 다음 죽였다. 이어서 오환을 공격했다. 오환은 흉노의 공격을 피해 도망갔으나 그 과정에서 다수가 학살되고, 부녀자와 노약자 1000명 정도가 좌부로 잡혀갔다. 이에 더해 흉노는 오환에 다시 사신을 보내서 말 등의 가축과 피혁, 포백 등을 가져와 포로를 찾아가라고 압박했다. 이에 오환이 재물을 가지고 오자 흉노는 그것을 빼앗고 포로도 돌려보내지 않았다. 이렇게 흉노는 한과의 관계를 유지하기 위해 규약을 받아들이는 척하면서도 여전히 오환에 대한 종주권을 놓지 않았다.[45] 오환의 공납을 포기할 수 없었기 때문이다.

흉노의 이런 이중적 태도 때문에 양국 관계는 다소 냉각되었지만, 이후에 한이 흉노의 상황을 암묵적으로 인정하면서 두 나라는 별문제 없이 공존할 수 있었다. 특히 왕망이 권력을 잡고 있던 평제 시기에는 양국 관계에 대한 기록이 전혀 없을 만큼 한은 흉노에 별 관심이 없었다. 왕망에게 흉노는 이미 큰 위협이 아니었던 것이다. 그러나 왕망이 신新을 건국하는 정치적 격변이 발생하면서 국면이 전환되었다.

이때 흉노는 한의 물자 공급에 목을 매는 것처럼 보일 정도로 한의 지원을 확대하려 애를 썼다. 한에서 온 주민들만이 아니라 흉노 지배층의 욕구를 해소하기 위해서는 다른 방법이 없었기 때문이다. 흉노에게 필수적인 물자는 대부분 한에서 공급되었다. 비단과 같이 충분히 자급할

---

45   위의 책, p. 3820.

[그림 13] 노용 올 20호분 출토 외래 유물인 그리스풍 장식품(왼쪽)과 한의 칠기(오른쪽)

수 없는 사치품은 시간이 흐를수록 수요가 더욱 많아졌으나 그 조달은 제한적이었다. 양국 간의 사신 교환으로도 수요를 감당할 수 없었다. 더욱이 한은 교류를 확대하기보다 장성을 통해 통제하려고 했다.[46]

흉노는 한과 우호적 관계를 유지하던 오손, 서역도호가 통제하던 오아시스로도 영향력을 확대하지 못했다. 한이 이를 용납하지 않았고, 흉노의 입장에서는 한과의 관계를 유지하기 위해 강요된 협약을 받아들일 수밖에 없었다. 한이 계속해서 흉노를 고립시키려 했기 때문에 시간이 흐를수록 어려움은 더욱 커졌다. 흉노의 미래는 이와 같은 막북 고립

---

46 흉노 무덤에서 발견된 부장품에는 한에서 수입한 것과 함께 동서 교역품으로 보이는 유물이 다수 있다. 한의 제품으로 보이는 것 중에도 마차, 칠기, 청동기 등 흉노에서 자체 제작한 흔적이 발견되는 것들이 있다(G. 에렉젠, 「흉노의 국제교류」, 중앙문화재연구원 편, 『흉노고고학개론』, 진인진, 2018, pp. 332~364). 이에 대해서는 추가적인 검토가 필요하나 다수의 한인이 흉노에 살고 있었고, 그들의 수요를 감당하기 위해 수입 이외에 자체 생산도 했음을 추정해볼 수 있다(Jang-Sik Park·Erdenebaatar Diimaajav·Eregzen Gelegdorj, "Evolution of Mongolian Bronze Technology with the Rise of the Xiongnu State", *Archaeological and Anthropological Sciences* v.9, 2017, pp. 272~273).

상태를 어떻게 해소하느냐에 달려 있었다.

　기원후 9년 선양禪讓을 받아 즉위한 왕망은 흉노에 대한 억압 정책을 본격화했다. 먼저 대선우의 지위를 격하했다. 견부, 왕삽王颯, 진요陳饒, 백창帛敞, 정업丁業, 오위장五威將 왕준王駿(?~16) 등 6인을 흉노로 보내 많은 귀금속과 비단을 선물로 주고, 신이 천명을 받아 한을 대신한 상황을 알리면서 대선우의 옛 인장을 교체했다. 이전에는 '흉노선우새匈奴單于璽'였는데, 이를 바꿔 '신흉노선우장新匈奴單于章'이라 했다. 그날 밤에 신의 사신들은 새 인장의 인문印文을 대선우에게 보여주면 받지 않을 것이라 여겨 이전에 쓰던 인장을 몰래 부숴버렸다.

　다음 날 이를 안 대선우가 화를 내며 "한은 선우에게 인장을 줄 때 '새璽'라고 했지 '장章'이라 하지 않았고, 또한 '한漢'이란 글자도 없었소. 제왕諸王 이하의 인장에 비로소 '한'이 있고 '장'이라 말했소. 지금 뒤의 '새'를 없애고 앞에 '신新'을 더하니 신하와 다를 것이 없게 되었소. 이전의 인장을 돌려주시오"라고 말했다. 사신들은 이전에 쓰던 인장을 부쉈다며 요구를 거절했다. 이에 대선우가 동생 우현왕 여를 말, 소와 함께 신에 사신으로 보냈다. 여는 오위장과 장수들을 따라 들어가 옛날과 같은 인장을 다시 달라고 했다.[47]

　신의 사신들은 흉노 내부에 잡혀 온 오환 사람이 많은 것을 보고는 규약에 따라 이들을 귀환시킬 것을 요청했다. 대선우는 마지못해 보내주겠다고 했다. 이를 계기로 암묵적으로 아슬아슬하게 유지되던 양국 관계는 전혀 다른 방향으로 흘러가게 되었다. 흉노는 이제 더 이상 신의 요구를 받아들일 수 없었다. 이는 오랜 시간 유지되던 양국의 평화가 깨지

47　『漢書』卷94下「匈奴傳」下, p. 3821.

고 전쟁이 시작되는 계기가 되었다. 이후 양국 사이에 갈등이 벌어진 이유는 "일찍이 하후번이 흉노 땅을 요구하였을 때, 한의 말을 거절한 일이 있다. 그 뒤에 오환에 세를 요구했다가 뜻을 이루지 못하자 오환의 인민을 약탈하였다. 한과 흉노 사이의 틈은 이로부터 생겼으며, 다시 인장의 글귀를 고친 일 때문에 흉노는 원한을 품게 되었다"[48]라고 한 평가를 통해 알 수 있다.

이후 대선우는 우대저거右大且渠 포호노자蒲呼盧訾 등 10여 명에게 오환 포로 호송을 명분으로 내세우며 병사 1만 기를 이끌고 변새 근처에 가서 군대의 대오를 정돈하고 공격 명령을 기다리도록 했다. 이후 흉노가 바로 군사 도발을 하지는 않았지만 삭방 태수는 이런 동향을 조정에 보고한 다음 만일의 사태에 대비했다.

이런 상황에서 10년 거사후국의 왕 수치리須置離(?~10)가 흉노에 항복할 계획을 모의한 사실을 알게 된 한의 도호 단흠但欽(?~13)이 그 죄를 물어 수치리를 참수했다. 그러자 수치리의 형 호란지狐蘭支가 무리 2000명과 가축을 몰고 도망해 흉노에게 항복해버렸다. 대선우는 전과 달리 이 사실을 중국에 알리지 않고 그들을 그대로 받아주었다. 이는 한과 맺었던 규약을 파기하는 행위였다. 흉노는 호란지와 함께 거사국을 공격해 후성後成의 우두머리 장수를 죽이고, 도호사마마저 공격한 뒤 초원으로 돌아갔다.

이에 서역도호부 무기교위戊己校尉의 사史 진량陳良(?~14)과 종대終帶(?~14), 사마승司馬丞 한현韓玄, 우곡후右曲候 임상任商 등이 흉노의 공격을 두려워하며 무기교위 도호刀護에 반기를 들고 그를 죽였다. 그런 다음 이

---

48   위의 책, p. 3822.

들은 흉노에 사람을 보내 남리한왕南犂汗王의 남장군南將軍에게 투항해버렸다. 흉노의 남장군은 진량 등을 맞이하기 위해 2000명의 기병을 보냈고, 진량은 무기교위 휘하 관리와 군사, 남녀 2000여 명 등을 모두 협박해 흉노로 데려왔다. 이후 한현과 임상은 남장군의 주둔지에 남았고, 진량과 종대는 선우정까지 갔다. 그 밖의 사람들은 별도로 영오수零吾水 주변에서 살았다. 대선우는 투항해 온 진량과 종대를 오환도장군烏桓都將軍이라 부르면서 자기 거처에 머물게 하고 여러 차례 음식을 주는 등 우대했다. 이를 통해 그동안 유지되던 오아시스에 대한 한의 지배에 균열이 생겼다.

서역도호의 보고를 받은 왕망은 이에 대응해 흉노를 15개로 나눠 각각에 선우를 두겠다고 했다. 흉노를 완전히 해체해 대항하지 못하게 만들려는 조치였다. 그는 중랑장 인포藺苞와 부교위 대급戴級에게 군사 1만 기를 이끌고 귀한 보물을 가득 실은 채 운중군에 있는 변새 아래에 가서 주둔하게 했다. 그런 다음 호한야의 여러 아들을 유인해 오는 순서에 따라 선우로 임명하려 했다. 이를 위해 통역관을 변새 바깥으로 보내 우리한왕右犂汗王 함과 그의 아들 등登, 조助 등 3명을 꾀어냈다. 왕망은 이들이 내려오자 협박해 함을 효 선우孝單于로 책봉하고 의자가 달린 수레와 고거鼓車 각각 1대, 황금 1000근, 여러 종류의 비단 1000필, 기를 매단 창(희극戲戟) 10자루 등 그의 신분을 상징하는 물자를 주었다. 이어 조를 순 선우順單于로 책봉하고 황금 500근을 준 다음 두 사람을 차례대로 장안으로 보냈다. 이들을 새로운 흉노 선우로 인정한다는 의미였다.

이런 왕망의 조처에 분노한 대선우는 "선대의 [호한야 대]선우가 한 선제의 은혜를 입어 배반할 수 없었다. 지금의 천자는 선제의 자손이 아니니 어찌 즉위할 수 있었는가?"라면서 기원전 11년에 좌골도후, 우이

질자왕右伊秩訾王 호노자呼盧訾와 좌현왕 낙을 시켜 군대를 이끌고 가서 운중군의 익수새益壽塞(지금의 내몽골자치구 후허하오터시와 바오터우시 경계)를 침입해 관리와 인민을 많이 죽이도록 했다.[49] 이는 그동안 유지해온 우호 관계는 한과 맺은 것이지, 새롭게 등장한 신과는 아무 관계가 없다는 대선우의 선언이었다. 이런 조치는 이후 왕망이 무너진 다음 흉노가 한의 재건을 지원하려 한 일과도 명분의 측면에서 연결되는 것이었다. 이렇게 해서 그동안의 평화가 완전히 깨졌다. 대선우는 바로 공격을 이어가기 위해 좌부와 우부의 도위, 변경의 여러 왕에게 통고해 변새를 넘었다. 큰 부대는 만여 명, 중간 규모는 수천 명, 작은 부대는 수백 명씩 나아가 안문군, 삭방군의 태수와 도위 등을 죽였다. 관리와 인민, 가축 등을 약탈한 수가 헤아릴 수 없어 변경 지대가 텅 비었다고 할 정도였다.

　　그동안 장성 밖의 막북 초원으로 밀려났던 흉노가 다시 내지에 대한 공세를 시작한 것이다. 왕망 쪽에서도 30만 병력과 300일의 군량을 확보하고, 10개의 부대로 나누어 출격했다. 왕망은 북벌을 통해 몽골 초원의 흉노를 북쪽의 정령이 있는 땅으로 몰아낸 다음, 그 땅을 호한야의 아들 15명에게 나누어 주려고 했다. 이 공격에 오환, 정령, 고구려 등의 병력까지 동원할 정도였다.[50] 이를 계기로 흉노 해체를 위한 왕망의 원정이 본격화되었다.

　　이에 대해 장군 엄우嚴尤(?~23)가 흉노 원정이 어려운 다섯 가지 이유를 대면서 반대했다. 엄우는 과거 곽거병이 했던 것처럼 신속한 기동 전술을 써야 한다고 주장했으나 왕망은 군대와 식량을 변경 지대로 운송

49　　위의 책, p. 3823.

50　　『後漢書』卷90「烏桓鮮卑列傳」, p. 2981;『三國志』卷30「魏書 烏丸鮮卑東夷傳」, p. 844.

한 다음에 공격하라고 했다.[51] 왕망은 고집이 셌고, 누구도 그의 의지를 꺾을 수 없었다. 이처럼 신은 전략적으로 움직이지 못했기 때문에 북벌에 성공할 수 없었다.

양국의 전쟁이 시작될 무렵 효 선우 함은 변새 밖으로 도망 나와 선우정으로 돌아왔다. 함은 왕망의 협박을 받아 어쩔 수 없었던 자신의 사정을 대선우에게 말하며 선처를 구했다. 그러나 대선우는 화를 내면서 그를 어속치지후於粟置支侯로 강등시켰다. 왕망은 12년에 다른 형제인 각角이 변경을 노략질한다는 이유로 장안에 있던 함의 아들 조와 등을 참수했다. 이후 흉노는 운중군 등지에서 도발하여 장수와 관리, 사병을 죽이고 인민을 납치했으며 가축도 많이 잡아갔다.

이후 흉노와 신의 군사적 대결이 계속되었고, "북방의 변경 지대는 선제 이래로 여러 대에 걸쳐서 봉화의 연기가 오르는 경계 상황이 일어나지 않아 인민이 크게 번성하였고 소와 말이 들판을 덮었다. 그 뒤 왕망이 흉노를 교란하고 더불어 환난을 일으켜 변경의 인민들은 죽거나 잡혀가거나 하였다. 또한 왕망이 징집한 12부의 군단은 장기간 주둔해 벗어나지 못하게 되어 관리와 사병이 피폐해졌다. **수년 사이에 북방의 변경 지대는 텅 비어버리고 들판에 시체들이 뒹굴었다**"[52]라고 평가할 만큼 참담한 상황이 전개되었다. 13년에 오아시스 도시에서 왕망에 대한 신뢰가 떨어지자 언기焉耆가 흉노와 연계했다. 이들은 결국 도호 단흠을 죽여 신의 지배력을 급격히 와해시켰다. 이렇게 여러 방면에서 왕망에 대한 도전이 시작되었다.[53]

---

51   『漢書』卷94下「匈奴傳」下, pp. 3824~3825.

52   위의 책, p. 3826.

양국의 대결이 한창이던 13년에 오주류 대선우가 죽었다. 이제까지 지켜왔던 형제 상속 관례에 따라 효 선우 함이 오루烏累 약제선우(?~18, 재위 13~18)로 즉위했다. 함이 대선우가 될 수 있었던 것은 실권자였던 왕소군의 딸 이묵거차伊墨居次(수복거차에서 자리 이동) 운의 남편인 대신 우골도후 수복당須卜當과의 친분 때문이었다. 이들의 지원을 받은 대선우는 동생 여를 좌록리왕으로 삼았고, 오주류의 아들 소도호蘇屠胡를 원래대로 좌현왕으로, 동생인 도기연지屠耆閼氏의 아들 노혼盧渾을 우현왕으로 삼았다.[54]

오주류는 관례를 깨고 아들에게 대선우 지위를 물려주려 했으나 원래대로 다시 형제 상속으로 이어졌다. 이는 15명이 넘는 호한야의 아들들이 초원에서 각기 자신의 세력을 부식하면서 균형을 유지하고 있었음을 보여준다. 그만큼 호한야 이후 흉노 사회는 지배 집단이 각각 경쟁하면서 내적 안정을 유지하고 있었다. 어려운 상황 속에서 상쟁하면 결국 공멸할 수밖에 없다는 판단에서 선택한 생존 전략이었다.

오루 대선우는 즉위한 이후 왕망과의 대결 상황이 심각해지자 왕소군의 딸인 운과 당이 나서서 화친을 교섭하기를 원했다. 14년 변새로 사절을 보내 왕소군의 조카인 화친후和親侯 왕습王歙을 만나고 싶다는 것을 명분 삼아 접촉을 시도했다. 왕망 역시 왕흡과 그 동생인 기도위 전덕후 展德侯 왕삽을 흉노에 사신으로 보내 대선우의 즉위를 축하하고, 황금과 의복, 비단 등을 주는 유화적 조치를 했다. 이렇게 금전과 물자를 준 것은 흉노로 도망 간 진량과 종대 등을 데려오기 위해서였는데, 대선우는 돈

---

53 『漢書』卷99中「王莽傳」中, p. 4133.

54 『漢書』卷94下「匈奴傳」下, pp. 3826~3827.

을 받고 이들을 왕망에게 보내버렸다.

그러나 대선우는 돌아온 사절에게서 시자로 갔던 자신의 아들이 죽었다는 소식을 듣고는 원한을 품고 좌부를 시켜 신을 공격했다. 15년에 왕망은 흉노에 사절을 보내 죽은 시자와 다른 귀인의 시신을 돌려보냈다. 이는 흉노와의 관계를 개선하려는 시도였고, 대선우도 이를 맞으러 변새까지 나갔다. 그런데 신의 사절은 많은 금품을 주며 흉노를 '공노恭奴', 선우를 '선우善于'라고 바꿔 부르려 했다. 이는 대선우의 권위를 완전히 무시하는 왕망의 기만적 조치였다. 이에 반발하여 흉노가 신을 공격하기는 했으나, 물자를 공급받아야 할 필요 때문에 관계는 유지했다.[55]

이후 18년에 오루 대선우가 죽고 그의 이복동생 좌현왕 여가 호도이시도고呼都而尸道皋 약제선우(?~46, 재위 18~46)로 즉위했다.[56] 대선우는 신에서 물자를 지원받기 위해 대저거 사와 운의 여동생 당우거차의 아들 혜독왕醯櫝王을 장안으로 보냈다. 도중에 왕흡이 대저거 사 등과 함께 서하군 호맹현虎猛縣 제로새制虜塞(지금의 내몽골자치구 이진훠뤄기伊金霍洛旗 서남쪽에 있는 홍칭허구청紅慶河古城) 아래에 와서 운과 수복당을 협박해 장안으로 데리고 왔다. 이때 운과 수복당의 어린 아들만 변새를 탈출해 흉노로 돌아왔다.

왕망은 잡혀 온 수복당을 수복선우須卜單于로 삼은 다음 그를 앞세워 대군을 출동시켜 대선우를 교체하고자 했다. 하지만 신은 군대 징발이 잘 되지 않는 가운데 오히려 흉노의 공격을 받아 크게 패했다. 19년에 흉노가 변경을 다시 공격하자 왕망은 천하의 정남과 죄수, 관리의 노비 등

---

55 위의 책, p. 3827.

56 위의 책, p. 3828.

을 징발해 '저돌猪突', '희용豨勇'이라 칭하며 공격할 수 있는 인원을 모집했다.[57] 그러나 21년에 수복당이 병으로 죽고, 23년 9월 왕망 역시 패망해 흉노를 해체하려던 노력은 실패로 끝났다.

흉노는 왕망이 지나치다 싶을 만큼 자신을 무시할 뿐만 아니라 심지어 해체하려고까지 하자 변경에 와서 군사적 도발을 하는 등 적극적으로 대응했다. **"왕망이 새롭게 즉위한 다음 창고가 넉넉함을 믿고 외적에게 위엄을 세우려 했다"**[58]라는 기록처럼, 왕망의 현실적이지 못한 정책에 대한 후대의 평가 역시 부정적이었다. 왕망은 흉노와 한이 오랫동안 평화를 유지해온 것이 서로에게 이익이었다는 점을 망각한 채 일방적 정책을 추진했다. 이는 흉노와의 관계를 깨는 실책에서 그치지 않고 자신의 멸망으로 이어졌다.

신의 갑작스러운 붕괴로 흉노는 이제까지의 고립된 처지에서 벗어날 수 있었다. 대선우는 중국의 변경 통제가 줄어들자 각지의 할거 세력과 연계해 발전을 도모했다. 흉노의 지원을 받으려는 북변 세력들의 움직임은 혼란에 빠진 중원의 상황에 따라 달라질 수도 있었으나 결국에는 흉노에게 유리한 쪽으로 전개되었다. 흉노는 자신을 가로막던 방해물을 없애고 그토록 원했던 조상의 땅 막남으로 돌아갈 기회를 얻었다. 중국의 혼란을 최대한 이용한다면 과거 유목제국의 위상을 회복하고, 대선우는 집권적 체제를 만들 수 있을 것이었다. 그야말로 기존의 판도를 바꿀 절호의 기회였다.

---

57   『漢書』卷24下 「食貨志」下, p. 1184.

58   『漢書』卷94下 「匈奴傳」下, p. 3824.

2. 신한 교체기 흉노의 확장 노력과 실패

24년 겨울 한의 복벽復辟이 이루어진 다음 중랑장 귀덕후歸德侯 왕삽과 대사마호군大司馬護軍 진준陳遵 등이 흉노에 사신으로 왔다. 갱시제更始帝(유현劉玄, ?~25, 재위 23~25)는 호도이시도고 대선우에게 이전과 같은 규격에 맞춘 옥새와 인장 끈, 왕후 이하의 인장과 인장 끈을 주어 그를 다시 인정했다. 그리고 중국에 와 있던 운과 당 등의 친속과 귀인 등의 시자를 되돌려 보내주었다. 대선우는 흉노의 위상이 한과 대등해야 한다는 생각을 그대로 드러냈다. **"흉노는 본래 한과 형제이다.** 흉노의 역사 가운데 중간 시기에 난리가 나자 효선황제의 도움을 받은 호한야 [대]선우가 즉위하시며 신하라고 하고 한을 존숭하였다. 지금은 한에서 큰 내란이 발생해 왕망이 찬탈하자, 흉노 또한 군대를 내어 왕망을 공격해 변경이 텅 비었고, 천하에 소동이 일어나 한을 그리워하게 하였다. **왕망이 마침내 패하고 한이 다시 일어난 것은 또한 나의 힘이니 응당 다시 나를 존숭해야 한다!"**[59]라며 생각이 다른 한의 사신과 다투었다.

이와 같이 대선우는 신과 한의 교체에서 자신의 역할이 컸다는 점을 강조하면서 흉노의 위상 회복에 협조해줄 것을 요구했다. 그는 호한야 이전 자신의 선조와 한의 황제가 맺었던 화친에 준하는 위상과 대우를 원했다. 아울러 중국 내지의 문제, 즉 할거 세력에 대한 지원에 나섰다. 27년 어양군에서 팽총彭寵(?~29)이 연왕을 칭하며 세력화한 다음 우북평, 상곡 등을 공격할 때 협조를 원하자 좌남장군이 7000~8000명 정도의 기병을 이끌고 갔다. 이후 28년 5월에 팽총이 이끄는 수만의 병력과 동생 팽순彭純과 함께 움직인 흉노 2000기가 둘로 나뉘어 각각 양향良鄕

---

59   위의 책, p. 3829.

(지금의 베이징시 팡산구房山區)에 주둔하고 있던 정로장군征虜將軍 제준祭遵(?~33)과 양향陽鄉(지금의 허베이성 바현覇縣)에 있던 효기장거驍騎將車 유희劉喜를 공격했다. 하지만 군도軍都(지금의 베이징시 창핑구)를 공격한 흉노가 경서耿舒에 패해 왕 2명이 죽자 팽총은 도망을 치고 말았다. 이후 경서가 다시 군도를 회복하고 29년에 팽총이 죽자 흉노도 물러났다. 흉노의 팽총 지원이 성공하지 못한 것은 동원한 병력이 많지 않았기 때문이다.

갱시제가 쫓겨난 다음, 삼수호걸三水豪傑이 추대한 노방盧芳이 상장군上將軍 서평왕西平王이라 칭하며 세력을 확장했다. 그는 서강과 화친하고 흉노와 연계해 내지로 진출하려 했다. 이때 대선우는 노방에게 **"흉노는 한과 형제를 약속했소.** 이후에 흉노가 중간에 약해져 호한야 [대]선우께서 한에 가셨는데, 한에서 군대를 내어 안고 보듬어주어 계속 신하라고 했소. 이제 한이 또한 중간에 끊어져 유씨가 나에게 왔으니 반드시 세워줄 것이니 **나를 받들어 섬기시오"**[60]라고 했다. 대선우가 본격적으로 한의 문제에 개입해 과거와 같은 영광을 회복하겠다는 의지를 드러낸 것이다.

대선우는 구림왕句林王에게 수천 기를 주어 노방을 맞이한 다음 한의 황제로 추대했다. 그리고 동생인 정程을 중랑장으로 삼아 안정을 공격했다. 오원의 이흥李興과 수욱隨昱, 삭방의 전삽田颯, 대군의 석유石鮪와 민감閔堪 등이 장군을 자칭하자 28년에 대선우가 저거왕且渠王을 오원새로 들여보내 이들과 화친했다. 이렇게 흉노는 한의 부흥을 빌미로 장성 안으로 들어와 활동할 수 있었다.

한편 중원에서는 광무제光武帝(유수劉秀, 세조世祖, 기원전 5~57, 재위 25~57)가 칭제 이후 세력을 확장하고 있었다. 그는 내지의 다른 세력을

---

60   『後漢書』卷12「王劉張李彭盧列傳」, p. 506.

평정하고 중국을 통합하기에 바빠 흉노를 비롯한 변경의 할거 세력에 대응할 여유가 없었다. 변경에 있던 흉노는 더 강해졌고, 장성 이남으로 복귀할 기회를 엿보았다. 29년에도 흉노는 여러 차례 어양군 경계를 공격했으나 2월에 패배한 이후로는 장성 안에 들어오지 못했다. 이흥과 민감이 선우정을 방문하자, 대선우는 그들을 도와 노방을 모시고 장성 안의 구원현에 도읍을 정했다. 그런 다음 이들과 연합해 오원, 삭방, 운중, 정양, 안문 등지를 크게 약탈했다. 중국 북변에 대한 계속된 약탈로 변경 주변이 혼란스럽게 되었다.[61] 이런 혼란을 틈타 흉노와 연결된 사차莎車의 왕이 한에 도전하자 하서대장군河西大將軍이었던 두융竇融(기원전 16~62)이 나섰다. 두융의 활약으로 한은 다시 서방까지 영향력을 확장할 수 있었다.[62] 두융은 원래 갱시제 시기 장액에서 속국도위屬國都尉를 하던 인물로 이후 광무제 아래로 들어가 하서 세력을 통합한 다음 오아시스 55개국까지 영향력을 확대했다.

30년 한은 오원의 노방 세력을 격파하고 상군과 안정을 회복했다. 흉노가 변경을 공격하자 귀덕후 유삽劉颯을 보내 관계 회복을 시도했다.[63] 중랑장 한통韓統을 통해 금폐金幣를 뇌물로 주었음에도[64] 흉노는 사신들에게 교만한 태도를 보이며 공격을 멈추지 않았다. 괴뢰 세력인 오원의 노방과 함께 장성 이남을 계속해서 약탈했다. 아직은 불명확한 한의 실체를 인정하기보다는 눈앞의 이익을 확보하려 했던 것이다.

31년 겨울 노방이 오원 태수 이흥의 형제를 죽이자 삭방 태수 전삽

---

61   위와 같음.

62   『後漢書』卷23「竇融列傳」, pp. 798~800.

63   『後漢書』卷89「南匈奴列傳」, p. 4877.

64   『後漢書』卷1「光武帝紀」下, p. 51.

과 운중 태수 교호喬扈가 한에 투항했다.[65] 한은 투항자의 지위를 그대로 유지하는 방식으로 이들을 포섭하여 노방과 흉노를 견제했다. 아울러 표기장군 두무杜茂(?~36)를 진양과 광무에 보내 둔전을 하도록 하여 흉노 공격에 대비했다.[66] 이런 내분으로 흉노는 장성 이남에 확보했던 교두보를 잃었고, 그동안 벌이던 다양한 시도 역시 좌절되었다.

33년 6월부터 한의 대사마 오한吳漢이 왕상王常(?~36) 등 4명의 장군과 군사 5만여 명을 이끌고 노방의 장군 고람賈覽, 민감 등을 고류高柳(지금의 산시성山西省 양가오현)에서 공격했다. 이렇게 노방에 대한 한의 공격이 시작되었으나 흉노가 노방을 원조하며 변경을 약탈해 한이 큰 피해를 입었다. 한은 다시 주호硃祜(?~48)를 상산常山(지금의 허베이성 탕현唐縣의 서북쪽)에, 왕상을 탁군涿郡(지금의 베이징시 팡산房山 이남, 허베이성 이현易縣과 칭위안清苑 이동, 안핑安平과 허젠河間 이북, 바저우霸州와 런추任丘 이서)에, 파간장군破奸將軍 후진侯進을 어양에 주둔시키고, 토로장군討虜將軍 왕패王霸(?~59)를 상군 태수로 삼았다.[67] 이는 모두 흉노에 대응하고 노방을 제거하기 위한 조치였다.

또한 두무가 안문 태수 곽량郭涼과 함께 노방의 장수 윤유尹由를 번치繁峙(지금의 산시성山西省 판스현繁峙縣)에서 공격했다. 흉노는 노방을 돕기 위해 기병 1만여 명을 보내 두무를 격파했다.[68] 이후 한은 내부 문제로 흉노와 노방의 도발에 대응만 할 뿐 북벌을 추진하지는 못했다.[69] 그

65   위의 책, p. 53.

66   『後漢書』卷22「朱景王杜馬劉傅堅馬列傳」, p. 1100.

67   『後漢書』卷20「銚期王霸祭遵列傳」, p. 737.

68   『後漢書』卷22「朱景王杜馬劉傅堅馬列傳」, p. 777.

69   『後漢書』卷82上「方術列傳」上, p. 2709.

렇다고 공격을 완전히 멈추지는 않았고, 34년 정월에 오한이 상군 태수 왕패 등 4명의 장군과 6만여 명의 병력을 이끌고 고류를 나가 고람을 공격했다. 흉노 역시 다시 수천 기를 이끌고 평성 근처까지 왔으나 여러 차례의 전투에도 별다른 성과를 거두지 못했다.

다른 한편으로 한은 금성金城과 농서로 쳐들어온 강을 물리치고 하서로 이어지는 통로를 확보했다. 이를 통해 강과 흉노의 연결을 막을 수 있었다. 또한 35년에 임조로 쳐들어온 선령강先零羌 역시 격파했다. 한이 하서로 가는 통로를 확보한 것은 흉노를 견제하기 위한 중요한 조치였다. 이후에도 장수 마원馬援(기원전 14~49)이 농서를 확보하기 위해 노력했다.[70]

36년에 흉노가 노방, 오한 등과 연합해 변경을 공격하자 한도 표기 대장군驃騎大將軍 두무가 변경에 군대를 주둔시키고 방어 시설인 정장, 봉수 등을 수리했다. 흉노가 이를 다시 공격해 치열한 전투가 벌어지기도 했다. 또한 한은 동부 방어를 위해 포로장군捕虜將軍 마무馬武(?~61)를 호타하虖沱河에 주둔시켰다. 이후 노방의 운중 공격이 성공하지 못하자 구원에 있던 그의 수하 수욱이 노방을 위협하며 한에 항복할 것을 권했다. 그러나 노방은 10여 기만을 이끌고 흉노로 도망을 갔다. 이에 수욱은 한에 들어와 항복한 다음 오원 태수가 되어 흉노와 대치했다. 이후 노방의 세력은 크게 위축되었고, 흉노의 오원 진출 역시 어렵게 되었다. 5월에 흉노가 다시 하동河東을 공격하나 성공하지 못했다.

38년 사차왕 현賢과 선선왕鄯善王 안安이 한에 사신을 보내 흉노에 보내는 공납을 감당하기 어렵다며 한에 복속되기를 청했다. 그에 따라

---

70   『後漢書』 卷24 「馬援列傳」, p. 835.

서방에 대한 흉노의 영향력도 줄어들었다. 사차왕 등은 한에 자신을 보호해줄 도호를 보내달라고 요청했다. 한은 아직 내정이 안정되지 않아 도호를 보내지는 못했으나, 이 자체만으로도 흉노에게는 큰 타격이었다.[71] 신한 교체기에 오아시스로부터 공납을 받아 부족한 자원을 확보했던 흉노는 이제 그마저 잃게 되었다.

오원을 중심으로 한 장성 지대와 서방의 오아시스, 그리고 오환에 대한 통제권 확보는 대선우가 '인궁지국'을 회복하고 한에 종속된 처지에서 벗어나는 데 필수적인 부분이었다. 대선우의 이런 구상이 사차왕의 이탈로 서쪽에서 균열이 생겼다. 흉노로서는 약탈을 강화할 수밖에 없었다. 한은 이에 적극적으로 대응할 만큼의 체제를 아직 갖추지 못했으나 문제를 해결하기 위한 노력은 계속했다. 2월에 오한을 시켜 마성馬成(?~56)과 마무를 이끌고 흉노를 직접 공격하게 했다. 그리고 안문, 대군, 상곡 등의 주민 6만여 명을 거용居庸과 상산관常山關의 동으로 대피시켰다. 한의 철수로 흉노의 좌부가 다시 근거지를 장성 이남으로 옮길 수 있었으나, 한은 이를 막기 위해 변경의 병력을 늘렸다.

그해 12월에 노방이 흉노의 지원을 받아 다시 고류로 돌아왔다. 이에 한은 두무를 대신해 양무장군揚武將軍 마성을 시켜 장새를 수리하고 10리마다 후候를 두었다. 그런 다음 기도위 장감張堪이 두무의 군대를 이끌고 고류에 있던 노방과 흉노를 공격했다. 어양에서 승리를 거둔 태수 장감은 이후 8년 정도 흉노가 함부로 장성을 넘어 들어올 수 없을 만큼 이곳을 안정적으로 통제했다.[72] 좌부는 이후 어양 쪽에서 한을 공격할

71　『後漢書』卷88「西域傳」, p. 2923.

72　『後漢書』卷31「郭杜孔張廉王蘇羊賈陸列傳」, p. 1100.

수 없었다.

흉노는 한이 현상금을 걸고 노방을 찾는다는 소식을 듣고 재물과 비단을 얻으려는 욕심에 노방에게 한에 돌아가 항복하라고 했다. 궁지에 몰린 노방은 40년에 한에 사신을 보내 민감과 함께 항복하겠다고 했다. 그러나 흉노가 자신을 내보낸 것은 말하지 않았다. 광무제는 이에 고무되어 그를 대왕代王으로, 민감을 상相으로 삼고 비단 2만 필을 주었다. 그러고는 노방이 남으로 창평에 오자 정월에 조정에 들어오라고 했다.[73] 대선우는 상을 노리고 노방을 보낸 것이라 하지는 않았으나, 한에서 자기에게 대가를 주지 않자 몹시 아까워하며 한을 다시 공격했다.[74] 41년에도 흉노는 좌부가 중심이 되어 선비, 적산오환赤山烏桓 등과 함께 여러 번 장성 안까지 들어와 약탈을 벌였다. 이에 한은 양분령襄賁令 제융祭肜 (?~73)을 요동 태수로 보내 방어하게 했다. 그는 늘 선봉에 서서 흉노의 공격을 잘 막아냈다.[75]

42년에 투항하려던 노방이 창평에서 한의 저의를 의심하고 다시 반발해 민감과 함께 몇 개월을 한과 싸웠고, 흉노 역시 수백 기를 보내 그를 도왔다. 이후 노방은 싸움을 더 지속하지 못하고 선우정에 와서 지내다가 10여 년이 지난 후에 병으로 죽었다. 노방의 철수로 흉노의 지원을 받으면서 광무제에 저항했던 세력은 완전히 소멸했다. 이는 오원을 교두보삼아 막남에 돌아가려던 흉노의 계획이 좌절되었음을 뜻한다.

44년 5월과 12월에 흉노는 두 차례에 걸쳐 상당上黨(지금의 산시성山

---

73   『後漢書』卷12「王劉張李彭盧列傳」, p. 507.

74   『後漢書』卷89「南匈奴列傳」, p. 2940.

75   『後漢書』卷20「銚期王霸祭遵列傳」, p. 744.

西省 창즈시長治市), 천수 등을 공격해 부풍扶風(지금의 산시성陝西省 시안시 서북)까지 쳐들어왔다. 이에 마원이 양국襄國(지금의 허베이성 싱타이시邢臺市 서남)에서 나아가 흉노를 격파했다.[76] 이어 45년 좌부가 오환, 선비 등과 함께 공격하자 대군의 동부가 오환의 공격으로 큰 피해를 봤다. 오환을 피해 주민이 도망하자 8월에 마원이 장성을 수리하고 다시 군현을 정비해 백성을 소환했다. 마원은 3000기를 이끌고 상곡 밖에 있던 백산오환白山烏桓을 공격했다가 실패했다.[77]

이후 선비가 다시 1만여 기를 이끌고 요동을 공격하자 태수 제융이 수천 명을 이끌고 이를 패퇴시켰다. 선비는 큰 타격을 입어 이후 다시는 장성을 넘어 공격하지 않았다. 겨울에 흉노가 상곡과 중산中山을 약탈하여 북변이 큰 피해를 봤다.[78] 노방의 실패 이후에도 흉노의 도발은 계속되었던 것이다. 이는 물론 한과의 화친 체제를 회복하기 위해서였는데, 도발에 그칠 뿐 세력을 확장하거나 위상을 재정립하는 데는 실패했다. 변경 지역에 미치는 영향력도 부분적이라 오원의 할거 세력을 괴뢰로 만들고 주변을 약탈한 정도였다.

흉노는 이후 중원의 패권을 차지한 광무제와의 관계에서도 한계를 드러냈다. 한은 내적인 안정을 찾으며 흉노에 대한 오랜 경험을 바탕으로 효과적인 대응을 했다. 흉노의 군사력이 압도적이지 않아 대응에는 큰 어려움이 없었다. 흉노는 한과 오랜 평화를 유지하면서 역량이 크게 위축된 상태였던 데다가 호한야의 후예들이 막북에 제각각 세력권을 형

---

76   『後漢書』卷89「南匈奴列傳」, p. 2940.

77   『資治通鑑』卷43「漢紀」35〈世祖光武皇帝中之下〉, p. 1400.

78   『後漢書』卷89「南匈奴列傳」, p. 2940.

성하고 자기 이익을 위해 움직였다. 암묵적으로 유지된 대선우의 형제 상속은 이런 분권적 상황을 용인해 대선우의 권위를 크게 제약했다.[79] 대선우가 신한 교체기에 위상을 회복해 한과 대등한 국가임을 선언했지만 이는 그의 생각일 뿐이었다.

흉노는 한을 압박하기 위해 좌부를 중심으로 선비, 오환 등을 끌어들여 공격을 계속했지만, 오히려 이런 움직임이 흉노의 한계를 드러내며 오환, 선비 등의 각성과 발전을 가져오는 역효과를 일으켰다. 실제로 동부의 유목 세력들은 이를 기회로 좌부 영역까지 밀고 들어왔다. 선비와 오환이 흉노에 강한 압박을 가하기 시작한 것도 이때 이후의 일이다.

41년 이후 사차왕이 오아시스 지역의 패권을 장악하려 하자 거사전왕車師前王, 선선, 언기 등 8개 도시가 한에 도호를 요청하며 시자를 보냈다. 이들은 46년경에 다시 흉노와의 연계를 시도했다.[80] 이는 오아시스 지역이 자기 이익을 위해 언제든지 한과 흉노 가운데 한쪽을 선택할 수 있었다는 뜻이다. 따라서 흉노가 이들에게서 공납을 받는 것은 쉬운 일이 아니었다. 흉노는 이때 상황이 좋지 않았는데, "**해마다 가뭄 피해(한해 旱害)와 메뚜기 피해(황해蝗害)를 받아서 풀이 없는 붉은 땅(적지赤地)이 수천 리가 되니, 풀과 나무는 거의 모두 말라서 사람과 가축이 기아와 역병으로**

---

79 흉노가 몽골 초원에 묘도가 있는 방형의 대형 무덤을 만든 것은 기원을 전후로 한 1세기에 걸친 시기로 추정된다. 한의 지원을 받으며 막북에 고립된 상황에서 대선우와 지배 집단의 취약해진 권위를 회복하기 위해 대형 무덤을 건설했던 것이다. 특히 호한야의 여러 아들들은 초원 각지에서 자기 근거지를 중심으로 경쟁적으로 대형 무덤을 조성했다(주25 참조). 무덤에서 발굴된 유물을 통해 당시 흉노와 한의 교류가 활발했고 동서 교류도 있었다는 점을 확인할 수 있다. 흉노는 고유의 특성을 지키면서 한의 문화와도 조화롭게 공존했던 것으로 보인다(黃曉芬, 「漢墓與匈奴文化」, 『한몽공동학술조사 10주년 기념 학술 심포지움 - 초원의 대제국 흉노』, 2008, p. 261; 주46 참조).

80 『後漢書』 卷88 「西域傳」, p. 2924.

[그림 14] 호한야(계후산) 이후 대선우의 형제 계승

태반이 죽었다"[81]라고 할 정도로 초원이 심각한 수준의 재해를 입었다. 재해의 빈발은 초원 주민의 생존과 연결되기 때문에 이를 해결하지 못한 다면 대선우와 지배 집단의 권위는 추락할 수밖에 없었다.[82]

흉노가 어려움에 빠져 있는 가운데 29년간 재위했던 호도이시도 고가 죽고 46년에 아들인 좌현왕 오달제후烏達鞮侯(?~46, 재위 46)가 즉위 했다. 하지만 그 역시 바로 죽고, 다시 그의 아우인 좌현왕 포노蒲奴(재위 46~?)가 대선우로 즉위했다. 이런 일련의 승계 과정에서 호한야 이후 유 지하던 형제 상속 관행이 파기되었다. 군주의 죽음과 승계 과정에서는 늘 권위 회복의 시간이 필요한데, 호도이시도고의 아들이 관례를 깨고 바로 대선우가 되면서 각자의 영지에서 세력을 키우던 사촌들과 문제가 발생할 수밖에 없었다. 이는 오랫동안 수면 아래에 가라앉아 있던 지배 집단 내부의 갈등이 폭발하는 계기가 되었다.

기원전 31년 호한야 사망 이후 6명의 아들이 승계하는 과정에서 그 아들과 후손들은 각자의 세력권을 형성했다. 이는 소위 '**분지分地**'라는

---

81   『後漢書』卷89「南匈奴列傳」, p. 2942.

82   정재훈, 앞의 글, 2001, pp. 141~153.

개별 소유 목초지를 바탕으로 한 것으로 대선우도 이를 강하게 통제하기 어려운 부분이 있었다. 한의 변경에서 흉노가 군사적 도발을 할 때 병력의 동원 규모가 크지 않았던 것도 이와 관계가 있다. 이 무렵 흉노를 덮친 심각한 재해도 초원에서 개별 세력의 **'각자도생'**을 심화했다. 한도 대선우 세력만을 지원하지 않았기 때문에 임시방편으로 유지되던 형제 상속이 끝나자마자 대선우의 권위가 약해지고 사촌들이 권력 투쟁을 시작한 것은 자연스러운 일이었다.

게다가 오환이 세력을 확대해 좌부 영역을 차지했다. 좌부는 이를 피해 고비를 넘어 북쪽으로 수천 리나 도망쳤다. 이후 좌부가 있던 막남이 다시 비었다고 할 만큼 흉노는 치명적 타격을 입었다. 막북으로 물러난 좌부는 자신이 피폐해진 틈을 타 한이 공격을 할까 두려웠다. 그래서 어양군에 사신을 보내 화친 관계의 회복을 요구했다. 이에 광무제가 중랑장 이무李茂를 보내 답례하며 관계를 시작했다.[83] 좌부가 막북으로 옮겨 가자 기존 세력과의 갈등도 발생했는데, 변경이 혼란스럽게 되자 한은 이를 빨리 안정시키기 위해 오환에 재화를 주어 달랬다.[84]

이후 흉노는 이전의 호도이시도고 대선우처럼 한과 자신이 동등하다고 주장할 수 없었다. '인궁지민'을 통합한 유목제국의 위상을 회복하려던 지향도 포기해야 했다. 이 무렵의 흉노는 겉으로는 대선우를 중심으로 한 하나의 통합체로 보였지만, 실제로는 강력한 집권적 체제라기보다는 개별 세력이 느슨하게 연계한 정도에 불과했다. 흉노의 이런 위축은 상당 부분 광무제의 효과적 대응 때문이기도 했다.

---

83 『後漢書』卷89「南匈奴列傳」, p. 2942.

84 『後漢書』卷1下「光武帝紀」下, pp. 74~75.

대선우가 통합을 유지하지 못하면서 지배 집단 내부의 모순이 폭발했다. 이후 흉노는 현실적으로 한과의 관계를 주도할 수 없었고, 새로운 선택의 기로에 서게 되었다. 막북을 차지하기 위해 내부의 싸움을 할 것인가, 한의 지원을 받기 위해 막남으로 갈 것인가, 아니면 한의 지원을 받으면서도 여전히 막북에 남을 것인가. 흉노의 운명은 그 선택의 결과에 따라 달라질 수밖에 없었다.

제5편

_____

분열과 해체
(48~216)

_____

제1장

흉노의 남북 분열과 대결(48~91)

1. 계승 분쟁의 재현과 남북 경쟁

호한야 대선우 사후 그의 아들 6명이 이어서 대선우로 즉위했다. 그중에서도 오주류(기원전 8~13)와 호도이시도고(18~46)가 상대적으로 긴 기간 동안 대선우로 재위하여 다른 집안에 비해 세력이 강력해질 수 있었다. 두 사람 다 20년 이상 재위했기 때문에 단명한 다른 형제보다 우위에설 수밖에 없었다. 특히 오주류의 아들들은 첫째 전거연지의 후손이라는점에서 자신들이 다른 연지의 후손보다 우월하다고 생각했다.

형제 상속 관행이 굳어진 것은 호한야가 오주류의 형인 거아를 적장자로 삼으라고 한 것을 전거연지가 막고, 그보다 연장자인 대연지의두 아들 복주류(조도막고)와 수해(저미서)에게 대선우 자리를 양보했기때문이다. 이런 관례를 지키지 않고 46년에 호도이시도고가 죽고 난 다음 그의 큰아들인 오달제후, 그리고 바로 이어 둘째 아들 포노(대선우의명칭은 불분명하나 이하에서는 포노 대선우로 칭함)가 대선우가 된 것은 이전에 없던 일이었다.

또한 그 이전에 호도이시도고가 이복동생인 우록리왕 이도지아사師 伊屠知牙師를 죽인 것도 지배 집단 내에서는 큰 문제였다. 원래 순서에 따르면, 이복형인 호도이시도고의 즉위와 함께 이도지아사가 좌현왕이 되었어야 했다. 좌현왕은 선우 계승권을 가진 사람(선우저부單于儲副)이었다.[1] 호도이시도고가 이를 지키지 않았을 뿐만 아니라 이복동생을 죽이기까지 한 것은 이도지아사가 세력을 강화하려는 움직임을 보였기 때문이다. 그는 왕소군의 아들인 이도지아사가 대선우가 된다면 한의 외손이 흉노를 지배하게 되는 것이라는 내부 여론을 핑계 삼아 일을 저질렀다. 한이 흉노와 혼인 관계를 맺으려던 의도대로 흉노가 한의 일부가 될 수도 있다는 걱정을 악용한 것이다. 이를 통해 호도이시도고는 한의 지원을 받았던 왕소군 자녀들의 세력 확장 가능성을 없앨 수 있었다.

연장자 순서에 따른 형제 승계 관행이 무너지면서 이후 사촌 간의 무한 경쟁이 본격적으로 시작되었다. 포노가 대선우가 된 것에 가장 큰 불만을 드러낸 이는 남변南邊과 오환을 다스리던 우욱건일축왕右奧鞬日逐王 비比였다. 그는 새로 즉위한 사촌인 포노보다 자신이 더 권위 있는 집안 출신이라고 생각했다. 전거연지의 둘째 아들인 오주류의 장자라는 강한 자의식이 있었기 때문이다. 이런 생각을 품고 있던 비는 대연지의 아들 호도이시도고에 이어 그 아들인 오달제후와 포노가 대선우로 즉위한 것을 도저히 받아들일 수 없었다. 그는 사촌 형 포노를 원망하며 **"형제로서의 계승을 말한다면 우록리왕이 순서에 따라 마땅히 즉위해야 하고, 자식으로서의 계승을 말한다면 내가 이전 대선우의 장자이니 마땅히 즉위해야**

---

1   『後漢書』卷89「南匈奴列傳」, p. 2941.

한다"[2]라고 말했다. 적자 집안의 자손으로서 포노보다 자신이 우위에 있다는 뜻이었다.

그러나 비는 아직 세력이 대선우를 능가할 수 없는 처지라 바로 불만을 표출하지는 못했다. 이런 상황을 인지하고 있던 대선우 역시 내부의 반발을 잠재우기 위해 잠재적 경쟁자들을 견제하려 했다. 포노는 선우정에서 열린 모임에 참석하지 않는 비가 대선우가 되지 못한 것에 분한 마음을 품고 있다고 의심했다. 이후 둘의 갈등이 서서히 표면화되자 포노는 비를 견제하기 위해 2명의 골도후를 비의 영지로 보냈다. 이런 조치는 비에 대한 노골적 압박이었다. 원래 개별 왕은 자신이 소유한 영지의 군권을 독자적으로 행사했는데, 대선우가 이것을 통제 혹은 감시하려 한 것은 왕의 권위를 완전히 무시한 것이었다. 비는 이를 받아들일 수 없어 서하 태수에게 한인 곽형郭衡을 몰래 보내 흉노의 지도를 바치며 투항 의사를 알렸다. 게다가 이 무렵 비의 아우인 점장왕漸將王이 선우정에 가 있다가 돌아와 형에게 포노의 견제 움직임을 알리자 비는 두려움을 느끼고 자신이 거느린 남변 8부의 병력을 4만~5만 명 정도 끌어 모았다. 그런 다음 대선우가 보낸 두 골도후가 오기를 기다렸다가 이들을 죽이려고 했다. 그러나 사전에 음모를 알아챈 두 골도후가 모두 가벼운 무장으로 말을 타고 도망치면서 비의 움직임이 노출되었다. 얼마 후 두 골도후에게서 비의 상황을 보고받은 포노는 곧바로 1만 기를 보내 그를 공격하려 했으나 비의 병력이 더 많은 것에 놀라 되돌아갔다.

48년 봄, 비의 진영에 모인 8부 대인이 비를 지지하며 대선우로 추대했다. 비도 이를 받아들여 조부가 일찍이 한에 의지해 안정을 얻었던

---

2   위의 책, p. 2942.

전례에 따라 자신을 호한야 대선우라고 불렀다. 이는 기원전 43년 한의 지원을 받은 호한야가 막북으로 돌아간 이후[3] 90년간 유지되던 흉노의 통합이 다시 깨지는 계기가 되었다(흉노의 제2차 분열). 이후 두 대선우가 남북에서 양립했고, 남쪽의 호한야(비)[4]는 고비를 넘어 오원새에 도착하자 한에 사신을 보냈다. 그는 사신을 통해 영원히 적의 침입을 막는 한의 '보호 울타리(번폐藩蔽)'가 되어 북에 있는 흉노를 막겠다고 전했다.[5] 이처럼 호한야(비)는 과거 조부가 그랬듯이 막남에 내려와 한에 도움을 청했다. 그도 조부처럼 막북 초원만으로는 체제를 유지하기 어렵다고 여긴 것이다. 흉노는 이전부터 한의 물자를 계속 지원받았지만 초원에 고립된 상태라 원하는 만큼 충분히 욕구를 해소할 수 없었다. 더욱이 대선우가 한과의 관계를 독점하고 그로 인해 흉노 내부에 갈등이 생기면서 한의 지원도 뜻대로 되지 않았다.

흉노가 한과의 관계 악화나 재해 등으로 어려움을 겪을 때 이를 타개하는 가장 쉬운 방법은 막남으로 이주하는 것이었다. 흉노가 선택할 수 있는 길은 이 정도밖에 없었다. 호한야(비)가 막남에 내려와 한의 지원을 얻어내려고 한 것 역시 재기의 발판을 마련하고 고립에서 벗어나기 위해서였다. 이 무렵 흉노는 노방의 할거가 실패한 이후 한과 관계가 악화되어 겨우 마련했던 오원의 교두보마저 잃고 다시 막북에 고립된 상태였다. 호한야(비)가 이끄는 흉노가 계승 분쟁 이후에 '자발적으로' 막남에 와서 한에 도움을 청한 것은 그가 할 수 있는 최선의 선택이었다. 오아

---

3   『漢書』卷94下「匈奴傳」下, p. 3797.

4   비가 48년에 즉위한 다음 자신을 호한야 대선우라고 했기 때문에 호한야 2세라고 불리기도 한다. 이 책에서는 그의 조부와 구분하기 위해 호한야(비) 대선우로 표기했다.

5   『後漢書』卷89「南匈奴列傳」, p. 2942.

시스나 동부 초원으로 갈 수도 없었고, 한 이외에는 다른 선택지가 없었다. 과거 질지골도후가 서쪽으로 옮겨 가면서 막북에 적대 세력이 없어지자 그곳으로 돌아갔던 조부 때와는 상황이 완전히 달랐다. 이때 막북 초원에서는 포노가 대선우로서 흉노 유목제국을 대표하고 있었다.

호한야(비)는 한의 지원을 받아 세력을 키운 다음 막북에 돌아가 포노를 제압하고 다시 초원의 패권을 되찾아 흉노 유일의 대선우가 되어야 했다. 고비를 넘어온 흉노가 한의 지원을 받기 위해서는 북흉노만이 아니라 세력을 확장하던 동부의 선비나 오환 등을 모두 방어하면서 한에 철저히 '봉사'하는 모습을 보여야 했다. 광무제도 호한야(비)의 이런 제안을 거부하기 어려웠으나 그렇다고 그를 신뢰하기도 어려웠다. 흉노가 막남에 오는 것은 결국 변경을 위험하게 만들 수 있었다. 조정에서도 중국이 통일된 지 얼마 되지 않았고, 중국 내지 역시 아직 비어 있다는 현실론을 바탕으로 흉노의 제안을 받아들일 수 없다는 의견이 대부분이었다. 오관중랑장五官中郎將 경국耿國(?~58)만이 선제가 이전에 호한야를 받아들여 동으로 선비, 북으로 흉노를 막았던 예를 들어 호한야(비)의 막남 거주를 주청했다.

광무제는 논의 끝에 경국의 의견에 따라 흉노의 요구를 받아주었다. 그리고 48년 겨울 한의 지지를 받게 된 호한야(비)가 흉노의 대선우로서 한에 사신을 보내며 자신을 신하라고 불렀다(봉번칭신奉藩稱臣). 이후 몽골 초원에서는 서로의 장단점을 잘 아는 남과 북의 두 흉노가 고비를 사이에 두고 대결하게 되었다. 호한야(비)는 한의 지원을 받아 여건이 좋아지자 막북 유목민의 생활 리듬을 깨기 위해 약탈전을 시작했다. 호한야(비)는 외부의 공격 등으로 계절 이동을 못 하게 되면 생존이 어려운 유목민의 약점을 철저히 이용해 북쪽을 약탈하려 했다. 이를 위해 49년 봄 호한야(비)는 동생인 좌현왕 막莫에게 1만여 기를 주어 포노의 아우 욱건좌현왕奧鞬左賢王을 공격했다. 유목민의 생활이 가장 어려운 겨울에서 봄으로 넘어가는 시점을 이용해 막북을 기습한 것이다.

승리를 거둔 좌현왕 막은 욱건좌현왕을 생포했고, 포노가 직접 통제하던 부대까지 격파했다. 그 밖에 군사 1만여 명, 말 7000필, 그리고 소와 양을 합해 1만 두 정도를 얻는 엄청난 전과를 거두었다. 남흉노의 기습 공격에 놀란 포노는 이어질 공격을 두려워하며 1000리 정도 북쪽으로 퇴각했다. 포노는 이즈음 동영을 위해 막북 초원의 남쪽 가장자리에 와 있었는데 불시에 공격을 당해 북쪽으로 이동할 수밖에 없었다. 이후에는 남의 위협에서 벗어날 수 있는 항가이산맥 북쪽의 셀렝게강 유역으로 옮겨 갔다. 엎친 데 덮친 격으로 막북 초원에 재해가 발생해 상황을 더 나쁘게 했다. 북흉노의 욱건골도후奧鞬骨都侯와 우골도후가 3만여 명을 이끌고 남으로 내려왔다. 포노에 대한 불만 때문이라기보다는 초원의 상태가 심각하게 나빴기 때문이다. 유목민들은 재해로 목초지가 부족해지면 식량을 확보하기 위해 다른 목초지나 식량을 구할 수 있는 곳으로 옮겨 갈 수밖에 없었다.

한편 호한야(비)는 이 승리로 포노의 위협에서 벗어나자 자신의 입지를 강화하기 위해 한에 사신을 보내 접촉을 시도했다.[6] 앞서 말한 것처럼 그는 '**변경의 울타리(藩屛)**'로서 황실을 받드는 신하가 될 것이라면서 진귀한 보물을 바쳤다. 또한 한의 사자가 자신을 감호해줄 수 있다면 시자를 한에 보내겠다고 했던 이전의 약속도 지키겠다고 했다. 한의 경제적 지원을 받아내는 것은 호한야(비)에게 그만큼 절실한 일이었다.

---

6   『後漢書』卷89「南匈奴列傳」, p. 4843.

호한야(비)는 포노가 공격을 피해 1000리 정도 북쪽으로 도망간 다음에도 막북 남쪽 동영지에 있는 선우정으로 돌아가려고 하지 않았다. 세력을 회복할 수 있는 시간과 공간, 한의 물자 지원이 모두 가능한 곳은 막북이 아니라 막남이었기 때문이다. 그는 조부가 기원전 51년 장안에 입조했을 때 광록새 주변에 머물면서 위급하면 한의 수항성을 지키겠다고 주청한 것과 같은 제안을 다시 한에 했다. 10년 가까이 막남에 있다가 막북으로 돌아가는 조부의 전철을 밟지 않고 막남에 근거지를 마련하고 한의 번병이 되는 방식으로 세력을 유지하고자 했다. 조부 때는 한의 선제가 흉노의 요구를 받아주지 않고 오히려 흉노를 막북에 고립시키려 했지만, 광무제는 호한야(비)의 요구를 받아주었다. 50년 중랑장 단침段郴과 부교위副校尉 왕욱王郁이 흉노에 사신으로 가서 남흉노 선우정을 오원군 서부새西部塞에서 80리 떨어진 곳에 두고 그 주변에 백성이 살게 해주었다.

이때 흉노로 간 한의 사신은 호한야(비)의 바람과 달리 그를 인정하기는 하나 격하하려고 했다. 중랑장 단침은 호한야(비)에게 "[대]선우께서는 마땅히 엎드려서 절한 후에 조서를 받아야 합니다"라고 고압적으로 말했다. 대선우는 주춤하며 잠시 뒤돌아보다가 할 수 없이 엎드려 황제를 향해 신하를 칭하고 배례拜禮를 했다.[7] 과거 조부가 제후로서 대우받았던 것과는 다른 대접을 받아들인 것이다.[8] 대선우는 비록 자신의 체면이 손상되더라도 막남에 근거지를 만드는 것이 중요했기 때문에 이런 무례한 요구를 받아들였다. 호한야(비)는 한의 사자가 알아들을 수 있게

---

7   위와 같음.

8   『漢書』卷94下「匈奴傳」下, p. 3797.

통역하기를 "[내가 대]선우로 새로 즉위하였는데, 주변에 있는 사람들에게 참 부끄럽소. 사자는 많은 사람이 있을 때는 허리를 굽히고 머리를 꺾는 일은 없게 해주시오"라고 부탁했다. 이런 모습을 본 남흉노 조정의 골도후 등도 모두 눈물을 흘리면서 한의 요구를 받아들였다.[9]

이후에 호한야(비)도 한에 사신을 보내 자신을 인정해준 것에 대해 답례를 했다. 사신은 광무제에게 대선우의 글을 올리면서 낙타 2두와 무늬 있는 말 10필을 바쳤다.[10] 이를 통해서도 한의 물자 지원을 받고자 했던 그의 절박함을 알 수 있다. 이후 호한야(비)는 굴욕을 참고 한의 비위를 맞춘 끝에 결국 예전에 선우정이 있었던 운중군으로 돌아갈 수 있었다. 기원전 119년 이치사 대선우가 무제의 공격을 받아 막북으로 쫓겨간 이후 줄곧 되찾고자 했던 원주지로 '**자발적 투항**'을 통해 귀환한 것이다. 막남 복귀가 과거의 영광을 회복하는 것도, 대선우의 위상을 제대로 인정받는 것도 아니다 보니 내부의 불만도 있었고 지원에서 배제된 세력의 반발도 있었다.

그해 여름 대선우가 포로로 잡았던 욱건좌현왕과 다섯 골도후가 거느린 3만여 명이 모두 고비를 넘어 다시 막북으로 도망갔다. 이들은 고비 이북의 선우정으로 갔다가 거기서 다시 300여 리 떨어진 곳에서 욱건좌현왕을 대선우로 추대하고 세력화를 시도했다. 이들의 움직임을 제어하기 위해 추격군은 남에서 쫓아가 한 달 동안 전투를 벌여 다섯 골도후를 모두 죽이고 욱건좌현왕도 자살하게 했다. 이후 골도후의 자식들은 제각기 군대를 이끌고 도망가 버렸다.[11]

---

9   『後漢書』卷89「南匈奴列傳」, p. 2943.

10   위와 같음.

이런 내부 진통을 처리하고 그해 가을에 호한야(비)가 다시 아들을 시자로 보내자 광무제가 그에 답하는 조서를 내려주었다. 이와 함께 황제는 대선우에게 관대와 옷, 황금으로 만든 도장(황금새黃金璽), 여러 색의 인수(여왜수盭綃綬), 지붕과 의자가 있는 수레(안거우개安車羽蓋), 장식수레(화조가사華藻駕駟), 보검, 활과 화살, 검은색 신표가 달린 활과 화살 3개, 수레용 말(부마駙馬) 2필, 황금, 문양 비단(錦繡)과 흰 비단(증포繒布) 1만 필, 풀솜(서絮) 1만 근, 악기와 북을 실은 수레(악기고거樂器鼓車), 비단으로 싼 창을 든 병사(계극갑병棨戟甲兵), 음식을 담는 그릇 등을 주었다.[12] 이와 함께 하동 지역의 미米와 말린 곡식 2만 5000곡 및 소와 양을 합쳐 3600두를 구호물자로 주었다.[13] 그리고 중랑장을 시켜 안집연사安集掾史를 설치하고, 이형弛刑(범죄를 짓고 형벌을 받은 자들 중에서 사면된 자) 50인을 인솔해 무기와 쇠뇌를 가지고 선우정까지 수행하게 했다. 이들은 이후에도 선우정에 머물면서 흉노의 재판에 참여했을 뿐만 아니라 동정도 살폈다. 이는 흉노가 원하는 물자를 충분히 지원하면서 동시에 그들을 감시하는 통제 방식이었다. 한은 이렇게 관리를 파견해 막남에 내려온

---

11 위와 같음.

12 호한야와 손자인 호한야(비)에게 준 물품의 내용은 다음의 표로 비교해볼 수 있다. 이를 통해 호한야(비)가 한의 조정에 직접 오지 않았음에도 이전보다 더 많은 물자를 받았음을 알 수 있다.

	기원전 51년 호한야(계후산) 대선우	50년 호한야(비) 대선우
사 여 품	冠帶, 衣裳, 黃金璽, 盭綬, 玉具劍, 佩刀, 弓一張, 矢四發, 棨戟十, 安車一乘, 鞍勒一具, 馬十五匹, 黃金二十斤, 錢二十萬, 衣被七十七襲, 錦繡綺縠雜帛八千匹, 絮六十斤.	冠帶, 衣裳, 黃金璽, 盭綃綬, 安車羽蓋, 華藻駕駟, 寶劍, 弓箭, 黑節三, 駙馬二, 黃金, 錦繡繒布萬匹, 絮萬斤, 樂器鼓車, 棨戟甲兵, 飲食器什.
	『漢書』卷94下「匈奴傳」下, p. 3797.	『後漢書』卷89「南匈奴列傳」, p. 2943.

13 『後漢書』卷89「南匈奴列傳」, p. 2944.

흉노를 철저히 '기미'하려고 했다.

현실적 이익이 중요했던 호한야(비) 역시 이를 받아들였으나 한은 여전히 흉노에 대한 의심을 버리지 않았다. 호한야(비)는 직접 장안으로 가서 조회해 참석한 조부와 달리 광무제가 있는 낙양에 직접 가지 않았다. 단지 아들을 시자로 보냈을 뿐이다. 또한 북쪽에 대해 군사적 대응을 해야 한다는 이유로 자신의 체제를 그대로 유지하려고 했다. 이는 남흉노가 계속 세력을 유지하기 위한 명분이었으나, 한의 입장에서 보면 견제가 필요한 부분이었다.

호한야(비)는 한의 지원을 더 받기 위해 연말마다 사자와 편지, 그리고 시자를 보내 입조하는 것을 잊지 않았다. 중랑장의 부하인 종사從事 한 사람이 이들 일행을 인솔해 궁궐로 갔다. 이에 한의 조정에서도 알자謁者를 보내 앞서 온 시자를 선우정으로 돌려보냈다. 이들이 서로 도로에서 만났다고 할 만큼 교류가 빈번했으나 이때도 대선우는 조회에 오지 않았다. 대선우는 사자를 통해 자기 입장을 설명하고, 물자 지원을 받는 정도에 그쳤다. 그렇게 해서 지위를 인정받고 북흉노에 대한 우위를 유지하는 것만이 목적이었다.

광무제는 정월 초하루에 새해 축하 조회와 사당 및 능묘에서 하는 배례를 마친 후 흉노 사신이 돌아가는 길에 알자를 시켜 무늬 비단(채증綵繒) 1000필, 고급 비단 4단, 금 10근, 태관어식太官御食인 장醬 및 오렌지(등橙), 귤, 용안龍眼, 여지荔支를 주었다. 대선우의 어머니 및 연지들, 왕자들, 좌현왕과 우현왕, 좌록리왕과 우록리왕, 그리고 훌륭한 공적이 있는 골도후에게도 비단과 흰 비단, 무늬 있는 비단 등을 합해 1만 필을 주도록 했다.[14] 남흉노에 대한 한의 물자 지원은 해마다 하는 상례가 되었다.

50년 겨울, 이전에 배반하고 도망갔던 다섯 골도후의 자식들이 무리 3000명을 거느리고 다시 남으로 귀순해 왔다. 그러자 포노가 기병을 보내 이들을 모두 사로잡아 갔다. 이에 호한야(비)도 군대를 보내 맞서 싸웠으나 이번에는 오히려 패했다.[15] 이런 상황을 보고받은 광무제는 위험해진 남흉노를 보호하기 위해 선우정을 서하군 미직현美稷縣으로 옮기도록 했다. 이후 남흉노는 운중에서 황하를 건너 오르도스 남쪽에 들어갈 수 있었는데,[16] 이곳은 이전보다 환경도 좋고 북의 위협에서도 자유로웠다.

한편 광무제는 남흉노의 남하로 커진 위험 요소를 통제하기 위해 사흉노중랑장使匈奴中郞長 단침과 부교위 왕욱을 보내 서하군에 머무르게 했다. 이들은 남흉노 대선우를 돕는다는 명분으로 선우정에 관부와 그 속관인 종사, 연사掾史를 두었다. 또한 서하장사西河長史에게 해마다 기병 2000명과 이형 500명을 거느리고 사흉노중랑장을 도와 대선우를 보호하도록 했다. 이들은 겨울에는 선우정에 같이 있었으나, 흉노가 가축을 이끌고 계절 이동을 하는 여름에는 따라가지 않았다. 이런 조치는 마치 한이 남흉노의 대선우를 보호하는 것처럼 보이지만 사실상 한이 강력한 통제 정책을 관철한 것이라 볼 수 있다. 이처럼 한은 기미를 통해 남흉노를 감시하고 북흉노의 도발을 막으려 했다. 이와 같이 흉노를 통제하는 관리를 설치해 장성 주변 지역을 안정적으로 운영하면서 변경의 8군 역

---

14   위와 같음.

15   위의 책, p. 2945.

16   Bryan K. Miller, "The Southern Xiongnu in Northern China: Navigating and Negotiating the Middle Ground", J. Bemmann·M. Schmauder (eds.), *Complexity of Interaction Along the Eurasian Steppe Zone in the First Millennium CE. Bonn Contributions to Asian Archaeology* v.7, Bonn: Bonn University Press, 2015, pp. 127~198.

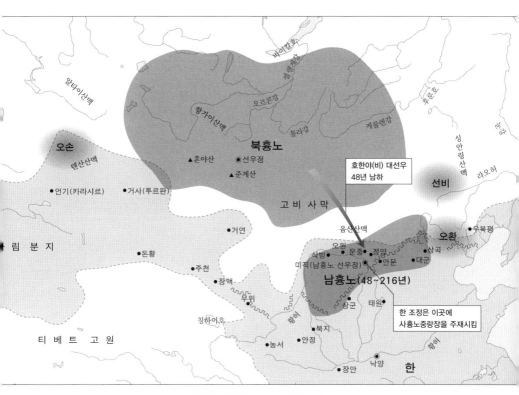

[그림 1] 남북 분열의 이후 형세도

시 회복할 수 있었다. 그 결과 남흉노는 한의 확실한 통제 아래 들어가게 되었다.

그 밖에도 한은 남흉노를 변경 지역에 분산 배치하여 세력 분할을 시도했다. 한지골도후韓氏骨都侯는 북지에, 우현왕은 삭방에, 당우골도후當于骨都侯는 오원에, 호연골도후呼衍骨都侯는 운중에, 낭지골도후郞氏骨都侯는 정양에, 좌남장군左南將軍은 안문에, 율적골도후栗籍骨都侯는 대군에 두었다. 이는 변경을 따라 남흉노를 분산 배치하여 북방에 대한 방어 체제를 갖추고, 동시에 남흉노의 통합을 막아 쉽게 기미하기 위해서였다. 즉 남흉노는 겉으로는 대선우가 군장으로 있는 유목국가 체제를 유지했으나 실질적으로는 한의 철저한 감시를 받는 처지였다고 할 수 있다.

이후 호한야(비)는 자신의 역할에 맞춰 여러 부에 왕을 둔 다음 한의 방어에 적극적으로 참여했다. 남하하여 한의 '번병'이 되겠다고 말한 것을 그대로 실천했다. 남흉노 8부의 왕들도 자기 부락민을 거느린 채 하나의 단위를 유지하며 변경에서 한의 군·현을 위해 적을 정탐하고 순라(巡邏)하는 귀와 눈의 역할을 맡았다. 이들은 이후 대선우의 직접적인 통제를 받지 않고 분산된 상태에서 한에 군사적 봉사를 하며 체제를 유지했다.[17]

이 과정에서 남흉노의 세력이 크게 위축되면서 좌부의 영역을 오환에 넘겨주게 되었다. 밀려난 좌부는 음산 이남의 고지로 밀려 들어왔다. 흉노의 입장에서 보면 '고지의 회복'이라고도 말할 수 있으나, 실상은 한의 기미를 받아들여 스스로 '번병이 되는 타협'을 통해 이익을 유지한 것에 불과했다. 남흉노는 한의 지원 덕분에 경쟁 관계였던 북흉노뿐만 아니라 위협 세력이었던 오환보다 우위를 유지할 수 있었다. 한편 북흉노의 포노는 막북에서 어려운 처지를 견뎌야 했다. 그 역시 한에 사신을 보내 이런 상황을 타개하고 국면을 전환하려 했다. 이전에 납치했던 한인을 돌려보내는 선의를 보이며 관계 개선을 시도했다. 또 약탈하러 다니는 병사들이 남흉노 주변에 왔다가 돌아가는 길에 매번 경계 초소(정후 亭候)를 지날 때면 남흉노를 공격하려던 것이지 한을 침범하려던 것은 아니었다며 용서를 빌었다. 이렇게 포노 역시 한의 눈치를 보며 언제 있을지 모를 남흉노의 공격에 대비하려 했다. 51년에 포노는 한과 교섭하기

17　『後漢書』卷89「南匈奴列傳」, p. 2945.

위해 무위에 사신을 보내 화친을 강하게 요구했다. 황태자는 이런 북흉노의 요구에 "호한야(비)가 근래에 귀부를 해오자 북쪽의 흉노가 정벌을 당할까 두려워해 귀를 기울이면서 말을 잘 들어주는 척하며 다투어 들어오려 합니다. 우리가 아직 출병할 형편이 아닌데 그동안 유지하던 태도를 완전히 바꿔 북쪽 놈들과 통교한다면, **제 생각에 남쪽이 [다른] 두 마음(二心)을 갖거나 북쪽이 항복한다고 하더라도 그 말을 번복하고 오지 않을까 봐 걱정됩니다**"[18]라며 강하게 반대했다.

한 조정에 흉노에 대한 불신 여론이 여전히 팽배해 있었음을 알 수 있다.[19] '기미'는 양자의 이익이 합치되는 상태에서 이익을 지키기 위한 노력의 산물이라 이율배반적인 면이 늘 있었다. 남흉노가 지금은 한에 온순하나 자기 이익에 반하는 상황이 되면 언제든 반발할 수 있다는 것을 한도 알고 있었기 때문에 북쪽의 화친 요구를 받아들이기 어려웠다. 그런데도 포노는 52년에 다시 사신을 보내 말과 가죽옷을 바치며 화친 관계의 회복을 애걸했다. 함께 온 오아시스 상인(호객胡客)과 공물을 바치며 교역을 허가받기 위해 광무제를 알현하기를 요청했다. 앞서 포노는 후한 초기의 혼란으로 중국에서 서방으로 이어지는 교역망이 제대로 작동하지 않을 때 오아시스를 차지하고 새로운 교역망을 만들었다. 오아시스를 통제하게 된 이후로는 한과의 통교에 성공해 더 많은 물자를 확보하고 교역을 주도하여 이익을 얻고자 했다. 이는 경쟁 관계였던 호한야(비)와는 다른 전략이었다. 그러나 포노의 이런 구상은 한이 그 요구를 충분히 받아주지 않아 실현되기 어려웠다.

---

18   위와 같음.

19   위의 책, pp. 2944~2945.

한에서는 사도연司徒掾 반표班彪(3~54)만이 조정의 중론과 달리 기미의 중요성을 강조했다. 그는 "지금까지 아직 남쪽을 도와 얻은 것이 없더라도, 북과의 관계를 끊는 것은 마땅하지 않습니다. **기미의 뜻은 예를 하면 답해야 한다는 것입니다.** 말하자면 자못 상을 더 줄 수 있으나 이 것을 대략 바친 것과 맞춤으로써 이전 조부 호한야와 다툰 질지골도후가 한 일을 분명히 깨닫고 얘기할 수 있게 하면 됩니다"라면서 다른 주장을 했다. 이에 광무제는 태자의 반대에도 불구하고 반표의 의견을 받아들여 포노의 요청에 일부 호응해주었다. 북흉노 사신에게 답례로 흰 비단 400필, 궁건弓鞬(활을 넣어두는 기다린 통)과 독환犢丸(화살을 넣는 통) 각 1개, 화살 4발을 주었다. 또 말을 몰고 와 바친 좌골도후와 우록리왕에게도 흰 비단 각 400필과 참마검斬馬劍 1자루씩을 주었다. 동시에 호한야(비)가 혹시 불만을 품을까 걱정해 53년에 그에게도 양 수만 두를 주었다. 이는 여전히 한이 북보다는 남에 대한 지원을 우선시하고 있었음을 보여준다.

55년에 포노가 다시 한에 사신을 보내 관계 개선을 요구하자 광무제는 새서璽書(옥새가 찍혀 있는 문서)를 내려 그를 대우해주며 비단도 주었으나 사자는 보내지 않았다.[20] 이렇게 포노가 한과 적극적으로 교섭하던 동안에는 남북 흉노 간 군사 대결은 벌어지지 않았다. 서로 대치 상태에 있었지만 각자의 안정을 위한 시간적 여유가 필요했기 때문에 대규모 군대를 동원할 수 없었다. 이런 상황이 계속되던 가운데 56년 남흉노의 호한야(비)가 즉위 9년 만에 죽었다. 호한야(비)는 남천 이후 한의 지원을 받아 세력을 회복했음에도 조부와 다른 모습을 보였다. 한의 지원을

---

20   위의 책, pp. 2946~2947.

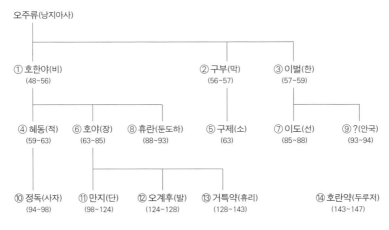

[그림 2] 호한야(비) 이후 대선우의 형제 계승

받기 위해 굴욕적인 태도를 보이면서도 직접 조회에 참석하지는 않았다. 이전에 흉노가 막북에서 오랜 견제와 고립을 당한 경험 때문에 한과의 관계에서 계속 조심스러운 모습을 보였다. 관계를 강화하여 물자 지원을 받는 것을 중시하면서도 경계심 또한 버리지 않았다.

호한야(비)에 이어 그의 동생 좌현왕 막이 즉위해 구부丘浮 우제선우尤鞮單于(?~57, 재위 56~57)가 되었다.[21] 이후 63년까지 약 7년 남짓 동안 대선우가 네 번이나 교체되었다. 구부 대선우가 즉위한 지 얼마 되지 않아 죽자 그의 아우인 한汗이 즉위해 이벌伊伐 어려제선우於慮鞮單于(?~59, 재위 57~59)가 되었다. 그다음에는 호한야(비)의 아들 적適이 혜동

---

21 『한서』와 『후한서』에서 대선우의 호칭을 기록한 방식이 다르다. 『한서』에서는 선우에 약제若鞮를 붙였는데, 이는 한에서 황제의 시호에 '효孝'를 넣는 방식을 따른 것이었다. 흉노에서 효를 '약제'라고 했기 때문에 약제를 붙여 대선우를 표현했다(『漢書』 卷94下 「匈奴傳」下, p. 3829). '효'를 표기한 '약제'의 음차는 『후한서』에도 기록되었는데, 선우에 따라 다른 것은 음차의 오류이다(아래의 주22 참조). 이를 통해 여전히 후한대에도 효선우孝單于, 즉 대선우大單于라는 명칭을 계속 사용했음을 알 수 있다(제4편 주27 참조).

醯僮 시축후제선우尸逐侯鞮單于(?~63, 재위 59~63)가 되었다.[22] 이어 63년에 혜동 시축후제선우의 사촌 동생이자 막의 아들인 소蘇가 구제丘除 거림제선우車林鞮單于(?~63, 재위 63)로 즉위했다. 그 역시 몇 달 만에 죽었는데, 그의 뒤를 이어 적의 동생인 장長이 호야胡邪 시축후제선우(?~85, 재위 63~85)[23]가 되었다.

남흉노는 대선우의 잦은 교체로 내적 안정성을 잃지 않도록 최대한 승계의 관례를 지켰다. 호한야(비) 사후 형제와 사촌 간의 계승이 반복된 것은 정상적이지는 않으나 임시방편인 **'연장자가 적임자로 승계하는 관례'**에 따른 것이다.[24] 이는 막남에 근거지를 확보한 남흉노가 체제를 유지하기 위해 불가피하게 선택한 궁여지책으로 보인다. 대선우의 잦은 교체는 내적 동요를 낳기 마련이고, 새로운 권력을 구축하는 데는 시간적 여유가 필요했기 때문이다. 게다가 계승 과정에서 갈등이 반복적으로 표출된다면 남흉노의 발전도 어려워지고, 경쟁 관계인 북흉노에게 공격의 빌미를 줄 수도 있었다. 한 역시 남흉노가 계승 문제로 어려운 상황에 놓이지 않도록 물자 지원 약속을 지키며 보호 조치를 취했다.

호한야(비)가 죽자 56년 사흉노중랑장 단침이 군대를 거느리고 가서 조문하고, 장례식에서 술과 곡식을 올려 제사를 지냈다. 그런 다음 혹시 모를 북쪽의 도발이나 내부 갈등을 방지하기 위해 군대를 나누어 선

---

22   『후한서』에서는 우제尤鞮, 어려제於慮鞮, 시축후제尸逐侯鞮 등으로 선우의 명칭을 기록했는데, 이는 이전에 '효'를 표현하기 위해 사용한 '약제'의 다른 음사로 보인다. 이런 다른 표기는 범엽이 흉노 단어의 전사에 대한 정확한 이해 없이 남아 있던 기록을 그대로 옮기면서 생긴 오류이다. 따라서 여러 가지 전사는 모두 약제의 다양한 음차로 보면 된다.

23   위의 주 참고.

24   김호동, 앞의 논문, 1989, pp. 302~303.

우정을 방어했다. 이는 물론 '보호'라는 명분이었지만 흉노에 대한 '감시'이기도 했다. 광무제는 새로 즉위한 대선우 구부에게 사자를 파견해 새서에 위로의 말을 써서 보내며, 옥새와 그 끈(새수璽綏)을 주었다. 또한 모자와 두건, 진홍색 홑옷(강단의絳單衣) 3벌 및 작은 패도佩刀와 곤대緄帶 각 1개씩을 전해주었다. 이렇게 물품을 제공하는 것은 새로 즉위한 남흉노 대선우를 한이 공식적으로 인정하는 절차였다. 광무제는 또한 비단 4000필을 다른 왕들과 골도후 이하에게도 상으로 주었다. 이후에도 이런 대우가 양국의 상례가 되었다.

흉노 쪽에서도 계속해서 정초의 조회와 장례 등에 참여해 한의 물적 지원을 받으며 관계를 유지했다.[25] 이는 자신을 압도하는 강력한 상대가 사라진 상태에서 한이 확보한 위상을 보여주는 것이기도 하다. 48년 이후 흉노는 계속된 분열과 상쟁 상태였다. 한의 지원을 받는 남흉노와 한의 견제를 받는 북흉노를 통합해 초원에 과거와 같은 유목제국을 건설하는 것은 불가능한 일이 되어갔다. 한이 이를 받아들일 리 없었고, 무엇보다 남북 흉노 모두 그럴 만한 역량이 없었다.

이러한 상황은 결국 한을 중심으로 한 새로운 동아시아 질서가 구축되는 계기가 되었다. 한과 흉노가 함께 이루던 **'이원적 질서'**는 흉노의 분열로 인해 한이 주도하는 **'일원적 질서'**로 바뀌었다. 이제 흉노는 스스로 아무리 **'자존自尊'**을 지키려 해도 한에 종속된 여러 변수 가운데 하나에 불과한 처지가 되었다. 이런 양상은 남북 대결 구도가 심화하면서 더 확고해졌다. 흉노는 이제 **'각자 생존'**을 위해 노력하는 수밖에 없었다.

---

25   『後漢書』卷89「南匈奴列傳」, p. 2948.

2. 흉노의 남북 대결 심화와 북흉노의 소멸

63년 호야 대선우가 즉위한 즈음에 북흉노가 세력을 회복해 변경 지대에서 노략질을 시작했다. 한에서는 이에 대한 대책을 논의했는데, 북흉노의 위협에 노출된 남흉노를 지원하는 일과 관련된 내용이었다. 이때 북흉노의 포노는 6000~7000기를 보내 오원새 안까지 쳐들어왔고, 이어 운중에도 들어와 노략질을 했다. 원양原陽(지금의 내몽골자치구 후허하오터시의 동남쪽)으로 쳐들어온 군사는 남흉노가 막았다. 군사적 도발은 과거부터 줄곧 흉노가 한에 화친을 요구하는 강력한 의사 표현 방법이었다.[26] 이전과 마찬가지로 북흉노는 서방 오아시스에서 공납을 받아 체제를 정비한 다음 한과 관계를 회복해 교역을 활성화하려 했다. 북흉노가 계속 한에 사신을 보내 합시合市를 열자고 한 것도 같은 맥락이었다.

명제明帝(유장劉莊, 현종顯宗, 28~75, 재위 57~75)는 북흉노의 요구를 수용해 상호 교류하며 변경의 노략질을 막으려 했다.[27] 65년에 명제가 월기사마越騎司馬 정중鄭衆(?~83)을 북흉노에 사신으로 보내자 남흉노의 수복골도후須卜骨都侯 등이 불평하며 한에 대한 봉기를 계획했다. 이들은 북흉노를 끌어들여 남쪽으로 군대를 보내도록 했다. 이때 정중은 북흉노로 가기 위해 국경을 나가다가 이전과 다른 변화를 느껴 정찰을 보내 수복골도후의 사인使人을 잡았다. 그는 사인을 통해 남흉노의 봉기 계획을 파악하고 대장大將을 배치해 남흉노와 북흉노의 교통을 막아야 한다고 보고했다.

명제도 이를 받아들여 방어 목적의 도료영度遼營을 설치했다. 이는

---

26   위와 같음.

27   위의 책, p. 2949.

남흉노에 대한 더 강한 통제의 시작이었으나 아직은 그 동향을 파악하고 감시하는 것이 주요한 역할이었다.[28] 또한 명제는 중랑장 오당吳棠을 행도료장군사行度遼將軍事에 임명하고, 부교위 내묘來苗와 좌교위 염장閻章, 우교위 장국張國에게 여양현黎陽縣(지금의 허난성 쉰현浚縣 동북)에 있는 호아영虎牙營의 군사를 거느리고 오원군 만백현曼柏縣(지금의 내몽골자치구 준거얼기准格爾旗 서북의 위수하오지청榆樹壕吉城 부근)에 주둔하게 했다. 그리고 기도위 진팽秦彭(?~88)은 남흉노의 선우정이 있는 미직현에 주둔하게 하였다. 이처럼 한은 남흉노의 주요 거점인 오원과 미직에 군사를 보내 남흉노뿐만 아니라 북흉노의 도발도 견제하려고 했다.

그해 가을에 북흉노가 과연 2000기를 보내 삭방을 염탐하면서 말가죽으로 배를 만들어 황하를 건너더니 남흉노에서 이탈하는 사람을 맞으려고 했다. 하지만 한이 이에 잘 대비하여 뜻을 이루지 못했다. 얼마 후 북흉노는 다시 남흉노를 공격했다. 북흉노가 변경을 빈번하게 공격하여 한에서는 성읍이 불타고 살육과 약탈이 깊고도 많아 하서 지역은 낮에도 성문을 닫아야 할 정도로 피해가 컸다. 명제가 이를 매우 걱정할 만큼 상황이 심각해 한에서는 새로운 대책을 마련했다. 지금껏 군사적 대결을 피하면서 기미하던 정책을 포기하고, 북흉노에 대해 본격적인 군사 대응을 시작한 것이다. 한은 준비를 마치고 73년에 드디어 북흉노에 대한 북벌을 감행했다. 변경의 병사들을 동원해 네 방향에서 막북으로 진군해 갔는데, 장성 연변의 군대와 노수강호盧水羌胡, 오환, 선비 수만 기도 동원되었다.

먼저 두고와 경충耿忠이 주천새酒泉塞에서 톈산 방향으로 가서 호연

---

28   위와 같음.

왕을 격파해 1000여 급을 참수했다. 그다음 포류해까지 갔다가 돌아오면서 초원으로 이어지는 이오를 차지하고, 이곳에 의화도위宜禾都尉를 두어 둔전과 함께 관리를 배치했다. 이는 흉노 우부와 오아시스의 연결에 큰 타격을 주어 북흉노가 서방에서 발휘하던 영향력을 크게 약화시켰다. 또한 경병耿秉(?~91)과 진팽은 장액군의 거연새居延塞에서 구림왕을 격파하고 고비를 600리나 가로질러 삼목루산三木樓山까지 갔다가 돌아왔다. 이는 우부와 선우정 사이에 대한 공격으로 포노를 직접 겨냥한 것이다. 내묘와 문목文穆은 평성새平城塞에서 나아가 흉하수匈河水로 진격했는데, 이는 좌부와 선우정 사이에 대한 공격으로 경병의 부대와 함께 포노를 협공한 것이다. 좌부뿐만 아니라 선우정을 직접 타격하려던 태복 제융과 오당은 남흉노 호야 대선우의 명을 받은 좌현왕 신信과 함께 고궐새에서 바로 북상해 탁야산에서 고림皋林의 온우독왕溫禺犢王을 공격했다. 이 공격은 별다른 성공을 거두지 못했고, 북벌을 주도한 제융과 오당 등은 탁야산까지 가지도 못해 면직되었다. 이후에 기도위 내묘가 그를 대신해 행도료장군이 되었다.

북흉노는 한이 여러 방향에서 공격한다는 소식을 듣고, 남하했던 부대를 되돌려 고비를 넘어 달아났다. 신속하게 근거지를 이동해 한의 공격을 피한 것이다. 과거 무제 시기처럼 회피 전술을 통해 한의 공격을 무력화했다. 한이 막남에서 출발해 막북을 공격하려면 과거 곽거병이나 위청처럼 빠른 이동 속도가 중요했다. 빠르게 움직여야 가축과 함께 이동하는 유목민에게 심각한 타격을 줄 수 있었다. 흉노가 달아나자 좌부와 중부에 대한 공격은 의미가 없어졌다.

북흉노는 다시 반격을 시작했다. 같은 해에 고비를 가로질러 남쪽으로 내려와 운중군을 지나 어양군까지 쳐들어왔다. 어양 태수 염범廉范

이 이를 격퇴했다. 명제가 사자 고홍高弘을 보내 세 군에서 병사를 모집해 북흉노를 추격하게 했으나 큰 성과는 없었다. 이후 양측은 별다른 소득 없는 공방전을 계속 벌였는데,[29] 한이 우부를 격파함에 따라 북흉노와 오아시스의 연결이 끊어졌다. 이후 북흉노는 오아시스에서 공납을 받지 못했고, 오환과 선비마저 이탈했다. 이후에도 한과 남흉노가 북흉노를 집요하게 공격하여 북흉노는 더 심각한 '**고립**' 상태에 처했다. 한은 여기서 더 나아가 과거 무제가 흉노를 막북에 고립시키기 위해 포위망을 만들던 것처럼 오아시스에 대한 지배권을 확대하려고 했다. 이를 위해 반초班超(32~102)의 이른바 '**서역 경영**'이 97년까지 계속되었다. 반초가 집요하게 오아시스를 확보하고 통제함에 따라 북흉노와 오아시스의 연결은 완전히 끊어졌다.[30] 이 과정에서 각각 생각이 다른 오아시스 사이

---

29   위와 같음.

30   반초의 오아시스 진출과 경영은 『후한서』 「서역전」에 기록되었는데, 전문을 소개하면 다음과 같다. "서역이 한나라와 스스로 절연한 지 65년 만에 다시 소통하게 되었다. 74년 처음으로 도호와 무기교위를 설치하였다. 명제가 죽자 언기와 구자龜玆가 도호 진목陳睦을 공격해 죽이고 그 무리를 모두 없애버렸으며, 흉노와 거사는 무기교위를 포위하였다. 건초建初 원년(76) 봄, 주천 태수 단팽段彭이 교하성交河城에서 거사를 대파했다. 장제가 이 적들의 일로 중원이 궁핍해지는 것을 바라지 않아, 이에 무기교위를 귀환하게 하고 다시 도호를 보내지 않았다. 건초 2년(77) 다시 이오의 둔전을 취소함에 따라 흉노가 군대를 보내 이오의 땅을 지켰다. 당시 군사마 반초는 우전于闐에 남아 여러 나라를 안무하고 규합하고 있었다. 화제和帝 영원永元 원년(89) 대장군 두헌竇憲이 흉노를 크게 격파하였다. 영원 2년(90) 두헌은 부교위 염반閻槃에게 2000여 기를 이끌고 가 이오를 습격하게 해서 그곳을 격파했다. 영원 3년(91) 반초가 마침내 서역을 평정하자 조정은 반초를 도호로 삼고 구자에 머무르게 했다. 다시 무기교위를 두고 병사 500명을 지휘해 거사전부車師前部의 고창벽高昌壁에 머물게 했다. 또한 무부후戊部候를 두어 거사후부車師後部의 후성候城에 머물게 했는데, 서로 간의 거리가 500리 떨어져 있었다. 영원 6년(94) 반초가 다시 언기를 격파하니 이에 50여 나라에서 모두 질자를 보내 내속하였다. 조지條支와 안식安息 등 바닷가 4만 리 바깥에 이르는 나라가 모두 거듭된 통역을 거쳐 공물을 헌납하였다. 영원 9년(97) 반초는 연掾 감영甘英을 보냈는데, 그는 서해西海까지 갔다가 돌아왔다. 모두 과거에

에서 흉노와 한 어느 쪽을 선택하느냐를 두고 다툼이 벌어졌다.

반초는 한의 영향력을 확대하고 북흉노를 견제하기 위해 이 다툼에도 개입했다. 북흉노 역시 기득권을 지키려 했다. 75년 포노는 좌록리왕에게 2만 기를 주어 거사에 가서 거사후왕 안득安得을 죽이고 금포성金蒲城을 공격하게 했다. 그러나 무기교위 경공耿恭이 이를 막자 물러났다. 이후에도 서방의 출구인 이오를 중심으로 양국은 계속 공방전을 벌였다.[31] 76년에도 장제章帝(유달劉炟, 숙종肅宗, 56~88, 재위 75~88)가 내묘를 제음濟陰 태수로 옮기고 정서장군征西將軍 경병을 행도료장군으로 삼아 북흉노 공격을 재개했다. 11월에 고립의 온우독왕이 탁야산 쪽으로 돌아가려고 하자 이 소식을 들은 남흉노 호야 대선우가 경기병과 변경에 있는 여러 군의 병사, 그리고 오환의 병사를 이끌고 국경을 나가 공격했다. 이들은 큰 승리를 거둬 수백 급을 베었고, 3000~4000명 정도를 항복하게 했다.[32] 북흉노의 주요 거점인 고비 북방 탁야산 주변을 공격해 승리한 것이라 이후 북흉노의 막남 공격은 중단되었다.

이해에는 막북 초원에 가뭄이 심해 유목민의 생활이 어려웠으며, 남쪽에도 충해가 있어 큰 기근이 발생했다. 흉노 모두가 심각한 어려움에 빠지자 장제가 이곳의 가난한 사람 3만여 명에게 곡식을 보내주었다. 남흉노가 재해로 큰 타격을 입으니 북흉노에 대한 군사적 대응도 중지되었다. 82년에 경병이 집금오執金吾가 되고, 장액 태수 등홍鄧鴻(?~95)이 행

이르지 못한 곳이며 『산경山經』에도 자세히 나오지 않은 곳이다. 그는 이곳의 풍토에 대한 진기하고 기괴한 내용을 전해주었다. 이에 먼 나라인 몽기蒙奇와 두륵兜勒이 모두 귀부해 사신을 보내 공물을 바쳤다."(『後漢書』卷88 「西域傳」, pp. 2909~2914)

31 위의 내용 참조.

32 『後漢書』卷89 「南匈奴列傳」, p. 29.

도료장군이 되어 북변의 일을 담당하는 정도의 변동이 있었을 뿐이다. 이때가 되면 남흉노는 한의 적극적인 기미의 결과 이제 속국의 하나에 불과하게 되었다.

북흉노 역시 재해로 인한 어려움으로 해체되기 시작했다. 83년 6월에 북흉노의 삼목루자三木樓訾의 대인인 계류사稽留斯 등이 인구 3만 8000명, 말 2만 필, 소와 양 10만여 두를 거느리고 오원군에 왔다. 막북에서 유목민이 대규모로 남하한 것은 초원의 상태가 좋지 않았기 때문이다. 생존하기 위해서는 한의 지원을 받을 수 있는 남쪽으로 내려와야 했다. 한이 남흉노를 계속 지원하고 있던 상황도 북흉노의 남하를 충동하기에 충분했다. 다른 한편으로 이는 북에서 포노가 유목민을 효과적으로 통제하지 못했음을 뜻하는 것이기도 하다. 포노 역시 어려운 상황을 타개하기 위해 한에 다시 사신을 보내 화친을 요구했다. 그러나 한은 북흉노가 "[마음대로] 바꾸고 [한을] 속이는 나라(변사지국變詐之國)"라며 제안을 거절했다. 만약 북의 화친 요구를 받아들이면 지금까지 기미를 잘 해온 남흉노를 잃을 수도 있었기 때문이다. 이때에도 부친인 반표처럼 반고만이 북흉노에 대한 '기미'를 주장했으나 결과적으로 화친은 이루어지지 않았다.[33]

북흉노는 한의 거절에도 포기하지 않고 84년에 무위 태수인 맹운孟雲에게 사신을 보내 한의 관리 및 민간인과 합시를 하고자 하는 뜻을 전했다. 맹운이 12월에 이를 조정에 알리자 장제가 조서를 내려 현지의 역사驛使를 시켜 이들을 불러 맞이한 다음 위로하게 했다. 한은 결국 북흉

---

33 『後漢書』卷40下「班彪列傳」, p. 1374; 김철운, 「반고: 기미론」, 『중국의 패권주의와 그 뿌리 - 중화주의와 화이분별론』, 서광사, 2016, pp. 202~208.

노의 요구를 받아들여 합시를 허락하는데, 계속 거부하다 변경에서 도발을 초래하는 것보다는 수용해 안정을 얻는 게 낫다고 판단한 것이다. 이후 포노는 대저거 이막자왕伊莫訾王 등을 시켜 소와 말 1만여 두를 몰고 와 한의 상인(고객賈客)과 교환했다. 한도 북흉노의 여러 왕과 대인, 교역하러 온 자들에게 해당 군현에서 집도 주고 상으로 하사품도 주는 등 잘 대우해주었다. 이는 당연히 남흉노의 반발을 불러일으켰다. 호야 대선우는 경기병을 보내 상군으로 교역하려 오던 북흉노의 생구生口(포로)를 빼앗고, 소와 말을 노략질하기도 했다.[34] 북흉노가 한과의 교역을 통해 재기하는 것은 절대로 용납할 수 없었다.

이 과정에서 85년 정월 북흉노에서 다시 대규모 이탈이 일어났다. 대인 거리車利와 탁병涿兵 등이 한의 국경 안으로 도망쳐 왔는데, 그 무리가 무려 73개나 되었다. 이탈 주민이 늘어나자 남흉노, 정령, 선비, 그리고 오아시스 국가도 취약해진 포노를 공격하기 시작했다. 약탈까지 당해 처지가 위태로워진 포노는 무리를 이끌고 멀리 떠났고, 이후 그의 행방은 알려지지 않았다. 이후 북흉노에서는 우류優留가 포노를 대신해 대선우로 즉위하여 내부를 수습하려 했으나 혼란에 빠진 초원을 통합하기란 어려운 일이었다.

이때 남흉노에서는 호야가 죽고 이벌 대선우의 아들 선宣이 즉위해 이도伊屠(?~88, 재위 85~88) 어려제선우가 되었다.[35] 그는 군사 1000여 명을 이끌고 탁야산에서 사냥하다가 우연히 마주친 온우독왕을 죽이고 돌아왔다. 남흉노가 고비를 넘어 북쪽에 가서 사냥한 것은 남흉노 대선우

---

34   『後漢書』卷89「南匈奴列傳」, p. 2950.

35   주22 참조.

가 막북의 선우정을 회복하려는 움직임으로도 볼 수 있다. 한에서도 이를 남흉노가 기미에서 벗어나 자의적으로 움직인 것이라 보고 대응했다. 이해 겨울 무위 태수 맹운이 "북흉노는 이전에 한과 화친했으나 남흉노가 다시 그들에게 와서 노략질하자 한이 자신을 속였다며 변경을 침범하려고 했습니다. 그리고 남쪽에서 노략질해 데려간 북의 포로를 마땅히 돌려보내야 한다고 하니 그들의 마음을 위안해주어야 합니다"라고 남흉노가 북에 대해 도발한 일을 보고했다.

이에 장제는 태복 원안袁安(?~92)의 의견에 따라 북흉노와 대결하고 있던 변경의 어려움을 해소하려고 했다.[36] 행도료장군 등홍과 영중랑장領中郎將 방분龐奮에게 남흉노가 포획한 북의 포로를 두 배의 가치로 쳐서 북으로 돌려보내 주었다. 또한 남흉노가 참수하거나 포로로 잡은 자에 대해서도 공로를 계산해 이전과 같은 규정에 따라 상을 주었다. 이런 한의 대응에도 남흉노 대선우의 명을 받은 욱제일축왕奧鞬日逐王 사자師子가 경기병 수천 명을 거느리고 관새를 빠져나가 북흉노 유민들을 공격해 1000여 명을 목을 베거나 포로로 붙잡아 왔다. 사자가 북의 약화를 틈타 계속 공격하자 북에서는 남흉노가 한에 오면 후한 대접을 받는다는 소문을 듣고 항복하려는 사람이 해마다 수천 명에 이르렀다.

한편 87년 선비가 몽골 초원으로 진출해 북흉노 좌부를 공격하고, 북흉노를 재결집해 구심점이 되려던 우류 대선우의 목을 베어 돌아갔다. 이후 흉노 선우정은 혼란에 빠졌다. 그 예하에 있던 굴란부屈蘭部, 저비부儲卑部, 호도수부胡都須部 등 58부, 인구 20만 명, 정예 병사 8000명 등이 운중, 오원, 삭방, 북지 등의 군에 들어와 항복했다. 이는 북흉노가 대선우

---

36   『後漢書』卷89「南匈奴列傳」, pp. 2950~2951.

를 잃고 거의 해체 상태에 이르렀음을 보여준다.[37] 이후에 북흉노가 해체되자 남으로 이주한 주민들도 먼저 온 남흉노처럼 비슷한 물질적 지원을 받으려 했다. 그동안 남과 북의 대결 과정에서 북쪽의 주민들은 포노의 눈치를 보면서 막남에 오고 싶어도 오지 못했다. 이제 대선우의 통제에서 벗어나 남으로 내려올 수 있게 되자 주민들이 물밀듯 밀려 들어왔다. 남흉노를 비롯한 변경 지역 전체의 안정을 뒤흔들 만큼 큰 규모였다.

이즈음인 88년에 남흉노에서 이도가 죽고 호한야(비)의 삼남 둔도하屯屠何가 즉위해 휴란休蘭 시축후제선우(재위 88~93)가 되었다.[38] 이때 다시 초원에 기근과 메뚜기 등으로 인한 재해가 일어나 북흉노에서 더 많은 주민이 이주해 왔다. 이를 기회로 휴란 대선우는 북흉노를 완전히 병합하려 했다. 같은 해 장제가 죽고 권력을 장악한 두태후竇太后(?~97)에게 휴란이 올린 편지를 통해 그 내용을 짐작할 수 있다. 휴란은 북벌을 주도해 흉노를 다시 통합하고자 했다. 이를 위해 남흉노 좌부에 1만 명, 우부에 1만 명, 선우정에 1만 명 정도의 병력을 동원했다. 좌부는 좌록리왕 사자와 좌호연일축왕左呼衍日逐王 수자須訾가 삭방에서, 우부는 좌현왕 안국安國과 우대저거왕右大且渠王 교륵소交勒蘇가 거연에서 12월에 선우정을 공격했다. 이와 함께 대선우 자신은 1만 명을 거느리고 오원새와 삭방새에서 내려오는 사람을 차지했다. 유목민의 전형적인 몰이사냥 방식을 통해 북흉노 주민의 투항을 유도하고 그들을 모두 차지하려는 계획이었다.[39]

---

37   위의 책, p. 2951.

38   주22 참조.

39   위의 책, pp. 2952~2953.

이에 집금오 경병은 북흉노가 해체된 상태이니 '이이제이以夷制夷'
가 국가에 이득이 될 것이라며 태후에게도 북벌을 주청했다. 89년 화제和
帝(유조劉肇, 목종穆宗, 79~106, 재위 88~106)는 경병을 정서장군으로 삼고,
거기장군 두헌竇憲(?~92)이 거느린 기병 8000명, 도료장군 및 대선우가
이끄는 기병 3만 명으로 하여금 삭방군에서 출발하여 고비를 넘어 북흉
노를 공격하게 했다. 한의 원정군은 이 전투에서 크게 승리를 거두었다.
목을 베거나 포로로 붙잡아 온 사람이 20만 명이었다. 이에 새로 즉위한
북흉노 대선우마저 달아났다.[40]

90년 봄에 도료장군 등홍이 대홍려大鴻臚로 자리를 옮기자 정양 태
수 황보릉皇甫棱이 행도료장군이 되었다. 휴란은 이때에도 다시 북흉노

---

40   반고는 89년 7월 두헌을 따라 북흉노 원정에 참가해 승리하고, 이를 기념해 '봉연연산명
封燕然山銘'을 새겼다. 이 내용은 『후한서』 「두헌전」에 전한다. 청 말에 좌종당左宗棠의 부
하였던 장요張曜가 각석을 탁본한 것이 전하는데, 위치를 특정하지 않아 알 수 없었다. 이
후 1990년 몽골 탐사대가 몽골공화국 돈드고비아이막 델게르항가이솜 이닐하이르한산
Inil Hairhan(북위 45° 10′ 403″, 동경 104° 33′ 147″, 해발 1488미터에 위치)에서 각석을 발견했다.
크기는 대략 높이 200센티미터, 폭 123센티미터 정도이다. 처음에는 그 내용을 판독하지
못하다가 2014년 내몽골대학 조사단이 현지 조사를 하고, 이어 2017년 7월 몽골의 칭기
스칸대학과 내몽골대학의 연합조사대가 조사한 결과를 보고하면서 정확한 내용이 알려
졌다. 발견된 글자는 260여 자로 220여 자 정도를 판독할 수 있었다. 그 복원에 관해서는
다음의 연구가 있다. 辛德勇, 「發現燕然山銘」, 『文史知識』 2018-9.
      『후한서』의 기록과 [그림 4]의 각석 원문을 비교해볼 수 있다. "惟永元元年秋七月, 有漢
元舅日車騎將軍竇憲, 寅亮聖明, 登翼王室, 納于大麓, 惟淸緝熙. 乃與執金吾耿秉, 述職巡
御, 理兵於朔方. 鷹揚之校, 螭虎之士, 爰該六師, 暨南單于、東烏桓、西戎氐羌侯王君長之
羣, 驍騎三萬. 元戎輕武, 長轂四分, 雲輜蔽路, 萬有三千餘乘. 勒以八陣, 莅以威神, 玄甲耀
日, 朱旗絳天. 遂陵高闕, 下鷄鹿, 經磧鹵, 絶大漠, 斬溫禺以釁鼓, 血尸逐以染鍔. 然後四校
橫徂, 星流彗埽, 蕭條萬里, 野無遺寇. 於是域滅區單, 反旆而旋, 考傳驗圖, 窮覽其山川. 遂
躐涿邪, 跨安侯, 乘燕然, 躡冒頓之區落, 焚老上之龍庭. 上以攄高文之宿憤, 光祖宗之玄靈;
下以安固後嗣, 恢拓境宇, 振大漢之天聲. 玆所謂一勞而久逸, 暫費而永寧者也. 乃遂封山刊
石, 昭銘上德. 其辭曰: 鑠王師兮征荒裔, 勦凶虐兮截海外, 敻其邈兮亙地界, 封神丘兮建隆
嵑, 熙帝載兮振萬世."(『後漢書』 卷23 「竇融列傳」, p. 815)

惟永元元年秋七月
有漢元舅曰車騎將軍竇憲寅亮
聖皇翼王室納大麓維清酉與執金吾
耿秉述職巡圍治兵于朔方鷹揚之校
螭虎之士爰該六師暨南單于東胡烏
桓西戎氐羌侯王君長之羣驍騎三萬
元戎輕武長轂四分雷輆蔽路萬有三
千餘乘勒以八陣位以威神玄甲耀日
朱旗絳天遂淩高闕下雞鹿經磧鹵絕
大漠斬溫禺以釁鼓鹿逐以染鍔
然後四校橫徂星流彗埽平萬里野
無遺寇於是域滅區落反旆而還考傳
驗圖窮覽其山川陶涿邪進安侯乘燕
然汗冒頓之逗略焚老上之龍庭將上
以攄高文之宿憤光祖宗之玄靈下以
安固後嗣恢拓疆寓震大漢之天聲茲
所謂壹勞而久逸暫費而永寧者也遒
遂封山刊石昭銘上德其辭曰
鑠王師征荒裔勦匈虐亂海外夐其遐
亙地界封神丘建陸碣熙帝載振萬世

[그림 3] 반고의 〈봉연연산명〉 탁본(위)과 복원 도식(아래)

를 공격하려고 했다. 좌록리왕 사자 등을 시켜 좌우 8부의 기병 8000명
을 거느리고 계록새에서 북으로 나갔다. 한도 중랑장 경담耿譚을 딸려 보
내 그를 보호하게 했다. 이후 한과 남흉노 연합군은 탁야산에 도착해 보

급품을 남겨둔 다음, 두 부대로 나누어 각각 경기병을 이끌고 두 길로 북을 기습하였다. 좌부는 북으로 가서 서해를 지나 하운河雲의 북쪽까지 갔고, 우부는 흉노하수에서 서쪽으로 나아가 톈산을 돌아 남쪽으로 감미하甘微河를 넘었다. 이곳에서 다시 두 부대가 만나 밤에 북흉노 대선우를 포위하였다.

북흉노 대선우는 이곳까지 자신을 쫓아온 것에 매우 놀랐으나 정예 장병 1000여 명을 거느리고 맞서 싸웠다. 중간에 부상을 당해 말에서 떨어지기도 했는데, 다시 올라타 경기병 수십 명만 거느리고 달아났다. 이 전투에서 남흉노 군대는 큰 승리를 거두었다. 이를 지휘한 사자는 북흉노의 옥새를 얻었고, 연지와 남녀 5명도 포로로 잡았다. 또 8000명의 머리를 베고 수천 명을 사로잡아 돌아왔다.

남흉노는 잇단 승리로 포로를 얻고 항복하는 자도 받아들여 인구가 많이 늘어났다. 직접 다스리는 호가 3만 4000호였고 인구가 23만 7300명이었으며, 정예 병사가 5만 170명 정도나 될 만큼 세력이 커졌다. 대선우를 돕기 위해 한에서는 본래 중랑장 한 사람이 종사 2명을 둘 수 있었으나, 경담은 새로 항복한 자가 많으니 자신의 종사를 12명으로 늘리겠다고 했다. 그만큼 인구가 크게 늘었던 것이다.[41] 그러나 인구가 증가했다고 해서 그들을 모두 대선우가 통할 지배한 것은 아니었다.

91년에 우교위右校尉 경기耿夔의 공격을 받은 북흉노의 대선우는 결국 다시 도망을 갔다. 이후 그의 소재를 알 수 없게 되자 아우인 우록리왕 어제건於除鞬(?~93, 재위 91~93)이 자립했다. 그는 온우건왕溫禺鞬王과 골도후 이하 백성 수천 명을 거느리고 포류해 주변에 머무르면서 한에 사

---

41 『後漢書』卷23「竇融列傳」, p. 814.

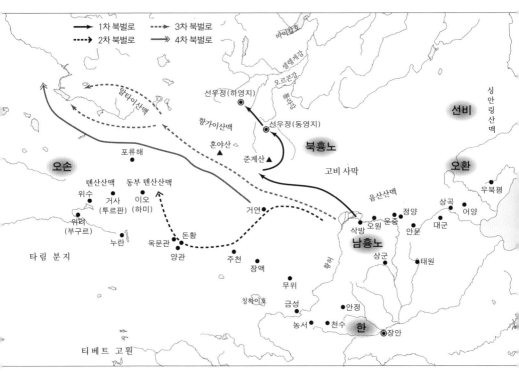

[그림 4] 한의 북흉노 원정도

신을 보내 우호 관계를 맺으려고 했다. 대장군 두헌이 어제건을 북흉노
대선우로 인정하자고 상주하여 받아들여졌다.[42] 한은 92년에 경기를 북
흉노 대선우가 된 어제건에게 보내 옥새와 새수, 옥구검玉具劍 4개와 깃털
장식 수레 덮개가 달린 수레 1량을 주었다. 중랑장 임상은 부절로 그를
호위해 이오현에 주둔했다. 이러한 예우는 과거 남흉노 대선우에게 했던
것과 비슷한 수준이었다. 초원 서쪽으로 도망간 어제건을 한이 인정한
것은 흉노를 다시 분열시켜 그 통합을 막기 위해서였다.

---

42   『後漢書』卷89「南匈奴列傳」, p. 2952.

이후 한의 인정을 받아 세력을 회복한 어제건은 북흉노의 선우정으로 돌아가려다 자신을 도왔던 두헌을 죽였다. 그러고는 93년에 한의 간섭에서 벗어나 제멋대로 다시 고지로 돌아가려고 했다. 이에 화제가 장병장사將兵長史 왕보王輔에게 1000명의 기병을 주어 임상과 함께 그를 추격해 유인한 다음 죽였고, 그의 무리 역시 없애버렸다.[43] 이후 일부 남았던 북흉노는 완전히 회복할 수 없는 상태가 되었다. 대선우의 권위도 다시 회복하지 못했다. 흉노는 기원전 119년 이치사 대선우가 무제의 공격으로 막북으로 밀려나 살게 된 이후부터 이때까지 유지했던 패권을 완전히 잃고 말았다.

여러 한계에도 불구하고 200년이 넘는 시간 동안 막북 초원은 흉노의 활동 무대로서 유목제국의 중심지 역할을 해왔다. 하지만 흉노는 이곳을 잃고 난 다음 다시 돌아오지 못했고, 이후에는 막남을 주요 무대로 활동했다. 일부가 막북에 남아 북흉노 대선우를 자칭하기도 했으나 강력한 세력을 형성하지는 못했다. 흉노의 절대적 권위가 사라진 이후 막북에는 이를 대체하려는 세력이 등장했다.

93년 9월에 어제건이 죽자 선비가 초원에 들어와 흉노의 선우정을 차지했다. 선비는 흉노를 대신하여 막북에서 새롭게 권위를 확립하려 했는데, 그곳에 남아 있던 10만 정도의 주민 모두가 이때부터 자신을 흉노가 아니라 '선비'라고 했다.[44] 이는 건국 이후 300년 넘게 유지되던 흉노 중심의 질서 체계가 송두리째 뒤바뀌는 새로운 변화의 시작이었다.

유목제국을 지향하던 '인궁지국' 흉노의 권위를 승계한 것은 막남

---

43   위의 책, p. 2954.

44   『後漢書』卷90「鮮卑烏桓列傳」, p. 2986.

[그림 5] 남흉노 시기 와당(내몽골 출토)과
천자선우여천무극천만세天子單于與天毋極千萬世 명문 와당
(몽골공화국 운드루울란군 하르간 두르벌징 출토)

으로 옮겨 간 남흉노였으나, 그들이 북흉노까지 끌어들여 초원을 다시
통합한 것은 아니었다. 한의 강력한 견제로 남흉노의 발전에는 큰 제약
이 있었고, 그 중심에 있던 대선우 역시 흉노를 재통합할 만한 역량이 없
었다. 아마도 그런 움직임이 있었다면 한이 절대로 그냥 두지 않았을 것
이다. 한은 대선우를 감독하는 기구를 두고 남흉노를 속국처럼 대했다.
결코 독자적 움직임을 용납하지 않았고, 8개 이상으로 나누어 분리 통제
했다. 대선우의 권위 회복에는 제약이 있을 수밖에 없었다.[45]

한은 남흉노뿐만 아니라 새롭게 부상한 선비 등을 기미 형식으로
지배하며 자신을 중심으로 한 **'일원적' 질서**를 구축할 수 있었다. 이는 과
거의 영광을 회복하려고 시도하던 북흉노가 완전히 해체되어 사라지면
서 비로소 가능해진 일이다. 이 과정에서 남흉노의 대선우는 변경에 있
는 한 세력의 군주로 격하되었다. 48년 호한야(비)가 한에 투항한 다음
장성 이남으로 들어와 기미를 받게 된 시점부터 대선우의 권위는 더 이

---

45   김병준, 앞의 글, 2013, p. 148.

상 과거와 같을 수 없었다. 이후 남흉노 대선우가 300년 넘게 유지되던 흉노의 영광스러운 위상을 회복하려 애썼지만 끝내 이루지 못했다. 대선우의 이런 의지가 한의 견제를 받을수록 흉노 내부의 통합을 유지하기는 더 어려웠다. 결국 흉노는 점차 약화되었고, 그 통제를 받던 여러 세력의 도전이 이어졌다. 남흉노 대선우는 비록 구겨진 상태라도 자신의 권위를 지키기 위해 분투하지 않으면 그조차도 유지하기 어려운 처지가 되었다.

제2장

남흉노의 약화와 해체(91~216)

1. 한의 통제 강화와 남흉노의 분열

호한야(비)가 죽은 56년 이후 7명의 대선우가 연장자 승계 관례를 잘 따른 것은 그렇게 해야 내적 통합을 유지할 수 있었기 때문이다. 이는 오주류 대선우의 자손인 호한야(비)와 그의 형제, 아들로 이어진 승계 방식인데, 후에 호한야(비) 대선우의 장자인 혜동 대선우(적)의 아들 사자와 당숙 안국 사이에 갈등이 생기면서 계승 분쟁으로 이어졌다.[46]

93년 대선우로 즉위한 안국(?~94, 재위 93~94, 대선우 명칭이 남아 있지 않아 안국이라 함)은 좌현왕이었을 때도 국내에서 칭송받거나 존중받지 못했다. 이전의 두 대선우인 이도(선)와 휴란(둔도하) 대선우 모두 안국의 5촌 조카인 좌록리왕 사자가 용감하고 영리하고 지혜가 많다며 아꼈다. 특히 사자는 군대를 이끌고 북흉노의 선우정을 습격하고 돌아와

---

46   329쪽 [그림 2] 호한야(비) 이후 대선우의 형제 계승 참조.

상을 받기도 해서 한의 관리들도 다르게 대우했다. 남흉노인 모두가 사자를 존경하고 안국은 좋아하지 않았다. 안국이 대선우가 된 다음에도 그를 따르는 사람이 없다는 것이 당시의 평가였다.

안국은 대선우로 즉위한 이후 사자를 미워해 죽이려고 했다. 마침 북에서 내려온 흉노인 가운데 장성 밖에서 사자에게 내몰려 약탈을 당했던 사람들도 사자를 몹시 싫어했다. 안국은 이들과 함께 사자를 제거하기 위해 모의했다. 이는 안국이 북흉노 유민을 받아들여 세력을 강화하고, 나아가 흉노의 재통합을 노린다는 의심을 살 여지가 있는 일이었다. 한편 사자는 안국이 즉위하고 순서에 따라 좌현왕이 되었으나, 안국이 북에서 새로 들어온 자들과 자신을 죽일 음모를 꾸미고 있음을 알아채고 동북쪽 오원군과 맞닿은 곳으로 영지를 옮겼다. 그리고 대선우가 용회龍會(5월 하영지 농성에서의 모임)에서 국사를 의논할 때마다 병을 핑계로 가지 않았다. 이들 사이의 갈등을 잘 알고 있던 한도 이를 중재하지 않았고, 도료장군 황보릉마저 사자를 옹호해 둘 사이는 더욱 나빠졌다. 황보릉은 안국의 움직임을 결코 좋게 보지 않았고, 안국 역시 그가 지원하지 않는 것에 불만을 표했다.[47]

94년 황보릉이 면직되고 집금오 주휘朱徽가 행도료장군이 된 이후 안국은 자신과 관계가 좋지 않았던 중랑장 두숭杜崇을 고발했다. 이에 두숭이 서하 태수에게 사람을 보내 이를 차단하고 조정에 안국의 문제를 보고했다. 내부 통제력을 회복하지 못하던 안국이 세력을 강화하기 위해 북에서 온 주민을 끌어들여 경쟁자인 좌현왕 사자와 좌대저거 유리劉利 등을 죽이려 한다는 내용이었다. 또한 두숭은 안국이 좌현왕이 통제하는

---

47   『後漢書』卷89「南匈奴列傳」, p. 2954.

좌부를 견제하면서 우부로 항복해 온 자들을 협박해 군대를 일으켜 한을 배반할 수 있으니 서하군, 상군, 안정군 등에서 이를 경계하고 대비해야 한다고 주청했다. 조정에서 이 문제를 논의한 결과, 주휘와 두숭 등이 선우정을 방문해 물자를 지원해주며 대선우 안국을 타이르기로 했다. 주희 등이 군대를 이끌고 선우정으로 가자 안국은 한이 자신을 공격하는 줄 알고 놀라 도망을 가버렸다. 안국은 이런 일이 모두 사자 때문이라 생각하고 그를 공격했다. 주휘가 두 사람을 화해시키려고 했으나 안국은 듣지 않고 오히려 그가 머물던 성채를 공격했다.

패배한 안국은 오원에 근거지를 두고 계속 저항했고, 주휘는 기병을 보내 그를 추격했다. 상황이 나빠지자 안국의 장인 골도후 희위喜爲 등은 자신이 죽임을 당할까 걱정하며 안국을 죽이고 한에 투항했다.[48] 안국의 죽음으로 남흉노의 내분은 정리되었고, 그의 경쟁자였던 좌현왕 사자가 94년에 즉위해 정독亭獨 시축후제선우(?~98, 재위 94~98)가 되었다.[49] 그러나 정독 대선우의 즉위를 받아들일 수 없었던 북쪽의 유민 500~600명이 그를 습격했다. 이 공격이 실패한 이후 새로 내려온 북흉노의 유민들은 대선우가 자신을 공격할까 걱정하면서 동요했다. 이전부터 대선우의 약탈에 시달려온 북흉노 유민들로서는 도저히 그를 받아들일 수 없었다.

북흉노의 15부 20만여 명이 휴란(둔도하)의 아들인 욱건일축왕奧鞬日逐王 봉후逢侯를 위협해 군장으로 추대하고 대선우에 저항했다. 이후 북흉노의 유민들은 대선우를 공격하며 한의 우정郵亭과 여장廬帳도 불태웠

48   위의 책, p. 2953.
49   주22 참조.

다. 그런 다음 수레와 짐을 거느리고 삭방군을 빠져나가 막북으로 넘어
갔다. 이에 행거기장군行車騎將軍 등홍, 월기교위越騎校尉 풍주馮柱, 행도료
장군 주휘 등이 좌우림左羽林과 우우림右羽林, 북군北軍 오교사五校士, 군국都
國의 적사積射, 변경 지대의 병사를 이끌고 공격했다. 동쪽의 오환교위 임
상 역시 오환과 선비의 병사 4만 명 정도를 몰고 와서 토벌에 참여했다.

남흉노의 정독 대선우와 사흉노중랑장 두숭은 목사성牧師城에 있다
가 봉후가 이끈 1만여 기의 공격을 받았으나 잘 막았다. 겨울에 등홍 등
이 이들을 돕기 위해 미직현에 도착하자 봉후는 얼어붙은 황하를 건너
험하고 좁은 곳을 지나 만이곡滿夷谷(지금의 내몽골자치구 준거얼기 서북쪽)
방향으로 도망갔다. 대선우는 아들에게 1만여 기를 주어 두숭의 4000기
및 등홍의 부대와 함께 만이곡 인근에 있는 대성새大城塞(지금의 내몽골자
치구 항진기杭錦旗 동남쪽 구청량古城梁)까지 봉후를 추격하게 했다. 이들은
3000여 명의 목을 베고 포로와 항복한 자 수만 명을 잡았다. 풍주도 군대
를 나눠 봉후의 다른 부대를 추격해 수천 명의 목을 베었다. 임상 역시 선
비 대도호大都護인 소발외蘇拔廆 및 오환 대인 물가勿柯의 기병 8000명을
거느리고 만이곡에서 봉후를 기다리다 습격해 크게 격파하였다. 여기에
서 풍주는 봉후의 군대 1만 7000여 명의 목을 베었다. 그러나 봉후가 자
신의 무리를 거느리고 탈출하여 한의 군대는 더 이상 쫓아가지 못하고
95년 정월에 귀환했다. 등홍은 수도로 돌아갔으나 머뭇거리다 승리를
놓쳤다는 죄목으로 하옥되었다가 죽었고, 주휘와 두숭도 흉노와 화합할
수 있는 기회를 잃었다는 등의 이유로 옥에 갇혔다. 그들이 모두 죽은 뒤
에는 안문 태수 방분이 행도료장군으로 와서 흉노를 통제했다.[50]

---

50   『後漢書』卷89「南匈奴列傳」, pp. 2955~2956.

패배한 봉후는 나머지 무리를 거느리고 장성 밖으로 탈출해 고비를 넘어가 추격권에서 벗어났다. 그는 이곳에서 자신의 무리를 두 부로 나누어 자신은 탁야산 아래의 과거 북흉노 선우정 주변에서 우부를 다스렸고, 좌부는 삭방군 서북부에 두었다. 이들은 서로 수백 리 떨어져 있었으나 모두 할거 세력이 되어 남흉노와 한을 압박했다. 96년 겨울에 북으로 갔던 주민 중에서 봉후의 의심을 받던 좌부가 삭방군 관새 안으로 다시 들어왔다. 방분은 이들을 환영하고 위무하며 받아주었다. 이때 북에 있던 좌부의 정예 군사 4000명과 미성년자 1만여 명이 모두 왔다. 한은 이들을 북변의 여러 군에 나눠 살게 했다. 이들이 남하한 이유는 좌부가 봉후의 의심을 샀기 때문이기도 했으나, 무엇보다 삭방 이북에서 겨울을 나기 어려웠기 때문이다. 막북을 차지한 봉후 역시 이들을 결집할 만큼 강한 권위를 확보하지 못했고, 기근으로 고통받는 와중에 선비의 공격까지 받았다. 이런 상황이다 보니 봉후의 통제에서 벗어나 한의 장성 안으로 들어오려는 유민이 끊이지 않았다.

남흉노 역시 북으로 간 유민들의 봉기를 제어할 수 없었으며 내적으로도 다시 대선우 승계 갈등에 빠졌다. 정독 대선우가 즉위하면서 문제가 해결된 것이 아니었다. 이전에 안국과의 모의에 참여했던 우온우독왕 오거전烏居戰이 대선우에게 문책을 당하자 반발했다. 오거전은 수천 명을 거느리고 장성 밖으로 나가 산간 계곡에 숨어 지내다가 수시로 나와 관리와 백성을 공격했다. 오거전이 변경을 위협하자 가을에 방분과 풍주가 여러 군의 군대를 동원해 그를 진압했다. 그가 항복하자 한은 2000여 명의 사람을 안정군과 북지군에 옮겨 살게 했다.

이후 98년 정독 대선우가 죽고 호야(장)의 아들 단檀이 만지萬氏 시축제선우尸逐鞮單于(?~124, 재위 98~124)로 즉위했다.[51] 이때에도 마찬가지로 관례인 연장자 계승에 따라 사촌 동생이 승계했다. 그는 즉위하자 마자 현안이었던 북의 봉후를 공격했다. 해마다 막북의 봉후를 공격해 수천 명에 이르는 포로를 잡았다. 계속된 공격으로 봉후 쪽 유목민들은 가축을 돌볼 수 없을 정도로 상황이 어려워졌다. 이런 방식의 공격이 유목민에게 가장 치명적이라는 것을 알았던 대선우는 유효적절한 공격으로 봉후를 약화시켰다. 봉후는 이런 어려움에서 벗어나기 위해 104년에 한에 사신을 보내 공물을 바치며 화친을 청했다. 조부인 호한야(비)가 한과 맺은 정도의 약속으로 복귀해 다시금 흉노의 대표 세력이 되려는 시도였다. 그러나 한은 이를 받아들이지 않았고, 단지 공물을 주는 정도로 일을 마무리했다. 한의 입장에서는 봉후를 인정해 굳이 남흉노와 긴장 관계를 만들 필요가 없었고, 봉후가 재기하기를 바라지도 않았다. 한의 거부에도 불구하고 봉후는 105년에 다시 돈황에 사신을 보내 공물을 바쳤다. 한은 사신에게 상사償賜를 주는 정도로 관계를 마무리했다.[52]

그런데 109년에 남흉노 만지 대선우가 미직현에 있던 중랑장 경충을 공격했다. 그해 여름에 한종韓琮이라는 한인이 대선우를 수행해 조정에 들어갔다가 돌아오는 길에 "관동關東에 큰비가 왔기 때문에 인민들이 배가 고파서 거의 죽어가는 상태라 공격하는 것이 좋을 것입니다"라고 말했기 때문이다. 대선우는 그 말만 믿고 군대를 일으켰다. 이를 통해 남흉노도 늘 한이 약화되기를 기다리며 세력화를 시도했음을 짐작해볼 수 있다.

이후 남흉노에 대한 한의 통제가 더욱 강화되었다. 가을에 행도료

51 　주22 참조.

52 　『後漢書』 卷89 「南匈奴列傳」, pp. 2957~2958.

장군 왕표王彪가 죽자 겨울에 그를 이어 행거기장군 하희何熙와 부중랑장副中郎將 방웅龐雄이 와서 남흉노를 공격했다. 다시 110년 봄에 대선우가 1000여 기병을 이끌고 상산군과 중산군을 노략질했다. 이에 서역에서 교위를 했던 양근梁慬(?~112)이 행도료장군이 되어 경험이 많은 요동 태수 경기와 함께 대선우를 공격했다. 한의 강경한 대응에 놀란 대선우는 바로 사신을 보내 항복했고, 조정 역시 이를 받아주었다. 대선우는 모자를 벗고 맨발로 나아가 방웅에게 엎드려 절하면서 죽을죄를 지었다고 했다. 한은 그를 사면하고 과거처럼 대우해주었다. 이에 대선우 역시 사죄의 대가로 이전에 납치한 한인 남녀 및 강이 빼앗은 후에 팔아넘긴 1만여 명의 한인을 돌려보내 주었다.

봉기 실패 이후 남흉노는 재기가 어려울 만큼 심한 타격을 입었다. 한은 다시 이들을 통제하기 시작했다. 111년에 양근을 면직하고 운중 태수 경기를 행도료장군으로 보냈다. 이어 114년에 다시 오환교위 등준鄧遵(?~121)이 도료장군이 되었다. 그는 황태후의 외척으로 당시 실권자였는데, 한이 조정에서 힘을 가진 외척을 파견해서라도 남흉노를 통제하려 했음을 보여준다. 이후 남흉노는 별다른 움직임 없이 한의 통제를 받아들였다.

앞서 약화되었던 봉후가 117년에 선비의 공격을 받자 그 무리의 일부가 한에 투항해 왔다. 봉후 역시 100여 기를 거느리고 도망쳤다가 되돌아와 삭방군 관새에 와서 결국 투항했다. 등준이 그를 잡아 영천군潁川郡으로 보냈다. 이제까지 막북에서 할거하던 봉후는 결국 118년 봄을 끝으로 완전히 한에 복속되었다.[53] 일시적으로 회복했던 흉노의 막북 지배

---

53   위의 책, p. 2958.

는 완전히 끝이 났고, 이후에는 다시 선비의 통제를 받게 되었다.

121년 등준을 대신해 다시 도료장군이 된 경기는 흉노를 동원해 선비의 공격을 막았다. 그는 온우독왕 호우휘呼尤徽와 함께 새로 남쪽으로 온 자들을 모아 관새를 나가 선비의 공격에 대응했고, 이들을 다시 요충지에 나누어 배치해 선비의 다른 공격에도 대비했다. 새로 들어온 흉노 유민들은 한의 징발이 너무 빈번해지자 불만을 터트리며 반란을 꾀하기도 했다. 반대 급부를 제공하지 않는 강제 동원이었기 때문이다. 당장은 흉노의 전면적인 봉기로 이어지지 않았지만 불씨 자체가 사그라진 것은 아니었다. 이후 한과 선비의 대결이 본격화되면서 흉노의 불만이 점차 누적되었다.

124년 만지 대선우가 죽고 그의 동생 발拔이 오계후烏稽侯 시축제선우(?~128, 재위 124~128)로 즉위하자 다시 문제가 불거졌다. 그해 여름에 새로 들어온 부락의 대인 아족阿族 등이 그를 배반하고 호우휘를 위협해 함께 달아나려고 했다. 호우위가 그 말을 듣지 않자 아족은 처자식과 물자를 이끌고 도망쳤다가 중랑장 마익馬翼과 남흉노의 공격을 받았다. 한은 패배한 아족의 무리를 모두 죽였고, 그의 말, 소, 양 등 1만여 두를 노획했다.[54] 변경에서 계속된 혼란은 북흉노 해체 이후 유입된 유민들을 한과 남흉노가 제대로 대우해주지 않았기 때문이다. 유민들은 한의 군사 동원 대상이 되었는데, 그에 상응하는 보상이 없자 불만이 쌓였다. 한의 목적은 새로 투항한 북흉노 유민의 세력화를 막는 것이었다. 그들의 힘을 줄여 재기를 막으면 이후에도 철저한 통제를 관철할 수 있었기 때문이다. 이 역할은 도료장군이 담당했다.

---

54   위의 책, p. 2959.

128년 오계후 대선우가 죽고 그의 동생 휴리休利가 거특약去特若 시축취선우尸逐就單于(?~140, 재위 128~140)로 즉위했다.[55] 이때는 한과 남흉노 모두 선비의 도발에 대응해야 했다. 한은 먼저 남흉노의 요청에 따라 방치되어 있던 삭방 서쪽의 요새들을 수리했다. 여양영黎陽營의 병사를 중산군 북쪽 경계에 주둔하게 하고, 변경에 접한 여러 군의 병사도 늘렸다. 또한 변경의 군사들에게 궁시사술弓矢射術을 가르쳤는데, 이는 선비의 기병에 대응하는 데 필수적인 기술이었다.

이 무렵에는 남흉노가 더 이상 한에 위협이 되지 않았다. 그보다는 선비가 더 큰 세력으로 부상하기 시작했다. 한은 이를 막기 위해 남흉노를 중심으로 하는 변경 방어 대책을 수립했다. 흉노를 이용해 선비를 방어하면서 동시에 언제든 떨어져 나갈 위험이 있는 흉노 역시 통제하는 방식이었다. 남흉노는 선비 방어에 참여한다는 명분으로 한에 협조하면서 물자 지원을 받고 안정을 찾을 수 있었다. 이제 흉노는 과거에 스스로 했던 말처럼 '한의 울타리(藩屏)'가 되었다.

남흉노는 **"조정에서 공부貢賦를 받지 않아 몇 년이 지나자 호구가 점차 늘어나 북변에 가득 찰 정도가 되었다"**[56]라고 할 만큼 안정을 이루어 편호 編戶(백성으로 편입됨)가 되지 않은 상태에서 독자적 생활 단위를 유지할 수 있었다. 이 시기의 흉노는 비록 한의 기미를 받는 처지였으나, 막북 초원보다 상대적으로 생활 여건이 좋은 막남에서 한의 지원을 받으면서 인구도 늘고 독자적인 체제를 유지하며 지낼 수 있었다.

그렇다고 해서 남흉노가 반드시 한의 의도대로만 움직인 것은 아니

---

55   시축취선우尸逐就單于는 시축제선우尸逐鞮單于를 잘못 기록한 것인데, 이는 『후한서』에 나타나는 대선우 호칭 음사의 혼동이다(주22 참조).

56   『晉書』 卷97 「四夷傳」, p.2548.

[그림 6] 후한시대 남흉노 인장 '한흉노율차온우제漢匈奴栗借溫禺鞮'

다. '기미' 관계는 한과 흉노 모두의 이익에 합치되면 유지될 수 있었지만 그렇지 않을 경우에는 갈등이 발생할 수 있었다. 예를 들어 140년 남흉노 좌부의 구룡왕句龍王 오사吾斯(?~143), 거뉴車紐 등이 3000여 기병을 거느리고 서하군을 노략질했고, 동시에 우현왕을 끌어들여 7000여 기병이 미직현을 포위한 다음 삭방군과 대군의 장사를 죽이기도 했다.[57] 이에 도료장군 마속馬續(70~141)은 사흉노중랑장 양병梁並, 오환교위 왕원王元의 군대와 동원 가능한 오환, 선비, 강호羌胡의 병사를 모두 합쳐 2만여 명을 이끌고 이들을 기습했다. 그러자 오사는 다시 병사를 끌어 모아 성읍을 공격해 함락했다. 이런 사태가 전개되자 순제順帝(유보劉保, 경종敬宗, 115~144, 재위 125~144)는 사신을 보내 거특약 대선우를 나무랐다. 대선우는 자신은 이 일과 무관하다며 사죄했으나 사신이 계속 겁박하자 아우인 좌현왕과 함께 자살하고 말았다.

---

57   『後漢書』卷89「南匈奴列傳」, p. 2960.

당시 사흉노중랑장을 대신한 오원 태수 진구陳龜(?~158)는 대선우의 근친近親을 모두 국경 안의 군으로 옮기려고 했다. 이런 조치로 흉노가 한에 강한 불만을 품자 한에서는 진구를 하옥하고 면직해버렸다. 진구의 계획은 남흉노에 대한 기존의 기미 정책에 반하는 것이라 채택되기 어려웠다. 한은 흉노를 회유하기 위해 마속을 보내 흉노에게 물자 공급을 약속하며 항복을 권했다. 그러자 우현왕부의 억제抑鞮 등이 1만 3000명을 거느리고 한에 투항했다.

가을에 오사가 거뉴를 대선우로 추대하고 동쪽의 오환과 서방의 강융羌戎, 그리고 다른 흉노까지 끌어들여 경조호아영京兆虎牙營을 공격했다. 이들은 상군도위上郡都尉와 군사마軍司馬를 죽이고, 마침내 병주幷州, 양주涼州, 유주幽州, 기주冀州 등 4개 주를 약탈하였다. 이에 한은 서하군 치소를 이석현으로, 상군 치소를 하양현夏陽縣으로, 삭방군 치소는 오원현으로 옮겼다. 겨울에 이에 대응해 중랑장 장탐張耽이 유주의 오환 및 다른 군의 군영에 있던 군대를 거느리고 거뉴를 공격하였다. 마읍현에서 싸워 3000급을 베었고 포로와 병기, 소와 양을 많이 노획했다. 패배한 거뉴 등은 여러 호수豪帥와 골도후를 거느리고 항복하고자 했으나 오사가 오히려 자기 병사와 오환 군대를 몰고 와서 노략질을 했다.

141년 봄에 도료장군 마속이 다시 선비의 5000기를 이끌고 곡성穀城에서 싸워 수백 급의 목을 베었다. 중랑장 장탐은 오환을 크게 격파해 그 거수渠帥의 목을 모두 베고, 포로로 있던 한의 백성을 귀환시켰다. 또한 오환의 가축과 재물을 획득하는 등 큰 성과를 거두었다. 이후 142년 가을에 오사는 욱건 대기臺耆, 저거 백덕伯德 등과 함께 다시 병주로 들어와 노략질했다. 이들의 저항은 4년 정도 지속되다가 143년에 한이 자객을 보내 오사를 살해하고 그다음 해에 진압하면서 소멸했다.[58]

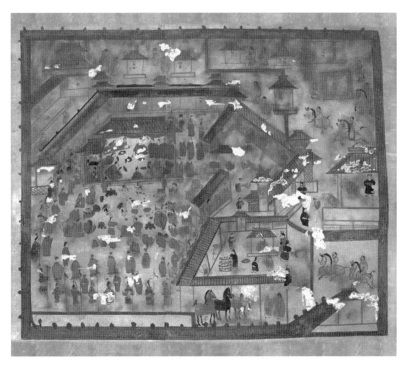

[그림 7] 후한시대 오환교위 막부도 벽화(후허하오터 허린거얼현 신뎬쯔후店子 출토)

안정적인 상태에서 내적인 발전을 하던 남흉노는 좌부 구룡왕의 도전과 선우정에서 벌어진 대선우의 자살, 흉노를 통제하던 관소의 이동 등으로 이후에 더 위축되었다. 이런 과정을 거치며 북흉노가 소멸한 이후 흉노를 대표하며 권위를 유지하던 대선우의 위상이 크게 실추되었다. 이는 2세기 중반 북쪽의 선비와 남쪽의 한, 양자의 강한 압박을 받으며 서서히 해체되기 시작한 남흉노의 현실이었다. 흉노는 대선우가 통제력을 상실하고, 한의 압박이 강화되고, 주변 세력의 도전까지 이어지자 그동

---

58   위의 책, pp. 2961~2962.

안 누렸던 위상을 잃고 반전의 기회마저 얻을 수 없는 처지가 되었다.

2. 대선우 권위의 약화와 흉노의 군소 세력화

143년 두루저兜樓儲가 호란약呼蘭若 시축취선우(?~147, 재위 143~147)로
즉위했다.[59] 그는 거특약 대선우의 자살 이후 낙양에 머무르다가 즉위했
는데, 흉노 내부의 추대가 아니라 한이 직접 세운 최초의 대선우였다. 이
전까지 관례에 따라 승계가 이루어지던 방식과는 달라진 것이다. 심지어
대선우가 된 호란약이 누구의 후손인가에 관한 기록도 없다. 시자였다는
점에서 만지 대선후 혹은 오계후 대선우의 아들로 지배 집단 내의 연장
자 가운데 한 사람이었으리라 추정할 뿐이다. 한에서 그를 대선우로 추
대한 것은 기존의 관례를 완전히 깨면 문제가 발생할 수도 있기 때문이
었다. 이후 한은 대선우의 권위를 세워주기 위해 순제가 직접 즉위 행사
에 가서 대홍려로 하여금 대선우에게 부절符節(주로 사신들이 가지고 다니
던 일종의 신분증)과 새수를 주고 그를 궁전으로 인도하게 하였다. 그리고
푸른 지붕이 있는 수레(청개가사靑蓋駕駟), 고거, 안거, 부마기駙馬騎, 옥구
검, 집물什物을 주었고, 비단과 베도 2000필이나 주었다. 연지 이하에게
도 금과 비단을 섞어 장식한 여러 종류의 가구, 병거軿車와 그것을 끄는
말 2승을 주었다.[60]

또한 순제는 행사흉노중랑장行使匈奴中郎將에게 부절을 가지고 대선
우를 호송하여 선우정으로 돌아가게 했다. 태상太常, 대홍려, 그 밖에 여

59　주22 참조.

60　기원전 51년 호한야 대선우 이래 한에서는 대선우의 지위를 인정하는 수레를 제공해왔
　　는데, 이때는 이전보다 더 많은 물품을 주었다. 흉노에게 준 수레를 통해 대선우의 지위
　　를 알 수 있다(제4편 주5 참조). 황제가 대선우에게 준 물품은 주12의 내용 비교 참조.

러 나라의 시자에게 조서를 내려 광양성문廣陽城門 밖에서 조회에 참석하게 하고 연회를 베풀었다.[61] 이런 대우에도 불구하고 대선우는 과거와 같은 위상을 가질 수 없었다. 이미 한의 입김이 강하게 작용한 상태에서 즉위한 만큼 자신을 중심으로 한 체제를 수립할 수 없었다.

그를 이어 147년에 거거아居車兒가 이릉伊陵 시축취선우(?~172, 재위 147~172)로 즉위했다.[62] 그 역시 정확히 어떤 계열인지 알 수 없는데, 나이순에 따라 승계했다고 추정할 뿐이다. 그의 치세인 155년부터 내부에서 도전이 시작되었다. 대선우와 별개로 좌부의 좌욱제左薁鞬 대기와 저거 백덕 등이 미직현과 안정군을 노략질하자, 속국도위 장환張奐(104~181)이 이들을 격파했다. 이는 대선우의 통제를 받지 않고 개별 세력이 자신의 이익을 위해 도발한 사건이었다. 또한 158년에 남흉노 내부에서 봉기가 일어나 오환, 선비 등과 함께 변경의 9개 군을 노략질했다. 대선우의 구심력이 약해지자 원심력이 작동하기 시작한 것이다. 한에서는 장환을 북중랑장北中郎將으로 삼아 이들을 토벌해 모두 항복하게 했다. 흉노가 내부 도발에 제대로 대응하지 못하자 한의 관리가 이를 대신 해결해준 것이다. 이때 장환은 이릉 대선우가 국사를 제대로 통제하지 못한다고 여겨 그를 잡아두고는 그 대신 좌록리왕을 대선우로 세워야 한다고 주청했다. 한의 관리가 추대를 좌지우지할 정도로 대선우의 권위는 크게 추락했다.[63]

하지만 환제桓帝(유지劉志, 위종威宗, 132~168, 재위 146~168)는 이를 거

---

61   『後漢書』卷89「南匈奴列傳」, pp. 2962~2963.

62   주22 참조.

63   『後漢書』卷89「南匈奴列傳」, pp. 2963~2964.

부하고 대선우를 다시 선우정에 돌아가게 했다. 남흉노의 관례를 깨고 대선우를 교체하는 것은 기미를 깨는 일이고, 이렇게 한이 흉노의 내부 문제에 개입하면 상황이 더 복잡해질 수 있었다. 게다가 흉노는 이미 취약한 상태라서 한에 도전할 수도 없는데 굳이 분란을 일으킬 필요는 없었다. 그보다는 기미를 통해 남흉노를 선비에 대응하기 위한 전력[64]으로 잘 유지하는 것이 더 중요했다.[65] 그 결과 대선우가 통제하는 집단과 그 밖의 남흉노 세력은 별다른 문제 없이 장성 이남 지역에서 한의 기미를 받으며 지낼 수 있었다. 큰 규모의 반란을 한의 도움으로 진압한 이후 계속해서 한의 경제적 지원을 받으며 안정적인 생활을 했다.

172년에 이릉 대선우가 죽고 그의 아들(이름 불명)이 도특약屠特若시축취선우(?~178, 재위 172~178)[66]로 즉위했다.[67] 그 역시 선비의 강성에 대비해 한을 도와서 군사 봉사를 하며 지냈다. 이때 선비의 지도자 단석괴檀石槐(137~181, 재위 156~181)가 등장해 흉노를 대체하여 몽골 초원을 통합했다. 그는 서쪽의 오손에게도 세력을 확대하고 있었다.[68] 이는 북흉노 약화 이후 유목 세계의 통합을 시도한 최초의 사건이라 한과 그 번병인 남흉노에게 큰 충격을 주었다. 이후에 단석괴는 탄한산彈汗山(지금의 허베이성 장자커우시 상이현尚義縣 남쪽)에 아장牙帳, 즉 과거 흉노의 선우정과 같은 조정을 연 다음 북변의 군현을 위협했다.

---

64   『後漢書』卷90「鮮卑列傳」, p. 2989; 林幹, 『東胡史』, 內蒙古人民出版社, 2007, p. 74.

65   馮世明, 「論東漢南匈奴的兵民合 - 就南匈奴"勝兵"問題與林幹先生商榷」, 『蘭州學刊』 2009-7, pp. 207~209.

66   주22 참조.

67   『後漢書』卷89「南匈奴列傳」, p. 2964.

68   『三國志』卷30「魏書 烏丸鮮卑東夷傳」, p. 838.

이에 도특약 대선우가 177년 중랑장 장민臧旻과 함께 안문군에서 나가 단석괴를 공격했으나 대패하고 돌아와 바로 죽었다. 그를 이어 아들인 호징呼徵(선우 명칭은 불명, ?~179, 재위 178~179)이 즉위했다.[69] 호징은 자신을 통제하려고 했던 사흉노중랑장 장수張脩와 사이가 나빠져 그에게 죽임을 당했다. 장수는 이어 우현왕 강거羌渠(선우 명칭은 불명, ?~188, 재위 179~188)를 대선우로 세웠는데, 조정에 요청하지도 않고 마음대로 했다는 죄명으로 죽임을 당했다.

이제 남흉노 대선우의 권위는 한의 중랑장이 조정과 상의도 없이 마음대로 죽여버릴 정도로 약해졌다. 179년에 새로 대선우가 된 강거가 이전의 대선우들처럼 선비의 공격을 막기 위해 군사 동원을 하려고 하니 백성이 크게 반발했다. 흉노의 이익에 반하는 한의 요청을 거부하지 못하는 대선우에게 백성이 불만을 터뜨린 것이다. 188년에 우부의 혜락醯落이 봉기해 휴저각호休著各胡의 백마동白馬銅 10만여 명과 함께 강거를 공격해 죽였다.[70]

강거 사망 이후 대선우는 남흉노 전체를 아우르지 못하고, 단지 한의 지시에 따르는 정도의 존재가 되었다. 대선우가 내부의 지지를 상실하면서 황금씨족 연제씨의 권위도 약해졌다. 188년 강거가 죽고 아들 우현왕 어부라於扶羅가 지지持至 시축후선우尸逐侯單于(?~195, 재위 188~195)[71]가 되면서 내부의 강력한 도전에 직면했다. 그의 즉위에 반발해 강거를 죽인 사람들이 수복골도후를 따로 대선우로 추대했다. 이는

---

69   『後漢書』卷89「南匈奴列傳」, p. 2964.

70   위의 책, p. 2965.

71   주22 참조.

황금씨족이 아닌 다른 성으로 대선우가 교체된 사건으로 대선우의 권위에 결정적 타격을 주었다.

남흉노가 분열하자 밀려난 지지 대선우는 직접 낙양에 가서 도움을 청했다. 이제 연제씨조차도 내부의 지지를 얻지 못하고 한의 지원을 받아야만 대선우 지위를 유지할 수 있었다. 때마침 189년 영제가 죽고 천하가 혼란에 빠지자 한에 들어와 있던 지지는 어쩔 수 없이 수천 명의 기병을 거느리고 황건적黃巾賊의 하나인 백파적白波賊에 합류해 하내河內의 여러 군을 노략질하는 군도群盜의 하나가 되었다. 이 과정에서 지지는 별다른 세력 확장을 하지 못하고, 근거지인 선우정으로 돌아가지도 못한 채 하동에 머물렀다. 선우정에서 대선우로 추대된 수복골도후가 1년 만에 죽었지만 그 이후에도 지지는 그곳으로 돌아가지 못했다. 선우정에 있는 주민들이 그의 귀환을 원하지 않았기 때문이다. 그곳 주민들은 노왕老王으로 하여금 국사를 대행하게 했고, 이후 남흉노 선우정은 대선우 공위 상태가 되었다.

한편 단석괴 사후에 선비는 일시 분열하기도 했지만 내지의 혼란으로 북변 방어가 약화되자 그 후예인 보도근步度根이 이끄는 집단 1만여 락이 태원과 안문 주변까지 들어와 세력화했다. 이들뿐만 아니라 '소종선비小種鮮卑'라고 불렸던 가비능軻比能(?~235)도 10만여 기를 이끌고 고류이동의 대현과 상곡군에 쳐들어왔다. 북변에 있던 남흉노의 일부가 이를 막기 위해 대치하며 싸웠다.[72] 이는 선비와 흉노가 초원 유목 세계를 사이에 두고 패권 다툼을 한 것이 아니라, 장성 주변의 목농복합구역을 차지하기 위해 대결한 것이었다. 이 가운데 먼저 내지로 남하한 남흉노의

---

72   『三國志』 卷30 「魏書 烏丸鮮卑東夷傳」, p. 838.

일부 집단이 진양 분지에서 이쪽으로 남하하려던 선비를 상대했다. 이들은 모두 한의 지휘하에서 군사적 역할을 담당하면서 세력을 유지하고, 새로 이주한 내지에 적응해야 했다. 이는 한의 권위가 완전히 약해진 상태에서 흉노의 여러 세력이 각자 차지한 곳을 중심으로 발전할 수 있는 기회이기도 했다.

191년 중국에서 군웅 간의 경쟁이 벌어지자, 하동에 있던 남흉노의 지지 대선우는 병주 자사였던 정원丁原(?~189), 가사마假司馬 장양張楊(?~198) 등과 함께 유력 세력인 하북河北의 원소袁紹(?~202)에게 의탁했다. 이후 그는 다시 이동해 상당군의 장수漳水 주변에서 지내다가 장양과 함께 원소에 반발하고 여양으로 돌아갔다. 이 과정에서 세력을 통합하지 못하고 할거하는 처지가 되었다.[73] 195년 지지 대선우가 죽고 그의 동생 호주천呼廚泉(대선우 명칭 불명, ?~216, 재위 195~216)이 대선우로 즉위했으나 그 역시 하동군 평양현平陽縣(지금의 산시성山西省 린펀현臨汾縣)에 머물다가 선비의 공격을 받았다.[74] 대선우로서 다시 선우정으로 돌아갈 수 있는 상황이 아니었다.

196년에 우현왕 거비가 백파적 한섬韓暹(?~197) 등과 함께 낙양에서 장안으로 돌아가는 헌제獻帝(유협劉協, 181~234, 재위 189~220)를 호위하다 이각李催(?~198)과 곽사郭汜(?~197) 등을 격파하는 공을 세웠다. 그 결과 선우정을 차지하고 있던 흉노의 일부 세력은 헌제가 낙양으로 돌아갈 때 다시 허현許縣(지금의 허난성 쉬창시許昌市)으로 이동했다가 평양으로 돌아갈 수 있었다.

---

73   『三國志』卷8「魏書 二公孫陶四張傳」, p. 251.

74   『後漢書』卷89「南匈奴列傳」, p. 2965.

한편 자립한 대선우 호주천은 202년 세력 회복의 전기가 될 수 있었던 관도官渡의 싸움에서 조조曹操(155~220)가 아니라 원소의 진영에 참여했다. 원소가 패배한 이후에도 원소의 아들 원상袁尚(?~207), 고간高幹(?~206) 등과 함께 하동을 공격했다가 관중의 마등馬騰(?~212)과 연합했다. 이에 조조가 바로 사예교위司隸校尉 종요鍾繇(151~230) 등을 보내 남양을 포위한 다음 장기張既(?~223)를 보내 마등, 고간 등을 설득하자 호주천도 그에게 투항했다.[75] 이후 호주천은 206년 고간 등이 병주에서 조조에게 반기를 들 때 가담했다가 다시 조조에 투항했다.[76] 선우정으로 돌아가지 못한 호주천은 병주를 중심으로 새로운 거점을 형성해야 했다. 이후 본격적으로 전개된 삼국의 경쟁 속에서 장성 주변과 다른 환경인 내지 병주에 들어온 흉노는 조조에게 군사적 봉사를 하며 겨우 세력을 유지했다. 그 밖에 다른 일부 세력은 사예주에 속하는 하동군의 평양과 그 이남의 하남 등지를 전전하며 군벌 집단과 제휴해 세력을 유지했다.

대선우 공위 상태의 선우정이 있던 이석을 중심으로 한 서하군, 병주의 태원군·상당군·안문군·신흥군新興郡(지금의 산시성山西省 우타이산 남쪽, 후퉈허滹沱河와 윈중산雲中山 이동, 남쪽으로 신주시忻州市와 위현盂縣), 양주의 안정군 등지에도 여러 흉노 세력이 흩어져 지내면서 각자도생했다. 이들은 여러 세력의 교잡 속에서 그 일부가 되었고, 이제 하나의 국가 단위로서 '흉노'라는 정체성은 확인하기 어렵게 되었다. 남흉노의 주요 세력들은 대선우의 권위가 완전히 사라진 이후 여러 지역으로 옮겨 가 이합집산 하는 처지에 놓였다. 이들은 황건적의 봉기 이후 많은 한인들이

75　『三國志』卷13「魏書 鍾繇華歆王朗傳」, pp. 392~393;『三國志』卷15「魏書 劉司馬梁張溫賈傳」, p. 472.

76　『三國志』卷1「魏書 武帝紀」, p. 37.

평양만이 아니라 병주 등지로 혼란을 피해 이주하자 한인 거주 지역을 차지할 수 있었다. 화북을 장악한 조조 역시 농경과 목축이 주를 이루던 병주에 목축민이 대거 들어오자 천하 통일을 위해 이들을 군사적으로 이용하려 했다. 물론 이들이 장성 북쪽에서 하남을 연결하는 교통의 요지인 병주로 이주해 온 만큼 흉노 자체의 위험성도 줄이기 위해 노력해야 했다.[77]

206년 조조는 고간의 봉기를 수습한 다음 양습梁習(?~230)을 병주자사로 보내 현지를 안정화하는 정책을 실시했다. 이와 함께 현지의 흉노에 대한 통제도 시작했다.[78] "[흉노 대]선우를 들어오게 한 다음 [한 조정을] 받들게 해서 걱정거리를 없앴다"[79]라고 한 것처럼, 216년 7월 평양에 머무르던 남흉노 대선우 호주천 등이 업도鄴都에 오자 그들을 업도에 억류하고 대신 우현왕 거비를 평양으로 보내 그 예하의 흉노를 감독하게 했다. 분열 이후 약화되어 허울만 남긴 했지만 여전히 대선우의 권위를 회복할 가능성이 있던 호주천을 억류한 일은 대단히 결정적인 사건이었다. 대선우 호주천은 자신의 근거지와 완전히 유리되었고, 선우정에서는 거비가 세력을 차지했다. 그 결과 흉노 내부의 권력관계에 변화가 생겼고, 오환의 대인들이 이를 기회로 선우를 자칭하기도 했다. 흉노가 조조의 통제를 받으며 약화되었음을 알 수 있다.[80] 원래 선우는 황금씨족인 연제씨 이외에는 칭할 수 없었는데, 이제 다른 족속들이 나서서 이를 자칭하는 것은 그만큼 권위가 크게 몰락했다는 뜻이다.

---

77 『晉書』卷97「四夷傳」, p. 2548.

78 『三國志』卷15「魏書 劉司馬梁張溫賈傳」, p. 469.

79 『後漢書』卷89「南匈奴列傳」, p. 2965.

80 『資治通鑑』卷67「漢紀」59〈孝獻皇帝〉, p. 2146.

조조는 이 무렵 병주 주변의 흉노를 통제하기 위해 흉노 백성을 5부로 나누고, 각 부락의 높은 사람을 帥으로 삼은 뒤 한인 사마司馬를 시켜 이들을 감독하게 했다.[81] 흉노는 부추部酋(부락의 우두머리)가 개별 부락을 다스리는 방식으로 분할되었다. 기록의 사실 여부와 상관없이 흉노에 대한 본격적인 통제가 있었음을 알 수 있다.[82] 이렇게 216년 조조가 추진한 정책은 결국 대선우 권위의 완전한 소멸로 이어졌다.

48년 호한야(비)의 남하 이후 한의 기미 지배를 받으며 명목상으로나마 실체를 유지했던 흉노는 후한 말 내지에 들어온 다음 그 허명마저도 잃었다. 이제 남은 흉노의 여러 집단은 대선우라는 구심점을 잃은 채 내지에서 뿔뿔이 흩어져 살았다. 이들은 삼국의 경쟁이 치열해지고 변경에 선비를 비롯한 여러 세력이 할거하는 상황에서 '**군소 세력**'의 하나로 전락했다.[83] 400년이 넘는 기간 동안 근거지 이동과 다양한 세력의 부침에도 불구하고 '인궁지국'을 지향했던 흉노 국가는 이렇게 완전히 '**해체**'되었다. '인궁지국' 흉노는 이제 더 이상 초원의 패자로서 그 위명을 유지할 수 없었다.

---

81 『晉書』卷97「四夷傳」, p. 2548.

82 조조가 216년경에 흉노를 5부로 나누었다고 한 것은 이후 기록이 착종된 것이라 사실로 받아들이기 어렵다. 이와 달리 강통江統(?~310)이 상소문에서 '병주 흉노(并州之胡)'에 대해 "건안 연간(196~220)에 다시 우현왕 거비를 시켜 대선우 호주천을 유인해 인질로 삼고 부락을 6군에 흩어져 살게 했다"(『晉書』卷56「江統孫楚傳」, p. 1534)라고 한 것이 더 사실에 가깝다. 이런 오류는 『진서晉書』와 『십육국춘추十六國春秋』 등에 남아 있는 5부 분할 기록과 이후 4세기 초 건국에 성공한 유연劉淵이 자기 조상인 유표劉豹의 경력을 289년의 흉노 분할 및 도위 도입과 연결해 소급하려고 한 것과 관련이 있다(정재훈, 앞의 글, 2010). 이에 대해서는 맺음말에서 흉노의 후계 국가를 설명하면서 자세하게 정리했다.

83 후한대 흉노 분열 이후 형성된 남흉노에 관한 연구는 다음이 대표적이다. 内田吟風,「南匈奴に關する研究」,『北アジア史研究 - 匈奴編』, 同朋舍, 1975; 黃烈, 『中國古代民族史研究』, 人民出版社, 1987.

고대 유목제국의 원상과 그 후계

1. 흉노 유목제국의 성격과 그 유산

흉노는 기원전 3세기 중반 유목 기마 세력이었던 호의 일원으로 등장하여 그때 막 건설되기 시작한 장성을 사이에 두고 중국의 여러 나라와 대결을 벌이면서 성장했다. 이 과정에서 장성 주변의 목축민 융을 두고 중국과 각축전을 벌이는 가운데 중원 국가들이 북방으로 확장하고 이후 진이 중국을 통일하면서 일시적으로 위축되기도 했다. 하지만 이후 흉노는 진한 교체기를 거치며 세력화에 성공했다.

기원전 209년 흉노는 막남 음산을 중심으로 한 초원에서 건국한 뒤 여러 세력을 아우르며 발전했다. 이 과정에서 동호, 월지 등과 같은 유목 세력만이 아니라 장성 주변의 목축민 융과 중원에서 이탈한 주민도 일부 포괄하는 체제를 만들었다. 또 하서회랑에서 서쪽으로 늘어선 서방의 오아시스 국가와 그 주변으로도 진출해 통제력을 행사했다. 이를 통해 흉노는 유목민뿐만 아니라 다양한 세력을 포괄하는 '**복합적 성격**'을 띤 국가로 변모할 수 있었다. 흉노의 군주 역시 이를 통할하는 강력한 위상을 가진 유목제국의 **'대선우'**가 되었다.

혼란을 겪던 중국을 한이 통일한 이후 흉노는 한과 대결 관계를 형성했다. 두 세력은 처음에는 장성을 사이에 두고 전투를 벌이다가 한의 고조가 평성의 백등산에서 포위되었다가 풀려나면서 흉노의 우세로 전세가 역전되었다. 이후 흉노는 한에 압박을 가해 대등한 화친 관계를 이루었다. 혼인 관계를 맺고, 정기적인 물자 지원을 받으면서 국가 체제의 기틀을 마련할 수 있었다.

흉노는 한과 화친을 맺은 이후에도 장성 주변과 그 이남의 목농복합구역을 확보하려는 움직임을 멈추지 않았다. 이 일대는 '잡거'가 가능한, 농경과 목축이 교차하는 구역이라 유목민뿐만 아니라 이곳에 살던 융, 통일 과정에서 중국에서 이탈한 주민 모두에게 중요했다. 흉노는 이곳을 차지해 장성을 무력화하려 했으며, 한은 이러한 도발을 막으려 했다. 양국의 대결은 계속될 수밖에 없었다.

흉노는 대선우의 권위를 강화하기 위해 지배 체제를 정비하는 과정에서 중국에서 투항해 온 사람들의 도움을 받았다. 또한 서방으로 진출해 교역로를 장악하고, 한에서 확보한 물자를 유통해 새로운 발전 동력을 확보하고자 했다. 동서 교역이 아직 활성화되지 않은 시기인 데다가 흉노가 교역을 주도할 만큼 물자를 충분히 확보하지 못해 이런 의지가 실현되기는 쉽지 않았다. 이른바 '땅은 넓고 물자는 많은(지대물박地大物博)' 중국이었지만, 흉노의 뜻대로 물자를 충분히 지원해주지는 않았다. 흉노는 이런 한을 굴복시키기 위해 군사적 도발을 계속했다.

반면에 한은 장성을 유지해 흉노의 공세를 방어하고, 물자 지원을 최소화해 흉노의 성장을 막으려 했다. 한의 일관된 견제로 양국 관계는 악화되기도 했는데, 문제 시기까지는 화친과 대결이 끝없이 반복되었다. 표면적으로는 흉노가 한을 위압하고 한은 소극적으로 대응한 것처럼 보이나, 한 역시 흉노의 약점을 최대한 이용해 장성을 굳건히 유지하면서 관계를 자신이 원하는 방향으로 이끌어가려 했다.

한은 무제 시기에 이르러 흉노 문제를 근본적으로 해결하기 위해 그동안의 미온적인 태도를 버리고 적극적인 대응을 시작했다. 먼저 흉노에게 패주해 서쪽으로 이동한 대월지로 장건을 파견하여 군사적 동맹을 제안하는 외교 활동을 했다. 다른 한편으로 전쟁 준비를 하여 흉노에 대한 대규모 공격을 시작했다. 한은 기병을 이용해 막남에 있던 흉노 본진을 기습했고, 동시에 그동안 흉노의 통제를 받던 목축민 융을 흉노에서 분리해 포섭했다. 흉노를 약화시키면서 그들의 군사 능력까지 흡수하는 전략이었다. 그 밖에도 한은 흉노와 외부 세력이 연합해 한을 공격하는 일을 막기 위해 하서(이후에 하서사군 설치)와 조선(이후에 한사군 설치)을 공격해 차지했다. 이렇게 해서 한은 흉노를 외교적으로 고립시키며 포위할 수 있었다. 한의 대대적인 공세에 흉노는 더 이상 버티지 못하고 기원전 119년 결국 막남 고지를 포기하고 막북으로 전략적 후퇴를 했다.

한은 이에 만족하지 않고 막북까지 공격해 흉노를 완전히 격멸하려고 했다. 흉노는 후퇴 전술을 써서 한의 추격을 겨우 피할 수 있었다. 이후 한은 음산 북쪽에 장성을 새롭게 구축해 흉노의 남하를 원천적으로 막으려 했다. 이와 같은 한의 적극적인 공세로 큰 타격을 입은 흉노는 막북의 지역 단위 국가로 축소되었다.

무제가 흉노에 대한 공격을 포기하겠다고 선언한 이후에도 양국의 대결은 끝나지 않았다. 흉노가 한을 공격했을 때는 큰 위협이 되지 않았으나, 기원전 72년에 한의 선제가 북벌을 통해 흉노를 제압한 이후에는 한이 확실한 우위를 점하게 되었다. 이때의 공격으로 흉노는 심한 타격을 입었고, 한에 굴욕적인 태도를 보이며 관계를 개선해야 했다. 이후 한은 막북에 고립된 흉노를 강하게 압박하며 절대적 우위를 유지했다.

기원전 57년을 전후로 흉노에서는 대선우 계승을 둘러싼 지배 집단 내부의 갈등이 폭발해 5명의 대선우가 쟁립하는 심각한 내전이 벌어졌다. 흉노 좌부가 우부를 무너뜨리고 일시적인 통합을 이루기도 하나 좌부가 다시 분열하면서 내분은 진정되지 않았다. 큰 혼란의 한가운데서 대선우가 된 좌부의 호한야는 일시적으로 상황을 수습하기도 했으나, 형 질지골도후에게 쫓겨나고 말았다. 그는 고비를 넘어 음산 북쪽으로 내려와 한에 도움을 요청했다(계승 분쟁에 따른 1차 분열).

남하한 호한야는 직접 장안을 세 번 방문해 한의 도움을 받았고 세력을 회복할 수 있었다. 반면 질지골도후는 막북에서 세력을 유지하려다 상황이 어려워지자 북방 및 서방 진출을 통해 체제를 재건하려 했지만 끝내 실패하고 말았다. 한의 지원을 받던 호한야도 막북이 아니라 막남의 원주지로 돌아가고자 거듭 시도했으나, 한의 강권에 따라 다시 막북으로 돌아가야 했다. 분열 이후 흉노의 두 세력이 막북을 떠나 새로운 발전의 계기를 만들고자 했던 시도는 모두 실패로 끝난 것이다. 한은 흉노가 막남으로 돌아오는 것을 원하지 않았다. 흉노를 막북에 고립시켜야 자신에게 위협이 되지 않기 때문이었다. 흉노의 반발과 불만을 무마하기 위해 한이 지원한 물자를 이용해 흉노는 세력을 회복했지만 내내 막북에 고립된 채로 지내야 했다.

흉노는 계승 분쟁에 따른 내전의 경험을 반성하고, 호한야 사후 대선우 자리를 연장자 우선 원칙에 따라 형제들이 상속했다. 이런 임시방편의 대책은 별 탈 없이 유지되기는 했으나 내부의 권력 분점을 인정하는 것이나 마찬가지였다. 그 결과 이후 호한야의 아들들이 각자의 세력을 유지하면서 심한 경쟁을 벌이게 되었다. 이 무렵에 나타난 초원 개발에 따른 정주지의 확대, 권력을 과시하는 대형 무덤 축조 등은 지배 집단이 제각기 세력화하던 양상을 보여준다. 이러한 상황은 결국 지배 집단 내부의 경쟁과 대결로 이어져 대선우를 중심으로 한 체제의 안정성을 위협하는 요소가 되었다.

이후에도 흉노는 계속 한과 평화적 관계를 유지하며 물자 지원을 받았고, 점점 더 한에 강하게 의존하게 되었다. 자연히 흉노 내부에서는 한과 관계가 깊은 집단이 세력을 키웠다. 한도 그것을 조장했다. 막북에 고립된 흉노는 점점 더 많은 경제적 지원을 요구했지만, 한은 흉노를 약화시키기 위해 점차 지원을 제한해나갔다. 그러자 양국 관계는 다시 위태로워졌는데, 전한 말에 왕망이 집권과 함께 흉노를 격하하면서 견제를 강화하자 그간의 평화가 깨지고 말았다. 흉노는 왕망의 강경책에 반발해 군사적 도발을 시작했고, 이는 결국 전면전으로 이어졌다.

그러나 왕망은 권력 유지에 실패하고 중원은 다시 혼란에 빠졌다. 흉노는 이를 기회로 삼아 고립에서 탈출해 막남에 진출하려 했다. 한과 대등했던 과거의 권위를 회복하고자 북중국의 할거 세력과 연합을 시도했고, 일부 세력이 이에 동조하기도 했다. 이를 통해 흉노는 일시적이나마 막북의 고립에서 벗어나 새로운 발전을 도모할 수 있었다. 그러나 중국을 재통일한 광무제의 효과적인 대응으로 큰 성과를 거두지 못하고 다시 막북으로 돌아가야 했다.

48년 흉노는 사촌 간의 계승 분쟁으로 남북 분열이라는 결정적인 타격을 입고, 결국 후한이 주도하는 세계 질서에 포섭되었다. 이후 대선우 계승에 불만을 품은 일부 세력이 막남으로 내려와 한의 도움으로 남흉노를 형성했다(계승 분쟁에 따른 2차 분열). 이를 이끈 호한야(비)는 조부처럼 막남에서 한의 경제적 지원을 받아 세력을 회복할 수 있었다. 이후 북흉노와 남흉노가 대결하게 되면서 남북 분열이 고착화되었다.

한은 기미를 받아들이고 번병이 되겠다고 한 남흉노를 군사적으로 활용해 북흉노뿐만 아니라 선비, 오환 등에도 대응했다. 남흉노를 통제하여 막남의 안정을 확보하고 북흉노까지 제압한 뒤에는 서방의 오아시스에 반초를 보내 북흉노와 오아시스의 관계를 끊어버렸다. 이러한 과정을 통해 한은 주변 세계에 대해 압도적 권위를 확보할 수 있었다.

이 무렵 남흉노는 막남 초원으로 돌아와 세력을 회복했다. 이에 한은 남흉노를 그대로 내버려두지 않고 여덟 곳으로 분할 배치한 다음 중랑장을 감독관으로 보내 통제하려고 했다. 남흉노는 막남에 돌아와 살게 되었지만 대선우의 권위를 회복한 것은 아니었다. 대선우는 남하한 북흉노 유민만이 아니라 여타 집단의 도전을 받으며 위태롭게 자리를 지켰다. 더욱이 호한야(비) 대선우 사후에 임시방편으로 연장자 상속이 이루어지고 그 결과 사촌 간의 분쟁이 벌어지면서 지배 집단 내부의 결속력이 급속히 약화되었다.

한편 막북 초원에서 흉노의 권위가 완전히 소멸하자, 선비가 흉노를 따르던 유목민을 통합해 새로운 세력으로 등장했다.[1] 그리고 후한 말

---

1   군장 청호인 대선우는 흉노가 소멸한 이후 가한可寒/可汗(qaghan)으로 대체되었다. 유목 세계 군주인 가한이라는 호칭은 선비의 경우 가센둥嘎仙洞에서 발견된 443년에 만든 석각石刻 축문祝文에서 처음 확인된다(米文平, 『鮮卑史研究』, 中州古籍出版社, 2000, p. 30). 또한 유연의 군장이었던 사륜社崙(?~410)이 402년경 막북으로 이동해 세력화에 성공하자 스스로 구두벌가한丘豆伐可汗(Qutbar qaghan)이라고 칭한 것에서도 확인된다(『魏書』 卷91 「蠕蠕傳」, p. 2291). 이것만으로 군장의 호칭이 후한대에 흉노의 약화와 함께 선우에서 다른 것으로 대체되었는지를 정확히 알 수는 없다. 다만 가한이라는 새로운 칭호를 사용한 것

의 혼란 속에서 대선우를 비롯한 지배 집단의 일부가 내지로 들어오면서 고지의 남흉노를 통제할 세력도 없게 되었다. 남흉노의 일부는 조조의 견제를 받아 점차 축소되다가 소멸했고, 다른 일부는 구심점 없이 흩어져 각자도생했다. 유목 세계의 지배자였던 흉노 대선우의 권위가 완전히 소멸하고, 유목국가 또한 완전히 해체된 것이다(216년).

흉노는 기원전 209년에 건국해 400년 이상 지속된 유목국가였다. 건국 이전, 전국시대의 장성 건설로 인해 중국과 충돌을 벌이기 시작한 시기부터 오호십육국시대에 등장한 흉노의 계승 국가까지 따지면 그 존속 기간은 더 길다고 할 수 있다. 이렇게 흉노는 오랜 기간 초원만이 아니라 북중국의 넓은 범위에 걸쳐 존재감을 크게 과시했는데, 중국사에서도 이런 예가 거의 없다. 이는 흉노가 한과 함께 동아시아 세계의 한 축으로서 중요한 역할을 했음을 의미한다.

흉노는 정주 농경 문명 세계인 중국과는 다른 '**유목 기마궁사(인궁지민)의 나라(인궁지국)**'를 지향했다. 초원의 유목민만이 아니라 다양한 세계의 주민, 즉 장성 주변과 하서회랑 등지의 목축민 융, 흉노로 넘어온 중원 출신 주민, 그리고 오아시스 주민을 하나로 묶는 '복합적' 성격을 띤 '제국'이 되고자 했다. 유목에 기초한 초원 경제는 생산력에 한계가 있을 수밖에 없기 때문에 흉노는 한과의 화친을 통해 물자 지원을 받거나 장성 주변의 '목농복합구역(잡거지)'을 확보해 이곳을 무대로 경제적 풍요를 누리며 군사적 장점을 유지하고자 했다. 또한 자신과 연합한 융과 함께 '고토故土를 회복'하여 기마궁사 호와 융을 통합한 '인궁지국'을 완성

이 흉노의 정통성 단절 혹은 권위 약화를 의미하는 것은 분명하다.

하고, 나아가 서방의 오아시스로 이어지는 교통로를 통해 교역과 공납을 확대해 새로운 재원을 마련하는 것이 목표였다. 이런 다양한 시도는 초기에 일부 성공을 거두어 흉노가 유목제국으로 발전할 수 있는 기초가 되었다.

하지만 흉노는 통일 중국이 장성을 수축해 방어를 강화하고, 북벌과 외교적 포위 전략으로 견제를 유지한 탓에 더 이상 발전하지 못하고 위축되었다. 무제 이후 계속된 한의 북벌로 막남의 원주지를 빼앗기고 막북에 고립된 다음부터는 '**지역 단위 국가**'로서의 어려움을 극복하지 못했다. 흉노는 이런 상황을 타개하기 위해 막남 복귀를 계속해서 시도했다. 150년 정도 고립되었다가도 다시 고비를 건너 원주지인 막남으로 돌아오고자 애썼다. 결국 48년 남흉노는 '자발적 투항'이라는 형식을 통해 이를 실현했고, 한의 기미 지배를 받기는 했어도 장성 이남의 목농복합구역도 확보할 수 있었다. 이와 같은 계속된 남하와 내지 침투는 흉노의 활동 무대가 '초원'에 한정되었다는 우리의 선입견을 바꿔놓는다.

그들의 후예는 목축에 적합해 생산력이 높은 내지의 병주까지 들어갔다.[2] 이 시기까지도 목농복합구역은 농경보다 목축이 우위였고, 이를 주업으로 삼는 목축민의 세계였기 때문에 이곳을 차지하는 것은 흉노에

---

2   중국에서는 삼국시대의 변방 개척을 공간적 범주의 확장으로 이해했다. 하지만 이민족이 중국의 범위 안으로 편입된 것, 예를 들어 후한대 남흉노를 북변에 살게 해준 것은 한의 흉노 지배와 함께 이민족의 중국 침삭, 즉 '한지漢地의 침탈'로 보는 견해도 있다(김한규, 『天下國家 - 전통 시대 동아시아 세계 질서』, 소나무, 2005, p. 151). 이는 장성이 늘 고정되어 있었다는 고정관념에 따른 것인데, 실제 장성은 바깥의 여러 세력의 도발이 이어지면서 제대로 역할을 하지 못한 경우가 더 많았다. 전국시대 이래 그 주변에서 목축을 하며 살던 주민들은 여건이 더 좋은 '잡거지'를 차지하기 위해 장성 이남의 중국과 계속 대결을 벌이며 장성을 해체하고 남으로 진출하려 했다. 이는 중국과 목축민이 서로 자기 영역이라고 여기던 공간적 범위가 충돌한 일이었다.

게 아주 중요했다. 이처럼 흉노는 한의 방해에도 불구하고 계속해서 중국이 만든 인공 장애물인 장성을 무너뜨리고 그 남쪽의 목농복합구역으로 내려오려 했다.[3] 이후에도 유목민을 비롯한 목축 세력은 이 잡거지를 사이에 두고 중원 정권과 계속 각축을 벌였다. 이는 과연 장성의 역할이 중국이 생각한 것만큼 효과적이었는가 의문을 품게 한다.

흉노는 이렇게 중국으로 진출하려는 노력을 꾀하는 한편, 중국에만 의존하는 체제에서 벗어나기 위해 다른 방향으로의 발전도 모색했다. 하서회랑에서 서방 오아시스로 이어지는 교통로를 확보한 다음 안정적인 경제적 토대를 마련할 수 있는 '**교역 국가**'를 건설하려 했다.[4] 흉노는 막북 초원의 유목 경제만으로는 체제를 유지할 수 없었기 때문에 처음에는 오아시스와 관계를 강화하여 공납을 받다가 이를 더 발전시켜 한에서 제공받은 물자를 교역하는 방식으로 나아갔는데, 한의 물자 지원이 제한적이다 보니 여기에도 한계가 있었다. 한의 방해로 하서회랑을 상실하는 등 교통로조차 제대로 확보하지 못했다. 결국 기원전 60년 이후 서역 경영의 주도권을 한에 넘겨주고, 일부 오아시스에서 적은 양의 공납을 받

---

3   '장성'은 이후에도 유목 세력과 중국의 대결에서 중요한 역할을 하지 못했다. 북방 세력이 중원을 차지하면 늘 장성으로 나뉜 '잡거지'에서 세력을 형성했고, 이에 따라 수도의 입지를 결정했다. 북위北魏가 막남 초원의 중심인 성락盛樂(지금의 내몽골자치구 허린거얼현)에서 평성으로 천도한 것은 초원을 유지하면서 장성을 넘어 '목농복합구역'까지 통제하려 했음을 보여준다. 이후 몽골도 유목제국을 운영하면서 여름 수도인 상도上都를 초원에 두고, 겨울 수도인 대도大都(달리 칸발릭)를 베이징에 두었다. 이 역시 잡거지의 중심인 베이징에 수도를 세워 두 세계를 모두 통치하려 했음을 보여준다.

4   유목국가는 중국과 같은 정주 농경 국가에서 얻어낸 물자를 교역해 이익을 확보하는 방식으로 체제를 유지해야 했다. 1, 2, 3차 산업을 모두 운영하는 중국과 달리 생존에 필수적인 1차 목축을 기반으로 중국 등에서 얻어낸 1, 2차 산품을 유통하여 이익을 얻는 3차 산업이 중심이었다. 이렇게 1차, 3차 산업을 바탕으로 체제를 유지했다는 점에서 유목국가는 중국과 큰 차이가 있었다.

는 정도에 그쳤다. **'교통로와 교역의 미숙한 운영'**은 흉노가 한에 의존하는 형태에서 벗어나 체제를 고도화하지 못한 원인의 하나였다.

한에 대한 의존은 다른 이유로도 강화되었다. 흉노는 국가를 확장하면서 체제를 안정, 발전시키기 위해 기마궁사만이 아니라 중원이나 오아시스 출신 등 다양한 인재를 포용했다. 기마궁사의 강력한 군사력을 바탕으로 전국시대 이래 장성 이남에서 들어온 다수의 **'중국 출신의 협조'**[5]를 더해 복합적 국가 체계를 구축하려고 했다. 이들은 체제의 안정과 발전에는 큰 도움이 되었으나, 한으로의 강한 지향을 보여 흉노가 한에 **'의존'**하는 하나의 요인이 되기도 했다. 흉노가 '막남'으로 귀환하려고 했을 뿐만 아니라 더 나아가 '잡거지'로 남하하고, 화친을 통해 한의 물자 지원을 더 많이 받아내려 한 것은 어찌 보면 자연스러운 모습이었다. 다만 이는 한의 대응에 따라 결과가 달라질 수밖에 없는 부분이라 흉노의 의지대로 상황이 전개되지는 않았다.

흉노는 지배 집단 내의 계승 분쟁, 형제 상속으로 인한 대선우의 권위 약화 등으로 체제의 결속력이 점차 약화되어 한을 압도할 만한 틀을 만들지 못했다.[6] 경제적 토대도 제대로 마련하지 못했고, 고등 종교나 외부 정치 체계 등을 수용하여 **'불완전한 체제'**를 보완할 장치를 만들지도

---

5   흉노에 참여한 중국 출신은 전국시대부터 있었다. 이후 진과 한이 중국을 통일하는 과정에서도, 한과 흉노가 교섭이나 전쟁을 벌이는 과정에서도 다수의 중국 출신이 흉노의 일원이 되었다. 이들은 초원 개발이나 국가 운영에서 중요한 역할을 했다. 이에 대한 자료가 없어 구체적인 활동을 파악하기 어려우나 현재 몽골 초원의 흉노 영역 내에서 발견된 다양한 정주 관련 유적을 이와 연결해볼 수 있다.

6   흉노만이 아니라 돌궐과 몽골 등 대부분의 유목국가에서 군주 계승을 둘러싼 내적 갈등이 체제의 안정성을 약화시켜 결국 분열과 붕괴로 이어졌다. 하지만 이런 계승 분쟁은 유목국가에만 한정된 문제라기보다는 '권력' 자체의 속성으로도 볼 수 있다(제3편 주19 참조).

못했다.[7] 이러한 한계를 그대로 떠안고 있었기에 거대 유목제국으로서 위상을 확립할 수 없었다.[8] 그럼에도 흉노는 중국과 겨룰 만큼 강력한 유목제국으로 오랜 시간 존속했다는 인상을 남겼고, 유목제국의 '**원상原象**'으로서 이후 초원 유목민을 대표하는 통칭이 되었다. 이는 중국과 같은 하나의 '역사 단위'로서 초원의 유목 세계, 즉 북아시아사의 '시작점'에 흉노가 있었기 때문이다. 따라서 우리는 흉노 유목제국사의 전개 과정을 이해함으로써 '고대 유목제국'의 성격에 새롭게 접근해볼 수 있다. 흉노는 이후 유목 세계의 중요한 전통이자 영광스러운 '**유산**'의 하나가 되었다. 6세기 돌궐, 13세기 몽골 같은 거대 유목제국에서도 자신의 정통성을 설명하는 중요한 기제의 하나로 흉노를 끌어왔다.[9] 그 밖에 오호십육국시대 흉노의 계승 국가를 자처한 '**후계**'가 계속 등장한 것에서도 이를

---

7   이후 몽골 초원에 등장한 유목국가는 중앙아시아의 오아시스나 중국에서 고등 종교를 받아들여 군주 권력을 강화하기 위한 이념적 기초를 마련했다. 돌궐이 불교, 위구르가 마니교, 거란이 불교, 몽골이 티베트 불교를 받아들인 것이 대표적이다. 이런 고등종교 및 중국의 체제나 이념을 수용하는 것이 유목국가뿐 아니라 한반도를 비롯한 중국 주변의 고대국가에서 군주 권력을 강화하는 중요한 토대였음은 주지의 사실이다.

8   흉노와 달리 이후 시기에는 초원의 유목민들이 기마궁사로서 강력한 군사력을 바탕으로 거대한 판도를 확보하고, 나아가 동서 교역을 장악한 이른바 '권위주의적 상인 관료체제'에 기초한 거대 유목제국이 등장했다. 6세기 중반 돌궐은 이런 체제를 도입해 서방 진출에 성공했고, 중앙유라시아 초원을 아우르는 거대한 교역망을 구축하며 발전했다. 또한 이를 무대로 유목 세력의 강력한 지원을 받은 소그드 상인은 사산조 페르시아, 비잔티움 등과의 교역을 주도했다. 교역 체제의 구축을 바탕으로 한 새로운 유목제국 모델은 이후에 등장한 초원의 다른 유목제국에도 큰 영향을 주었다. 이는 이와 같은 발전을 보여주지 못한 흉노의 '한계'를 극복한 방식이었다(정재훈, 앞의 책, 2016, p. 33).

9   북아시아에도 유목국가 상호 간의 정통성 계승과 같은 역사의식이 있었다는 점을 유목 군주의 이념적 기초인 건국 신화와 각국의 연결 관계를 통해 살펴볼 수 있다. 이를 통해 북아시아의 유목 세계도 하나의 역사 단위로 볼 수 있으며, 흉노를 그 '원형'으로 설정하는 가설을 제시해볼 수 있다(정재훈, 「북아시아 유목 군주권의 이념적 기초 – 건국 신화의 계통적 분석을 중심으로」, 『동양사학연구』 122, 2013).

확인할 수 있다. 따라서 흉노의 유산을 계승한 예의 하나로, 이른바 '**병주 흉노幷州匈奴**'[10]의 움직임을 살펴볼 필요가 있다.

2. 흉노의 후계, 내지로 침투한 병주 흉노(216~310)

후한 말에 흉노가 들어와 살던 병주와 사예주는 지금의 산시山西 지역이다. 이곳은 '네 곳이 막힌 곳(사색지지四塞之地)'이라고 불릴 정도로, 평원이 많은 남쪽의 중원 지역과는 자연환경이 완전히 다르다. 그 중북부에 있는 병주는 중심에 최대의 산간 분지인 타이위안太原 분지(과거의 진양 분지)가 있고, 동서로 타이싱산太行山과 뤼량산呂梁山, 남북으로 레이서우산雷首山, 쥐주산句注山 등 험준한 산지로 둘러싸여 있다. 또한 2000미터 이상의 험준한 산맥에서 발달한 하천으로 북부의 다퉁大同을 지나는 쌍간허桑干河와 옌먼雁門 주변의 후퉈허가 있다. 그리고 북에서 남으로 타이위안 분지를 관통하는 넓은 습지인 주쩌九澤,[11] 린펀을 가로질러 가는 펀수이汾水가 있다. 앞의 두 하천은 동쪽으로 흐르나 펀수이는 남쪽으로 흘러가다가 서진하여 황허와 합류한다. 한편 남흉노의 선우정이 있던 뤼량시(과거의 이석)는 뤼량산에서 발원해 황허 본류로 향하는 싼촨허三川河가 흐르고, 남부의 창즈시(과거의 상당)에는 타이웨太岳와 타이싱산에서

---

10   '병주 흉노'는 서진시대 강통의 '병주지호幷州之胡'라는 표현의 번역이다(『晉書』卷56 「江統孫楚傳」, p. 1534). 후한시대에 분열한 흉노가 내지로 남하해 남흉노를 형성한 이후 그 일부가 다시 후한 말에 지금의 산시성山西省 병주를 중심으로 살다가 조위曹魏시대와 서진시대를 거쳐 한漢-전조前趙를 건설하였는데 이들을 '병주 흉노'라고 부른다. 이들은 오호십육국시대를 연 세력이라 일컬어진다(정재훈, 앞의 글, 2010).

11   주쩌는 펀수이 유역에 있는 습지로 과거 다른 이름도 있었다(대소택大昭澤, 소여택昭餘澤, 기택祁澤, 오택鄔澤, 오성박鄔城泊, 소여지昭餘池 등). 넓은 습지가 현재는 대부분 농경지로 개간되었으나 후한과 위진시대에는 진양 분지의 중심에 있던 광대한 호수와 그곳을 둘러싼 습지 주변에 거주지가 발달해 있었다.

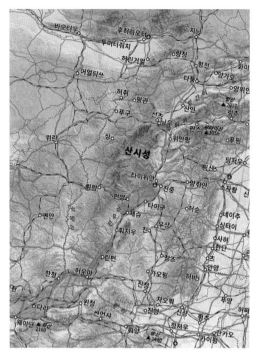

[그림 1] 산시성 지형도

발원한 장허漳河가 동으로 흐른다.

　현재의 산시성 지역은 높은 산지에 둘러싸여 있고 계곡과 강이 발달한 지형적 특징으로 겨울에 춥고 건조한 대륙성 기후를 보인다. 고도가 높아 기온은 평균적으로 낮은 편인데, 북방 초원과 거의 비슷한 수준이다. 해발고도는 북부 다퉁이 약 1050미터, 다이현이 약 850미터, 타이위안이 약 780미터, 그리고 편수이가 만든 저습지 주쩌는 가장 낮은 곳이 약 750미터이다. 뤼량은 약 920미터, 조위시대 남흉노의 다른 거점이었던 린펀은 450미터 정도다. 이 지역은 북쪽에서 남쪽으로 갈수록 고도가 낮아져 이를 따라 하천이 흐른다.

이곳은 대부분 고원지대라 하천 유역을 따라 밭농사가, 그 주변 산지와 만나는 곳에는 목축업과 임업, 수렵이 발달했다. 농업으로는 기장과 수수 같은 작물을 주로 재배했고, 북위 시대에 고비 남부에 있는 초원에서 내지로 말을 데리고 들어올 때 반드시 이곳에서 적응시킨 다음 들어와야 말이 상하지 않는다고 할 만큼 가축 사육이 발달했다.[12] 조위시대 병주 자사 양습이 수도 건설에 필요한 목재를 이 지역에서 공급한 것에서 알 수 있듯이 양질의 목재를 생산하는 곳이기도 했다.[13] 뿐만 아니라 철광과 석탄의 중요 생산지로서 광업이 발달해 군사적 기반이 되기도 했다. 반면에 이곳은 중원에 비해 상대적으로 자연재해가 빈번하게 발생하는 등 기후가 좋지 않고 경지 면적이 제한되어 식량은 늘 부족한 편이었다.

병주에 침투한 흉노는 주로 지금의 뤼량산 이동의 뤼량 주변과 타이위안(과거의 진양)에서 남으로 흘러가는 펀수이 유역의 주쩌 주변, 그리고 북쪽에 있는 우타이현五臺縣(과거의 신흥군)과 다이현(과거의 대현) 등지에 살았다. 이들에 대한 기록은 없다. 다만 206년 병주 자사가 된 양습이 "현지의 호우豪右(봉건사회의 부유하고 세력 있는 집)를 추천해 막부幕府에서 일하게 하고 정강丁强을 징발해 의종義從으로 삼았으며 원정을 한 다음에 이곳 주민 수만 명을 업도에 이주시켰고, 거부하는 사람 수천 명을 참수하고 만여 명을 포로로 잡았다. 이와 함께 봉기했던 흉노 선우를 포섭하고, 그를 따르는 명왕들을 고개 숙이게 했다. 부곡들도 그 맡은 바 직무에 복속되어 편호와 같게 만들었다"라고 한 현지 안정책에서 이들

12　『魏書』卷110「食貨志」, p. 2857.

13　『三國志』卷15「魏書 劉司馬梁張溫賈傳」, p. 469.

에 대해 살펴볼 수 있다.[14]

213년에 양습이 배의랑拜議郞 서부도독종사西部都督從事가 되어 취한 조치를 통해서도 당시 흉노의 상황을 일부 알 수 있다. 양습은 이곳에서 목재를 가져와 업도 건설에 썼으며, 둔전도위屯田都尉 2명과 영객領客 600명을 두어 콩과 조를 재배하는 농민에게 사람과 소에 대한 비용을 주는 안정책을 실시하고, 병주에 있던 흉노 대선우를 황제의 시위侍衛로 들어오게 해 그에 대한 걱정을 없애려고 했다.[15]

후한대에 남흉노는 장성 연변의 여덟 군에 흩어져 살았는데, 한의 물자 지원과 목축을 통해 생활에 필요한 자원을 마련할 수 있었다. 막남 초원의 더 풍요로운 환경에서 호구가 많이 늘어났을 정도로 안정적 생활을 누렸다.[16] 그러나 군사적 동원에 시달렸고 유이민의 증가로 내적 갈등도 있었다. 이전 시기의 기록을 통해 이들이 목축에 종사했음을 알 수 있다. 후한 말 내지에 혼란이 일어나자 그 일부가 남하했는데, 이 무렵의 생활 모습은 위에서 제시한 양습의 대책 이외에는 전혀 알 수 없다.

남흉노의 일부가 병주에 들어와 살게 된 이후 목축을 버리고 농경

---

14   위와 같음.

15   여기에서 소개한 양습의 병주 안정책을 전부 흉노와 연결해 마치 흉노가 병주에 들어온 다음 농경에 종사한 것처럼 설명한 동화론도 있었다(周偉洲, 『漢趙國史』, 廣西師範大學出版社, 2006, p. 7). 또한 흉노가 한인들처럼 편호가 된 것은 아니지만, 내지에 들어온 이후 정주하며 목축을 하거나 반농반목을 하거나 노예가 되는 등 변화를 겪었다고 보는 연구도 있다(三崎良章, 『五胡十六國 - 中國史上の民族大移動』, 東方書店, 2002, p. 7). 또한 전객田客이 된 흉노의 숫자가 수천에 이르렀다며 흉노가 노예가 되어 농업에 종사했다고 보는 견해도 있다(『晉書』 卷93 「外戚傳」, p. 2412). 더욱이 후조後趙를 세운 석륵石勒의 경우처럼, 흉노가 한인의 통제를 받으며 노예가 되어 농경에 종사했다고 보는 시각도 있다(『晉書』 卷104 「石勒載記」, p. 2708). 하지만 이는 지나친 확대 해석으로 위의 인용은 현지의 한인 대책이었다. 이는 집단을 유지했던 병주 흉노와는 분리해 이해해야 한다.

16   『資治通鑑』 卷67 「漢紀」 59 〈孝獻皇帝〉, p. 2146.

에 종사했다고 볼 수 있는 기록은 없다. 병주에 펼쳐진 저지는 농경도 가능하나 목축과 함께 하면 훨씬 더 많은 이익을 얻을 수 있었다. 농경이 가능한 평지 주변으로 고도가 높은 산지에 초원과 삼림이 펼쳐져 있어 목축민에게는 장성 주변보다 더 좋은 환경이었다. 유목은 초원의 목초지를 유지하며 가축을 재생산하기 위해 생겨난 생산 방식이다. 이동은 필요에 따른 것일 뿐 좋은 초지가 있거나 외부의 간섭을 받지 않는다면 굳이 이동할 필요는 없었다. 또한 목축은 농경보다 노동력이 적게 필요하다는 점에서 유리했다. 병주 흉노는 여전히 가축을 길렀다. 그 이동 방식이나 범위, 주변 농경민과의 관계 등 일부가 달라졌을 뿐 목축 자체를 그만두고 농경에 종사한 것은 아니었다.[17]

흉노가 병주 등지에서 목축에 종사한 것은 '전마戰馬' 수급과도 연결해 설명할 수 있다. 당시 흉노에 대해 "병사들이 활을 쏠 수 있어 모두가 기병이 되었다"[18]라며 '유목민 기병(호기胡騎)'으로 '뛰어난 군대(승병勝兵)'라고 평가한 것처럼, 조위도 흉노의 특화된 말 사육 기술과 기마궁사로서의 능력을 인정하고 이들을 동원했다. 이러한 역할을 유지하려면 말 사육에 적합한 지역에서 목장을 운영하여 좋은 말을 생산해야 했다.

조위의 입장에서도 전시 상황에서 억지로 농경을 시키는 것보다는 흉노가 장점을 최대한 발휘하도록 하는 편이 유리했다. 견제를 목적으로

---

17 후한 이래 기후 한랭화에 따라 산시 지역으로 흉노를 비롯한 유목민이 남하했다는 지적도 있다(武劍青,「東漢魏晉氣候變遷與漢文化重心的南移」,『周口師範學院學報』2008-6, p. 94; 張文華,「氣候變遷與中國古代史中的幾個問題」,『丹東師專學報』2002-3, p. 35). 하지만 기후 변화는 장기간에 걸쳐 진행되는 것이라 거시적으로 유목민의 남하를 설명할 수 있는 요소의 하나에 불과하다. 후한 말 흉노의 대거 남하와 병주 정착은 후한 말부터 삼국시대에 걸친 내지의 전쟁 및 그에 따른 혼란과 관련해 설명하는 것이 더 타당하다.

18 『史記』卷110「匈奴列傳」, p. 2879.

기존의 부락을 해체하면 흉노의 조직력이 무너져 군사 능력을 상실할 위험이 있었다. 따라서 조위는 흉노를 병주 일대에 분산 배치해 위협 요소를 없애면서, 동시에 기존의 생활 방식을 그대로 유지하도록 하여 군사적으로 동원하는 쪽을 택했다. 남흉노 호주천 등이 이끄는 부대를 비롯한 여러 족속으로 구성된 부대가 212년 오뢰에 원정한 것이 바로 그런 예였다.[19] 다시 말해서 흉노는 내지에 들어온 다음 목축과 농경이 모두 가능한 더 좋은 여건에서 목축 기술과 군사 능력을 유지한 채 지냈다고 볼 수 있다.

정확히 언제 부락의 조직 방식이 바뀌었는지는 알 수 없으나, 조조의 통제하에서 태원군, 상당군, 서하군, 안문군, 신흥군과 평양군 등 6군에 살던 흉노가 서로 섞이지 않고, 한 종種이 하나의 부락을 이루어 살았다고 한 것에서도 이들이 부락 단위로 모여 살았음을 알 수 있다.[20] 이는 조위가 흉노를 이용해 병주 북방의 다른 족속을 견제하기 위해 흉노 추장인 부수部帥를 그대로 부락 대표로 인정하여 개별 부락 단위를 유지시켰던 것과도 관련된다. 반면에 흉노 지배 집단을 견제하기 위해 통합의 구심점이 될 수 있는 대선우 호주천은 업도에 억류해두었다.[21] 아울러 한에 협조적인 거비 같은 인물을 보내서 원주지에서 대선우의 역할을 대신하게 했다. 또한 흉노를 통제하고 효과적으로 동원하기 위해 231년에

---

19 張溥, 『漢魏六朝百三家集』 卷28 (文淵閣 四庫全書本 集部 8).

20 『진서』에는 남하한 흉노 19종에 대한 기록이 있다. "屠各種·鮮支種·寇頭種·烏譚種·赤勒種·捍蛭種·黑狼種·赤沙種·鬱鞞種·萎莎種·禿童種·勃蔑種·羌渠種·賀賴種·鍾跂種·大樓種·雍屈種·眞樹種·力羯種." (『晉書』 卷97 「四夷傳」, pp. 2549~2550)

21 222년 조비曹조가 선양禪讓을 받은 그해 11월에 업도에 억류되어 있었던 남흉노 대선우 호주천에게 새로운 인수를 주고 청개거靑蓋車, 승려乘輿, 보검寶劍, 옥결玉玦을 내려 그의 지위를 인정해주었다.

병주 치소인 태원군에 호흉노중랑장護匈奴中郞將을 두었다.[22] 이는 후한대 장성 밖에 있던 남흉노를 통제하던 방식과 같았다.[23] 이와 관련해 사실 여부가 의문스러우나 "조조가 흉노를 5부로 나누고 그에 한인 사마를 보내 감독하게 했다"[24]라고 한 것을 통해 병주 흉노를 군사적으로 동원했음을 알 수 있다. 이는 후한대 남흉노를 변경에서 기미한 것처럼, 내지에 들어와서도 이들에 대해 비슷한 감독 체제를 도입했음을 뜻한다. 조조는 흉노를 북방 방어에 이용하면서 달리 동원이 필요한 경우에도 적극적으로 활용했다.

조위의 흉노 통제는 흉노 사회 내부의 세력 관계에 변화를 가져왔다. 흉노 내에서 일부 부락이 해체되기도 했으며 초원에서 들어온 유민은 노예가 되기도 했다. 흉노의 일부가 한인의 지배하에서 몰락한 예도 있다.[25] 240년대(정시正始 연간)에 병주 자사 가진위장군加振威將軍 사지절使持節 호흉노중랑장 진태陳泰(?~260)가 병주에서 흉노 노예를 수도로 매매하는 것을 금지한 것[26]과 흉노 출신 전객이 수천이었다는 기록,[27] 그리고 노예 생활을 했던 석륵(후조의 고조, 274~333, 재위 319~333) 등이 그 예가 될 수 있다.[28] 후조를 세운 석륵처럼 부락에서 떨어져 나와 개별 존재인 '소호小胡'로서 병주에서 개간된 둔전의 노동력으로 동원되거나, 한

---

22   『三國志』卷3「魏書 明帝紀」, p. 98.

23   『隋書』卷28「百官志」, p. 3626.

24   『晉書』卷97「四夷傳」, p. 2548

25   周偉洲, 앞의 책, 2006, p. 26; 羅君, 「漢晉中央政府對南匈奴的管理及其影響」, 『綿陽師範學院學報』2004-1, p. 54.

26   『三國志』卷22「魏書 桓二陳徐衛盧傳」, pp. 638~639.

27   『晉書』卷93「外戚傳」, p. 2412.

28   『晉書』卷104「石勒載記」, p. 2708.

인 호족豪族에 편입된 부곡部曲(사적 예속민)으로 모객募客(호적에서 이탈한 민을 모으는 것)의 대상이 된 이들도 있다. 이를 통해 이 무렵 병주 흉노에서도 유민이 발생했음을 알 수 있다.[29]

대선우를 비롯한 지배 집단이 조위의 강력한 견제로 약화되자 다른 세력이 이를 대체하려고 했다. 시간이 흘러 조위 말기 사마씨司馬氏가 정권을 장악한 251년경에 부추部酋의 하나였던 유표劉豹(?~279)가 병주 흉노를 통합하려 한 시도에서 이를 확인할 수 있다.[30] 유표는 이때 수도에 억류되어 부락과 관계가 끊어진 대선우를 대신해 병주 북쪽 신흥군에서 세력화를 시도했다. 이에 대응하여 등애鄧艾(197~264)는 흉노의 부락을 나눠 통제하려고 했다. 조정에 우호적이지만 견제를 받아 우현왕이 되지 못했던 거비의 아들을 우현왕으로 삼아 안문에 살게 해 경쟁 관계를 만들었다. 이 과정에서 등애는 흉노를 쪼개려는 의도를 감추기 위해 겉으로 유화 조치를 펴기도 했다. 분할 결과 병주 흉노는 크게 태원 분지의 좌현왕 유표와 안문군의 거비의 아들[31] 우현왕, 이렇게 둘로 나뉘었다.

강통은 등애와 달리 264~265년 즈음에 다시 한 부락이 강해지자 이를 3개의 집단(삼솔三率)으로 나누었다가 266년경에 이를 다시 4개로 나누었다.[32] 이는 조위 말기부터 서진 초기에 병주 흉노를 나누려는 시도가 계속되었음을 보여준다. 이런 분할은 부락을 해산하고 개별 주민을 편호로 삼는 것이 아니라, 기존 부수를 유지하며 부락을 쪼개 다른 집단에 영향력을 행사하지 못하게 하는 방식이었다.

---

29 위와 같음.

30 『三國志』卷28「魏書 王毌丘諸葛鄧鍾傳」, p. 776.

31 吳洪琳, 「鐵弗匈奴的形成及早期歷史」, 『西北民族論叢』5, 2007, p. 76.

32 『晉書』卷56「江統孫楚傳」, p. 1534.

271년 정월에 결국 우현왕 유맹劉猛(?~272)[33]이 자신에 대한 통제가 강화되자 안문에서 봉기했다. 유맹은 선우를 자칭하고 난 다음 장성을 빠져나가 공사성孔邪城에 군대를 주둔했다. 또 같은 해 12월 다른 유목민을 끌어들여 병주를 약탈했다. 이에 병주 자사 유흠劉欽이 그를 격파했고, 이듬해 봄에 감군監軍 누후婁侯 하정何禎도 유맹을 공격했다. 양측의 공방전이 계속되다가 하정이 반간계反間計(적의 첩자를 회유해 역으로 이용하는 계책)로 유맹의 좌부독左部督 이각李恪을 꾀어 유맹을 죽이면서 소란이 끝났다.[34]

이후에 우현왕이 약화되고, 좌현왕 유표가 가장 유력한 세력이 되었다.[35] 기록에 따르면 유표가 좌부수左部帥였다고 하는데, 그가 어느 집단을 거느렸는지는 정확히 알 수 없다. 이에 대해 "[대]선우 어부라가 죽고 동생 호주천이 즉위한 다음 어부라의 아들인 유표가 좌현왕이 되었는데, 그가 유연劉淵(한-전조의 고조, ?~310, 재위 308~310)의 아버지이고, 조조가 그의 부락을 5부로 분할할 때 유표가 좌부수가 되면서 나머지 부락 모두에서 유씨가 부수를 맡게 했다"[36]라고 한 기록을 통해 좌부수였음

---

33   유맹의 관직에 대해 우현왕(『晉書』卷101「劉元海載記」, p. 2647), 북부수(『魏書』卷95「鐵弗劉虎傳」, p. 1054), 선우(『晉書』卷97「四夷傳」, p. 2549), 중부수(『晉書』卷57「胡奮傳」, p. 1557) 등 여러 가지 기록이 있다. 유맹이 270년대에 병주 북부에서 활동했고, 지위가 우현왕이었다는 점에서 그를 거비의 적자로 보기도 하나 그 사실 여부는 분명하지 않다. 다만 그가 거비와 관계가 있고, 안문의 부수였다는 점은 분명하다.

34   『晉書』卷97「四夷傳」, p. 2549.

35   유맹이 죽은 다음 그의 아들 부륜副侖이 탁발선비拓跋鮮卑에 투항했고, 유맹의 예하에 있던 거비의 다른 아들 고승원誥升爰(달리 훈두訓兜라고도 함)이 그들을 대신해 부락을 이끌었다. 이후 이들은 독자적으로 대의 북쪽에 살다가 탁발과 섞여 철불흉노鐵弗匈奴라 불리는 집단이 되었다(吳洪琳, 앞의 논문, 2007; 吳洪琳,「鐵弗匈奴對朔方地區的經營開發」,『寧夏大學學報』2008-1).

을 알 수 있다.

다른 한편으로 병주 주변에 있던 남흉노를 통제하기 위해 "건안建安 연간(196~220)에 위 무제(조조)가 그의 백성을 5부로 나누고, 각 부락의 귀한 사람을 수帥로 삼았으며 한인을 골라 사마로 삼아 감독했다"[37]라 고 한 기록과 "위 무제가 그 백성을 5부로 나누고 좌현왕 유표를 좌부수 로 삼았으며 그 나머지 부수도 모두 유씨로 삼았다"[38]라고 한 것을 통해 유표가 216년에 좌부수가 아니었음을 알 수 있다.[39] 이런 기록은 모두 유 연이 건국한 이후 가계를 조작해 아버지 유표를 어부라의 후계로 연결하 고, 또한 이후에 흉노를 통합한 다음 5부 중에서 가장 강한 좌부의 부수 가 된 시점을 조조 시기로 끌어올리려 한 것일 뿐이다.

다만 251년 이후에 유표가 좌부수였으며 그의 근거지가 진양 북쪽

---

36   『晉書』卷101「劉元海載記」, p. 2647.

37   『晉書』卷97「四夷傳」, p. 2548

38   『十六國春秋』卷1「前趙錄」〈劉淵〉, p. 1(續修四庫全書本);『晉書』卷101「劉元海載記」, p. 2645.

39   유표와 어부라의 계보가 연결된다는 기록도 있으나 남흉노 대선우와 유연이 연결된다고 보지 않는 것이 일반적이다(岡崎文夫,『魏晉南北朝通史』, 弘文堂, 1932, pp. 139~140). 그 이후 중국의 연구(姚薇元,『北朝胡姓考』, 中華書局, 1962; 馬長壽,『北狄與匈奴』, 三聯書店, 1962; 林幹, 『匈奴史』, 內蒙古人民出版社, 2007; 王仲犖,『魏晉南北朝史』, 上海人民出版社, 1979; 周偉洲,『漢朝 國史』, 廣西師範大學出版社, 2006)도 계보가 연결된다는 기록을 모두 의심했다. 이와 관련해 유연이 남흉노 대선우 가계에 자신을 의탁하기 위해 가계를 조작했다고 보는 이유는 먼 저 호주천이 대선우가 될 때 유표가 좌현왕이 되었다고 한 해가 195년인데 유표가 죽은 해는 274년이라 80년의 차이가 있다는 점, 두 번째로 좌부수 유표가 죽자 그의 아들 유연 이 좌부수가 되었다고 하는데 당시 좌부수가 이각이었다는 점, 그리고 유연이 신흥 출신 이었다는 점 등에서 그는 결코 좌부수일 수 없다(唐長孺,「魏晉雜胡考」,『魏晉南北朝史论丛』, 三聯書店, 1955, p. 402). 이런 의심에도 남흉노 대선우와 유연이 연결된다고 이해하는 견해 도 있다(內田吟風,『北アジア史研究 - 匈奴編』, 同朋舍, 1975, pp. 280~284). 병주 흉노의 경우 대선우의 계보를 연결하는 것은 사료의 분식 여부와 관련된 문제로 신중한 접근이 요구 된다. 기록이 뒤섞여 정확한 연결을 확증하기 어려워 논쟁 중이다.

에 있는 신흥군이었음은 분명하다.[40] 『진서』「유원해재기劉元海載記」자체의 신빙성에 문제가 있기는 하나,[41] 유원해를 "신흥 흉노인"이라고 한 것이나 유표가 신흥군의 흉노라고 한 기록을 통해 이를 알 수 있다. 또한 유표가 신흥군에 있었다는 점은 부수를 도위로 바꾼 이후인 289~290년경에 그의 아들 유연이 북부도위였고, 290년부터 291~306년경까지 우현왕 유선劉宣(?~308)도 북부도위였다고 한 것을 통해 확인할 수 있다. 이는 유맹의 봉기가 실패한 이후 신흥 출신의 유표와 그 아들 유연 등이 새로운 흉노의 중심 세력이 되었고, 대선우 어부라의 후예는 약화되었음을 뜻한다.[42]

한편 251년경 북부의 유표가 남으로 내려와 흉노를 통합하려고 하자 조정에서 거비의 후예를 다시 안문으로 옮겨 두 세력을 경쟁하게 했다. 이에 따라 호주천을 대신해 선우정에서 평양을 감독하던 우현왕 거비의 후예는 안문으로 옮겨 갔다. 하지만 이들 역시 조정의 견제가 계속되자 완전히 이탈하려는 움직임을 보였다. 또한 조정에서는 유표 역시 견제하기 위해 264~265년경에 그의 아들 유연을 낙양에 잡아두었다.[43]

---

40   후한 말에 지금의 산시 쪽으로 들어온 흉노는 크게 셋이 있있는데, 그중에서도 하동의 어부라와 이석의 좌부, 그리고 신흥의 집단이 가장 강했다(陳琳國,「東漢末年匈奴南遷의前後」,『晉陽學刊』 2008-4, p. 84).

41   『진서』와『십육국춘추』의 유연 관련 기록은 상당 부분 자신의 건국을 정당화하기 위해 개작한 것으로 의심된다. 신이神異한 능력을 신화와 연결해 설명한 것이 대표적이다. 이는 여러 오호 정권의 정통성 강조와 관련하여 볼 수 있는데, 사료를 비판 없이 오류를 수정하지 않은 채 그대로 인용한 결과였다(胡祥琴,「劉淵感生神話的歷史形成」,『民族研究』 2006-1; 胡祥琴,「十六國時期的政治感生神話與民族融合」,『西北第二民族學院學報』 2007-6; 胡祥琴,「政治神話與十六國時期的匈奴漢趙政權」,『西北第二民族學院學報』 2008-6).

42   劉兵,「匈奴五部中北部的分化與剝離」,『內蒙古社會科學』 2020-5.

43   『晉書』卷101「劉元海載記」, p. 2646.

이는 어부라처럼 부수의 자제를 인질로 삼아 그의 부락 통제권을 약화시키는 조치였다. 게다가 진晉 무제武帝(사마염司馬炎, 세조世祖, 236~290, 재위 266~290)는 265~274년경에 병주 흉노를 다시 둘, 셋, 넷으로 세분했다.[44] 흉노 세력을 나누어 통합을 막으면서 부락 체제는 그대로 유지하는 조치였다. 그 목적은 물론 군사적 동원이었다.

280년 진 무제가 천하를 통합한 이후에는 조정에서 흉노의 군사적 효용성보다 위험이 커졌으니 통제해야 한다는 주장이 많이 나왔다. 이때 유맹의 일부가 반발해 장사를 죽이는 등 변경 상황이 어지러워지자 시어사侍御史 곽흠郭欽이 상소를 올렸다. 그 내용은 서북 여러 군에 인구가 적어 조위 초에 다른 족속(융)을 살게 하자 북지, 서하, 태원, 풍익, 안정, 상군 등지가 모두 적狄의 땅이 되었다며, 이들을 장성 밖으로 몰아내고 이곳에 다시 한인을 이주시켜 영원한 안정을 얻자는 것이었다.[45]

하지만 진 무제는 후세에 높이 평가된 곽흠의 '사융徙戎' 주장을 받아들이지 않았다. 이는 당시 상황에서는 실현 불가능한 정책이었다. 장성을 넘어온 이민족을 받아들여 내지의 빈곳에 정착시킨 것은 장성 밖 선비 등을 견제해야 하는 현실적 필요에 의한 것이었다. 또한 진 무제 즉위 초기에 발생한 큰 홍수로 인해 남아 있던 흉노, 즉 새니塞泥, 흑난黑難 등 2만여 락落이 병주의 평양, 서하, 태원, 신흥, 상당, 낙평군 등지에 와서 살게 된 것에 대한 긴급 대응도 필요했다.

진 무제는 늘어난 흉노 유민에 대한 조치로 부락 기반의 기존 체제를 유지하면서 이를 형식적으로나마 중국 관제에 편입하려고 했다. 이를

---

44   『晉書』卷56「江統孫楚傳」, p. 1534.

45   『晉書』卷97「四夷傳」, p. 2549.

위해 병주 흉노 5부 부수에 도위 관직을 주었다. 도위는 원래 진대의 군위郡尉로 주로 군의 태수를 보좌해 병사를 관리하며 치안을 담당하는 무관이었다. 한대에 이를 도위라 바꾸었으며, 후한대에 일시 없어졌다가 변군邊郡의 도위 혹은 속군도위屬郡都尉 등으로 명맥을 유지했다. 주현국州縣國 도위의 경우 5품이었는데, 흉노 부수에 준 관직도 이와 같은 무관 직위였다.

5부 도위의 인구 수와 주둔지 (1락은 5명 정도)

	인구 수	소재지			
		주	군국	현	현재 지명
좌부도위 左部都尉	1만여 락	병주 并州	서하군 西河郡	자씨현 玆氏縣	산시성 펀양현 山西省 汾陽縣
우부도위 右部都尉	6000여 락	병주 并州	태원군 太原郡	기현 祁縣	산시성 치현 山西省 祁縣
남부도위 南部都尉	3000여 락	사예주 司隸州	평양군 平陽郡	포자현 蒲子縣	산시성 시현 山西省 隰縣
북부도위 北部都尉	4000여 락	병주 并州	신흥군 新興郡	.	산시성 우타이현 山西省 五臺縣
중부도위 中部都尉	6000여 락	병주 并州	태원군 太原郡	대릉현 大陵縣	산시성 원수이현 山西省 文水縣

이때 도위는 병주 자사 겸 호흉노중랑장에 소속되어 있었으나 자기 부락을 통솔해 관리하며 내부의 치안을 담당하는 군지휘관으로 부락병을 이끌고 전투에 참여했다. 조위시대 부수의 역할과 비슷하지만, 흉노의 독자 관제가 아니라 형식적으로 중국의 관직을 받고 그 지휘 아래 있었다는 점에서 달랐다. 당시 5부 도위 설치는 위의 표에 정리한 것처럼,[46] 병주 흉노 전체가 아니라 유력한 부수가 거느린 집단을 대상으로 했다.

도위는 태악泰嶽으로 동서가 완전히 분리되어 기존 흉노 세력과 연합할 수 없는 존재만을 대상으로 설치했다. 이들은 기존 세력보다 상대적으로 덜 중요했다. 2만여 락이 대거 이주한 상당과 낙평의 흉노 집단이 여기서 빠졌다. 또한 선우정이 있던 이석 역시 도위의 주둔지에서 빠졌다. 오히려 유표가 속해 있던 서하군이 주둔지를 자씨현에 두었다. 게다가 유표가 죽고 난 이후 279년경 좌부수가 된 유연도 좌부도위가 아니라 북부도위였다. 그가 거느린 부락 수가 다른 도위보다 적었던 것은 그에 대한 견제 때문이었다.

아울러 대선우 호주천의 후예를 평양군이 아니라 포자현에 둔 것 역시 견제의 일환이었다. 조위부터 서진 시기까지 대선우를 수도에 억류하고 거비의 후손을 북쪽에 옮겨두었던 것과 같은 맥락의 조치였다. 이때에도 미미한 부수를 도위로 삼아 견제를 계속했다. 5부 도위 이외에도 상대적으로 신분은 낮으나 공을 세운 추장을 더 우대했다. 예를 들어 "기독騎督 기무현사綦毋倪邪가 오 정벌에 공을 세우자 적사도위赤沙都尉로 바꾸어주었다"[47]라고 했다. 적사도위는 대선우를 배출하는 씨족 연제씨와 함께 중요한 집단이었던 호연씨呼延氏, 복씨卜氏, 난씨蘭氏, 교씨喬氏 등이 아니라 그보다 낮은 기무씨綦毋氏 출신이었다.[48]

이렇게 하여 진 무제는 흉노 내부의 세력 변화를 염두에 두고 우호적 부수를 끌어들여 기존의 유력자를 대체할 수 있었다. 이런 방식은 흉노 내부에서 새로운 세력이 성장할 위험이 있기는 했지만 효과적 견제

---

46   『晉書』卷97「四夷傳」, p. 2548.

47   위의 책, p. 2550.

48   위와 같음.

수단이 되었다. 대선우의 후예나 북부도위로 명망이 있던 유연 등을 낙양에 체류시켜 부락과의 연계를 끊고, 흉노의 일부를 5개 단위로 나눠 통합 가능성을 없애는 식으로 통제를 강화할 수 있었다.

이런 대응이 곽흠의 사용 주장보다 더 '현실적'이었다. 만약 흉노를 통제하기 위해 이들을 전면적으로 해체하고 편호로 재편하려 했다면 큰 반발을 초래했을 것이다. 진 무제의 조치는 290년대 몇 차례 흉노의 봉기를 겪고 난 다음에 취할 수 있었던 가장 현실적인 대응이었다.[49] 따라서 진 무제가 흉노 문제를 안일하게 인식해 서진의 몰락 이후 중국에 혼란이 일어났다는 결과론적 이해는 맞지 않다. 오히려 사용 주장을 물리치고 도위를 도입한 무제의 조치는 흉노의 이용 가치를 높이면서도 위험은 줄이는 효과적 방안이었다.

이런 견제에도 흉노가 결국 부활할 수 있었던 것은 서진 말에 흉노에 대한 군사적 수요가 커져 흉노의 성장을 용인한 상황에서 서진 정권이 내분에 휩싸여 갑자기 붕괴했기 때문이다. 강통의 평가처럼 흉노는 5부가 성장해 호구가 수만에 이르고 인구가 늘어나 서융, 즉 저와 강보다 많고 군사적으로 이용될 만큼 천성이 용맹하며 기마궁사로서 뛰어났다.[50] 따라서 팔왕八王의 골육상쟁(서진 말기 황족의 권력 다툼으로 '팔왕의 난'이라고 불림)이 일어나자 낙양에 머물고 있던 유연은 성도왕成都王 사마영司馬穎(279~306)의 봉기에 협조할 수 있었다.

이런 발전을 바탕으로 유연은 세력을 키웠고, 전국적으로 혼란이 확대되자 304년에 좌국성左國城(이석)에서 새로운 국가를 세웠다. 이때

---

49   위와 같음.

50   『晉書』卷56「江統孫楚傳」, p. 1534.

유연은 **"흥방복업興邦復業"**이라는 명분을 내걸어 흉노의 나라를 '재건'한다고 선언했다. 소멸한 흉노의 권위를 부활시키겠다며 자신을 '대선우'라고 불렀다.[51] 이는 과거 초원의 역사 전개 과정에서 만들어진 **'흉노의 고제古制'**, 즉 '조법祖法'을 바탕으로 400여 년이 넘는 흉노의 영광스러운 권위를 되살리려는 시도였다. 유연의 이런 지향은 초원 유목 세계를 주요 무대로 한 강력한 인궁지국으로의 복귀뿐만 아니라, 흉노의 전통 회복 및 중국까지 포괄하는 새로운 **'통합 제국'** 한漢의 건설로 연결되었다.[52] 그러나 중국 내지에서 초원과 중국의 전통을 하나로 엮으려는 흉노 후예의 이 새로운 시도는 오래가지 못했다. 그럼에도 중국 내지로 침투한 병주 흉노의 움직임은 이후 300여 년간 전개된 분열의 시작, 이른바 오호십육국의 **'전주곡'**으로 이해되었다.

흉노의 이런 움직임은 이후 오랫동안 전개된 북중국 혼란의 책임을 뒤집어쓰면서 부정적으로 인식되었다. 범엽이 "[흉노의] 야심은 뉘우치게 하기도 어려우니 끝내 분란을 일으키고 말았구나!"[53]라고 한 것도 이런 후대의 평가와 맥을 같이한다. 이러한 평가는 흉노만이 아니라 유목민 전반에 덧씌워진 야만스러운 **'문명의 파괴자'**라는 부정적 편견을 강화했다. 이와 관련해서는 흉노 나름의 역할과 이후 영향에 대한 다른 평

---

51 『晉書』卷101「劉元海載記」, p. 2647.

52 유연은 스스로 유씨를 칭하며 중국적 교양을 갖추었다고 했는데, 이는 한의 정통성을 잇는 황제가 되려는 의도에서였다. 다른 한편으로 그는 강한 흉노 계승 인식도 보여주었다. 유연은 이런 '이중적인' 면모를 보이며 대선우이자 황제로서 '통합 제국'을 건설하려 했다. 이를 이후에 북중국에 등장한 오호 국가들 및 북조 왕조의 복합적인 성격과 연결된다고 보기도 한다. 이는 호의 동화를 주장하는 중국학계의 일반적 입장과 다른 견해다(宋秀英·李大龍,「劉淵政權的出現與北疆民族主動認同"中國"的開始 - 中國古代疆域形成理論探討之二」,『中國邊疆史地研究』2005-2, p. 99).

53 『後漢書』卷89「南匈奴列傳」, p. 2971.

가가 필요하다. 흉노를 비롯한 여러 '호'의 역할은 이런 오명을 뒤집어쓸 만큼 부정적인 것만은 아니었기 때문이다.

이후 북중국을 무대로 전개된 분열을 설명하기 위해서는 호와 한의 '대결'과 '융합'에만 초점을 맞춘 기존의 '이분법적 설명'[54]과는 다른 접근이 필요하다. 장성 안쪽으로 한정된 중국의 범위와는 다른, 초원과 북중국이 하나로 연결된 새로운 판도에서 비한非漢 세력들이 서로 얽혀 '다원적' 성격을 보여주었다는 부분에 초점을 두고 역사의 전개 과정을 이해해야 한다. 이런 면모는 남흉노의 후예인 유연과 그 뒤를 잇고자 했던 다른 집단들이 보여준 '복합적' 성격의 국가 건설 움직임에서도 엿볼 수 있다.[55] 물론 그에 앞서 초원과 목농복합구역의 '다원적 구성'을 기반으로 체제를 만들어냈던 흉노 유목제국에서 그 실마리를 찾아볼 수 있다.[56] 이후에는 이런 점에 주목해 흉노를 비롯한 유목민에 대한 편견을

---

54   그동안 오호십육국시대의 전개가 중국 및 동아시아, 중앙아시아에 큰 영향을 끼쳤다는 전제하에서 수당제국의 성립이 북중국에서 전개된 '호와 한의 융합'을 통해 이루어졌다는 이해가 많았다. 이와 관련해서는 다음의 연구를 참조할 수 있다. 田村實造, 『中國史上の民族移動期』, 創文社, 1985; 三崎良章, 『五胡十六國-中國史上の民族大移動』, 東方書店, 2002(미사키 요시아키, 김영환 역, 『오호십육국 - 중국사상의 민족 대이동』, 경인문화사, 2007). 이런 이해의 연장선상에서 오호십육국시대 이후 수당이 성립하기까지 중국의 분열기를 진한제국의 귀결이며 수당제국의 기점으로 본 것은 다음의 '수당제국형성사론隋唐帝國形成史論'에서 시작되었다. 谷川道雄, 『隋唐帝國形成史論』, 筑摩書房, 1971. 이런 연구 경향은 호한 융합이 이루어진 세계제국인 수당제국의 성립에 초점을 맞추어 그에 앞선 분열기를 마치 그 세계제국이 형성되어가는 '과도기'인 것처럼 이해했다(박한제, 『중국 중세 호한체제 연구』, 일조각, 1988; 『대당제국과 그 유산 - 호한통합과 다민족국가의 형성』, 세창출판사, 2015; 『중국중세 호한체제의 정치적 전개』, 일조각, 2019).

55   주52 참조.

56   유목국가는 정주 농경국가에 비해 인적, 물적 한계가 많아 이를 극복하기 위한 체제를 만들었다(주4 참조). 오아시스 출신 상인뿐만 아니라 중국 출신 주민을 비롯한 다양한 인적 자원을 포섭해 국가 건설과 운영에 적극적으로 활용했다. 유목민들의 이런 국가 운영 방

넘어 오호십육국시대 이후 오랜 분열기에 명멸했던 국가들의 사적 전개 과정과 성격을 다각적으로 검토할 필요가 있다. 이는 중국사에 한정된 위진남북조사만이 아니라, 같은 시기 초원의 역사까지 포괄하는 보다 넓은 범위의 동아시아사를 다원성의 '공존'에 초점을 맞춰 새롭게 이해하기 위한 출발점이 될 것이다.

식은 마치 **'레고LEGO 블록'**처럼 언제든지 분해하고 결합할 수 있는 개방적이고 탄력적이며 다채로운 성격을 띠었다. 흉노 국가 내부에도 정주 농경과 목농복합, 목축, 유목 등이 공존했다. 이것은 중국과 같은 정주 농경국가가 '일원적'인 것과 비교되는 유목국가의 **'다원적'**이고 **탈착이 가능한 '이종 결합**異種結合(hybrid)적' 성격을 보여주었다(서론 주41 참조). 유목민들은 이렇게 형성한 국가 체제를 발전시키면서 중국적 요소를 수용하기도 했는데, 이것만으로 이들이 중국에 동화同化되었다거나 한화漢化되었다고 말하기는 어렵다. 유목국가의 중국적 요소 수용은 한을 포용하기 위한 노력의 하나로, 극히 일부분이거나 그저 명분에 그치는 경우가 많았다. 이런 이해의 연장에서 중국의 남북조 시기를 호한의 '융합'에 초점을 맞춰 보았던 기존의 설명 역시 유목국가의 **'다원성 공존'**이라는 성격을 간과했다는 점에서 비판적 접근이 필요하다.

부록

1. 흉노 유목제국 대선우의 계승과 분열

	재위 연도	대선우 명칭	즉위 이전 이름	윗대와의 관계	계승 방식
0	? ~ 전209	두만頭曼		?	?
1	전209 ~ 전174	묵특冒頓		두만의 장자	건국
2	전174 ~ 전161	노상老上		묵특의 장자	부자 상속
3	전161 ~ 전126	군신軍臣	계죽稽粥	노상의 장자	부자 상속
4	전126 ~ 전114	이치사伊穉斜/伊稚斜		노상의 차자 군신의 제	〈정변〉 형제 상속
5	전114 ~ 전105	오유烏維		이치사의 장자	부자 상속
6	전105 ~ 전102	아兒	오사려烏師廬 첨사려詹師廬	오유의 장자	부자 상속
7	전102 ~ 전101	구리호呴犁湖		이치사의 차자 아의 숙부	추대
8	전101 ~ 전96	저제후且鞮侯		구리호의 제	형제 상속
9	전96 ~ 전85	호록고狐鹿姑		저제후의 장자	부자 상속
10	전85 ~ 전68	호연제壺衍鞮		호록고의 장자	부자 상속
11	전68 ~ 전60	허려권거虛閭權渠		호록고의 차자 호연제의 제	형제 상속
12	전60 ~ 전58	악연구제握衍朐鞮	도기당屠耆堂	오유의 현손	〈정변〉 추대
13	전58 ~ 전31	호한야呼韓邪	계후산稽侯狦	허려권거의 차자	자립한 형과 대립, 분열 이후 남하 〈1차 분열〉

부록　　399

	전58 ~ 전56	도기屠耆	일축왕日逐王 박서당薄胥堂	악연구제의 사촌형	쟁립
	전57	호걸呼揭	호걸왕呼揭王	?	쟁립
	전57 ~ 전56	거리車犁	우오건왕 右奧鞬王	저제후 차자의 자 일축왕日逐王 선현탄先賢撣의 형	쟁립
	전57	오자烏藉	오자도위 烏藉都尉	?	쟁립
	전56 ~ 전54	윤진閏振		도기의 종제	자립
13	전56 ~ 전36	질지골도후 郅支骨都侯	호도오사 呼屠吾斯	허려권거의 장자 호한야의 형	자립한 동생과 대립, 분열 이후 서부로 이동
	전49	이리목伊利目		도기의 제	서부에서 질지골도후에 대항해 자립
14	전31 ~ 전20	복주류復株累 약제선우 若鞮單于*	조도막고 雕陶莫皋	호한야의 장자	부자 상속
15	전20 ~ 전12	수해搜諧 약제선우 若鞮單于	저미서且麋胥	호한야의 차자 복주류의 제	형제 상속
16	전12 ~ 전8	거아車牙 약제선우 若鞮單于	저막거且莫車	호한야의 자 수해의 이복제	형제 상속
17	전8 ~ 13	오주류烏珠留 약제선우 若鞮單于	낭지아사 囊知牙斯	호한야의 자 거아의 제	형제 상속
18	13 ~ 18	오루烏累 약제선우 若鞮單于	함咸	호한야의 자 수해의 제	형제 상속
19	18 ~ 46	호도이시도고 呼都而尸道皋 약제선우 若鞮單于	여輿	호한야의 자 수해의 이복제	형제 상속
20	46	?	오달제후 烏達鞮侯	호도이시도고의 자	부자 상속
21	46 ~ ?	? 포노로 지칭	포노蒲奴	호도이시도고의 차자 오달제후의 제	형제 상속

400

북흉노

	재위 연도	대선우 명칭	즉위 이전 이름	윗대와 관계	계승 방식
1	46 ~ ?	? 포노로 지칭	포노蒲奴	호도이시도고의 차자 오달제후의 제	형제 상속 〈2차 분열〉
2	? ~ 87	우류優留		?	포노 실종 이후 자립
3	88 ~ 91	?		우류의 이복제	자립
4	91 ~ 93	?	어제건於鞬	?의 제	자립
5	94 ~ 118	?	봉후逢候	호한야(비)의 삼자 둔도하屯屠何의 자	자립

남흉노

	재위 연도	대선우 명칭	즉위 이전 이름	윗대와 관계	계승 방식
1	48 ~ 56	호한야呼韓邪	비比	호한야의 손 오주류의 자	자립 〈2차 분열〉
2	56 ~ 57	구부丘浮 우제선우 尤鞮單于**	막莫	호한야(비)의 제	형제 상속
3	57 ~ 59	이벌伊伐 어려제선우 於慮鞮單于	한汗	호한야(비)의 제	형제 상속
4	59 ~ 63	혜동醯僮 시축후제선우 尸逐侯鞮單于	적適	호한야(비)의 장자	숙질 상속
5	63	구제丘除 거림제선우 車林鞮單于	소蘇	구부의 장자	사촌 형제 상속

6	63 ~ 85	호야胡邪 시축후제선우 尸逐侯鞮單于	장長	호한야(비)의 차자 혜동의 제	사촌 형제 상속
7	85 ~ 88	이도伊屠 어려제선우 於閭鞮單于	선宣	이벌의 장자	사촌 형제 상속
8	88 ~ 93	휴란休蘭 시축후제선우 尸逐侯鞮單于	둔도하屯屠何	호한야(비)의 삼자 호야의 제	사촌 형제 상속
9	93 ~ 94	?	안국安國	이도의 제	사촌 형제 상속
10	94 ~ 98	정독후獨 시축후제선우 尸逐侯鞮單于	사자師子	혜동의 장자	〈정변〉 당숙질 상속
11	98 ~ 124	만지萬氏 시축제선우 尸逐鞮單于	단檀	호야의 장자	사촌 형제 상속
12	124 ~ 128	오계후烏稽侯 시축제선우 尸逐鞮單于	발拔	만지의 제	형제 상속
13	128 ~ 140	거특약去特若 시축취선우 尸逐就單于	휴리休利	오계후의 제	형제 상속
	140 ~ 143	?	거뉴車紐	?	거특약 자살 후 추대 자립
	140 ~ 143	남정 공위 南庭空位			
14	143 ~ 147	호란약呼蘭若 시축취선우 尸逐就單于	두루저兜樓儲	?	추대
15	147 ~ 172	이릉伊陵 시축취선우 尸逐就單于	거거아居車兒	?	추대
16	172 ~ 178	도특약屠特若 시축취선우 尸逐就單于	?	이릉의 자	부자 상속
17	178 ~ 179	?	호징呼徵	도특약의 자	부자 상속
18	179 ~ 188	?	강거羌渠	?(호징)의 제로 추정	〈정변〉 추대, 형제 상속

19	188 ~ 195	지지持至 시축후선우 尸逐侯單于	어부라於扶羅	?(강거)의 자	부자 상속 즉위 이후 내지로 남하
	188 ~ 189	?	수복골도후 須卜骨都侯	이성 집단	〈정변〉 추대
	189 ~ ?	남정 공위 南庭空位			
20	195 ~ 216	?	호주천呼廚泉	지지의 제	형제 상속 즉위 이후 업도에 억류

★   『한서』「흉노전」에 따르면, 복주류 약제선우 때부터 '대선우大單于'를 중국식으로 바꿔 '약제선우若
鞮單于'라고 기록했다. 이는 호한야 이래 한과의 관계가 친밀해진 이후 그의 아들 시기부터 한 황제
의 시호에 '효孝' 자를 넣는 방식을 따라 명칭을 바꾼 것이다. 중국어의 '효'가 흉노어의 '약제'였기
때문이다. 따라서 '약제선우'는 그전에 사용하던 '대선우'를 중국식으로 바꾼 것이라 할 수 있다.

★★   『후한서』「남흉노열전」의 대선우 호칭 기록은 몹시 혼란스럽다. 기존에 쓰던 약제선우를 계속 쓴
것으로 보이는데, 개별 대선우마다 음차 형식이 조금씩 다르다. 다만 이것은 음차의 혼란이기 때문
에 본문에서는 모두를 대선우로 통일하고『후한서』의 기록을 같이 적었다.

2. 흉노 유목제국 대선우의 계보도

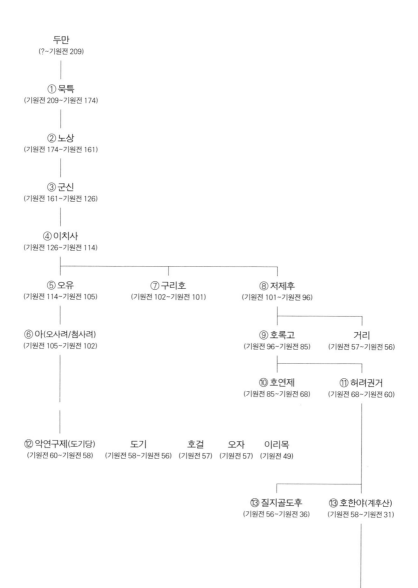

두만
(?~기원전 209)

① 묵특
(기원전 209~기원전 174)

② 노상
(기원전 174~기원전 161)

③ 군신
(기원전 161~기원전 126)

④ 이치사
(기원전 126~기원전 114)

⑤ 오유   ⑦ 구리호   ⑧ 저제후
(기원전 114~기원전 105)   (기원전 102~기원전 101)   (기원전 101~기원전 96)

⑥ 아(오사려/첨사려)   ⑨ 호록고   거리
(기원전 105~기원전 102)   (기원전 96~기원전 85)   (기원전 57~기원전 56)

⑩ 호연제   ⑪ 허려권거
(기원전 85~기원전 68)   (기원전 68~기원전 60)

⑫ 악연구제(도기당)   도기   호걸   오자   이리목
(기원전 60~기원전 58)   (기원전 58~기원전 56) (기원전 57)   (기원전 57)   (기원전 49)

⑬ 질지골도후   ⑬ 호한야(계후산)
(기원전 56~기원전 36)   (기원전 58~기원전 31)

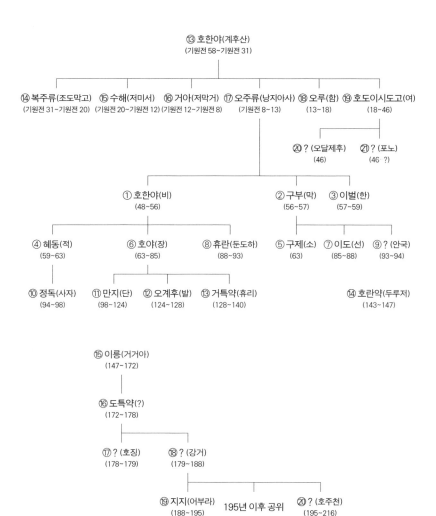

⑬ 호한야(계후산)
(기원전 58~기원전 31)

⑭ 복주류(조도막고)　⑮ 수해(저미서)　⑯ 거아(저막거)　⑰ 오주류(낭지아사)　⑱ 오루(함)　⑲ 호도이시도고(여)
(기원전 31~기원전 20)　(기원전 20~기원전 12)　(기원전 12~기원전 8)　(기원전 8~13)　(13~18)　(18~46)

⑳ ? (오달제후)　㉑ ? (포노)
(46)　(46 ?)

① 호한야(비)　② 구부(막)　③ 이벌(한)
(48~56)　(56~57)　(57~59)

④ 혜동(적)　⑥ 호야(장)　⑧ 휴란(둔도하)　⑤ 구제(소)　⑦ 이도(선)　⑨ ? (안국)
(59~63)　(63~85)　(88~93)　(63)　(85~88)　(93~94)

⑩ 정독(사자)　⑪ 만지(단)　⑫ 오계후(발)　⑬ 거특약(휴리)　⑭ 호란약(두루저)
(94~98)　(98~124)　(124~128)　(128~140)　(143~147)

⑮ 이릉(거거아)
(147~172)

⑯ 도특약(?)
(172~178)

⑰ ? (호징)　⑱ ? (강거)
(178~179)　(179~188)

⑲ 지지(어부라)　195년 이후 공위　⑳ ? (호주천)
(188~195)　(195~216)

찾아보기